Das soziale Problem

Von

Theodor Hertzka

Berlin
Druck und Verlag von Georg Reimer
1912

Inhaltsverzeichnis.

Seite

X. Kapitel: Der jüdisch-christliche Monotheismus.

XI. Kapitel: Verfall und Wiedererwachen des christlichen Freiheitsgedankens.

XII. Kapitel: Die Herrschaft über die Elemente.

XIII. Kapitel: Die soziale Evolution.

Zweiter Teil: Die soziale Zukunft.

XIV. Kapitel: Die pseudosozialistischen Systeme.

XV. Kapitel: Kollektivismus und Anarchismus.

Vorrede.

Als ich vor 15 Jahren den ersten Band eines zu abstrakter Begründung meines 1889 erschienenen „Freiland" bestimmten Werkes: „Die Probleme der menschlichen Wirtschaft" herausgab, war es meine Absicht, diesem, dem Problem der Güter**erzeugung** gewidmeten Teile, zwei fernere unmittelbar folgen zu lassen, in denen Entstehung sowohl als Überwindung der ausbeuterischen Güter**verteilung** wissenschaftlicher Analyse unterzogen werden sollten. Da ergaben sich mir bei Schlußredaktion der den Entwicklungsprozeß der Knechtschaft behandelnden Kapitel Zweifel an der unbedingten Richtigkeit jener „materialistischen" Geschichtsauffassung, die ich, dem bezüglichen Gedankengange Marxens folgend, bis dahin ohne tiefergreifende Kritik als Grundlage meiner Untersuchungen adoptiert hatte. Zwar daß die Marxsche Erklärungsweise nicht völlig zureichend sei, war mir längst schon offenbar geworden; aber ich meinte, daß sich der Begründer des „wissenschaftlichen Sozialismus" bloß in der **Ausführung** seiner These, wonach alle sozialen Gestaltungen auf materielle, d. h. wirtschaftliche, Vorgänge zurückzuführen seien, vergriffen habe, während ich den Grundgedanken selber als unanfechtbar gelten ließ. Ich begriff, daß es unzulänglich sei, die Knechtschaft aus der „Expropriation", und die Befreiung aus der „Expropriation der Expropriateure" abzuleiten, so lange unaufgeklärt bleibe, einerseits, wieso es gekommen, daß sich die Massen expropriieren ließen, anderseits, wieso es kommen werde, daß sie ihre Expropriateure expropriieren; allein ich glaubte die fehlende causa efficiens in der machtverleihenden Wirkung des Reichtums gefunden zu haben. Die Ausbeutung des Menschen durch den Menschen habe Platz gegriffen — so schien mir — weil und insolange sie das einzige Mittel gewesen, Überfluß und Muße, diese Voraussetzungen aller höheren Kultur, zum mindesten einigen wenigen zugänglich zu machen, und sie werde verschwinden, weil und sobald Überfluß und Muße für alle möglich geworden; wobei ich in der limitierten Ergiebigkeit auf menschliche Muskelkraft allein angewiesener Arbeit die Ursache des ersteren, in der durch die Herrschaft über die Elemente erlangten unbegrenzten Vermehrbarkeit der Produktivkräfte die Ursache des letzteren Sachverhaltes erkannte.

Vollkommene Befriedigung aber vermochte mir dieser Ideengang nicht zu bieten. Nur suchte ich lange Zeit den Fehler in mangelhafter Schärfe der Beweisführung, in stilistischen Ungenauigkeiten oder ähnlichem, und quälte mich dementsprechend Jahre hindurch mit unausgesetzten redaktionellen Umarbeitungen — bis mir endlich die Erkenntnis der Irrtümlichkeit des Grundgedankens selber aufleuchtete, d. h. klar wurde, daß der Wandel der wirtschaftlichen Existenzbedingungen zwar genüge, um die Nützlichkeit der Knechtschaft bei niedrigem, der Freiheit bei hohem Stande der Arbeitsergiebigkeit zu erklären, über den Entstehungsgrund von Knechtschaft oder Freiheit jedoch in Wahrheit nicht das geringste sage. Ich begriff, daß diese beiden nicht bloß materielle, d. i. wirtschaftliche, sondern ebenso auch geistige Zustände des Menschen seien, daß sie Knechtsinn einerseits, Freiheitssinn andererseits nicht bloß zu Begleiterscheinungen, sondern zu notwendigen Voraussetzungen haben, und daß folglich, soll die soziale Evolution zureichende Erklärung finden, die Untersuchung von den wirtschaftlichen Vorgängen und Zusammenhängen auch auf geistige Prozesse ausgedehnt werden müsse.

Und sowie ich dies erfaßt hatte, bemächtigte sich meiner sofort die Überzeugung, daß Religion und nur Religion jene geistige Potenz gewesen sein könne, der es gelungen, das von Natur aus freie Lebewesen „Mensch" fremden Zwecken dienstbar zu machen, zu domestizieren; doch eines vollen Dezenniums angestrengter Studien bedurfte es, bis aus der anfänglich gleichsam intuitiven Ahnung dieser Wahrheit wissenschaftlich gefestete Erkenntnis wurde.

Ich wage zu behaupten, daß diese Erkenntnis, von welcher sich im übrigen auch bei anderen Forschern schon flüchtige Spuren finden, der wichtigsten eine ist, die auf dem Gebiete sozialer Forschung bisher erlangt worden sind. Sie scheint mir geeignet, Licht nicht bloß über die Entstehung und Bedeutung der geltenden sozialen Einrichtungen, sondern über die Menschheitsgeschichte ganz im allgemeinen zu verbreiten, indem an ihrer Hand Sinn und Zusammenhang in den Gesamtkomplex all jener Entwicklungsvorgänge gebracht werden kann, über die uns die Geschichtswissenschaft bisher in Wahrheit nichts anderes zu bieten vermochte, als ein Sammelsurium scheinbar zweckloser Geschehnisse.

Meinen Fund nach dieser letzteren Richtung hin ausreichend zu verfolgen, muß ich Berufenen überlassen, mich für meinen Teil darauf beschränkend, den Einfluß der religiösen Vorstellungen auf den sozialen Werdeprozeß in Vergangenheit, Gegenwart und Zukunft zu beleuchten. Auch dieses Forschungsgebiet ist so umfangreich, und seiner Bewältigung stellen sich so mannigfache, im absoluten Mangel wissenschaftlicher Vorgänger einerseits, in der eigenen Belastung mit übernommenen Vorurteilen andererseits gelegene Hindernisse entgegen, daß ich mich keineswegs dem Wahne hingebe, die mir vorgesetzte Aufgabe auch nur annähernd vollkommen und fehlerlos gelöst zu haben. Im Gegenteile halte ich es für ausgemacht, daß sich diese und jene der von mir ins Treffen geführten Tatsachen bei späterer Überprüfung als falsch, gar manches Detail der von mir daran geknüpften Konklusionen als irrtümlich erweisen wird, und ich bin auch gefaßt darauf, daß dies in den Augen zahlreicher orthodoxer Anhänger des Bestehenden genügen dürfte, um ohne weiteres meine ganze Arbeit als müßiges Hirngespinst zu verurteilen. Gab und gibt es doch z. B. Archäologen, die Schliemanns epochale Funde in Troja und Mykenä geringschätzig behandeln, weil die Erläuterungen, die der glückliche Forscher seinen Entdeckungen mit auf den Weg gab, der historischen Kritik nicht in allen Stücken standhalten; und wenn dies bei Forschungsergebnissen geschah, an deren Unterdrückung niemand ein wirkliches Interesse besitzen konnte, um wie viel Ärgeres hat eine Doktrin zu befahren, die so ziemlich allem widerstreitet, was Jahrtausende hindurch als heilig galt, und deren Sieg ohne Frage den Zusammenbruch von Einrichtungen beschleunigen müßte, in denen alle Mächtigen dieser Erde — mit Recht — die alleinige Stütze ihrer Gewalt und ihres Reichtums erblicken. Auf der anderen Seite aber droht meiner Arbeit, die — vom Standpunkte des ehrlichen Wahrheitssuchers vielleicht noch ernstlichere — Gefahr, kritiklos als richtig akzeptiert zu werden, lediglich aus dem Grunde, weil die „Gesinnung", von welcher aus sie unternommen wurde, einem Teile der Leser sympathisch erscheint. Diese meine Seelenverwandten im Hasse gegen Finsternis und Unterdrückung bitte ich ernstlich, keiner meiner Behauptungen und Schlußfolgerungen um der „guten Absicht" willen Glauben zu schenken, sondern stets des eingedenk zu sein, daß der endgültige Erfolg jeglicher wirklich guten Sache schließlich und letztlich doch nur vom Siege der Wahrheit, der vollen, ganzen ungeschminkten Wahrheit abhängt, und daß einem solchen in aller Regel die gutgemeinten Irrtümer der Freunde unendlich gefährlicher sind, als die noch so übelwollenden der Gegner. Woraus hervorgeht, daß, wenn meine in den nachfolgenden Blättern niedergelegten Thesen falsch sein sollten, es in noch weit höherem Maße Sache der Gesinnungsgenossen als der grundsätzlichen Gegner wäre, sie unschädlich zu machen, d. h. ihre Irrtümlichkeit aufzudecken.

Dies vorausgeschickt, übergebe ich mein Buch der Öffentlichkeit. Sein verspätetes Erscheinen nötigt mich auch insofern zu einer Abweichung vom ursprünglichen Plane, als die Länge der Zwischenpause es untunlich macht, selbes als Fortsetzung der 1897 herausgegebenen Arbeit zu behandeln. „Das soziale Problem" ist ein selbstständiges Werk, zu dessen Verständnis die vorherige Bekanntschaft mit dem „Problem der Gütererzeugung" nicht durchaus erforderlich ist. Nur muß der Leser den Beweis dafür, daß Elend und Not derzeit nicht Ursache, sondern Folgewirkung der geltenden sozialen Einrichtungen sind, als erbracht gelten lassen, trotzdem er in den nachfolgenden Blättern bloß das Gerippe dieser, den Gegenstand letztgenannter Schrift bildenden Beweisführung finden wird. Will er sich der Mühe unterziehen, letztere in allen Einzelheiten zu überprüfen, so weiß ich allerdings hierfür keinen anderen Weg, als das Zurückgreifen auf mein „Problem der Gütererzeugung", das, wie ich nicht verschweigen darf, ein an den Ernst und die Aufmerksamkeit seines Publikums sehr hohe Anforderungen stellendes Buch ist.

Budapest, im Dezember 1911.

Theodor Hertzka.

Erster Teil.

Die Geschichte der sozialen Entwicklung.

I. Kapitel.

Malthus.

I. Das Malthussche Bevölkerungsprinzip.

An den Pforten sozialpolitischer Forschung hält, ähnlich dem Erzengel mit dem Flammenschwerte vor dem biblischen Paradiese, das Gespenst der Übervölkerungstheorie Wache. Etwas über elf Dezennien sind es jetzt, daß Robert T. Malthus die bürgerliche Welt mit der Entdeckung beschenkte, Not und Elend seien nichts anderes, als der vollendete Ausdruck einer durch göttliche Weisheit in die Natur gesetzten ewigen Harmonie. Damit die Lebewesen nicht ausstürben, ward ihnen unbegrenzte Fortpflanzungsfähigkeit beschieden, und damit sie den Erdball nicht überfüllten, sei dafür gesorgt, daß sie Hungers sterben, wenn ihnen die Nahrung mangelt. Und zwar habe sich der Schöpfer nicht etwa darauf beschränkt, es dem Zufalle zu überlassen, ob die Vermehrung der Arten oder die der ihnen zugänglichen Nahrungsmittel jeweilig im Übergewicht sein sollen, denn dabei wäre örtlich und zeitlich stets denkbar gewesen, daß die Kreatur sich sorglos ihres Daseins zu erfreuen vermocht hätte, ja möglicherweise wäre sogar ein solcher Zustand sorgloser Lebensfreude für einzelne, vom Schicksal besonders begünstigte Arten zur Regel geworden! Deshalb sei es so eingerichtet, daß die Vermehrung in geometrischer, die Zunahme des sog. Nahrungsspielraums dagegen bloß in arithmetischer Progression vor sich gehe, derart, daß erstere, einem unerbittlichen mathematischen Gesetze zufolge, auf die Dauer stets und ausnahmslos überwiegen, d. h. daß Nahrungsmangel der regelmäßige Zustand jedweder Art sein müsse.

Diese Lehre hat von seiten der bürgerlichen Wissenschaft begeisterte und einmütige Zustimmung gefunden. Jetzt wußte man nicht bloß, warum Not und Elend trotz aller Fortschritte menschlicher Wirtschaft nicht weichen wollen, jetzt zeigte sich sogar, daß es eine Wohltat für die Massen ist, wenn man sie hungern läßt, indem damit lediglich verhindert wird, daß sie allzu rasch der Übervölkerung verfallen. Die ärgste Sünde gegen den heiligen Geist wahrer Menschenliebe ist Malthus zufolge das Mitleid. Für wen „kein Gedeck aufgelegt ist am Tische der Natur", den muß der Menschenfreund kalten Bluts verderben lassen, da er durch quacksalbernde, fälschlich „Wohltätigkeit" genannte Eingriffe in den Gang der Weltordnung lediglich der Übervölkerung Vorschub leisten, also das Elend seiner Mitmenschen vergrößern würde. Als einziges Mittel — nicht etwa endgültiger Überwindung des Elends, die ja, als dem Naturgesetze zuwiderlaufend, außerhalb aller Erwägung bleiben muß — sondern zeitlicher Milderung desselben, wird den Besitzlosen geschlechtliche Abstinenz empfohlen, was in den Augen der Orthodoxie genügt, um Malthus das Prädikat des größten Freundes und Wohltäters zu verschaffen, den die Massen jemals besessen.

Man mag nun über die letztere Seite der Frage denken wie immer, so ist doch für alle Fälle klar, daß allen sozialen Spekulationen der Stempel hoffnungsloser Torheit aufgedrückt wäre, beruhte das Malthussche Bevölkerungsprinzip auf Wahrheit. Endzweck jeglichen sozialen Forschens ist doch die Beseitigung des menschlichen Elends; entfiele jedoch damit wirklich jene einzige Schranke, die endloser Volksvermehrung bisher im Wege gestanden, so müßte es verhältnismäßig sehr rasch dahin kommen, daß die Menschen den Erdball füllen, gleich den auf günstigen Boden gebrachten Bakterien, dabei aber gleich diesen durch Überwucherung ersticken und zugrunde gehen, sowie die letzten Säfte des von den parasitischen Freßzellen durchsetzten Nährbodens aufgebraucht wären. Und zugegeben muß werden, daß bisher gegen Malthus Stichhaltiges nicht vorgebracht worden ist. Seine wenigen Gegner kehren sich gerade gegen jenen Satz seiner Beweisführung, der meines Erachtens tatsächlich unanfechtbar ist, nämlich gegen die Behauptung, daß der Nahrungsspielraum in bloß arithmetischer Progression wachse und folglich früher oder später hinter einer in geometrischer Progression wachsenden Reihe zurückbleiben müsse. Wenn es wahr ist, daß der Menschheit diese Tendenz in geometrischer Progression wachsender Vermehrung innewohnt, dann wird ihr

Nahrungsspielraum mit dieser Zunahme unmöglich auf die Dauer Schritt halten können; wer das nicht einsieht, der hat eben ein absonderliches Talent, über ernste Fragen mit inhaltlosen Phrasen hinwegzugleiten. Nicht bloß der Nahrungsspielraum, der ganze stoffliche Inhalt der Erde genügt auf die Dauer nicht, um bei geometrischer Zunahme der Menschenmenge ausreichende Materie für die sich endlos häufenden Menschenleiber zu liefern.

Erste Voraussetzung sozialwissenschaftlicher Forschung ist daher die gewissenhafte und vorurteilslose Überprüfung dieser Theorie. Der Nachweis ihrer Irrtümlichkeit ist zwar noch lange nicht gleichbedeutend mit demjenigen der Möglichkeit und Nützlichkeit des sozialen Emanzipationsprozesses, wohl aber oberste Voraussetzung desselben; und dieser Nachweis läßt sich mit aller erforderlichen Schärfe führen, trotzdem es, wie gesagt, seine Richtigkeit hat, daß der Nahrungsspielraum mit geometrischer Progression der Bevölkerungsmenge nicht Schritt zu halten vermöchte. Die Malthussche Theorie ist falsch, weil, damit sie richtig sei, auch noch ihre zweite These wahr sein müßte: daß die Bevölkerung in geometrischer Progression fortschreite. Diese ihre Prämisse aber ist nichtig. Daß jedes Lebewesen sich in geometrischer Progression vermehren *könnte, wenn dem keinerlei Hemmnis entgegenträte*, daß folglich, da unendliche Vermehrung unmöglich ist, irgendein derartiges Hemmnis endloser Vermehrung in der Natur vorhanden sein muß, daß schließlich, wenn es kein anderes, zuvor schon in Wirksamkeit tretendes Hemmnis gäbe, Nahrungsmangel sich als solches erweisen *müßte*, das alles kann und soll zugegeben werden. Falsch aber ist eben die letztere Supposition. *Die Arten vermehren sich nicht bis an die Grenzen ihres Nahrungsspielraums, weil sie daran durch anderweitige, vom Nahrungsspielraum durchaus verschiedene Potenzen verhindert werden.*

II. Die Arten vermehren sich nicht bis an die Grenze ihres Nahrungsspielraums.

Die gesunde Vernunft muß jedem Unbefangenen sagen, daß wenn die Lebewesen von Natur aus unausgesetztem Elend unterworfen wären, Verkümmerung und Untergang längst schon ihr Los hätte sein müssen;

und der oberflächlichste Blick auf die tatsächlichen Verhältnisse der Natur genügt zu der Erkenntnis, daß dort nicht Nahrungsmangel und Elend, sondern Überfluß und freudiges Gedeihen Regel ist. Es gibt allerdings Ausnahmen von dieser Regel; die neuesten mikroskopischen und bakteriologischen Forschungen haben uns mit Lebewesen, den oben bereits erwähnten Bakterien, bekannt gemacht, die tatsächlich so geartet sind, daß ihre Vermehrung keine andere Grenze, als die im Nahrungsspielraum gelegene zu kennen scheint. Aber wo es sich so verhält, dort bewahrheitet sich in eklatantester Weise die als Voraussetzung der gesunden Vernunft hingestellte Annahme, daß nämlich Verkümmerung und Untergang die unvermeidliche Folge sein muß. Auf günstigen Boden gebrachte Bakterien pflegen sich insolange zu vermehren, bis dieser erschöpft, damit aber auch ihre eigene Vernichtung besiegelt ist. Die Existenz dieser Art Lebewesen ist eine intermittierende, zwischen grenzenloser Vermehrung und Aussterben unablässig hin und her oszillierende. Sie verschwinden bloß vermöge der unglaublichen Lebenszähigkeit ihrer Keime nicht endgültig vom Schauplatze der Natur, und unterscheiden sich in diesem Punkte ex fundamento von jener höheren Familie der Lebewesen, zu der auch der Mensch gehört, deren Erdendasein nicht zwischen Überschwall und Untergang auf und ab pendelt, sondern in ununterbrochener Reihenfolge der Generationen sich mit einer gewissen regelmäßigen Kontinuität fortspinnt. Bei diesen allen ist freudiger Überfluß des Nahrungsspielraums von bloß vorübergehenden Störungen unterbrochenes Gesetz. Daß es sich mit dem Kulturmenschen anders verhält, indem hier Elend und Not wirklich das Los der übergroßen Mehrzahl ist, entspricht nicht, es widerspricht dem ansonsten in der belebten Natur zu beobachtenden Gesetze. Den Ursachen dieses Phänomens auf die Spur zu kommen, ist oberste Aufgabe alles national- und sozialökonomischen Forschens. So leicht wie Malthus und seine Epigonen darf man sich aber die Lösung des Problems nicht machen; es geht nicht an, die zu erklärende Ausnahme frischweg als Regel hinzustellen, und um so seltsamer ist dieser logische Trugschluß, als er sich selber nicht einmal auf die oben erwähnte Tatsachenreihe aus der Mikrobenwelt berufen kann. Denn diese Erscheinungen waren Malthus noch unbekannt. Woran er bei seiner Berufung auf die Natur dachte und denken mußte, das waren die Fortpflanzungsverhältnisse der höheren Lebewesen, und diese bieten wie gesagt das seiner These diametral entgegengesetzte Bild. Er weist gleichsam auf die Sonne hin, mit dem Ausrufe: „Seht wie finster sie ist." Die unwiderleglichsten Beweise der Irrtümlichkeit, ja Absurdität seiner Auffassung gebraucht er frischweg als sinnfällige Beweise ihrer Richtigkeit. So beruft er sich z. B. geradezu darauf, daß die fruchtbarsten Teile der Erde noch so gut wie unbewohnt sind, woraus doch für den gesunden Menschenverstand als selbstverständlich sich ergeben sollte, daß es nicht die Beengtheit des Nahrungsspielraums sein kann, was dort der Vermehrung der Menschen Grenzen zieht. Oder er erzählt uns, daß selbst der Elefant, der doch den mindest fruchtbaren Tierarten angehört, bei unbegrenzter Vermehrung sich binnen 500 Jahren aus einem einzigen Pärchen zu so kolossalen Mengen vermehren müßte, daß alle Wälder der Tropen zu seiner Ernährung nicht ausreichen könnten — ohne daran zu denken, daß besagte Wälder von den Elefanten noch immer nicht kahlgefressen sind, und daß es folglich auch dort etwas anderes, als Nahrungsmangel gewesen sein muß, was die Vermehrung der Elefanten vereitelt. Er dreht sich eben unausgesetzt in dem Zirkelschlusse, daß es der Nahrungsmangel sei, was die Vermehrung hindert, weil die Vermehrung durch Nahrungsmangel gehindert wird: jedes Pferd ist ihm ein Schimmel, weil jeder Schimmel ein Pferd ist. Allerdings entgeht ihm dieses Gebrechen seiner Beweisführung nicht vollständig: er weiß im Grunde genommen ganz gut, daß es auch dunkelhaarige Pferde gebe, aber er hilft sich damit, daß er sie kurzerhand für „Ausnahmen" erklärt, welche die Allgemeingültigkeit seines Gesetzes nicht erschüttern könnten.

Im zweiten Kapitel, wo er den Gedankengang des ganzen Buches kurz zusammenfaßt, vermeidet er den Fehler, die Bedingtheit der Volksvermehrung lediglich durch den Nahrungsspielraum ausschließlich auf die eine These zu stützen:

„Die Volksmenge wird notwendig beschränkt durch die Masse der Nahrungsmittel",

sondern läßt ihr als zweite jene andere folgen:

„Die Volksmenge nimmt unfehlbar zu, sobald die Masse der Nahrungsmittel vermehrt ist."

Wäre nun die zweite These ebenso richtig, als es die erste unfraglich ist, so könnte gegen die von ihm gezogene Konklusion nichts Stichhaltiges eingewendet werden. Da die Volksmenge sich tatsächlich über den Nahrungsspielraum hinaus unmöglich vermehren kann, so wäre ihre Bedingtheit ausschließlich durch diesen über jeden Zweifel erhaben, wenn ebenso feststünde, daß sie sich dauernd nicht unter demselben zu halten vermöchte. Nur ist dem eben nicht so, und Malthus selber ist sich des gewaltigen Unterschiedes, der zwischen diesen zwei, die Grundpfeiler seines Systems bildenden Sätzen obwaltet, sehr klar bewußt. Zwar das wirkliche Wesen dieses Unterschiedes, daß nämlich die erste These eine — obzwar triviale — Wahrheit, die zweite dagegen ein bloßes Hirngespinst ist, bleibt ihm verborgen — selbstverständlich, da er ja andernfalls seinen „Versuch über die Bedingungen und die Folgen der Volksvermehrung" gänzlich unterlassen hätte — aber für verschiedene Sorten von Wahrheiten hält er die beiden ganz offensichtlich, und versucht es auch gar nicht, den Leser hierüber zu täuschen. Denn während er bezüglich des ersten Satzes mit aller Entschiedenheit erklärt: „seine Wahrheit versteht sich von selbst und bedarf gar keiner Erläuterung", begnügt er sich bezüglich des zweiten mit dem Versprechen, er werde „seine Bestätigung finden in der folgenden Übersicht der unmittelbaren Hemmnisse der Volksvermehrung bei den untergegangenen und gegenwärtigen wilden und kultivierten Völkern", und ist zudem so vorsichtig, ihm unmittelbar in Paranthese eine Einschränkung anzuhängen, die bei Lichte besehen nicht mehr und nicht weniger enthält, als einen — wenn auch uneingestandenen — Widerruf. Diese Einschränkung lautet nämlich:

„Um ganz sicher zu gehen, kann man hinzusetzen: ausgenommen, wenn etwa irgendein Hemmnis unwiderstehlich einwirkt, — ein äußerst seltener Fall! Die Neger in Westindien, es ist wahr, vermehren sich nicht im Verhältnis der vorhandenen Nahrungsmittel, aber die besonderen Ursachen dieser Ausnahme liegen so vor Augen, daß unser Satz nichtsdestoweniger als allgemein gültig angenommen werden kann."

Ja freilich, wenn nur die Negersklaven Westindiens sich nicht bis an die Grenzen des Nahrungsspielraums vermehren wollten, oder wenn es überhaupt bloße Ausnahmen wären, die dem angezogenen Satze zuwider laufen — dann allerdings ließe sich versuchen, denselben aufrecht zu halten. Da es jedoch die ganze Lebewelt ist, die „ausgenommen" werden muß, da es keinerlei Pflanze, Tier oder Menschenspezies gibt, bei deren Vermehrung nicht „irgendein Hemmnis unwiderstehlich einwirkt", kurzum, da diese Hemmnisse ausnahmsloses Gesetz der Vermehrung bilden, so verliert der Malthussche Satz nicht bloß seine Gültigkeit als Gesetz, er ist schlechthin nichts anderes, als eine leere Fiktion, und die dann zu seiner Erklärung folgenden langatmigen Ausführungen bieten insgesamt das eintönige Einerlei des Zirkelschlusses: über den Nahrungsspielraum hinaus gibt es keine Vermehrung, folglich ist es Nahrungsmangel, was die Vermehrung hindert.

III. Die Anpassung der Fruchtbarkeit an die Existenzbedingungen.

Daß die Malthussche Theorie falsch ist, müßte als feststehend gelten, selbst wenn es unmöglich wäre, Licht über das Wesen jenes Hemmnisses zu verbreiten, dessen sich die Natur bedient, um der Artvermehrung Schranken zu ziehen, lange bevor die Grenzen des sog. Nahrungsspielraums erreicht sind. Denn daß die Menge der Lebenden unendlich weit hinter derjenigen zurückbleibt, zu deren Ernährung die gegebenen Kräfte und Stoffe der Natur hinreichen würden, ist nicht bloß mit Bezug auf die menschliche Gesellschaft, sondern für das ganze Gebiet der höheren Lebewelt so handgreifliche Tatsache und zudem so selbstverständliche Voraussetzung jeglicher Artentwicklung, daß nur vollständige Blindheit und Voreingenommenheit über diesen Punkt Zweifel hegen kann. Es ist nun einmal so, daran ändert sich nichts, auch wenn wir nicht wissen, warum es so ist. Versteht man sich aber erst einmal zu diesem von Logik und Vernunft geforderten ersten Zugeständnisse, so ist gar nicht so schwer, nähere Einsicht auch in den Kausalzusammenhang jener Naturvorgänge zu erlangen, kraft deren die Arten gehindert werden, sich bis an die Grenzen ihres Nahrungsspielraums zu vermehren.

Man braucht sich, um zum mindesten das große Gesetz deutlich zu erkennen, welches diesen Erscheinungen insgesamt zugrunde liegt, bloß vor Augen zu halten, daß Vermehrung bis an die Grenze des Nahrungsspielraums für jedes höhere Lebewesen gleichbedeutend wäre mit Verkümmerung und Untergang, um sofort zu begreifen, daß es der Daseinskampf gewesen sein muß, was die höheren Lebewesen vor derartiger Vermehrung bewahrte. Gleichwie er unter ungünstigen Existenzbedingungen lebende, z. B. von sehr zahlreichen und gefährlichen Feinden verfolgte Arten dadurch vor Ausrottung schützte, daß er ihre Fruchtbarkeit steigerte, so bewahrte er umgekehrt unter günstige Lebensbedingungen geratende Arten durch Verminderung ihrer Fruchtbarkeit vor Verkümmerung. Es gab allerdings Arten, die diesen Anforderungen des Daseinskampfes nicht unter allen Bedingungen zu entsprechen vermochten, deren Fortpflanzungsfähigkeit entweder mit der wachsenden Ungunst der Existenzbedingungen nicht schritthaltend stieg, oder umgekehrt, wenn die Existenzbedingungen günstiger wurden, nicht entsprechend sank; das sind jedoch eben die ausgestorbenen Arten, solche, die, sei es durch äußere Feinde, sei es durch maßlose Überwucherung ausgerottet wurden, und die lebenden Arten sind diejenigen, die gleich all ihren anderen Artcharakteren auch ihre Fruchtbarkeit den Anforderungen des Daseinskampfes angepaßt haben.

Da nun der Mensch zu den annoch lebenden Arten gehört, so versteht sich ganz von selbst, daß seine Fortpflanzungsfähigkeit sich — bisher zum mindesten — jeglichem Wechsel seiner Existenzbedingungen ausreichend anpaßte, d. h. daß er fruchtbar oder minder fruchtbar wurde im umgekehrten Verhältnisse der Gunst seiner jeweiligen Existenzbedingungen.

Das steht allerdings in Widerspruch mit einer ganzen Reihe angeblicher Tatsachen; wenn man jedoch näher zusieht, so zeigt sich sofort, daß man es nicht mit den Tatsachen selber, sondern mit falscher Auffassung und Auslegung derselben zu tun hat. So ist z. B. richtig, daß die Volksmenge nach verheerenden Kriegen oder Seuchen sehr auffallend zuzunehmen pflegt; verkehrt aber ist der gebräuchliche Hinweis darauf, als auf eine Bekräftigung des Malthusschen Bevölkerungsprinzipes. Daß die Menschen sich in solchen Zeiten deshalb besonders rasch vermehren, weil — wie man diesfalls annehmen müßte — die Ernährungsverhältnisse sich der verminderten Menschenzahl wegen erleichtert hätten, ist eine sehr merkwürdige Auffassung. Die Ernährungsverhältnisse werden durch Kriege und Seuchen nicht verbessert, sondern verschlimmert, die Fruchtbarkeit der Menschen könnte also, hätte Malthus recht, nach Kriegen und Seuchen nicht zunehmen, sondern müßte abnehmen. Oder man beruft sich auf die Kolonisationspolitik zahlreicher, insbesondere antiker Staaten, um zu zeigen, daß Abhilfe gegen die drohende Übervölkerung im Wege der Auswanderung geschaffen werden muß. Auch hier ist die Tatsache, daß nämlich wachsende Volkszahl und Koloniengründung zumeist Hand in Hand gingen, richtig, verkehrt dagegen die Auslegung, als ob es sich dabei um einen Abfluß daheim in ihrem Nahrungsspielraum beengter Massen gehandelt hätte. Auch hier ist das gerade Gegenteil richtig. Die Koloniengründung wird in solchem Falle nicht durch Einengung des heimischen Nahrungsspielraums, sondern durch den infolge des gewachsenen Reichtums mächtig anschwellenden Unternehmungsgeist hervorgerufen; nicht Hunger, sondern Wagemut hat Phönizier und Griechen bis an die Säulen des Herkules geführt, und wenn in einzelnen Fällen wirklich Unzufriedenheit mit den heimischen Zuständen es war, was sie in die Fremde trieb, so richtete sich diese Unzufriedenheit gegen die politischen, nicht gegen die wirtschaftlichen Verhältnisse. Nicht anders verhält es sich mit der Zurückführung der germanischen Wanderzüge zur Zeit der Völkerwanderung auf angebliches Übermaß germanischer Fruchtbarkeit und dadurch hervorgerufene Übervölkerung. Ob die alten Germanen wirklich gar so fruchtbar gewesen, als jetzt, gestützt auf Tacitus, von deutschen Autoren sichtlich nicht ohne patriotische Tendenz unablässig betont wird, mag dahingestellt bleiben; zu einer Übervölkerung der von jenen Stämmen besiedelten Landstriche hatte diese Fruchtbarkeit zur Zeit der Völkerwanderung keineswes geführt. Neun Zehnteile der weiten Gebiete zwischen Rhein und Weichsel lagen wüst und leer, die zehnfache Menschenmenge hätte dort selbst bei primitiver Wirtschaftsmethode reichlich Nahrung gefunden, und wenn die Germanenstämme trotzdem unablässig durcheinander und über die Grenzen schwärmten, so war nicht Einengung des Nahrungsspielraums, sondern Rauf- und Raublust die Ursache.

Es gibt allerdings auch durch Mangel erzwungene Auswanderung; mit Übervölkerung, geschweige denn mit aus allzu reichlicher Lebensführung hervorgegangener Übervölkerung hat jedoch auch diese nichts zu tun. Die Iren, die Italiener und Ungarn verlassen ihre Heimat nicht, weil ihrer dort zu viele sind, und am allerwenigsten wird jemand ernstlich behaupten, daß ihrer so viel wurden, weil es ihnen all zu gut ging. Was die arbeitenden Massen dieser Länder zur Auswanderung treibt, ist nicht Übervölkerung, sondern sozialer Druck. Sie werden fortfahren nach fremden, sozial freieren Ländern sich zu retten, so lange die Härte der Lohnknechtschaft in ihrer alten Heimat nicht nachläßt, ihre Zahl daselbst mag wachsen oder abnehmen, und ihre Flucht aus der Heimat wird aufhören, sobald sie dort menschenwürdigere Behandlung erfahren, abermals gleichgültig, wie sich die Bevölkerungsverhältnisse Irlands, Italiens, Ungarns inzwischen gestaltet haben mögen. Und fruchtbar sind diese Rassen allerdings, aber wahrlich nicht, weil sie im Überfluß leben.

IV. Übervölkerung gab es niemals und wird es niemals geben.

Da die Anpassung der Fruchtbarkeit an die jeweiligen Existenzbedingungen unerläßliche Voraussetzung des Gedeihens jeder höheren Art von Lebewesen ist, so muß sie zu den allerfrühesten Errungenschaften der Organismenwelt zählen, entstanden sein offenbar in jenem Urzeitalter des Erdballs, das die ersten Tier- und Pflanzenformen zur Entwicklung brachte. Sie gehört also jedenfalls zu den festest eingewurzelten, mit dem Wesen jeglicher Art am unzertrennlichsten verknüpften Artcharakteren. Die ganze Geschichte des Menschen muß für Vergangenheit wie Zukunft unter ihrem Banne stehen. Es kann niemals Menschen gegeben haben, deren Fruchtbarkeit dieses Anpassungsvermögens entbehrt hätte, und wird solche auch in alle Zukunft nicht geben.

Genaueres über die Entstehung und Beschaffenheit dieses Anpassungsprozesses selber wissen wir allerdings nicht. Ob diese Unkenntnis eine bloß zeitweilige und lediglich darin begründet ist, daß die einschlägigen Wissenschaften: Paläontologie und Physiologie bisher noch keine Gelegenheit hatten, sich mit den bezüglichen Problemen unbefangen zu beschäftigen, oder ob es vielleicht niemals gelingen wird, den Schleier von Vorgängen zu lüften, die sich vor so vielen Millionen Jahren abgespielt haben, mag dahingestellt bleiben. Tatsache ist, daß wir über diesen Punkt derzeit nichts Bestimmtes wissen. Als bloße Vermutung wage ich die Hypothese, daß vielleicht die Zeugungskraft der höheren Lebewesen im umgekehrten Verhältnisse zur Üppigkeit der Ernährung zu- oder abnimmt. Dafür ließe sich eine ganze Reihe unterschiedlicher Tatsachen anführen. So ist es z. B. ein allen Tierzüchtern längst bekannter Erfahrungssatz, daß Zuchttiere nicht zu gut gefüttert werden dürfen, sollen sie ihre Fruchtbarkeit nicht verlieren. Ebenso bekannt ist, daß es in der Regel nicht die reichen, sondern die ärmeren Volksklassen sind, die den stärksten Kindersegen aufweisen. Schon der Name „Proletarier", d. i. Nachkommenerzeuger, für die Ärmsten der Armen spricht dafür. Im übrigen fehlt es auch nicht an statistischen Nachweisen für diese Tatsache. Die adeligen Geschlechter zeigen überall, wo sie daraufhin untersucht worden sind, ein auffallendes Zurückbleiben der Vermehrung hinter den nicht adligen Volksgenossen, eine Erscheinung, die in früheren Jahrhunderten allenfalls auf ihre vorwiegend kriegerische Beschäftigung hätte zurückgeführt werden können, derzeit jedoch anders, als durch mindere Fruchtbarkeit schwerlich zu erklären ist. Doch das alles soll, wie gesagt, bloß als ganz unpräjudizierliche Vermutung hingestellt sein, unter ausdrücklicher Verwahrung dagegen, als ob die Allgemeingültigkeit der im vorigen Absatze dargelegten Entwicklungsgesetze irgendwie von dieser Hypothese abhängig sein könnte. Jedenfalls ließe sich selbe unbedingt bloß auf die Zunahme einzelner Klassen und Individuen, nicht aber auf den Entwicklungsgang ganzer Völker und Zeitalter anwenden. Denn die Zeugungskraft ist nicht die einzige Potenz, von welcher die Vermehrung abhängt, und sofern von ihrem Einflusse allein die Rede ist, versteht sich von vornherein, daß alles über diesen Punkt Gesagte bloß „ceteris paribus" Geltung beansprucht. Diese Voraussetzung, daß nämlich im übrigen keinerlei Verschiedenheiten obwalten, kann nun bei den obigen Exempeln, wo es sich um Individuen der nämlichen Herde, des nämlichen Volkes handelt, mit Fug gemacht werden. Der Adelige unterscheidet sich vom stammverwandten Proletarier in aller Regel wirklich bloß dadurch, daß dieser arm, jener reich ist, ebenso wie das Zuchtvieh vom Mastvieh in aller Regel bloß dadurch, daß dieses üppig, jenes sparsam gefüttert wird. Es ist dementsprechend zum mindesten nicht als von vornherein unlogisch anzusehen, die hier konstatierbare Verschiedenheit der Zeugungskraft auf Ernährungsverhältnisse zurückzuführen. Ganze Völker dagegen weisen meist untereinander so mannigfache Verschiedenheiten auf, daß es logisch verkehrt wäre, bloß auf diese einzelne Nachdruck zu legen, und ausschließlich in ihr die Ursache der allenfalls sich zeigenden Unterschiede der Vermehrung zu suchen. Will man die Hypothese vom direkten Wechselverhältnisse zwischen Ernährung und Fortpflanzungsfähigkeit auf ganze Völker anwenden, so muß der Vorbehalt des „ceteris paribus" ausdrücklich und mit aller Schärfe gemacht werden. Unter diesem Vorbehalte jedoch scheint mir die Hypothese auch hier vieles für sich zu haben. Reiche Nationen pflegen wirklich stationär zu werden, stationärer zum mindesten, als ärmere Nationen, die im übrigen unter den gleichen Existenzbedingungen leben, wie sie. Die Franzosen z. B. sind zwar minder stationär in ihrer Volksmenge, als die Tuaregs der Sahara oder die Eskimos Grönlands; aber sie sind stationärer als die Irländer, und es scheint mir nicht unlogisch, ersteren Unterschied auf die Verschiedenheit der beiderseitigen Rassen und Länder, letzteren dagegen auf die Verschiedenheit des beiderseitigen Reichtums zurückzuführen. Für alle Fälle jedoch muß festgehalten werden, daß weder Tuareg und Eskimo, noch Ire und Franzose durch den „Nahrungsspielraum“ an fernerer Vermehrung gehindert sind. Daß Grönland oder die Sahara keine so dichte Bevölkerung zu ernähren vermöchte, als sie das heutige Frankreich besitzt, unterliegt allerdings keiner Frage; ebenso unfraglich aber ist, daß sie ein Vielfaches ihrer tatsächlichen Bevölkerung ebensogut — nicht besser, aber auch nicht schlechter — ernähren könnten, gleichwie umgekehrt Tuareg und Eskimo damit nicht reicher würden, wenn sich ihre Menge noch mehr verminderte.

Mit all dem soll aber natürlich beileibe nicht gesagt sein, daß der Nahrungsspielraum überhaupt ohne Einfluß auf die Volksmenge sei. Falsch ist bloß die eine der Malthusschen Thesen, daß nämlich die Volksmenge sich stets bis an die Grenzen des Nahrungsspielraumes vermehre; daß sie sich darüber hinaus nicht vermehren könne, ist vollkommen richtig. Daher kommt es, daß die Bevölkerungszahl sich regelmäßig den Kulturverhältnissen anpaßt. Sie wächst mit dem Kulturfortschritte, hält jedoch dabei unwandelbar einen sehr bedeutenden Abstand zwischen sich und dem Nahrungsspielraume ein. Ja dieser Abstand scheint mit wachsender Kultur absolut und relativ zu wachsen. Wenn von Jagd zur Viehzucht, von dieser zu Ackerbau und von diesem zu Industrie und Handel vorgeschritten wird, vermehrt sich damit fortlaufend die Volksmenge ganz gewaltig; wo einst tausend Jäger streiften, dort sitzt jetzt eine Million Ackerbauer, Industrieller und Handeltreibender; aber während die tausend Jäger beispielsweise die Hälfte jener Menschenzahl darstellte, die auf dem fraglichen Gebiete damals von der Jagd hätte leben können, ist die Million vielleicht weniger als ein Zehntel der Volksmenge, die unter Anwendung der heutigen Kulturmittel auf dem nämlichen Gebiete — unmittelbar und mittelbar, im Wege internationaler Arbeitsteilung — Nahrung fände. So kräftig scheint die Tendenz absoluten wie relativen Zurückbleibens hinter den Grenzen des Nahrungsspielraums zu sein, daß es unter ihrem Einflusse beinahe den Anschein gewinnt, als ob eine merkliche Vermehrung der auf Erden lebenden Menschenmenge überhaupt nur dann sich zeige, wenn infolge besonders großartiger Kulturfortschritte eine ganz überschwängliche Ausdehnung des Nahrungsspielraums eintritt. Als solche epochale Fortschritte möchte ich neben den bereits erwähnten: Viehzucht, Ackerbau, Industrie und Handel, für die jüngste Vergangenheit noch die Dienstbarmachung der Elementarkräfte hervorheben. Jede dieser Kulturerrungenschaften brachte dem Gebiete, über welches sie sich erstreckte, eine Vervielfachung der Volksmenge; war dies jedoch geschehen, so scheint Stillstand der Volksbewegung eingetreten zu sein. Es will mir zum mindesten vorkommen, als ob all die Jahrtausende der uns bekannten Geschichte hindurch bis gegen Anfang des vorigen Jahrhunderts die Bewohnerzahl der Erde ziemlich die gleiche geblieben sein dürfte. Zentral- und Nordeuropa, Amerika, Australien haben einige hundert Millionen gewonnen, dagegen ist das südliche Europa bestenfalls stationär geblieben, Nordafrika, Vorder- und Zentralasien aber so entschieden zurückgegangen, daß die Totalbilanz wohl eher zuungunsten als zugunsten der Neuzeit ausfallen dürfte. Erst das neunzehnte Jahrhundert mit seiner ausgedehnteren Herrschaft über die Elemente brachte eine unzweifelhafte neuerliche Vermehrung der Bewohnerzahl unseres Planeten, und diese letztere Bewegung hat wahrscheinlich ihren Abschluß noch lange nicht gefunden. Sie wird vielleicht in toto zu einer Verdoppelung der Menschenmenge führen, der nicht in Anspruch genommene Teil des Nahrungsspielraumes — ich möchte ihn dessen Reserve nennen — aber wird absolut und relativ größer sein, als jemals zuvor. Beherbergte unser Planet vor 100 Jahren eine Milliarde Menschen bei einem Nahrungsspielraum für — sagen wir — zehn Milliarden, so wird er vielleicht schon in einigen Dezennien zwei Milliarden beherbergen, Nahrungsspielraum aber für vierzig Milliarden besitzen. Und dieses Verhältnis kann sich selbstverständlich auch dann nicht ändern, wenn ein mit Überwindung der Knechtschaft verknüpfter neuerlicher Fortschritt neuerliche Ausdehnung des Nahrungsspielraums im Gefolge haben sollte.

II. Kapitel.

Die Naturwidrigkeit der Knechtschaft.

I. Die Knechtschaft widerstreitet den natürlichen Instinkten des Menschen.

Mit der Erkenntnis der Richtigkeit des Malthusschen Übervölkerungsprinzips ist jedoch bloß eines, allerdings das wichtigste, Hindernis unbefangener sozialer Untersuchungen beseitigt. Diese verlieren damit das ihnen vom schottischen Kleriker angeheftete Stigma wahnwitziger Auflehnung gegen einen gottgewollte, in der ganzen Lebewelt herrschende Harmonie; im Lichte praktischer Möglichkeit erscheinen sie deswegen noch immer nicht, so lange der Glaube herrschend bleibt, daß Knechtschaft auf unabänderlich im Wesen der Menschen gelegene Ursachen zurückzuführen sei. Die richtig verstandenen Tatsachen der Bevölkerungsbewegung belehren uns bloß darüber, daß Not und Elend nicht notwendigerweise in verschärfter Form wiederkehren müßten, wenn es irgendwie möglich wäre, ihrer Herr zu werden; ob eine solche Möglichkeit vorhanden sei, ist damit nicht im entferntesten entschieden. Die Beantwortung dieser Frage hängt ausschließlich davon ab, ob wir in der Ausbeutung des Menschen durch den Menschen eine unabänderliche, ewige, oder eine bloß vorübergehende Erscheinungsform zu sehen haben.

Die orthodoxe Schule erachtet es im allgemeinen als überflüssig, das Institut der wirtschaftlichen Knechtschaft daraufhin erst noch zu untersuchen; ihr genügt, daß es ist, um es als selbstverständliche Notwendigkeit zu statuieren. Sie hält es im Grunde genommen ebensowenig für ihre Sache, darüber zu grübeln, warum die Menschen unfrei seien, als ihr deren Sterblichkeit Kopfzerbrechen macht. Ja gleichwie die religiöse Orthodoxie sich mit der Tatsache des Todes in der einfachsten Weise dadurch abgefunden hat, daß sie sie leugnet, d. h. behauptet, der Mensch sei gar nicht sterblich, erwache vielmehr erst im Tode zum eigentlichen „ewigen Leben“ — so versöhnt uns auch die wirtschaftliche Orthodoxie mit der Knechtschaft kurzweg dadurch, daß sie ihr den Namen „Freiheit des Arbeitsvertrages“ gibt. Im finsteren Altertum und Mittelalter, wo grausame Despoten und hartherzige Raubritter ihre schwächeren Mitmenschen mit Waffengewalt zu Sklaven oder Hörigen machten, möge allenfalls von unfreier Arbeit die Rede gewesen sein; seitdem jedoch Manufaktur und Industrie die Welt regieren, verfüge Jedermann frei über seine Arbeitskraft, wie über seine Person. Vermiete er die erstere an dritte Personen, so tue er das eben vermöge seiner Freiheit, und ein Feind der Freiheit sei derjenige, welcher die Menschen in Ausübung dieses ihres primärsten und wichtigsten Rechtes behindere oder auch nur irremache.

So allgemein verbreitet ist trotz ihrer an Selbstironie streifenden Naivetät diese durchgreifendste und radikalste Verteidigungsart der bestehenden Ordnung, daß es keineswegs überflüssig sein dürfte, auch ihr einige Worte der Widerlegung zu widmen.

Nicht darin liegt die Unfreiheit, daß den Massen erlaubt ist, ihre Kräfte zu vermieten, sondern darin, daß sie dazu gezwungen sind. Was sie dazu zwingt, ist hier vorerst ganz und gar gleichgültig. Mag sein, daß sie selber, ihr eigener Unverstand, Leichtsinn und böser Wille, schuld an ihrer Unfreiheit tragen, oder daß diese in ewigen, unabänderlichen Naturgesetzen begründet ist. Unfreiheit bleibt sie deshalb doch. Und daß die Massen ihre Arbeitskraft nicht bloß verkaufen dürfen, sondern müssen, unterliegt keiner Frage. Allerdings ist es nicht der moderne Arbeitgeber, der sie dazu zwingt, vielmehr handelt letzterer unter demselben Zwange, wie sie, wenn er kauft, was sie verkaufen; aber das ändert an der Tatsache nichts, daß es eben Zwang, unerbittlicher Zwang ist, was dem Handel mit menschlicher Arbeitskraft zugrunde liegt — es sei denn, daß man das Recht, dem Zwange durch den Tod zu entgehen, Freiheit nennen will. Dann aber ist auch der Sklave frei, denn gleichwie es dem Lohnarbeiter offen steht, der Lohnarbeit zu entgehen — wenn er es vorzieht, zu verhungern, so steht es ja auch dem Sklaven frei, die Sklavenarbeit zu verweigern, wenn er sich zu Tode peitschen oder ans Kreuz schlagen lassen will.

Diese Art Radikalismus, dieses Schwärmen für die „Freiheit des Arbeitsvertrages" beginnt denn auch allgemach selbst in der Orthodoxie an Boden zu verlieren und der Auffassung Platz zu machen, daß die moderne Wirtschaft — in diesem Punkte ganz ähnlich der antiken und mittelalterlichen — allerdings auf Unfreiheit beruhe, diese Unfreiheit aber in der menschlichen Natur, ja in der Natur der Dinge ganz im allgemeinen ihre Ursache habe. Begründet wird diese Lehre zunächst durch den Hinweis darauf, daß eine Institution, die seit ungezählten Jahrtausenden allen Nationen, oder doch allen Kulturnationen gemeinsam sei, unmöglich der menschlichen Natur zuwider laufen könne. Und wenn man unter Widernatürlichkeit absolute Unvereinbarkeit mit den Anforderungen der Natur versteht, dann wäre diese Motivierung auch vollkommen beweiskräftig. Widernatürlich in diesem Sinne kann die Knechtschaft allerdings nicht sein. Sie muß sich mit der Natur des Menschen im Guten oder Bösen vereinbaren lassen, sonst hätte sie nicht entstehen, geschweige denn allgemeine Verbreitung finden können. Versteht man aber unter Widernatürlichkeit einer Sache nichts anderes, als daß sie den natürlichen Instinkten zuwiderlaufe, ihnen widerstrebe, so schließt dies nicht im entferntesten aus, daß sie sich trotz alledem nicht endlich doch durchsetze: und nur in diesem Sinne nenne ich die Knechtschaft widernatürlich. Damit soll in Wahrheit nur verneint werden, daß sie ein Postulat der menschlichen Natur sei. Sie ist nichts mit dem Wesen des Menschen Verknüpftes, sondern etwas diesem durch irgendwelche noch näher zu untersuchende Einflüsse Aufgezwungenes — etwa gleich der persönlichen Sklaverei, von welcher heute niemand mehr — wie vor nicht gar so langer Zeit der Fall war — behauptet, daß sie dem Menschen natürlich sei; oder gleich der Domestikation unserer Haustiere, die diesen sicherlich im Kampfe mit ihren natürlichen Instinkten aufgezwungen werden mußte, trotzdem aber so gründlich durchgriff, daß die gezähmten Exemplare mitunter die einzig Überlebenden ihrer Art wurden. Im übrigen bedarf es gar keines näheren Beweises, daß die Knechtschaft unmöglich ein Postulat der menschlichen Natur sein könne; denn daß der Mensch ursprünglich als freies Wesen die Bühne des Lebens betrat und erst späterhin, im Laufe seiner Kulturentwicklung, seine Freiheit einbüßte, darf als selbstverständlich hingestellt werden. Die Knechtschaft kann also schlimmstenfalls bloß als Kulturnotwendigkeit ausgegeben werden. Etwas im Laufe der Zeit Erworbenes ist sie jedenfalls, und fraglich erscheint bloß, ob bei dem mit ihrer Entstehung verknüpften Umwandlungsprozesse grundlegende, dauernde, als fernerhin unwandelbar zu betrachtende Instinkte in Mitleidenschaft gezogen wurden, oder ob es sich dabei lediglich um vorübergehende Anpassungsformen handelt, die bei einem Wechsel der Lebensbedingungen eines abermaligen Wandels nach der Richtung der ursprünglichen Freiheit hin sehr wohl fähig sind.

Denn man beachte wohl: wenn die Knechtschaft der Freiheit Platz machen soll, ist nicht bloß ein Wechsel der äußeren Lebensbedingungen, sondern ein Wandel in gewissen, und zwar sehr tiefliegenden Eigenschaften des Menschen notwendige Voraussetzung. Ein Irrtum ist der stark verbreitete Glaube, daß das Arbeiten für fremden Nutzen lediglich durch äußeren Zwang hervorgerufen wird. Dieser Zwang besteht, aber unmöglich läßt sich übersehen, daß die Menschen sich ihm gutwillig unterwerfen. Auch der unseren Haustieren auferlegte Zwang wäre erfolglos, wenn er ein bloß äußerlicher bliebe, und es ihm nicht gelungen wäre, den Instinkt der Haustiere derart umzuwandeln, daß sie sich ihm nunmehr freiwillig unterwerfen. Der den Menschen auferlegte Zwang aber wäre nicht bloß nutzlos, sondern in Wahrheit ganz und gar unmöglich, ohne die freiwillige Unterwerfung der davon Betroffenen. Denn hier besteht der entscheidende Unterschied, daß man auf Tiere Zwang ausüben kann, auch wenn sie selber, und sei es immerhin bis aufs äußerste — widerstreben; nur erfolglos wird in diesem Falle der Zwang bleiben. Die Menschen aber kann man — zur Knechtschaft — gar nicht zwingen, wenn sie sich innerlich widersetzen, denn die ganze Zwangsgewalt der Herren beruht auf der Mitwirkung, der Zustimmung der Knechte. Aber so unerläßlich dieses Zugeständnis ist, will man anders die wirkliche Natur der Unfreiheit ergründen, so wenig folgt aus demselben an sich das Geringste für die ursprüngliche Naturgesetzlichkeit, oder immerwährende Notwendigkeit der Knechtschaft.

Denn wie gesagt, auch unseren Haustieren ist das freiwillige Arbeiten zu fremdem Nutzen zur zweiten Natur geworden; trotzdem darf füglich als ausgemacht gelten, daß die meisten von ihnen die Rückkehr zum Zustande ihrer ursprünglichen Freiheit nicht nur vertrügen, sondern sich dabei wohler fühlen würden, als derzeit in ihren Ställen. Nur muß man sich hier vor übereilten Schlüssen hüten. Die Einwendung, daß möglicherweise der Mensch jenen Haustierrassen zuzuzählen sei, welche — gleichviel aus welchem Grunde — in der Freiheit entweder dem Untergange geweiht wären, oder die — in diesem Punkte etwa dem Hunde gleich — in der Domestikation freiwillig verharren, auch wenn aller Zwang dazu aufhört, ist nicht kurzer Hand abzuweisen. Denn denkbar wäre immerhin, daß der Mensch infolge seiner vieltausendjährigen knechtischen Kultur eine derartige Wandlung seines Artcharakters erfahren habe, daß er die volle Freiheit nicht mehr zu vertragen vermöchte. Mit bloßen Analogien ist also hier keine Klarheit zu erlangen; es muß gründlich und eingehend untersucht werden, ob die von der Orthodoxie behauptete unlösliche Verschmelzung der Knechtschaft mit der menschlichen Natur Wahrheit sei, oder ob man es in ihr mit einer bloß vorübergehenden Anpassungserscheinung zu tun habe, von welcher die immanenten Instinkte und Eigenschaften des Menschen unberührt geblieben sind.

II. Die Knechtschaft ist nicht aus dem Eigennutz hervorgegangen.

Die hier zunächst zu entscheidende Frage ist offenbar die, um welche menschlichen Instinkte es sich bei dieser Untersuchung wohl zu handeln habe, d. h. bezüglich welcher festzustellen ist, ob sie mit dem Menschen einerseits, mit der Knechtschaft andererseits unlöslich verwachsen sind oder nicht, wenn es gilt, Klarheit über die Naturgemäßheit oder Naturwidrigkeit derselben zu erlangen. Dabei ergibt sich nun sofort mit untrüglicher Bestimmtheit, daß in Wahrheit bloß e i n Instinkt Gegenstand der Untersuchung sein kann: der Eigennutz. Ist er doch anerkanntermaßen nicht bloß der ursprünglichste, mächtigste, unwandelbarste Instinkt des Menschen wie jedes tierischen Lebewesens im allgemeinen, sondern unter einem auch die ausschließliche natürliche Triebfeder aller w i r t s c h a f t l i c h e n Handlungen des Menschen. Gelänge es also, die Knechtschaft auf den Eigennutz zurückzuführen, so wäre damit in der Tat nicht bloß der unanfechtbarste Beweis ihrer Naturgemäßheit, sondern unter einem die denkbar beste Gewähr ihrer ewigen Dauer geboten.

Die Orthodoxie behauptet denn auch frischweg, die bestehende knechtische Ordnung sei gar nichts anderes, als das Ergebnis des menschlichen Eigennutzes, und sie werde bestehen, so lange der Mensch nicht aufhöre, ein eigennütziges Wesen zu sein. Nun sollte man allerdings meinen, daß E i g e n nutz Arbeit zu e i g e n e m Nutzen verlange, und daß sohin eine Institution, deren Wesen Arbeit zu fremdem Nutzen und Nutzen aus fremder Arbeit ist, unmöglich von ihm abgeleitet werden könne. In der Tat beruht diese orthodoxe These auf einer gerade durch ihre Kühnheit verblüffenden Unterstellung. Sie tut so, als ob es darauf ankäme, zu erklären, was die Herren antreibe, auf Kosten der Knechte zu leben, nicht aber darauf, was die Knechte veranlasse, für Rechnung der Herren sich zu plagen. Streng genommen ist allerdings „eigennützig" nicht einmal für die Handlungsweise der Herren die richtige Bezeichnung, sofern unter Eigennutz ein primärer, dem Menschen von Uranfang eigentümlicher Instinkt verstanden werden will. Denn dieser durch das ganze Tierreich verbreitete Instinkt treibt das Individuum dazu an, den eigenen Nutzen durch e i g e n e Tätigkeit zu verfolgen; die Tätigkeit anderer zu eigenem Nutzen zu gebrauchen, ist im Tierreiche nicht üblich, und auch der Mensch hat im Zustande seiner ursprünglichen tierischen Unschuld davon offenbar nichts gewußt, trotzdem er dazumal sicherlich eben so eigennützig war, wie in der Gegenwart.

Doch das nur nebenbei. Mag man immerhin die Handlungsweise des Ausbeuters eigennützig nennen; daß auch der Ausgebeutete durch Eigennutz angetrieben werde, gutwillig auf die Frucht seiner Arbeit zu verzichten, das kann so ohne weiteres selbst die verrannteste Orthodoxie nicht behaupten, und ihre kühne These erklärt sich bloß dadurch, daß sie — was ihr allerdings ganz im allgemeinen zu geschehen pflegt — bei ihren Untersuchungen nur an die Ausbeuter gedacht, die Ausgebeuteten gänzlich übersehen hat.

Natürlich will sie das nicht Wort haben und ergeht sich, aufmerksam gemacht auf dieses ihr Übersehen der Hauptsache, in allerlei schielenden Ausflüchten. So behauptet sie z. B., es sei gänzlich falsch, von Ausbeutern und Ausgebeuteten zu reden, wo in Wahrheit nur von verschieden gearteten Mitwirkenden am gemeinsamen Produktionsprozesse gesprochen werden dürfe. Es sei einfach nicht wahr, daß dabei bloß der sogenannte Arbeiter arbeite, bloß der Herr den Nutzen habe. Sie arbeiten beide, nur täten sie das auf verschiedene Weise, und Nutzen hätten sie auch beide davon, bloß daß der Nutzen des einen den Namen „Lohn", der des anderen den Namen „Gewinn" trüge. Das sind jedoch wie gesagt insgesamt bloß leere Ausflüchte.

Der Herr, der Unternehmer, Kapitalist oder Arbeitgeber kann allerdings zugleich Mit*arbeiter* am eigenen Produktionsprozesse sein, dann aber, wenn er dies ist — gleichviel ob in der Eigenschaft als oberster Leiter oder als simpler Handlanger, gebührt ihm als solchem nicht Gewinn, sondern Lohn gleich jedem anderen Arbeiter. Gänzlich unabhängig von diesem seinem diesfallsigen Lohne ist sein Herrengewinn, der ihm zufällt, gleichviel ob er irgendwie mitarbeitet oder nicht, ausschließlich aus dem Grunde, weil er der „Herr" ist, weil er anderen Leuten gestattet, zu seinem Nutzen sich zu plagen. Er kann unmündig oder geistesgestört, ja er kann tot sein — sein Anspruch auf „Gewinn" wird dadurch nicht geschmälert. Auch als Entgelt für übernommene Unternehmergefahr kann der Gewinn nicht hingestellt werden, denn er bleibt unangefochten auch dort, wo an Gefahr nicht im entferntesten zu denken ist; und wo solche wirklich vorhanden, muß dieselbe *neben* dem Gewinne und unabhängig von diesem aus dem Ertrage der Produktion Deckung finden. Kurzum der Herr trägt als solcher zur Produktion nichts bei, absolut nichts anderes, als die bereits oben erwähnte Erlaubnis, andere Leute zu seinem Nutzen arbeiten zu lassen. Woher ihm die Macht wird, diese Erlaubnis zu erteilen oder zu verweigern, das ist eine Frage, die hier nicht zur Sache gehört. Möglich, daß es ewige, unwandelbare Gesetze sind, die sie ihm erteilen; dann wird ihm ewig und unwandelbar der Nutzen vom Produktionsertrage zufallen. „Arbeit" wird aber deshalb die Erteilung sotaner Erlaubnis doch nicht sein.

Und was die andere Seite des orthodoxen Einwandes anlangt, daß nämlich auch der Arbeiter Nutzen aus der Produktion ziehe, sein Eigennutz folglich bei derselben ebenso die Rechnung finde, wie der des Arbeitgebers, so ist auch das einfach unwahr, ein bloßes Spiel mit den Worten „Nutzen" und „Eigennutz". Unter dem Ansporne des Eigennutzes arbeitet nach gemeinem Sprachgebrauch nicht derjenige, der irgendetwas für seine Arbeitsleistung erhält: Futter, Streu, Stall, Lohn; sondern bloß jener, dem der Nutzen der Produktion nach Maßgabe seiner Leistung gehört. Wäre es anders, so könnte man vom Sklaven oder vom Ochsen mit gleichem Rechte wie vom Lohnarbeiter behaupten, sie hätten Anteil am Nutzen ihrer Arbeit, und Eigennutz sei es, was sie zur Arbeit antreibe.

III. Ebensowenig läßt sich die Knechtschaft auf das Eigentum, auf die Willensfreiheit, oder auf dem Individuum nützliche Folgewirkungen zurückführen.

Direkt läßt sich also die Knechtschaft vom Eigennutze nicht ableiten. Wie aber, wenn man es auf Umwegen versuchte? Das kann von zwei Seiten her geschehen. Erstlich dadurch, daß man die Knechtschaft für das notwendige Ergebnis mit dem Eigennutze zusammenhängender, dessen unabweisliche Postulate und Korrelate bildender Einrichtungen ausgibt, anderseits dadurch, daß man, wenn auch nicht die Knechtschaft selber, so doch deren Folgewirkungen als Forderungen des Eigennutzes hinstellt. Es müssen daher auch diese Methoden der indirekten Verknüpfung von Eigennutz und Knechtschaft näher beleuchtet werden.

Was zunächst die erst erwähnte betrifft, die Ableitung der geltenden Wirtschaftsordnung aus naturnotwendigen Postulaten des Eigennutzes, so wählt selbe das Eigentum und die menschliche Willensfreiheit zu Angriffspunkten. Eigentum, so wird gesagt, sei die Voraussetzung der vom Eigennutze geforderten erfolgreichen menschlichen Arbeit; Eigentum aber bilde die Grundlage der bestehenden Ordnung — folglich sei diese eine abgeleitete Folge des Eigennutzes. Ebenso sei das Recht, die eigenen Kräfte nach Belieben zu gebrauchen, die ursprünglichste und unabweislichste Forderung des Eigennutzes; die geltende wirtschaftliche Ordnung ihrerseits sei nichts anderes, als das unvermeidliche Ergebnis der Ausübung dieses Rechtes, woraus abermals hervorgehe, daß diese Wirtschaftsordnung Folgewirkung des Eigennutzes sei.

Nun gilt aber in Wahrheit von Eigentum und Willensfreiheit dasselbe, was vom Eigennutze direkt bereits nachgewiesen wurde. Die bestehende Ordnung, weit entfernt, ihr Ergebnis zu sein, steht zu denselben in ausgesprochenstem Gegensatze, ja sie hebt dieselben geradezu auf. Da menschliche Arbeit ohne das Verfügungsrecht über die Kräfte und Stoffe der Natur nicht vor sich gehen kann, der Eigennutz aber möglichsten Erfolg der Arbeit zum obersten Zwecke hat, so ist dieses Verfügungsrecht — welches, nebenbei bemerkt mit dem Eigentum noch lange nicht identifiziert werden darf, worüber jedoch Näheres später — in der Tat ein Postulat des Eigennutzes. Die bestehende Ordnung stattet jedoch bloß eine Minderheit mit dieser Voraussetzung erfolgreicher Arbeit aus, und ihre daraufhin behauptete Übereinstimmung mit den Anforderungen des Eigennutzes kann abermals bloß von demjenigen zugegeben werden, für den die große Masse der Entrechteten nnd Enteigneten nicht vorhanden ist.

Anlangend die Ableitung der bestehenden sozialen Ordnung von der Willensfreiheit, so ist auch diese allerdings ein Postultat, und zwar das wichtigste, unerläßlichste des Eigennutzes; die bestehende soziale Ordnung aber ist nicht ihre, sondern ihres Gegenteils Folgewirkung, sie geht nicht hervor aus der Ausübung, sondern aus der Unterdrückung dieses Rechtes. Die orthodoxe These beruht auch in diesem Punkte auf einer radikalen Umstülpung des wirklichen Sachverhaltes. Sie ist falsch nicht etwa bloß aus dem Grunde, weil das Recht auf freien Kräftegebrauch denn doch auch seine Grenze, und zwar am gleichen Rechte anderer haben muß, sondern deshalb, weil die ausbeuterische Ordnung mit Freiheit des Kräftegebrauches überhaupt nichts zu tun hat, weder mit begrenzter, noch mit unbegrenzter, weder mit vernünftiger, noch mit unvernünftiger. Es ist gar nicht notwendig, darauf hinzuweisen, daß es ein Recht, die eigenen Kräfte zum Schaden anderer zu gebrauchen, nicht gebe; es ist überflüssig zu betonen, daß der Mensch deshalb allein, weil seine Kräfte es ermöglichen, den Nebenmenschen ebensowenig berauben, als mißhandeln oder töten dürfe. Denn nichts von alldem tut die ausbeuterische Ordnung; ihr Wesen liegt nicht darin, daß sie einzelnen gestattet, die eigenen Kräfte ohne Rücksicht auf das Recht des Nebenmenschen zu gebrauchen, sie ist vielmehr eine Einrichtung, derzufolge einzelne in die Lage geraten, die Kräfte und Fähigkeiten *anderer* für sich auszunützen; die eigenen Fähigkeiten und Kräfte kommen dabei gar nicht, oder doch nur höchst nebensächlicherweise in Betracht. Der kläglichste Schwächling, Krüppel und Dummkopf kann „Herr" des Schönsten, Stärksten, Klügsten sein, nicht weil er ihm in irgendeinem Punkte überlegen ist, sondern weil — in der Regel gänzlich ohne sein eigenes Zutun — dessen Fähigkeiten und Kräfte ihm von vorneherein untertan sind. Also weder auf freiem noch auf beschränktem Gebrauche der eigenen Kräfte, sondern auf in bestimmte Formen gebrachtem Gebrauche fremder Kräfte beruht die Knechtschaft, und deshalb ist sie nicht Ausfluß, sondern das Widerspiel des wie immer aufgefaßten Naturrechtes auf freien Kräftegebrauch.

Bleibt nurmehr der Versuch, die Naturgemäßheit der Knechtschaft dadurch plausibel zu machen, daß behauptet wird, sie habe sich durch ihre Folgewirkungen als nützlich auch für die Knechte und dementsprechend als ein Postulat des Eigennutzes auch dieser erwiesen. Sie sei es gewesen, die den in ihrer Isolierung ohnmächtigen Freien erhöhten Schutz gegen Gefahren und Verbesserung der materiellen Lage gebracht habe.

Doch auch das ist durchaus unrichtig. Die Knechtschaft bietet den Arbeitenden weder erhöhte Sicherheit, noch Verbesserung ihrer materiellen Lage. Was zunächst erstere anlangt, so ist es in Wahrheit sie, ja bei Lichte besehen sie allein, was die Sicherheit der Arbeitenden gefährdet. Gäbe es keine Knechtschaft, so existierten Krieg und Gewalttat überhaupt gar nicht, nichts wäre vorhanden, was den Menschen gefährden könnte, es seien denn Elementarunfälle oder Angriffe wilder Tiere. Gegen diese gewährt die Knechtschaft keinen besseren Schutz als die Freiheit, und woran die Orthodoxie bei ihrer These denkt, das ist ausschließlich der erhöhte Schutz gegen menschliche Gewalttat. Das aber läuft auf das nämliche hinaus, als wenn man den Brigantaggio als Gewährer erhöhter Sicherheit gegen Raub und Mord preisen wollte, weil die Briganten denjenigen, der ihnen Tribut zahlt, gegen Raub- und Mordtaten fremder Briganten zu schirmen pflegen. Ja, das wäre in Wahrheit sogar eine den gemeinen Brigantaggio arg verleumdende Analogie. Der Brigant pflegt in aller Regel seine tributpflichtigen „Schutzbefohlenen" in seine eigenen blutigen Händel nicht hineinzuziehen. Macht er Einfälle in fremdes Gebiet, so tut er das auf eigene Faust; die „Beschützten" können von ihm unbelästigt ihren Geschäften nachgehen, während er sich auswärts Beute oder blutige Köpfe holt. Anders der „schützende" Sklavenhalter. Seine Beutezüge — sie mögen nun Sklavenjagden oder Eroberungszüge heißen — haben die „Beschützten" auszufechten. Gemeinsam mit dem Briganten ist dem Sklavenjäger bloß, daß er die allenfallsige Beute für sich behält; an den allenfallsigen Schlägen gewährt er, in Gegensatz zu jenem, den Schutzbefohlenen großmütigsten Anteil. Kurzum, die Knechtschaft ist für die Geknechteten keine Quelle erhöhter Sicherheit, sondern ganz im Gegenteile die alleinige Quelle aller Unsicherheit, aller Gewalttaten, aller Scheußlichkeiten, unter welchen sie zu leiden haben.

Nicht anders verhält es sich mit der angeblichen Verbesserung der materiellen Lage. Es mag ja sein, daß in ganz besonderen Ausnahmefällen der Sklave wirklich besser daran ist, denn früher als Freier. Diese Fälle sind jedoch so ungeheuer selten, daß von ihnen füglich abgesehen werden kann. Daß ihrer überhaupt Erwähnung geschieht, liegt daran, daß man regelmäßig einen bloßen Wechsel in der Person des Herrn für den Verlust der Freiheit nimmt. So zum Beispiel, wenn erzählt wird, daß die von den arabischen Sklavenjägern erbeuteten Neger sich in der Regel mit wunderbarer Raschheit in ihr neues Los finden und fast niemals Versuche machen, in die Heimat zu entlaufen, so leicht ihnen dies auch mitunter wäre. Es hat sich herausgestellt, daß diese Musterknechte ausnahmslos gewesene Sklaven sklavenhaltender, oder dienende Untertanen unfreier Negerstämme sind. Sie ziehen einfach die neuen Herren den alten vor, wozu sie ihre guten Gründe haben, da der Araber seine Sklaven wohl arg zu mißhandeln, sie aber weder zu verspeisen, noch aus nichtigen Anlässen massenhaft abzuschlachten pflegt, was alles zu den leidigen Gewohnheiten zahlreicher, schwarzer „Schutzherren“ und „Arbeitgeber“ gehört. Kurzum in allen diesen Fällen, wo sichere Kunde davon vorhanden ist, daß unfreie Menschen sich mit ihrem Schicksale als mit einer Verbesserung ihrer Lage versöhnen, wird man bei näherem Zusehen stets finden, daß jene frühere Lage, gegen die sich ihr Los verbesserte, nicht Freiheit, sondern eine andere Form der Knechtschaft gewesen. Dem Zustande der Freiheit gegenüber bedeutet die Knechtschaft beinahe immer eine Verschlimmerung. Ganz ausnahmslos gilt dies gerade in jenen Fällen, auf welche es bei Beurteilung der vorliegenden Frage in erster Reihe ankommt, nämlich für die Anfänge der Sklaverei. Denn der erste Herr und der erste Sklave waren offenbar beide gleich wilde Barbaren, und im Lose des Unterjochten änderte sich nichts anderes, als daß er fronpflichtig, das heißt gezwungen wurde, einen Teil seiner kärglichen Arbeitsergebnisse dem Herrn abzutreten.

IV. Die Erklärung der Knechtschaft liegt in ihrer gesellschaftlichen Nützlichkeit.

Es ist also, man mag es von welcher Seite immer versuchen, ganz und gar unmöglich, die Knechtschaft aus dem Eigennutze abzuleiten, eine Tatsache, die, wie gesagt, bei unbefangenem Nachdenken von vornherein einleuchten sollte, da sich schlechterdings nicht absehen läßt, wie eine Institution, deren wesentliches Merkmal Plage für fremde Rechnung ist, in jenem Instinkte ihre Wurzel haben sollte, der den Menschen — gleich jedem lebenden Wesen — antreibt, die Ergebnisse der eigenen Plage selber zu genießen. Die Knechtschaft ist nicht infolge, sondern trotz des Eigennutzes entstanden.

Entstanden aber und zur herrschenden Institution der gesamten Kulturwelt geworden ist sie tatsächlich; und gerade aus dem Umstande, daß dies trotz des Gegensatzes zum Eigennutze, diesem ursprünglichsten und mächtigsten aller Instinkte, geschehen konnte und geschah, folgt erst recht mit zwingender Notwendigkeit, daß sie von ausschlagebendem Nutzen gewesen sein muß. Je gewaltiger der Widerstand ist, den eine bestimmte Entwicklung in den ursprünglichen Anlagen und Bedürfnissen vorfindet, desto gewaltiger und zwingender müssen die mit ihr verknüpften Vorteile sein, soll sie unerachtet dieser Hindernisse dennoch durchdringen. Und die Lösung dieses anscheinenden Widerspruches ist darin zu suchen, daß eine und die nämliche Einrichtung schädlich für die von ihr betroffenen Individuen, trotzdem aber nützlich für die Gesamtheit sein kann, welcher die Individuen angehören. Das heißt mit anderen Worten: mag immerhin Knechtschaft dem Eigennutze der Knechte schnurstracks zuwiderlaufen — sie kann trotzdem zur herrschenden Institution der Menschheit geworden sein, wenn sie den von ihr befallenen Gesellschaften entscheidenden Vorteil brachte.

Mit diesem Zugeständnisse ist nun scheinbar das Ergebnis der ganzen bisherigen Beweisführung über den Haufen geworfen. Was nützt es — so könnte man fragen — festgestellt zu haben, die Knechtschaft widerstrebe dem Eigennutze, wenn konzediert werden muß, daß sie ein Postulat des Artnutzens sei? Ist nicht letzterer ebenso zwingender Art, wie ersterer? Jawohl, das ist er allerdings, jedoch mit der Maßgabe, daß der Eigennutz stets unwandelbar der nämliche bleibe, der Artnutzen jedoch jedem erdenklichen Wechsel unterworfen ist, heute dies, morgen jenes bedeuten kann. In Wahrheit besteht zwischen den beiden nichts Gemeinsames, als das Wort „Nutzen". Das eine, der Eigennutz, ist ein gegebener Instinkt, und zwar der ursprünglichste, allen tierischen Lebewesen unausrottbar anhaftende; das andere, der Artnutzen, bezeichnet ein völlig unbestimmtes Etwas, von welchem nur so viel gesagt werden will, das es nützt, und zwar der Art als Ganzes nützt. Folglich bedeutet die Behauptung, es sei etwas Postulat des Eigennutzes, daß dieses Etwas dauernd mit der menschlichen Natur verknüpft sei; besagtes Etwas sei ein Postulat des Artnutzens bedeutet, dieses Etwas sei Folge von Zusammenhängen, deren Wesen erst noch zu untersuchen ist. Ginge die Knechtschaft aus dem Eigennutze hervor, so müßte sie nicht bloß in aller Zukunft bestehen, sie müßte ebenso in aller Vergangenheit bestanden haben; mit ihrer Begründung aus dem Artnutzen verträgt sich ihre zeitliche Begrenztheit nach vorn so gut als nach rückwärts; sie muß nicht, aber sie kann dann ebenso ein Ende als einen Anfang haben, je nachdem sich herausstellt, ob die Zusammenhänge, denen sie ihre Entstehung und Ausbreitung verdankt, ebenso einmal wieder verschwinden werden, wie sie zweifellos einmal in den Urzeiten der Menschheitsgeschichte sich zum ersten Male einstellten; oder ob sie — was allerdings auch möglich wäre — einmal hervorgetreten, die Gewähr ewiger Dauer in sich tragen — das Wort „ewig" hier selbstverständlicherweise überall bloß im Sinne der Identität mit der Dauer der menschlichen Gesellschaft verstanden.

III. Kapitel.

Das Entwicklungsprinzip in seiner Anwendung auf die menschliche Gesellschaft.

I. Aus der Zurückführung der Knechtschaft auf den Daseinskampf folgt weder ihre Naturgemäßheit noch ihre ewige Dauer.

Aus dem im vorigen Kapitel Dargelegten ergibt sich bloß die negative Erkenntnis, daß die Knechtschaft nicht Folgewirkung des menschlichen Eigennutzes und es daher falsch sei, sie schon wegen dieser ihrer versuchten Zurückführung auf besagten unausrottbaren Instinkt als unabänderliche Naturnotwendigkeit auszugeben. Nach der positiven Seite hin bestand die ganze Ausbeute bisher aus dem Satze, daß Knechtschaft ein Erfordernis des Artnutzens gewesen, wobei jedoch gänzlich im Dunkeln blieb, erstlich woraus eigentlich dieser Artnutzen bestanden, zum zweiten, wie er sich durchgesetzt habe, d. h. kraft welcher Vorgänge und Zusammenhänge die Menschen dahin gebracht wurden, sich zu Erreichung besagten Artnutzens gegenseitig auszubeuten, respektive ausbeuten zu lassen; und zum dritten, ob besagter Nutzen einerseits, die zu seiner Durchsetzung führenden Zusammenhänge anderseits vorübergehender oder dauernder Beschaffenheit seien. Es ist offenbar, daß es kein besseres Mittel zu Beantwortung all dieser Fragen gibt, als die Untersuchung des bisherigen natürlichen Werdeprozesses der menschlichen Gesellschaft, ein Beginnen, welches noch vor wenigen Dezennien gänzlich hoffnungslos gewesen wäre, heute aber, nach Darwin, immerhin Aussicht auf Erfolg hat, wenn anders das von dem großen englischen Forscher entdeckte Gesetz der Artentwicklung im Kampfe ums Dasein richtig ist, und für den Menschen nicht mindere Gültigkeit hat, wie für jedes andere Lebewesen.

Bevor ich an den Versuch einer Bewältigung dieses Teiles meiner Aufgabe schreite, dürfte es vielleicht nicht ganz überflüssig sein, Verwahrung dagegen einzulegen, als ob aus der Zurückführung der Knechtschaft auf den Daseinskampf ohne weiteres und a priori das Zugeständnis ihrer naturgesetzlichen Notwendigkeit folge — wie von den meisten orthodoxen Schriftstellern entweder ausdrücklich behauptet oder stillschweigend angenommen wird. Der Gedankengang, kraft dessen die Orthodoxie zu dieser ihrer Schlußfolgerung gelangt, ist der folgende: Der Daseinskampf herrscht in der ganzen Lebewelt, ist also Naturgesetz; er hat in der menschlichen Gesellschaft Knechtschaft zum Ergebnisse: folglich ist Knechtschaft die Folge eines Naturgesetzes. Diese Schlußfolgerung nun ist bei all ihrer scheinbaren Unanfechtbarkeit doch nichts anderes, als ein sehr durchsichtiger Trugschluß a minore ad majorem. Der Daseinskampf in der menschlichen Gesellschaft, wie überhaupt der Daseinskampf jeder speziellen Art von Lebewesen ist nämlich keineswegs identisch mit dem Daseinskampfe überhaupt. Naturgesetz aber ist, daß jede Spezies irgendeine, nicht aber, gerade eine bestimmte Form des Daseinskampfes bestehe, es ist folglich auch mit nichten Naturgesetz, daß jene Folgewirkungen eintreten, die Ergebnis gerade nur einer speziellen Form des Daseinskampfes sind. Bei einigen Insektenarten hat der Daseinskampf dahin geführt, daß die Männchen von den Weibchen während des Begattungsaktes gefressen werden; folgt daraus, daß das Gefressenwerden beim Begattungsakte eine Naturnotwendigkeit sei? „Nicht im allgemeinen, wohl aber für die betreffende Insektenart", wird hier vielleicht die in die Enge getriebene Orthodoxie einwenden. Aber auch das wäre ein eitles Spiel mit Worten. Denn auch für die fragliche Insektenspezies ist diese Abnormität nicht naturgesetzliche Notwendigkeit schlechthin, sondern — allerdings naturgesetzliche — Folge bloß jener speziellen Form, die ihr Daseinskampf angenommen. Mit dieser Einschränkung aber ist ja die hier obschwebende Frage — in meinen Augen zum mindesten — nicht strittig. Daß Knechtschaft die naturnotwendige Folge jener speziellen Form des Daseinskampfes gewesen, wie er in der menschlichen Gesellschaft tatsächlich geführt wurde, gebe ich zu. Fraglich erscheint mir bloß die naturgesetzliche Notwendigkeit gerade dieser speziellen Form des Daseinskampfes.

Worin liegt nun die Spezialität dieses derzeit tatsächlich unter den Menschen herrschenden Daseinskampfes? Darin, daß der Mensch allein unter allen Lebewesen den Krieg gegen die eigenen Artgenossen führt, während überall sonst die Kreatur den Kampf gegen die Außenwelt auszufechten hat, und *innerhalb* der Art Friede herrscht. Nicht gegen den Mittiger kämpft der Tiger, sondern gegen Büffel, Hirsch und Eber; es mag wohl sporadisch Kämpfe auch zwischen Tigern geben, aber das sind keine Daseinskämpfe, sondern gelegentliche Händel, die mit dem Fortkommen des Tigers keinen wesentlichen Zusammenhang besitzen. Der Mensch allein lebt von der Jagd auf Seinesgleichen, folgt also in *diesem* Punkte keineswegs einem durch die ganze Natur herrschenden Gesetze, sondern stellt eine Abnormität dar, in ihrer Art nicht minder seltsam und greulich, als die oben geschilderte der gattenfressenden Insekten. Es ist denkbar, daß er diese Monstruosität — einmal von ihr befallen — niemals wieder ablegen kann — etwa wie jene Kerfe die ihrige wahrscheinlich niemals verlieren werden; so ganz und gar selbstverständlich, wie die Orthodoxen meinen, ist das aber denn doch nicht, vielmehr sehe ich die Aufgabe aller sozialpolitischen Forschung gerade in der gewissenhaften und gründlichen Untersuchung *dieser* Frage. Das gälte selbst für den Fall, als die wissenschaftliche Analyse des Problems zu dem Ergebnisse führen sollte, der menschliche Daseinskampf verdanke seinen speziellen, zur Knechtschaft führenden Charakter nicht vorübergehenden, dereinstigem Wandel zugänglichen, sondern immanenten, in einer unabänderlichen Eigenart des genus homo gelegenen Ursachen. Auch dieses Ergebnis wäre — trotz all seiner Trostlosigkeit — von unschätzbarem Werte, denn dann wüßten wir zum mindesten, was bisher von den Anwälten der bestehenden Ordnung bloß behauptet wird, daß es nämlich in alle Ewigkeit Herren und Knechte geben müsse. Also auch die Orthodoxen sollten, soweit sie es ehrlich meinen, auf gründlicher Analyse des Entwicklungsproblems bestehen. Der überzeugte Sozialist vollends muß in der Lösung dieser Frage den Ausgangspunkt all seiner Bestrebungen erblicken. Denn — so ist meine Überzeugung — die Beweislast im sozialen Streite fällt ihm als dem Angreifer zu. Die Tatsachen, wie sie nun einmal vorliegen, zeugen — das kann nicht geleugnet werden — durchaus für die Orthodoxie. Die Knechtschaft herrscht, so weit menschliche Erinnerung zurückreicht; alles, ausnahmslos alles, was im Bereiche des bisherigen menschlichen Entwicklungsprozesses vor sich gegangen ist, spricht dafür, daß sie Voraussetzung des Kulturfortschrittes sei. Nicht bloß entschuldbar, sondern logisch durchaus gerechtfertigt ist es, an ihre zukünftige Dauer zu glauben, so lange nicht klar und unwiderleglich gezeigt werden kann, daß es bloß vorübergehende Ursachen gewesen, was sie dazu gemacht. Damit soll das Verdienst jener Männer keineswegs geschmälert werden, die auch ohne dieses der Hoffnung auf dereinstige Erlösung ihrer zu Schmach und Jammer verurteilten Mitbrüder Raum gaben; aber dieses ihr Verdienst ist und bleibt, so lange obiger Nachweis nicht gelungen, ein rein ethisches; ihre Zuversicht legt Zeugnis ab vom menschlichen Fühlen der Betreffenden, ist auch insofern von Erfolg begleitet gewesen, als sie dahin geführt hat, einerseits die Massen aus ihrer stumpfen Unterwerfung aufzurütteln, anderseits das soziale Problem überhaupt auf die Tagesordnung wissenschaftlicher Erörterung zu setzen. Der Lösung näher gerückt aber haben sie das Problem nicht. Daß umgekehrt auch die Orthodoxie mit ihren Versuchen, die Knechtschaft auf immanente Ursachen zurückzuführen, kläglich Schiffbruch gelitten, ändert an diesem Sachverhalte sehr wenig. Das, was ist, bedarf keines Beweises; es kann füglich den Anspruch erheben, für das Dauernde gehalten zu werden, so lange seine Unhaltbarkeit nicht bewiesen ist.

II. Unzulänglichkeit von Marx' materialistischer Geschichtsauffassung.

Marx ist der einzige Volkswirt, der überhaupt einen ernstlichen Versuch zu wissenschaftlichem Nachweise der Unhaltbarkeit der bestehenden sozialen Ordnung unternommen hat. Dabei erkannte er ganz richtig, daß dieser Nachweis an der Hand des Entwicklungsgesetzes erbracht werden müsse — eine Idee, die heute, wo der Darwinismus jedem Gebildeten in Fleisch und Blut übergegangen ist, von den meisten kaum als etwas sonderlich Neues und Originelles anerkannt werden dürfte, die aber zur Zeit, als Marx auf sie geriet, eine Entdeckung im weitesten Sinne des Wortes war und Zeugnis ablegt von dem überragenden Genie ihres Autors. Diese seine Entdeckung richtig zu verwerten, ist jedoch Marx nicht gelungen. Es scheint, daß ihn, im Gegensatze zu den Orthodoxen, die aus dem Entwicklungsgesetze, soweit sie sich mit demselben überhaupt beschäftigen, ohne weiteres die oben beleuchtete Schlußfolgerung auf die naturgesetzliche Notwendigkeit der Knechtschaft ziehen, die Ansicht beherrschte, es genüge darauf hinzuweisen, im Sinne des Entwicklungsgesetzes sei alles in stetem Wandel begriffen, um die Überwindbarkeit der Knechtschaft bewiesen zu haben. Gewiß, die Vergänglichkeit im philosophischen Sinne ist damit für die Knechtschaft über jeden Zweifel erhaben festgestellt. Nur daß damit dem Sozialpolitiker — und als solcher, nicht als transzendenter Philosoph schrieb doch Marx — herzlich wenig geholfen ist. Nicht darauf kommt es an, ob die herrschende soziale Ordnung den Erdball oder das Sonnensystem überdauern wird, sondern darauf, ob es dem Menschen in absehbarer Zukunft vergönnt sein wird, sich ihrer zu entledigen. Ersteres behaupten ja auch die Orthodoxen nicht; was sie unter der ewigen Dauer der Knechtschaft verstehen, ist nichts anderes, als ihre Beständigkeit den menschlichen Wandlungen gegenüber; ja bei Lichte besehen, nicht einmal das; es es dürfte kaum einen zurechnungsfähigen Volkswirt geben, der, bei aller Orthodoxie, nicht die Möglichkeit zuzugestehen bereit wäre, daß dereinst, wenn durch irgendeine Katastrophe welcher Art immer die menschliche Kultur ihren Untergang fände, und den Erdball wieder, wie in grauer Urzeit, als Repräsentanten des Menschengeschlechtes bloß schweifende Wilde bevölkerten, diese gesellschaftslosen Wilden allesamt frei und gleich sein könnten. Also bloß für den Kulturmenschen ist die behauptete Ewigkeit der Knechtschaft zu verstehen — und die Widerlegung dieser Behauptung kann aus dem Satze von der Wandelbarkeit alles Bestehenden unmöglich gefolgert werden.

Allerdings hat Marx auch versucht, seinem Entwicklungsgedanken etwas mehr Körper zu verleihen, zu zeigen, daß und warum die Knechtschaft nicht von einem beliebigen anderen Zustande, als welcher ja, wie gesagt, auch die Vernichtung oder die Barbarei gedacht werden könnte, sondern gerade von der Freiheit, und nicht in unbestimmter, sondern in absehbarer, innerhalb der Dauer menschlicher Kultur gelegener Zeit abgelöst werden müsse — diese Versuche aber sind vollständig mißglückt.

Vor allem hielt er es für nötig, mit aller Schärfe zu betonen, daß es materielle Potenzen, Vorgänge auf dem Gebiete der äußeren Existenzbedingungen seien, wodurch der Gang der Entwicklung überall in der Natur, also auch in der menschlichen Gesellschaft, bedingt sei. Er und mehr noch seine Schule tut sich auf diese These — bekannt unter dem Namen der materialistischen Geschichtsauffassung — besonders viel zugute; sie ist aber durchaus falsch. Daß der Mensch als geistbegabtes Wesen unter dem Einflusse auch geistiger Potenzen stehe, ist eine Tatsache so einleuchtender, ja selbstverständlicher Art, daß sie sich im Grunde genommen gar nicht leugnen läßt. Auch Marx will mit seinem „Materialismus" nur sagen, daß Ideen und Gefühle des Menschen durch materielle Vorgänge hervorgerufen und durch diese bedingt, also etwas bloß Sekundäres seien, folglich der letzte Anstoß zu allen Veränderungen stets in materiellen Vorgängen gesucht werden müsse. Das mag aber an sich wahr oder falsch sein — daraus folgt unter keinen Umständen, daß die geistigen Potenzen bei Untersuchung des menschlichen Entwicklungsprozesses übersehen werden dürfen. Denn nicht darum handelt es sich bei dieser Untersuchung, welches die letzten, sondern gerade darum, welches die unmittelbar treibenden Ursachen der einschlägigen Vorgänge seien. Worin die Ursachen dieser Ursachen gesehen werden müßten, kommt, wenn überhaupt, erst in zweiter Reihe in Betracht und kann — was die Hauptsache ist — unmöglich entdeckt werden, wenn nicht zuvor die unmittelbaren Ursachen richtig erkannt worden sind. Wer bei Analyse des Entwicklungsprozesses der menschlichen Gesellschaft die geistigen Triebkräfte grundsätzlich übersieht und alles unmittelbar aus den äußeren Existenzbedingungen erklären will, der gleicht dem Untersuchungsrichter, der, weil er philosophischer Materialist ist, bei Erforschung der Motive einer Mordtat die geistigen Vorgänge im Mörder unbeachtet lassen wollte. Mag er immerhin durchdrungen davon sein, daß Geist nichts anderes sei, als das Produkt der Materie, er wird trotzdem selbstverständlicherweise bei seiner Untersuchung von den geistigen Prozessen ausgehen, und dann erst — sofern ihm dies überhaupt notwendig erscheint, zu Ergründung der materiellen Ursachen dieser letzteren vorschreiten. Hält er es anders, so ist an einen Erfolg seiner Bemühungen von vornherein nicht zu denken.

So ist denn auch selbstverständlich, daß Marx bei seinen Versuchen, den sozialen Entwicklungsprozeß an der Hand dieser materialistischen Geschichtsauffassung zu erklären, aufs gründlichste in die Irre gegangen ist. Ihm zufolge soll die soziale Evolution dadurch hervorgerufen werden, daß die Konzentration alles Eigentums in immer wenigere Hände — die Expropriation der Massen — unaufhaltsam insolange fortschreite, bis endlich der Moment eintrete, wo die auf die Spitze gestellte Pyramide umkippe, d. h. wo die alles Eigens enteigneten Massen ihrerseits die Enteigner enteignen. Nun ist aber zuvörderst der Ausgangspunkt dieser These, die fortschreitende Konzentration, mitnichten eine so feststehende Tatsache, als Marx und seine Anhänger annehmen, und zwar dies selbst in dem Falle nicht, wenn man darunter lediglich fortschreitende Konzentration der B e t r i e b e versteht. Eine solche dürfte sich einstellen, ja sie ist, worauf ich — im letzten Kapitel dieses Abschnittes — noch ausführlich zu sprechen kommen werde, tatsächlich bereits im Zuge, aber in ganz anderer Weise, als Marx voraussetzt. Auch daß diese Konzentration bestimmt ist, eine Rolle im sozialen Entwicklungsprozesse der Menschheit zu spielen, wird sich ergeben, nur auch dies in durchaus anderem Sinne, als die Marxsche Schule glaubt. Doch abgesehen davon — womit will Marx motivieren, daß Konzentration an sich — sie mag wie immer verstanden werden, bei einem gewissen Punkte angelangt, zu Expropriation der Expropriateure führen müsse? Woher schöpft Marx diese Überzeugung? Aus der bisherigen Geschichte der menschlichen Entwicklung sicherlich nicht. Diese belehrt uns ganz im Gegenteile darüber, daß die Macht der „Expropriateure" zumeist im geraden Verhältnisse der durch sie geübten Konzentration zunimmt, und daß, wenn da und dort wirklich eine zu weit getriebene oder ungeschickt ausgenützte Konzentration zu Katastrophen führt, diese doch zumeist bloß politischer, nicht aber sozialer Natur sind. Daß aber vollends Konzentration jene Konsequenzen gehabt hätte, auf die es Marx doch ausschließlich ankommt, nämlich die Expropriation der Expropriateure zugunsten der Expropriierten, das ist bisher noch nie und nirgend vorgekommen, trotzdem es doch an auf die Spitze getriebenen Konzentrationen wahrlich nicht gefehlt hat. Nicht durch ihre Hörigen und nicht zu deren

Gunsten, wurden die Großeigentümer im alten Ägypten, Italien, Peru expropriiert, sondern durch fremde Eroberer, welche den Unterdrückten ein womöglich noch härteres Joch auferlegten. Kurzum, Marxens Ausführungen sind ein bloßes Phantasiegebilde; sie gehen aus von einer unerwiesenen Prämisse und dichten dieser Folgewirkungen an, die so ziemlich das Gegenteil dessen sind, was aus ihr hervorgehen würde, wenn sie wahr wäre.

Noch viel unzureichender sind die einschlägigen Ideen aller anderen sozialpolitischen Autoren, die sich mit dem Entwicklungsprobleme beschäftigt haben. Orthodoxe wie Sozialisten begnügen sich, soweit sie auf den Gegenstand überhaupt eingehen, mit mehr minder inhaltlosen Redensarten über „Entwicklungsgesetz" und „Daseinskampf", ohne es für notwendig zu halten, des näheren auszuführen, welcherlei Qualitäten und Einrichtungen des Menschen es eigentlich gewesen, die sich „entwickelten", und in welcher Weise der Daseinskampf diese Entwicklungsformen zuwege gebracht. Das ist meines Erachtens so sehr der Fall, daß ich es für untunlich halte, bei Darlegung meiner diesbezüglichen Ansichten von irgendeiner der bestehenden sozialpolitischen Lehrmeinungen auszugehen, mich vielmehr genötigt sehe, dieselben durchaus selbständig ab ovo zu erläutern.

III. Der Daseinskampf im Tierreiche.

Wenn bei den nun folgenden Untersuchungen überall das Darwinsche Entwicklungsgesetz als zweifellos richtig und feststehend vorausgesetzt wird, so ist dies nicht so zu verstehen, als ob mir die noch immer obschwebenden wissenschaftlichen Kontroversen über die Deszendenzlehre unbekannt wären, oder als ob ich der Meinung huldigte, daß in allen strittigen Punkten die Wahrheit unbedingt auf seiten des Meisters zu suchen sei. Wohl aber bin ich der Ansicht, daß all diese noch schwebenden biologischen Streitfragen, so wichtig und bedeutsam sie auch für den Spezialisten dieser Wissenschaft sein mögen, gänzlich irrelevant sind für die Frage, um die es sich hier für mich handelt. Mag z. B. sein, daß mit Bezug auf das Migrationsproblem Darwin wirklich geirrt hat — es ist das, nebenbei bemerkt, meines Erachtens durchaus nicht der Fall — was verschlägt es dem sozialpolitischen Forscher, ob im Entwicklungsprozesse Wanderung oder Auslese durch Zuchtwahl das hauptsächliche Agens gewesen? Worauf es ankommt, das ist lediglich die Frage, ob sich die Lebewesen im Kampfe ums Dasein von den unscheinbarsten Uranfängen zu dem entwickelten und differenzierten, was sie heute sind. Das wird derzeit von keinem Manne der Wissenschaft mehr bestritten, und da Darwin derjenige ist, der diese grundlegende Wahrheit am klarsten erkannte und bewiesen, so muß alle entwicklungsgeschichtliche Forschung an ihn anknüpfen, gleichviel, ob seine Thesen vielleicht in einzelnen Details gewisser Korrekturen bedürfen, oder nicht.

Im Sinne Darwins sind Erblichkeit und Veränderlichkeit die zwei Prinzipien, die, unter dem Einflusse der Auslese im Kampfe ums Dasein ineinandergreifend, alle Wunder der Artumwandlung vollbrachten. Die Erblichkeit besagt, daß jeglicher Spezies die Tendenz innewohnt, die Eigenschaften der Eltern den Nachkommen zu übertragen; Veränderlichkeit besagt, daß, unbeschadet dieser allgemeinen Tendenz der Erblichkeit, die Nachkommen denn doch in Einzelheiten von den Eltern sowohl als untereinander abweichen; und diese Abweichungen sind es, bei denen die Auslese im Daseinskampfe ansetzt.

Ein Beispiel mag dies näher verdeutlichen. Der Hirsch erzeugt wieder Hirsche, die im großen ganzen sein getreues Abbild sind; vollkommen gleich aber sind die jungen Hirsche weder den Eltern, noch untereinander, vielmehr besitzen sie allesamt gewisse individuelle Eigenheiten. Soweit diese Eigenheiten belanglos sind, gehen sie meist in der nächsten Generation durch Vermischung verloren. Anders verhält es sich mit Abweichungen, die im Daseinskampfe von Vorteil sind, zum Beispiel mit Beinen, welche die des Elternpaares an Länge und Kraft übertreffen. Eine solche Eigenheit hat desto mehr Aussicht, erblich zu werden, je ausschlaggebender einerseits der Vorteil ist, den sie ihrem Träger im Daseinskampfe gewährt, und je härter andererseits der Daseinskampf, dem das Tier unterworfen. Wenn die Hirschart, um die es sich handelt, von wenigen oder von wenig schnellen Feinden bedrängt ist, dann wird erhöhte Schnelligkeit für sie von untergeordneter Bedeutung sein, und dann können die längeren oder stärkeren Beine wieder verschwinden. Sind aber die Feinde zahlreich und selber schnellfüßig, dann haben nur die jeweilig schnellsten Hirsche Aussicht, ihnen zu entgehen. Die Natur hält dann Auslese unter den Hirschen, indem sie die minder leichtfüßigen dem Untergange weiht, ähnlich wie der Mensch Auslese hält unter seinen Haustieren, indem er stets nur die zu bestimmten Zwecken geeigneten zur Fortpflanzung zuläßt. Und was der Natur an Planmäßigkeit abgeht, das ersetzt sie hundertfach und tausendfach durch die ihr zur Verfügung stehende unendliche Zeit. Viele Tausende Generationen mußten wechseln, bis aus einem ursprünglich mit nur mäßiger Schnelligkeit begabten Tiere unser Hirsch werden konnte; aber wo die Daseinsbedingungen der fraglichen Art hervorragende Schnelligkeit dauernd zur wirksamsten Schutzwaffe gestalteten, dort vollzog sich eben die im obigen geschilderte Umwandlung. Wenn andere Individuen der nämlichen Urart unter andere Daseinsbedingungen gerieten, die wachsende Stärke zu einem erfolgreichen Schutzmittel machten, so wurden diese zu Stammeltern des heutigen Elentiers.

Von gleicher Wichtigkeit wie körperliche Eigenheiten sind unter Umständen Eigenheiten des Charakters und bestimmte Lebensgewohnheiten; sie werden daher in ganz analoger Weise wie jene durch natürliche Auslese gezüchtet. Die Wachsamkeit der Gemse zum Beispiel ist solchen Ursprungs. Es erwies sich angesichts der Lebensbedingungen, unter welche die Stammeltern dieser Tierart gerieten, als besonders vorteilhaft für deren Fortkommen, daß ein bestimmtes Individuum jeder Herde Wachdienst verrichte, während die anderen Individuen, darunter insbesondere die Muttertiere, sorglos grasen. Erhielt also durch Spielartenbildung vor Tausenden Generationen ein Gemsenböcklein erhöhte Wachsamkeit, so erlangte es damit einen Vorsprung im Daseinskampfe vor allen Mitböcken. Dank seiner Eigenheit gedieh die Heerde, deren Führer es wurde, besser als die der anderen Böcke, es vererbte selbe auf seine Nachkommenschaft, und nach einer Reihe von Generationen hatte das zur Folge, daß nurmehr mit erhöhter Wachsamkeit ausgestattete Gemsen vorhanden waren. Hierauf brachte die Spielartenbildung Individuen mit abermals gesteigertem Wachsamkeitsinstinkte hervor, der sich in ähnlicher Weise abermals vererbte, und so fort, bis schließlich der Instinkt der Wachsamkeit jenen Grad erreichte, den wir bei den heutigen Leittieren jeder Gemsenherde bewundern können. Und keiner Frage unterliegt es, daß dieser Instinkt wieder verloren ginge, geriete die Gemse dauernd unter Lebensbedingungen, bei denen er überflüssig für das Fortkommen würde.

Ein anderes Beispiel. In Indien gibt es eine Schweineart, das Pekari, welches zu zahlreichen Herden vereint in den dortigen Dschungeln haust. Dieses Tier ist weder so stark und wehrhaft, daß es vereinzelt irgendeinem der größeren Raubtiere erfolgreich widerstehen könnte, noch leichtfüßig genug, um in rascher Flucht sein Heil zu finden, andererseits jedoch mit ausreichenden Waffen versehen, um in größeren Massen vereint selbst dem stärksten Feinde gefährlich zu werden. Nun gibt es aber in den Dschungeln Indiens zahlreiche und gewaltige Raubtiere, und das Ergebnis des unter so bewandten Umständen sich abspielenden Daseinskampfes des Pekari war, daß diese kleinen Tiere den Instinkt erworben haben, sich, sowie ein Exemplar der Herde angegriffen wird, allesamt auf den Angreifer zu stürzen und ihn vereint auf Tod und Leben zu bekämpfen. Selbst den Kampf mit dem größten und stärksten aller Raubtiere, dem Tiger, scheuen sie nicht — und verdanken dem ihr Gedeihen. Denn die Räuber kennen natürlich diese Gewohnheit des Pekari so gut, daß auch der Tiger es höchstens im Zustande des wütendsten Hungers wagt, sich an einem von ihnen zu vergreifen.

Das Beispiel von Gemse und Pekari zeigt aber unter einem auch, wie und kraft welchen Zusammenhanges der Daseinskampf Eigenschaften hervorrufen kann, die dem Eigennutze, der ja auf den Vorteil des Individuums gerichtet ist, zuwiderlaufen.

Ist doch der einzelnen Gemse, dem einzelnen Pekarischwein die Eigenschaft erhöhter Wachsamkeit, gesteigerter Tapferkeit, nicht nützlich, sondern geradezu schädlich. Der Leitgemse wäre es besser, sich vorsichtig zu verbergen, dem einzelnen Pekari, beim Herannahen des Tigers sofort zu entfliehen; aber indem sie unter Aufopferung der eigenen Sicherheit die ihrer Herde erhöhen, verschaffen sie dieser einen Vorteil im Daseinskampfe, und das genügt zur Durchsetzung der fraglichen Eigenart.

IV. Der gesellschaftliche Nutzen der Knechtschaft liegt nicht auf dem Gebiete der Gütererzeugung, sondern auf dem der Güterverteilung.

Man braucht das im bisherigen Gefundene bloß auf den Daseinskampf in der menschlichen Gesellschaft anzuwenden, um ohne tiefergehende Untersuchung sofort zu begreifen, daß sich die Knechtschaft im Wege natürlicher Zuchtwahl unerachtet ihres Widerstreites mit dem Eigennutze sehr wohl festsetzen und ausbreiten konnte. Nur hat dies allerdings zur Voraussetzung, daß sie sich als nützlich für die Gesellschaft erweise, was erst noch zu untersuchen ist.

Daß Knechtschaft deshalb nützlich gewesen, weil sie der Arbeitsteilung die Wege geebnet, erscheint mir durchaus falsch. Diese These geht von der irrigen Vorstellung aus, als ob freie Arbeit notwendigerweise zugleich isolierte Arbeit sein müßte, in welchem Falle allerdings nicht bloß Zusammenwirken vereinter Kräfte zu gleichem Werke, sondern auch jegliches Produzieren für den Tausch, das ist also jegliche Arbeitsteilung im Zustande der Freiheit unmöglich wäre. Freiheit und isolierte Arbeit sind aber mit nichten identische Dinge, vielmehr ist nachweisliche Tatsache, daß der knechtischen wenn auch nicht überall, so doch bei sehr zahlreichen wilden Stämmen, eine Art kommunistischer Organisation vorausgegangen ist. Wenn nämlich auch die Analogie mit den menschenähnlichen Affen für die Wahrscheinlichkeit spricht, daß der Mensch in seinem allerersten halbtierischen Zustande ein ungeselliges, in paarweiser Absonderung lebendes Wesen war, so kann doch keinem Zweifel unterliegen, daß dem späterhin durchweg ein Zustand hordenweisen Zusammenlebens folgte, hervorgerufen wohl durch das Auffinden neuer Nahrungszweige. Und zwar meine ich, daß es in erster Linie das Aufkommen des Fischfangs gewesen sein mag, was zu solcher Umwälzung den Anstoß gab. Die Fischerei dürfte die bis dahin zerstreut in den Wäldern schweifenden Menschenpärchen an den fischreichen Wasserläufen zusammengeführt und zu gemeinsamer Tätigkeit angeleitet haben. Auch nächtlicher Schutz gegen Raubtiere, den bis dahin die einzelnen in den Wipfeln hoher Bäume gesucht, war an den neuen Wohnorten mitunter wohl nur im Wege der Errichtung gemeinsamer Wohnstätten zu erlangen. Eine solche Horde nun wird naturgemäß sehr rasch zur Teilung und Organisation der Arbeit greifen, ja es ist einleuchtend, daß sie im lebendig gebliebenen Eigeninteresse der Genossen und in deren gegenseitiger Überwachung und Anfeuerung über ein höchst wirksames Organisationsprinzip verfügte.

Der Hinweis darauf, daß in Freiheit verharrende Stämme und Völkerschaften tatsächlich nirgend über einen Zustand mittelmäßiger Kultur hinausgelangt sind, entscheidet meines Erachtens die Frage nach der Überlegenheit knechtischer über freie Organisation der Arbeit keineswegs. Denn wenn ich die einschlägigen, von Geschichte und Völkerkunde gebotenen Tatsachen richtig interpretiere, so sprechen diese allerdings dafür, daß die Freiheit überall der Knechtschaft erlag, wo es zu einem Zusammenstoße der beiden kam; dafür jedoch, daß dies wegen besserer Arbeitsorganisation der letzteren geschah, vermochte ich keinerlei Anzeichen zu entdecken. Nicht weil sie zur Arbeit, sondern weil sie zu Kampf und Unterjochung besser organisiert war, siegte — so will mir scheinen — überall die Knechtschaft. Offen muß ich gestehen, daß mir genügend verläßliche und entscheidende Daten über diesen Punkt fehlen, um ein abschließendes Urteil abgeben zu dürfen. Als möglich wage ich jedoch hinzustellen, daß sich die Arbeit in Freiheit ebensogut, ja besser hätte organisieren lassen, als in Knechtschaft, und daß es hochorganisierte freie Wirtschaften tatsächlich bloß deshalb nicht gibt, weil die Freiheit überall erdrosselt wurde, bevor sie Zeit gehabt, ihre Arbeitsorganisation zu vollenden.

Dem sei jedoch wie immer — daß Organisation der Arbeit ganz im allgemeinen nicht auf die Knechtschaft zu warten brauchte, und daß ohne diese letztere die Menschen im Zustande primitiver Isolation hätten verharren müssen, ist unrichtig. Der Nutzen der Knechtschaft ist nicht auf dem Gebiete der Erzeugung, sondern auf jenem der Verteilung des Reichtums zu suchen. Mag sein, daß Knechtschaft — sagen wir immerhin in der Regel — mit Fortschritten auch in der Produktion verknüpft war; zu ihrem Wesen gehört das in keinem Falle, das heißt, es ist in keinem Falle richtig, das zwischen gesteigerter Ergiebigkeit der Arbeit und Knechtschaft irgendwie ein notwendiger Zusammenhang bestünde. Wohl aber besteht ein solch notwendiger Zusammenhang zwischen Knechtschaft und Güterverteilung. Die absolute Höhe des Reichtums mag zu- oder abnehmen, was unter allen Umständen als Ergebnis der Sklaverei sich einstellt, das ist eine ungleichmäßigere Verteilung des Reichtums. Und gerade diese Ungleichmäßigkeit ist es, woraus das davon betroffene Volk Nutzen zieht.

Die Erklärung hierfür liegt darin, daß höhere Kultur Überfluß und Muße zur Voraussetzung hat, und diese im Zustande der ursprünglichen Freiheit gerade wegen der gleichmäßigen Verteilung des Reichtums nicht zur Erscheinung gelangen können. Die rein tierischen Bedürfnisse finden auch hier reichlichere Befriedigung, wenn die Arbeitsmethoden verbessert, neue Nahrungsquellen erschlossen werden. Niemand aber hat Zeit, sich mit etwas anderem, als eben mit materieller Gütererzeugung zu beschäftigen, und niemand besitzt genug, um etwas anderes, als wieder nur die Befriedigungsmittel materieller Bedürfnisse zu bezahlen. Erst die Sklaverei bietet die Möglichkeit zu beidem. Sie setzt den Herrn in den Stand, sich ohne mühselige eigene Arbeit zu sättigen, zu kleiden, zu behausen, und, ist erst einmal die Zahl der Sklaven genügend gewachsen, neben des Lebens Notdurft auch an das Schöne und Erhabene etwas zu wenden. Solcherart wird der Sklavenhalter zum Kulturträger. Zwar die Unterworfenen sehen sich erst recht auf die Befriedigung der niedrigsten, rein tierischen Bedürfnisse zurückgedrängt, und auch der Sklavenhalter benutzt in aller Regel die ihm gewordene Muße nicht dazu, um sich selber den Künsten oder Wissenschaften zu widmen; aber er gibt den Anlaß zu deren Entstehen, indem er Künstler und Gelehrte bezahlt.

V. Die Entstehungsursache der Knechtschaft liegt in der Religion.

Nur eines ist noch nicht aufgeklärt, nämlich wie die Knechtschaft entstand. Um deswillen, weil ihre Unterwerfung dem Herrn erhöhte Macht verleihen würde, haben sich doch offenbar die Knechte nie und nirgend in das ihnen auferlegte Joch gefügt, und um überhaupt möglich zu werden, muß die Sklaverei von den Sklaven selber willig als zu Recht bestehend anerkannt werden. Man vergesse nicht, daß die ausgebildete Staatsgewalt, die planmäßige Organisation der Herrschenden zu Darniederhaltung der Unterdrückten, die einmal durchgeführt unter Umständen genügen mochte, um selbst widerwillige Sklaven eine Zeitlang zu zügeln, bei Entstehung der Sklaverei selbstverständlich noch nicht vorhanden ist. In primitiven, schwach organisierten Gemeinwesen aber müßte jedes stärkere Anwachsen widerstrebender, ihren Zustand als gewalttätiges Unrecht empfindender Sklaven jedenfalls ein Element der Schwäche und nicht der Stärke sein. Statt erfolgreich erobernd aufzutreten, müßte ein solches Gemeinwesen die leichte Beute jedes im übrigen annähernd starken äußeren Feindes werden. Daß die Unterjochten sich willig fügen sollen, ist jedoch im bisherigen noch keineswegs plausibel gemacht. Und doch bedarf gerade dieser Punkt der eingehenden Erklärung. Wir haben am Beispiele der Gemse und des Pekarischweines Instinkte kennen gelernt, die gleicherweise dem Eigeninteresse des Individuums zuwiderlaufen. Aber diese Instinkte, die Wachsamkeit der Gemse und die Tapferkeit des Pekari, sind nichts anderes, als abnorme Überwucherungen an sich ganz natürlicher, den meisten höheren Lebewesen eigentümlicher Triebe: des Mißtrauens und des Zornes; es bedurfte daher gar keiner besonderen Erklärung, daß diese natürlichen Triebe unter geeigneten Umständen das Übergewicht über den entgegenstehenden der Furcht erlangen können. Welche Triebe aber sind es, die sich — entgegen allen Impulsen des Eigennutzes — bis zum Instinkte der passiven Unterwerfung steigerten? Bei welcher Qualität des Menschen setzt der Sklaveninstinkt an, aus welchen Keimen entwickelt er sich?

Es muß das jedenfalls eine ganz besondere Veranlagung sein, denn außer bei der Domestikation der Haustiere durch den Menschen gibt es kein Analogon für sie im ganzen Bereiche der Lebewelt. Zwar ist der Glaube ziemlich allgemein, daß das Arbeiten zu fremdem Nutzen auch bei Tieren vorkomme, so zum Beispiel bei Bienen und Ameisen, deren Weibchen und Männchen müßig sind, während den geschlechtslosen Arbeitern die Pflicht obliegt, den ganzen Stock oder Bau zu ernähren. Aber trotz aller frappierenden äußeren Analogie, sind die betreffenden Einrichtungen des sogenannten Bienen- und Ameisenstaates denn doch ihrem Ursprunge nach so verschieden von menschlicher Ausbeutung und Sklaverei, daß Rückschlüsse von jenen auf diese schlechthin unzulässig erscheinen. Denn wenn man näher zusieht, wird man alsbald finden, es auch bei jenen tierischen Eigenheiten mit nichts anderem, als mit — allerdings höchst merkwürdigen — Umgestaltungen im übrigen ganz normaler Instinkte zu tun zu haben. Die Vorsorge der Arbeitsbiene und Arbeitsameise für ihre Königinnen, Drohnen und Larven ist dem Wesen nach durchaus nichts anderes, als die Vorsorge jeglichen Tieres für die eigene Brut. Streng genommen führen nämlich Bienen- und Ameisenhaufe den gebräuchlichen Namen „Staat" mit Unrecht und sollten richtiger Bienen- oder Ameisenfamilie genannt werden. Im ausgeprägtesten Maße gilt dies insbesondere für den Bienenstock, wo alle Glieder Geschwister ersten Grades, Kinder eines gemeinsamen Elternpaares, nämlich der sog. Königin und der einzigen die Begattung ausübenden Drohne sind; ebenso bilden aber auch bei den Ameisen alle Individuen eines Baues eine große, durch Bande gemeinsamer Abstammung eng verknüpfte Familie. Und daß im Rahmen der Familie uneigennützige Fürsorge herrscht, entspricht einem allgemeinen tierischen Instinkte. Bliebe als Analogon der Knechtschaft nur die von einzelnen Ameisenarten ausgebildete Sklaverei, die jedoch auch bloß zu Unrecht diesen Namen führt. Es ist bisher kein Fall bekannt, daß irgendeine Ameise Ameisen der gleichen Art zu zwangsweiser Arbeit benützen würde; stets sind es Tiere einer anderen Spezies, sei es der Familie Formix, sei es eines anderen Insekts, so daß dieses Verhältnis durchaus ein Analogon der vom Menschen geübten Zähmung der Haustiere, und nicht ein solches der menschlichen Sklaverei ist. Im übrigen handelt es sich dabei — soweit sich erkennen läßt, — garnicht um einseitige Ausnützung der sogenannten Sklaven durch die Herrenart, sondern um wechselseitige Dienstleistungen beider. Die vermeintlichen Sklaven finden Schutz, Pflege oder sonstigen Vorteil im Baue der Herren, und bieten dafür diesen gewisse Dienste. Allerdings kommt es auch vor, daß ihnen dieses wechselseitige Dienstverhältnis von der Herrenart aufgezwungen wird, ebenso aber findet auch umgekehrt statt, daß sie sich dieser aufdrängen. Immer aber sind es auf gegenseitigen Vorteil basierende Verhältnisse, die sich dem eingehenderen Beobachter offenbaren, und die sich deshalb vielleicht zur Gänze aus den rein selbstischen Instinkten der Tiere erklären lassen. Doch nehmen wir immerhin an, daß dem nicht so sei, daß die Ameisen, gleichwie sie bekanntlich Gemüsebau und Melkwirtschaft betreiben, auch die Kunst der Verwendung fremder Tierarten zu ihren Arbeitszwecken besitzen — Domestikation und nicht Sklaverei wäre das für alle Fälle, und die Erklärung hierfür läge, gleichwie bei der vom Menschen geübten Domestikation, sehr einfach darin, daß die Gezähmten im Bändiger gleichsam ein Wesen höherer Art erkennen gelernt haben.

Denn daß hierin das Um und Auf der Zähmung unserer Haustiere zu suchen ist, bedarf gar keines Beweises. Domestizieren lassen sich jene Tiere, denen irgendwie die bedingungslose Überlegenheit des Menschen zum Bewußtsein gebracht werden kann. Gelingt dies, begreift das Tier, daß es im Menschen mit einer unentrinnbaren höheren Macht zu tun hat, so fügt es sich, es mag im übrigen noch so stark und wild sein; gelingt dies nicht, so sind alle Zähmungsversuche vergebens.

Welche höhere, unentrinnbare Macht kann es nun sein, die sich dem *Menschen* aufzuerlegen, seinen vom Eigennutze angetriebenen eigenen freien Willen zu brechen vermöchte? Es gibt nur *eine* solche Macht: die der Gottheit.

Seine Götter müssen es gewesen sein, die den Menschen domestizierten.

IV. Kapitel.

Der Ursprung der Religionen.

I. Alle Religion ist aus dem Gespensterglauben hervorgegangen.

Die ehemals stark verbreitet gewesene Meinung, daß Religion etwas dem Menschen von Uranfang angeborenes sei, braucht nach dem heutigen

Stande der Wissenschaft nicht erst besonders widerlegt zu werden. Die Religion muß gleich allen anderen Ideen, Instinkten und Einrichtungen einmal im Wege der natürlichen Entwicklung aus anderen, vorher schon dagewesenen Eigenarten des Menschen entstanden sein. Nur muß dieser Entwicklungsprozeß in den allerersten Stadien der Menschwerdung unseres Geschlechts seinen Anfang genommen haben, da sich andernfalls das ausnahmslose Vorhandensein irgendwelcher Religion bei allen Menschenrassen nicht erklären ließe. Dieses ausnahmslose Vorhandensein von Religion ist eine Tatsache, auf welche gestützt eben die eingangs bereits erwähnte irrige Auffassung, daß Religion etwas dem Menschen a priori angeborenes sei, entstehen konnte. Allerdings haben zahlreiche Reisende wiederholt von „gänzlich religionslosen" Volksstämmen zu erzählen gewußt; doch erwiesen sich diese Berichte allesamt als Ausflüsse entweder mangelhafter Kenntnis der Gewohnheiten und Ideen der fraglichen Stämme, oder, was am häufigsten der Fall ist, engherziger Auffassung des Begriffes „Religion". Sind doch einzelne, im übrigen recht verläßliche Berichterstatter naiv genug selber zu gestehen, daß sie den von ihnen geschilderten Völkern Religion deshalb absprechen, „weil sie nichts unseren (der Berichterstatter) religiösen Gefühlen Ähnliches besitzen"; ja es wird gewöhnlich hinzugefügt, die betreffenden Wilden glaubten höchstens an Geister und Gespenster. Dieser Geister- und Gespensterglaube, das ist eben, wie wir alsbald sehen werden, die Religion des Wilden, von welcher ich behaupte, einerseits, daß sie nichts dem Menschen angeborenes, sondern etwas von ihm im Daseinskampfe erst Erworbenes ist, andererseits, daß besagter Erwerbungsprozeß sich auf einer so frühen Stufe der menschlichen Entwicklung vollzogen hat, daß selbst die niedrigst stehenden uns bekannten Wilden diese Entwicklungsstufe bereits hinter sich haben. Es mag, wie Taylor in seinem Buche „Die Anfänge der Kultur" treffend bemerkt, vielleicht irgendwo in einem bisher noch nicht erforschten Erdenwinkel Menschenrassen geben, die aller religiösen Vorstellungen gänzlich bar sind; kennen gelernt haben wir eine solche Rasse bisher noch nicht.

Ist es aber erlaubt, den Glauben an Geister und Gespenster „Religion" zu nennen? Allerdings, wenn damit die Vorstellung einer Beeinflussung des Menschenschicksals durch besagte Geister verbunden ist. Denn nicht darin, w i e sich der Mensch die Beeinflussung seines Schicksals durch übernatürliche Gewalten vorstellt, sondern ausschließlich darin liegt das Wesen der Religion, daß er sich einer, wie immer gearteten solchen Vorstellung hingibt. Es ist im übrigen für meinen Zweck vollkommen gleichgiltig, welchen Namen man diesem Gespensterglauben beilegt; mag ihm die Bezeichnung: Religion immerhin abgesprochen werden; das könnte bloß an der hier gewählten Nomenklatur etwas ändern. Nicht vom Ursprung der Religion, sondern vom Ursprunge des Gespensterglaubens würde dann dieses Kapitel handeln. Die Ergebnisse aber blieben dieselben. Doch das nur nebenbei, denn es wird sich alsbald zeigen, daß besagter Glaube nicht bloß die Keime allen religiösen Denkens, Fühlens und Handelns der Menschheit in sich trägt, sondern Grundlage aller jemals vorhandenen Religionen bildet, der niedrigst stehenden, wie der höchst entwickelten.

Es versteht sich von selbst, daß diese, die sogenannte animistische Religionsauffassung keineswegs unwidersprochen dasteht. Sie kollidiert nicht bloß mit dem Anspruche der meisten Religionssysteme auf transzendenten, d. h. auf Offenbarung beruhenden Ursprung, sondern auch mit einer bestimmten wissenschaftlichen Richtung, der sogenannten naturalistischen oder uranistischen Religionsauffassung, in deren Sinne die Menschen zuerst durch die Betrachtung der Naturvorgänge und speziell durch den Anblick der Gestirne zu religiösen Ideen angeregt worden wären. Zwar die Tatsache, daß alle bisher bekannt gewordenen wilden Völker ohne Ausnahme in ihren religiösen Vorstellungen ausschließlich durch Gespensterglauben geleitet werden, und von irgendwelcher Vergötterung der Naturgewalten desto weniger eine Spur aufweisen, in einem je primitiveren Zustande der Kultur sie sich befinden, kann von den Verfechtern des Naturalismus ebensowenig geleugnet werden, als daß alle, selbst die höchstentwickelten Kulturvölker in ihren Religionen unverkennbar animistische Spuren zeigen; nur wird beides als „Entartung" ausgegeben, als Verderb des ursprünglichen Naturalismus in späteren Animismus. Die absolute Unhaltbarkeit, ja Absurdität dieser Auffassung liegt aber auf der flachen Hand. Wenn die Naturvergötterung, die dankbare Anbetung der Naturgewalten, das Primäre wäre, Gespensterfurcht dagegen das Produkt späterer Verderbnis, so müßte doch irgendwo auf Erden der unverdorbene, die Elemente anbetende Naturmensch zu finden sein. Bisher haben jedoch die Ethnographen vergebens nach einem solchen geforscht. Es fehlt zwar nicht an Versuchen, bedeutungslose Naturmärchen, wie sie auch die Phantasie des

Wilden mitunter ersinnt, als Spuren einer Naturreligion auszugeben; doch abgesehen davon, daß diese Märchen — soweit von wirklich barbarischen Horden die Rede ist — mit Religion und Kult der betreffenden Stämme nichts zu tun haben, ist auch charakteristisch, daß selbst derartige Märchenbildung immer erst das Produkt eines etwas entwickelteren Kulturzustandes ist. Je tiefer die Kulturstufe, je näher also ein Stamm dem Urzustande, desto weniger ist von Naturvergötterung bei ihm die Rede. Und umgekehrt treten Gespensterfurcht und Geisterkult bei den Kulturvölkern desto unverkennbarer hervor, je näher sie noch dem Urzustande sind.

Es gehört im übrigen hochgradige Verkennung der charakteristischen Eigenschaften des Menschen im Zustande der Unkultur dazu, um überhaupt auf den Gedanken zu geraten, Anerkennung der Naturgewalten sei es gewesen, was die ersten religiösen Ideen in ihm wachgerufen. Naturbetrachtung ist etwas dem Wilden schlechthin unbekanntes. Die Naturvorgänge erregen sein Erstaunen nicht, er nimmt sie vielmehr, sie mögen nun wohltätig oder schädlich sein, als das Selbstverständliche hin. Das ändert sich zwar späterhin, wenn er erst einmal gelernt hat, auch in den Naturvorgängen Geistereinflüsse zu sehen; insofern das aber nicht, hervorgehend aus einer anderen Gedankenkette, auf die ich sofort zu sprechen kommen werde, geschehen ist, läßt er Sonnenschein und Regen, Donner und Blitz eben so stumpfsinnig an sich vorüberziehen, wie jedes beliebige Tier.

Was nachweislich die erste Vorstellung übernatürlicher Zusammenhänge in ihm wachruft, das sind die Erscheinungen des Todes. Nicht etwa in dem Sinne, als ob die Tatsache der Entseelung eines bis dahin gleich ihm denkenden und fühlenden Wesens, an sich geeignet wäre, seine sonderliche Aufmerksamkeit zu erregen; auch diese nimmt er gedankenlos als etwas selbstverständliches hin, ohne irgendeinen Versuch zu ihrer Erklärung. Daß die Zeit kommen werde, wo er selber sterben müsse, darüber macht er sich keine Sorgen, denn gleich dem Tiere lebt er nur der unmittelbaren Gegenwart, ohne sich um die Zukunft im geringsten zu bekümmern. Der Tod beginnt ihn erst zu interessieren, wenn er denselben in Zusammenhang bringt mit gegenwärtigen, seine eigene Person betreffenden Vorgängen, und es liegt im Wesen der Sache, daß der Gedanke an einen solchen Zusammenhang unmöglich lange auf sich warten lassen kann. Denn so wenig dem Wilden auch der Tod anderer nahegeht, und so geringe Sorge er sich auch um den dereinistgen eigenen Tod macht, so lebhaft beschäftigen ihn Krankheiten, Gebreste und andere Übel, solange er unter ihnen zu leiden hat. Die Ursachen all dieser Übel sind ihm natürlich unbekannt, und sein Geist ist — in der Stunde der Not und des Schmerzes — auf ängstlicher Suche nach denselben. Unmöglich kann nun auf die Dauer ausbleiben, daß ihm die Vermutung kommt, sein Leiden sei durch einen beliebigen Toten hervorgerufen. Unmöglich, wegen der Eigenschaft des Menschen, zu träumen, und wegen der Natur zahlreicher Krankheiten, mit Fieberphantasien, d. h. mit Halluzinationen und Wahnvorstellungen verknüpft zu sein. Es ist naheliegend, daß ein Wilder, der von einem Unglücksfalle betroffen, insbesondere von einer Krankheit ergriffen wird, solange noch die Erinnerung an einen beliebigen Toten ihm nicht entschwunden ist, sich mitunter in seinen Träumen und Fieberphantasien mit dem Toten beschäftigt, und eben so naheliegend, daß er — tritt dies einmal ein — auf die Vorstellung gerät, der Tote füge ihm das Übel zu, unter welchem er leidet. Und daß eine solche Vermutung, einmal entstanden, sehr rasch unumstößliche Gewißheit werden mußte, liegt im Wesen der Sache.

Der Geisterglaube verdankt also seine Entstehung nicht irgendwelchen mystischen, transzendenten Anlagen des Menschen, sondern ausschließlich seiner — aus dem rein tierischen Zustande übernommenen — Eigenschaft, zu träumen, in Verbindung allerdings mit der erst im Menschheitszustande entwickelten Fähigkeit des Nachdenkens. Auch das Tier träumt, aber es ist außer Stande, über seine Träume zu reflektieren; vermöchte es letzteres, so besäße es Religion. Daß der Mensch das einzige Lebewesen ist, in welchem der Glaube an übernatürliche Gewalten entstand, rührt also daher, das er das einzige geblieben, welches nachdenken gelernt hat. Dieses sein Nachdenken hat, soweit es sich auf die Vorgänge der realen Welt bezog, Kultur, soweit es sich mit der Traumwelt beschäftigte, Religion ins Leben gerufen.

Vom ersten Auftauchen des nackten Geisteswahnes zum Nachdenken darüber, wie Schutz gegen die Gespensterplage zu finden sei, ist nur ein fernerer, und zwar ein dem Gedankengange des alles auf sein eigenes Ich beziehenden Wilden, ganz unvermeidlicher Schritt. Dem Toten irgendwelche Verehrung zu widmen, liegt ihm ursprünglich durchaus fern; im Gegenteile, soweit die vergleichende Völkerkunde Aufschluß über dieses schwierige Forschungsgebiet zu geben vermag, ist das erste Auskunftmittel, auf welches der Wilde überall zu seinem Schutze gegen die gefürchteten Gespenster verfällt, der, sie durch Vernichtung der Leichen unschädlich zu machen. Eine unendliche Reihe vollständig oder rudimentär erhaltener Gebräuche spricht hierfür. Daß den meisten dieser Gebräuche nachträglich anderer, ja zumeist entgegengesetzter Sinn unterschoben wurde, kann den unbefangenen Forscher nicht hindern, sie bis an ihre Quelle verfolgend, zu erkennen, daß sie ursprünglich als Mittel der Unschädlichmachung des Totengeistes erdacht wurden. Dahin gehört die Sitte des Begrabens, Verbrennens, den Tieren des Waldes, den Vögeln, den Haifischen zum Fraße vorwerfens, und endlich die des Auffressens der Leichen. Daß es nicht Pietät gegen den Toten war, was ursprünglich all diesen Sitten zugrunde lag, sondern ausschließlich der Wunsch, sich der Leichen in einer Weise zu entledigen, die den Geistern die Widerkehr unmöglich machen soll, geht mit unwiderleglicher Klarheit aus dem ganzen Komplexe der begleitenden Zeremonien hervor, von denen — nebenbei bemerkt — viele beibehalten wurden, lange nachdem man aufgehört hatte, die Verstorbenen als F e i n d e zu betrachten und die Bestattungsgebräuche tatsächlich von der Absicht einer Ehrung der Toten begleitet waren.

Mit diesen ersten primitiven Mitteln des Schutzes gegen die Geister konnte sich aber der Wilde nicht lange zufrieden geben. Er mußte nach besseren Methoden der Abwehr suchen. Beileibe nicht deshalb, weil etwa sein Gefühl sich gegen die Leichenbeseitigung gesträubt hätte, sondern weil die Erfahrung ihn von deren Unzulänglichkeit überzeugte. Es versteht sich von selbst, daß Krankheiten und anderweitige Unglücksfälle nicht aufhörten, auch wenn die Toten noch so gründlich beiseite geschafft wurden, und so drängte denn die einmal erwachte Angst vor den feindlichen Geistern zu fortgesetztem Nachsinnen über neue Verteidigungsmittel. Zunächst galt es, den Grund des bösen Willens der Geister zu entdecken, und abermals ist einleuchtend, daß dabei der Wilde der Handlungsweise seiner Toten die nämlichen Motive unterschiebt, von denen er sich selber leiten läßt. Er ist weit entfernt, sich die Gespenster als verklärte Wesen vorzustellen, sondern denkt sie sich ausgestattet mit all den Eigenschaften, die sie im Leben besaßen. Ihre Neigungen und Bedürfnisse haben sich nicht geändert; aber die Herrschaft über den eigenen Körper haben sie verloren, und damit die Fähigkeit, ihre Bedürfnisse aus eigenen Mitteln zu befriedigen. Es sind daher unbeschadet ihrer gefährlichen Fähigkeiten, Sturm, Erdbeben, Mißwachs, und in erster

Reihe Krankheiten zu erregen, im Grunde genommen sehr bedauernswerte hilflose Wesen. Daher ihre schlechte Laune, ihr Neid auf die besser situierten Lebenden, ihre Tendenz, diesen zu schaden. Ja, diese Tendenz ist in letzter Linie weniger auf bloße Schadenfreude, als vielmehr auf das Bestreben zurückzuführen, die Lebenden zu zwingen, ihrer — der Geister — Hilflosigkeit irgendwie abzuhelfen. Sie brauchen Speise, Trank, Waffen und wollen diese den Lebenden abnötigen. Damit erklärt sich auch, warum die Geister ihre Tücke mit Vorliebe gegen die nächsten Angehörigen richten: diese sind es eben, bei denen sie am ehesten auf einen Erfolg ihrer Plackereien rechnen, während Fremde in der Regel gar nicht wüßten, wessen Geist es ist, der sie plagt, und den sie versöhnen müssen, um Ruhe zu erlangen. Zudem zürnt der Geist gerade seinen Angehörigen, weil sie es sind, die seinen Tod dazu benutzten, um ihm zu nehmen, was früher das Seine gewesen, und was er auch nach dem Tode sehr wohl, ja nach diesem erst recht vonnöten hätte. Seine Waffen und Vorräte haben sie sich angeeignet, ihn nackt und hilflos der immerwährenden Bedürftigkeit überlassend. Deshalb sind sie es, gegen die sich zunächst und dauernd seine Rache kehrt, während er Fremde höchstens vorübergehend aus angeborener Bosheit oder zu Vergeltung gelegentlich ihm angetaner besonderer Unbill molestiert.

Und sowie der Wilde mit seinen Spekulationen zu diesem Ergebnisse gelangt ist, steht er auch an dem Wendepunkte, wo die bloße Geisterfurcht zum Geisterdienste, zur Religion im eigentlichen Sinne des Wortes zu werden sich anschickt. Daß er bereit sein wird, alles, was der Geist nur irgend zu seiner Versöhnung fordern mag, ohne Zögern zu vollbringen, versteht sich angesichts seiner Angst vor dem Geiste ganz von selbst. Denn diese Angst ist, wie die übereinstimmenden Zeugnisse aller über die Zustände wilder Völkerschafteu berichtenden Reisenden und Geschichtsschreiber dartun, schlechthin grenzenlos. Und da dieser Glaube bei allen Völkern primitiver Kultur der herrschende war und ist, so haben sie es denn tatsächlich alle ohne Ausnahme sehr streng und genau mit der Erfüllung aller Wünsche ihrer Geister genommen. *Was dem Toten im Momente seines Sterbens gehörte, das galt als sein unveräußerliches Eigentum und wurde ihm getreulich ins Jenseits mitgegeben.*

II. Die Gespenster wurden zu Göttern kraft der Vorstellung, daß die Toten Herren allen Besitzes bleiben.

Doch so sehr diese restlose Anerkennung der Ansprüche der Toten auf jegliches Eigentum, das sie im Leben besaßen, auch dazu beitrug, dieses Anrecht in einer jeden Zweifel ausschließenden Weise festzustellen und den bloßen Gedanken an eine Verletzung desselben in den Augen des Wilden mit allen erdenklichen Schrecken zu umgeben, so erwies sich doch anderseits gerade der Radikalismus in Befriedigung der Geisteransprüche als ein Hindernis sonderlicher Vertiefung des Verhältnisses zwischen den Lebenden und den Toten. War einmal letzteren voll und ganz zuteil geworden, was sie von den Lebenden irgend mit Recht fordern können, so brauchten sich diese nicht mehr um sie zu kümmern, und taten dies in aller Regel auch nicht. Sie hatten ihren Toten gegeben, was diesen gebührte, und konnten sohin füglich den Anspruch erheben, von ihnen unbehelligt zu bleiben. Widerfuhr ihnen trotzdem irgendwelche Unbill abseitens der Geisterwelt, so war offenbar bloß die den Geistern nun einmal eigentümliche Tücke und Bosheit die Ursache. Von einem Verschulden oder von einer Schuldigkeit dem Geiste gegenüber konnte keine Rede sein, und wenn nun auch dieses Gefühl seiner Unschuld den Wilden selbstverständlich nicht abhielt, zu Befriedigung des Plagegeistes zu tun, was Erfahrung und guter Rat irgend Nützliches angeben mochte, so liegt es doch in der Natur der Sache, daß derartige Opfer vereinzelte Handlungen blieben, hervorgerufen lediglich durch vereinzelte unangenehme Vorkommnisse und gänzlich außer Zusammenhang stehend mit den Existenzgrundlagen, mit dem allgemeinen Wohl und Wehe der damaligen Menschen. Die Totengeister blieben Plagegeister, Gespenster, ihrem Avancement zu „Göttern" stand im Wege, daß der ihnen aus Anlaß ihres Todes gewidmete Kult mit der Gesamtheit ihrer Ansprüche ein für allemal reinen Tisch gemacht, ihnen mit einem Schlage jeden denkbaren Rechtstitel auf fernere Einmischung in die Angelegenheiten der Lebenden entzogen hatte.

Das änderte sich in aller Regel nicht, so lange die Menschen auf der Kulturstufe des Fischer- und Jägerlebens verharrten, und die Reisenden, die solchen Völkern Religion absprechen, haben insofern Recht, als der Glaube dieser primitiven Stämme den Geistern zwar große Macht zu schädigen, und zu quälen, aber keinen eigentlich entscheidenden Einfluß auf das Menschenschicksal zuspricht. Erst als mit fortschreitender Kultur das Gedeihen der jeweilig lebenden Generation mehr und mehr abhängig wurde von den Hinterlassenschaften früherer Generationen, vollzog sich hierin ein tiefgreifender Wandel. Als prägnantestes Beispiel solchen Kulturfortschrittes nenne ich die Kunst des Zähmens der Haustiere. D. h. wohlverstanden, diese Kunst schuf zuförderst bloß die Voraussetzungen des Wandels, ohne ihn — meines Erachtens — sofort wirklich herbeizuführen. Der Jäger, der Fischer kann dem toten Vater dessen gesamtes hinterlassenes Eigentum ins Grab mitgeben, ohne dadurch selber erwerbsunfähig zu werden; der Herdenzüchter kann das nicht mehr. Trotzdem glaube ich, daß die ersten Herdenzüchter handelten, wie ihre Vorfahren, denn der Wahn war sicherlich mächtiger, als aller Drang zu seiner Beseitigung. Die neuerlangte Kunst konnte nicht voll ausgenützt werden, wenn man dem Familienoberhaupte stets alles von ihm gezüchtete Vieh als Totenopfer schlachtete? Je nun, dann wurde sie eben n i c h t voll ausgenützt, d. h. dann mußte die Viehzucht bloße Nebenbeschäftigung, der eigentliche Nahrungszweig nach wie vor Jagd oder Fischfang bleiben. Denn das die Viehzüchter es gewagt hätten, dem Totenrechte zuwider zu handeln, mit den Totengeistern anzubinden, halte ich schlechterdings für ausgeschlossen. Bloß e i n e Macht gab es, die hier helfen konnte: die der Geister selber. Verlangten d i e s e eine Änderung des ihnen dargebrachten Kults, dann, aber nur dann, konnte sie vor sich gehen.

Und siehe da: die Geister äußerten solches Verlangen. Eine sehr leicht begreifliche Tatsache, wenn man erwägt, daß die Geister ein anderes Medium zu Äußerung ihres Willens nicht besitzen, als die Träume, Haluzinationen und Phantasien der Lebenden. Entwickelt sich erst einmal in diesen die Idee der Nützlichkeit und Notwendigkeit einer Reform des Kults, so kann es auf die Dauer gar nicht fehlen, daß auch die Totengeister nach ihr verlangen. Und zwar dies um so eher, wenn, wie im vorliegenden Falle, die Reform wirklich im beiderseitigen Interesse liegt. Wenn man die Herden nicht dem Toten schlachtet, können ihre Erträge dazu benutzt werden, die Bedürfnisse nicht bloß der Lebenden, sondern auch die der Geister d a u e r n d zu befriedigen. Ich halte es daher für ausgemacht, daß es überall die Geister waren, welche dort, wo es not tat, alsbald Einstellung der summarischen Totenopfer forderten, ja daß sie durch Plagen und Strafen die Erfüllung ihres Willens erzwangen, wo hartnäckiger Konservativismus dem Wandel widerstrebte. Der Fundamentalsatz, daß der Tote Eigentümer all dessen sei, was er im Leben besessen, blieb unerschüttert; es kam jedoch als Erläuterung hinzu, daß er den Überlebenden den Fruchtgenuß gestatte. Natürlich nur bedingt. Sie übernehmen dafür die Verpflichtung dauernder Fürsorge für alle jenseitigen Bedürfnisse des Toten, und ihre Sache ist es, Art und Umfang dieser Bedürfnisse ausfindig zu machen. Wehe ihnen, wenn sie es in diesem Punkte irgendwie an der nötigen Sorgfalt und Umsicht fehlen lassen, denn schrecklich und unentrinnbar ist die Rache des erzürnten Geistes. Die Furcht vor diesem drängt die Erben alsbald auch zu ängstlicher Erforschung seiner allenfallsigen Launen in Bezug auf Verwendung und Verwaltung des — wie gesagt — nach wie vor ihm gehörigen Eigentums; die Lebendigen werden aus Eigentümern zu bloß zeitweiligen Nutznießern und verantwortlichen Verwaltern, allezeit untertan dem Willen des Toten, des eigentlichen Herrn. Als Gegenleistung übernimmt der Geist seinerseits das Amt, die also für sein Wohl Besorgten und seinen Befehlen Gehorchenden gegen alles Ungemach zu schützen. Die Geister werden zu Götter.

Es ist im übrigen nicht meine Meinung, daß der Übergang von bloßer Gespensterfurcht zur Religion im eigentlichen und engeren Sinne, schlechthin an das Aufkommen der Viehzucht gebunden sei. Ich kann mich der Erkenntnis nicht verschließen, daß im Leben des Urmenschen auch noch andere Momente wirksam gewesen sein müssen, die zu dem gleichen Ergebnisse führten, da ansonsten die unleugbare — wenn auch bloß sporadisch vorkommende — Erscheinung von Jägervölkern mit sehr entwickelten religiösen Vorstellungen nicht zu erklären wäre. Die Azteken z. B. waren vor ihrer Einwanderung nach Mexiko solch ein Jägervolk, von welchem sich auch keineswegs annehmen läßt, daß es seinen hochentwickelten Kult etwa von fremden Hirten- oder Ackerbauern überkommen habe. Die aztekische Religion ist offenbar das autochthone Produkt schweifender Jägerhorden; religiöse Vorstellungen entwickelterer Form müssen also auch im Wege von solchen Gedankenassoziationen entstehen können, wie sie durch die Wechselfälle des Jägerlebens ausgelöst werden. Nur wissen wir über die Lebensverhältnisse derartiger, d. h. mit selbstgeschaffenen hochentwickelten Kulten ausgestatteter Jägerstämme zu wenig, um uns ein klares Bild über das Wie dieses Vorganges machen zu können. Sie gehören allesamt zu jenen Völkern, aus deren Vergangenheit außer einigen dürftigen Sagen keinerlei

Kunde auf uns gekommen ist, während die Jägervölker, über die wir Näheres und Zuverlässiges wissen, allesamt entweder im bloßen Gespensterglauben verharren, oder, sofern sie entwickelteren Religionen huldigen, diese nachweislich aus der Fremde importiert erhalten haben. Dies der Grund, warum es — mir zum mindesten — unmöglich ist, über die Apotheose der Gespenster einer Jägerhorde etwas anderes, als höchst ungewisse Vermutungen zu produzieren. Nur soviel möchte ich als wahrscheinlich hinstellen, daß es — ähnlich wie beim Übergange zur Viehzucht — wohl irgendwelche wirtschaftliche Momente gewesen sein mögen, die sich der primitiven und summarischen Befriedigung des Totenrechtes entgegenstemmten, was auch hier zu einer dauernden Verschuldung der Lebenden den Geistern gegenüber geführt haben mag. Es läßt sich z. B. denken, daß die aztekischen Urhorden in die Notwendigkeit gerieten, so umständliche und weitaussehende Jagdvorbereitungen zu treffen, oder die Jagdergebnisse in so großen Massen zu konservieren, daß es mit der Existenz der Überlebenden mehr und mehr unvereinbar wurde, den Toten ins Grab mitzugeben, worauf sie im Sinne des Geistesrechtes auch nach dem Tode Anspruch hatten; daraus würde sich dann erklären, daß die Azteken ihre Totengeister ebenso durch immerwährenden Kult für die Benutzung der von Rechts wegen ihnen gehörigen Jagdbeute glaubten entschädigen zu müssen, wie die Hirtenvölker ihre Ahnengeister für die Benutzung des hinwieder diesen gehörigen Herdenbestandes.

Doch dem sei wie immer: Klar ist für Jedermann, der die Geschichte des menschlichen Glaubens und Aberglaubens nur einigermaßen kennt, daß diese Methode der Geisterversöhnung und des durch sie erhofften Geisterschutzes die Gewähr absoluter Untrüglichkeit in sich selber trug. Ein Volk, das einmal dazu gelangt ist, seine Toten in solcher Weise und unter solchen Bedingungen zu Wächtern seines Wohlergehens zu machen, kann keinen Zweifel mehr darüber nähren, das es auf dem rechten Wege ist. Allerdings wird Unglück aller Art sich nach wie vor einstellen, aber das wird dann nicht mehr daran liegen, daß die wirksame Methode der Abwehr unbekannt ist, sondern daran, daß von dem bekannten Heilsmittel nicht vollkommener Gebrauch gemacht wurde. Das betreffende Volk war dann nicht eifrig genug in Befolgung, oder nicht geschickt genug bei Ergründung des Willens der Geister, oder die Gewaltigen hatten sonst einen Grund zu zürnen. Zum mindesten lehrt uns die Geschichte kein Beispiel dafür, daß ein Volk unter dem Drucke noch so unausgesetzten Unglücks auf die Meinung geriet, es sei nutzlos und töricht, Hilfe von den Göttern zu erhoffen. Die Regel ist, daß die inbrünstige Verehrung geradezu schritthaltend mit dem Unglück zunimmt, und wenn es hoch kommt, so regen sich Zweifel, ob denn nicht vielleicht die eigenen Götter zu schwach seien, die Angriffe besonders furchtbarer fremder abzuwehren, oder ob etwa gar ihr guter Wille wankend geworden sei. Es ist daher wiederholt vorgekommen, daß ein Volk sich zu seinen alten Geistern neue geholt hat — daß es sich vom Geisterkulte abwandte — bisher noch niemals.

III. Entwicklung des Geisterkults.

In der Natur der Sache liegt es, daß die Aufmerksamkeit und Pflege, die der Wilde den Geistern seiner Toten zuwandte, je nach dem Ansehen, in welchem diese bei Lebzeiten gestanden, abgestuft war. Verstand sich doch von selbst, daß die Macht der Geister, zu schaden oder zu schützen im geraden Verhältnisse zu der Macht stehe, die der Lebende besessen. Dem widerspricht scheinbar, daß unter den mit Kult bedachten Geistern allerorten auch weibliche vorkommen, ja daß diesen regelmäßig sehr hohe Verehrung gezollt wird, selbst bei solchen Stämmen, die das Weib am allerschlechtesten behandeln. Das Rätsel löst sich jedoch, wenn man sich vor Augen hält, daß nachweislich bei den meisten Menschenrassen dem Kulturzustande des sogenannten Vaterrechtes eine Epoche des Mutterrechtes vorausging, in welcher das Weib, weit entfernt, verachtet zu sein, als Mutter das eigentliche Familienoberhaupt war, in gewissem Sinne an Stelle des nachmaligen Patriarchen stand. Tatsächlich sind diese weiblichen Geister überall die ältesten; sie gelten beinahe ausnahmslos als die der Stammütter des Volkes, und erhalten sich als solche in Verehrung, auch nachdem neue, männliche Geister, die der späteren Häuptlinge, an ihre Seite getreten. In der Regel spielt sich der Vorgang derart ab, daß das Volk mit Mutterrecht und mit weiblichem Schutzgeiste von einem zum Vaterrecht übergangenen erobernden Stamme unterjocht wird, der den Unterworfenen zwar die Kultpflicht für die eigenen männlichen Schutzgeister auferlegt, sich aber sorgfältig hütet, dem vorgefundenen Kulte nahe zutreten, ja, diesen beinahe ausnahmslos selber annimmt. Denn auch der Sieger bezweifelt in der Regel die Rechte der angesessenen Geisterdynastie nicht, und trägt Scheu mit den „Göttern" anzubinden. Die Menschen hat er besiegt, den Geistern fügt auch er sich.

Im übrigen wäre die Meinung falsch, als ob sich die Kultpflege notwendigerweise oder auch nur in der Regel auf die Geister der Stammeshäuptlinge beschränkt hätte. Galten diese auch als die mächtigsten, so doch keineswegs als die allein zu fürchtenden. Ja, es zeigt sich, daß ganz im allgemeinen jeder Gau, jede Familie ihren besonderen Gau- und Familiengeistern nicht bloß neben, sondern vor den großen Volks- und Staatsgottheiten Verehrung zollt. Selbstverständlich, da ja jene und nicht diese Herren gerade jener Besitztümer sind, von deren Fruchtgenuß der Einzelne lebt. Wohl forderten die Häuptlinge — späterhin die Könige — beinahe überall, daß in ihrem ganzen Herrschaftsbereiche der Geist ihres Hauses, ihres Stammes, durch Opfer geehrt werde, weil dies nach übereinstimmender Auffassung — man lese bloß die einschlägigen ägyptischen, assyrischen, babylonischen, persischen Inschriften — vom Geiste zunächst ihnen persönlich zum Verdienste angerechnet wurde; wohl stießen sie dabei nirgend — das einzige Juda der nachbabylonischen Epoche ausgenommen — auf ernstlichen Widerstand der Unterworfenen, weil auch diesen einleuchtete, daß es nützlich sein dürfte, sich mit einem Geiste zu verhalten, dessen gewaltige Macht sich eben in den Siegen dokumentierte, die er seinen speziellen Verehrern geschenkt; aber mit alldem sollte nicht gesagt sein, daß die großen Geister genügend mächtig oder auch nur gesonnen seien, die Untertanen der Pflichten gegen ihre eigenen Hausgeister zu entheben. Die Untertanen stellten sich mit den siegreichen Großgeistern, den Staatsgöttern, auf möglichst guten Fuß und erwarteten in Staatsangelegenheiten Hilfe in erster Reihe von ihnen; in seinen eigenen häuslichen und Privatangelegenheiten aber hielt sich Jedermann unwandelbar an die eigenen Hausgeister, d. i. an die Geister der eigenen Vorfahren.

Obwohl nun die Wurzel der Macht aller Geister im Eigentumsrechte über den Besitz der Lebenden liegt, so erwiesen sich mit Bezug auf ihre Leistungen die Geister sehr verschieden geartet. Es gab nicht bloß ganz im allgemeinen mehr oder minder mächtige, sondern auch solche, die gleichmäßig in allen Angelegenheiten sich bewährten und solche, die eine besondere Art von Hilfeleistung zur Spezialität hatten. Der eine Geist half in dieser, der andere in jener Krankheit, der eine gab Regen, der andere gab Sonnenschein; dieser machte die Herden, jener die Felder fruchtbar.

Die geachtesten und meistgeschätzten waren aber jene, deren Kraft sich im Kriege erprobt hatte. Als solche Kriegsgötter taten sich naturgemäß zumeist die Hausgeister der Häuptlinge und Könige hervor; naturgemäß, weil ja die betreffenden Häuser keine Häuptlings- und Königshäuser geworden wären, hätte ihnen ihr Hausgeist nicht Sieg im Kriege verliehen.

Als Wohnsitz der Geister dachte man sich ursprünglich nur das Grab, das jene höchstens zeitweilig zu verlassen vermochten. Das erwies sich jedoch für die Ausübung des Kultes mitunter höchst störend. Es ging nicht immer an, das Grab dauernd gegen Verwüstung zu schützen. Auch fehlte es an Geistern solcher nicht, die gar kein Grab erhalten hatten, trotzdem aber Verehrung heischten. Man mußte also versuchen, auch mit derlei schweifenden Geistern in Berührung zu treten, und gelangte dabei zu einer Reihenfolge der verschiedenartigsten und kompliziertesten Vorstellungen, die jedoch wegen der Identität des Ausgangspunktes bei den verschiedensten, durch Raum und Zeit weit ab von einanderliegenden Völkerschaften in der Hauptsache so ziemlich übereinstimmen. So z. B. in der Entdeckung, daß der Geist durchaus nicht streng ans Grab gebunden sei. Er wählt es zwar, soweit ein solches vorhanden ist, mit Vorliebe zum ständigen Wohnsitze, verfügt aber dabei noch über recht zahlreiche anders geartete Aufenthaltsorte, respektive läßt sich solche, wenn man ihn — den Geist — nur richtig zu behandeln weiß, bereitwillig anweisen. So hausen die Geister sehr gerne in gewissen leichenverzehrenden Tierarten, wie Wolf, Schakal, Haifisch, Rabe, Schlange, Fliege u. a.; andere Geister bewohnen Felsen, Seen, Höhlen, die Sonne, den Mond, die Wolken. Und was die Wohnorte anlangt, die ihnen der Mensch nach seinem Ermessen zu bereiten vermag, so nimmt unter diesen die erste Stelle das Bild ein, die Bildsäule des Toten, die jedoch ohne Schaden auch symbolisch durch einen Pflock oder Stab ersetzt werden kann. Ja man hat es, wenn man nur die richtige Methode kennt, in seiner Macht, den Geist in einen beliebigen Gegenstand, einen Lappen, eine Lade, ein Steinchen, einen Käfer u. dgl. zu bannen, und sich dann mit ihm in Rapport zu setzen. Den gleichen Dienst leisten Abbildungen der gewöhnlichen, ständigen Wohnorte des Geistes, also des Grabmals, wenn er in einem solchen haust, des Wolfes, des Raben, der Sonne, wenn er diese als Wohnsitze erkoren. Auch pflegen die Geister bestimmte Menschen als zeitweilige Wohnsitze zu wählen, ohne daß im übrigen letztere sich des in ihnen Hausenden bewußt zu werden brauchten.

Da alles Gedeihen, der Erfolg jeglichen Unternehmens von der Geneigtheit und Hilfe der Geister abhängt, so ist es naturgemäß von höchster Wichtigkeit, bei jedem Unternehmen die eigenen, wohlgesinnten Geister, und zwar womöglich gerade diejenigen von ihnen, deren Spezialität die Hilfeleistung in den fraglichen Angelegenheiten ist, gegenwärtig zu haben. Von ausschlaggebender Wichtigkeit ist dies vor allem im Kriege. Wir finden dementsprechend bei allen Völkern übereinstimmend die Gepflogenheit, die Abbildungen der Kriegsgeister, richtiger die Abbildungen von deren Fetischtieren oder Fetischgegenständen, in Form von Standarten, Schildbemalungen u. dgl. im Kampfe mit sich zu führen. Bei den Indianern Nordamerikas heißen diese Kriegsfetische „Totem", bei den Negern Afrikas „Milongo", bei den Kulturvölkern „Wappen". Die Sitte hat natürlich dort, wo es keinen besonderen Kriegsgott mehr gibt, ihren ursprünglichen Sinn teilweise eingebüßt; ihr Ursprung aber ist überall auf die nämliche Vorstellungsreihe zurückzuführen, auf die Idee, daß der in den Kampf getragene Geist die Feinde schrecken, den Seinen Sieg verleihen werde.

IV. Entstehung des Priestertums.

Geradezu endlos ist die Liste der unterschiedlichen Eigenarten der Geister und klar für alle Fälle, daß der Geisterkult an den Mann, der ihn üben sollte, mitunter sehr weitgehende Forderungen stellte. Es zeigte sich bald, daß die genaue Kenntnis all der oft recht kapriziösen Launen der Geister, und insbesondere die richtige Methode, mit ihnen in Verkehr zu treten, Erfahrungen und Fähigkeiten voraussetzt, die nicht Jedermanns Sache sind. Im Anfange waren es überall die Hausväter allein, die das Amt der Kultpflege versorgten; wenn aber, wie dies nicht ausbleiben konnte, Mißwachs, Krankheit, Unglück im Kriege sich einstellten, trotzdem die Opfernden nach bestem Wissen und Können taten, was dem Geiste gefallen sollte, so wurde doch stets deutlicher offenbar, daß es ihnen mitunter an dem nötigen Geschicke fehle, die Willensmeinung des eigenwilligen Gebieters zu erforschen. Um mit dem Geiste zu verkehren, mußte man die Kunst verstehen, ihn nach Bedarf zu zitieren, mußte sich selber in den entsprechenden Zustand versetzen können, um seine Stimme zu vernehmen — oder man bedurfte eines Mannes, der all dies an des Kultübenden Statt zu vollführen vermochte, und ein solcher Mann ist der Priester. Diesem fiel mehr und mehr die Aufgabe zu, den Familienhäuptern bei den schwierigeren Kulthandlungen hilfreich zur Seite zu stehen, und wo es sich um den Kult besonders mächtiger und deshalb besonders anspruchsvoller Geister — der großen Stammesgötter — handelte, stellte sich allgemach sogar die Notwendigkeit der Stiftung ganzer Priesterkollegien heraus, die an Stelle der — im übrigen durch Krieg und Harem all zu sehr in Anspruch genommenen — Häuptlinge den Dienst der Gottheit zu besorgen hatten.

Ein gewaltiger Irrtum — in welchen sonderbarerweise am häufigsten die Frommen, d. h. die in allen ihren eigenen Glauben betreffenden Dingen kritiklosesten verfallen — ist es, die Priester der primitiveren Religionen als Betrüger und Gaukler anzusehen. Das sind sie nicht. Sie glauben selber fest an ihre Künste, und zwar desto fester, um je rohere Kultur- — und folglich auch Religionsstufen — es sich handelt, und je grotesker dementsprechend das Gaukelwerk der solche Künste übenden „Medizinmänner" dem Anhänger der sogenannten „höheren" Religionen erscheint. Dieser gute Glaube der Zauberpriester darf um so weniger angezweifelt werden, da derselbe im Grunde genommen nichts enthält, was der Logik und dem gesunden Menschenverstande zuwiderlaufen würde. Die Existenz der Gespenster einmal zugegeben — und in einem Zustande mangelhafter Erkenntnis der Naturvorgänge kann es nichts Einleuchtenderes, Selbstverständlicheres geben, als den Glauben an diese — ist jede fernere daran von den heidnischen Urreligionen geknüpfte Konsequenz nur natürlich und vernünftig, ja in Wahrheit nichts anderes, als das Ergebnis einer, allerdings von den Naturwissenschaften nicht kontrollierten Erfahrung. Und gerade dasjenige, was dem modernen Frommen anstößig ist, die „kleinliche" Auffassung der Gottheit, der weder Allmacht noch Allgüte zugeschrieben wird, gerade das ist das Plausible am Heidentume.

Der gute Glaube der Priester hinderte natürlich erst recht nicht, daß sie die herrschende Rolle erlangten, insbesondere dort, wo ständige, gestiftete Diener einer Staatsgottheit deren, vom weltlichen Staatsoberhaupte unabhängige Interpreten wurden. Neben solchen Priestern sank der weltliche Fürst häufig zur bloßen Puppe herab, zum Werkzeuge, das ernannt und verworfen werden konnte, je nach dem von seinen Dienern erkundeten Willen des Gottes. Daran änderte nichts, daß der solcherart gegängelte Fürst mitunter als Inkarnation des Gottes selber angesehen wurde, als Fetisch, den dieser sich zum Sitze erkoren. Denn der Fetischkönig — so war in der Regel die Auffassung,— hatte mit nichten die Fähigkeit, sich des in ihm hausenden Gespenstes bewußt zu werden; er galt als auserwähltes Werkzeug des Geistes, der jedoch, um von Fall zu Fall seinen Willen kund zu tun, nicht ihn, sondern einen anderen Fetisch: Bildsäule, Pfahl, oder sonst einen Gegenstand als Orakelkünder benutzte, dessen Sprache hinwieder nur der Priester verstand. Ein solcher Fetischkönig konnte dann nicht bloß verworfen werden, wenn er sich vermaß, den ihm vom Priester verdolmetschten Gotteswillen zu mißachten, er fiel mitunter als Opfer, selbst wenn er noch so fügsam war, falls nämlich anhaltendes Unglück seine Regierung begleitete. Es entstand dann die Vermutung, daß der Gottgeist — gleichviel aus welchem Grunde — mit ihm unzufrieden sei. Es gibt in Afrika Fetischkönige, die abgesetzt, wohl auch getötet werden, — wenn der Regen zu lange ausbleibt, oder wenn ihre Kriege unglücklich verlaufen, eine Aussicht, die in Verbindung mit anderweitigen Unzukömmlichkeiten und Gefahren der Würde, häufig dazu führt, daß sich die Kandidaten für den Königstron nur zwangsweise auftreiben lassen. Denn das Gefäß Gottes muß sich in der Regel einer Reihe höchst lästiger „Quixilles" unterwerfen, Entsagungsopfern, deren Sinn im folgenden besteht. Da die Geister als Wesen gedacht werden, welche Gefallen an irdischen Genüssen finden, und ihr guter Wille am sichersten dadurch garantiert wird, daß man ihnen die Verfügung über diese von ihnen besonders bevorzugten Dinge überläßt, so ist der fromme Sinn beinahe überall darauf verfallen, den Genuß der bewußten Dinge mit Verbot — Tabu — zu belegen. Von diesem Tabu wird nun allerdings sehr häufig zugunsten gewisser privilegierter Personen und Stände eine Ausnahme gemacht; umgekehrt aber kommt auch vor, daß solche Genußverbote gerade für jene Personen Geltung haben, die den Geistern besonders wohlgefällig sein wollen oder sollen. Letztere Form der Entsagung nun nennt man durch ganz Innerafrika Quixilles, und die Fetischkönige, als Gefäße der Gottheit, sind zumeist der Ehre teilhaftig, sie in ausnehmend strenger Form und verschwenderischer Ausdehnung einhalten zu müssen. Kein Wunder daher, daß z. B. Bastian von einem Negerfürsten berichtet, der stets bewaffnet ausging, um nicht überfallen und zum Großkönige gepreßt zu werden. Im übrigen schützt auch die Priesterwürde mitunter nicht vor ähnlichen Gefahren und Beschwerden. Auch dem Priester kann es übel ausschlagen, wenn sein Gott sich taub erweist gegen die Bitten der Gläubigen; auch er hat oft zu leiden unter Entsagungsopfern und überlästigen Zeremonien, und gleichwie die weltlichen Fürsten mitunter Puppen in der Hand ihrer Priester werden, so fehlt es auch nicht an Beispielen priesterlicher Fürsten, d. h. von Fürsten, die das ihnen von Uranfang gehörige Priesteramt dauernd beibehielten, dafür aber zu Puppen ihrer Kronfeldherrn herabsanken. Und das alles unbeschadet des Umstandes, daß der Fürst, als an Gottes Statt regierend gedacht wird, ja in letzter Linie gerade deshalb. Denn nicht im übertragenen Sinne des modernen Gottesgnadentums wurde ursprünglich dieses Regieren an Gottes Statt aufgefaßt, nicht derart, daß Gottes Autorität dem Fürsten zur Seite stehe, sondern derart, daß der jeweilig lebende Fürst selber keinerlei Anspruch auf Land und Leute habe, diese vielmehr ausschließliches Eigentum des Gottes seien, der sich durch den Fürsten vertreten lasse, insofern und insoweit es ihm, dem Gotte, jeweilig beliebt. Der Kronfeldherr, der den Fetischkönig auf die *göttlichen* Ehren seiner Stellung beschränkt, die weltlichen Vorteile sich selber vorbehaltend, ist deswegen noch kein Rebell, denn mehr als der Gott selber braucht bei Lichte besehen auch dessen Stellvertreter nicht zu gelten. Und eben so wenig verstößt der Priester gegen die der Gottheit schuldige Ehrfurcht, wenn er ihr heiliges Gefäß nötigt, seinen Anordnungen zu gehorchen; denn dem Stellvertreter des eigentlichen Herrn Willen zu verkünden, ist ja sein, des Priesters, unbestrittener Beruf.

V. Kapitel.

Der Geisterglaube in den Kulturreligionen.

I. Auch die Kulturreligionen gehen aus dem Geisterglauben hervor.

Die im vorigen Kapitel geschilderten Religionszustände herrschen ohne jede Ausnahme bei allen wilden und halbwilden Völkerschaften in allen Teilen der bekannten Erde, soweit sie nicht unter dem Einflusse fremder Bekehrer — in der Regel rein äußerlich — für irgend eine der großen Kulturreligionen gewonnen worden sind. Bei den auf der tiefsten Stufe menschlicher Gesittung stehenden schweifenden Horden Brasiliens, Patagoniens, Neuhollands und Neuguineas, den Jägerstämmen Nordamerikas, bei den mongolischen Nomaden wie bei den meist zu primitivem Feldbau übergangenen Stämmen des inneren Afrikas und Polynesiens, fanden die zuerst dahin gelangten Reisenden überall dem Wesen nach die gleichen religiösen Anschauungen und Gebräuche. Bloß die Äußerlichkeiten waren verschieden, die Sache selber lief allerorten auf das nämliche hinaus. Es würde zu weit von dem eigentlichen Gegenstande dieses Buches ablenken, wollte ich es unternehmen, dafür den detaillierten Nachweis zu liefern. Ich muß mich begnügen, auf die einschlägige Literatur hinzuweisen, dabei als besonders belehrend die Werke Taylors, Bastians, Müllers, Grimms, Lipperts und Forsters hervorhebend.

Unerläßlich für meinen Zweck ist dagegen die zum mindesten andeutungsweise Beweisführung dafür, daß auch die Religionen der Kulturnationen durch die Bank aus dem gleichen Seelen- oder Geisterkulte hervorgegangen sind und daß selbst die höchststehenden unverkennbare Spuren desselben beibehalten haben. Selbstverständlich muß ich mir auch hier die Beschränkung auferlegen, diesen Nachweis nicht auf alle überhaupt bekannten Kulturreligionen auszudehnen, sondern mich mit der Behandlung der uns zumeist interessierenden zu begnügen, nämlich der Religionen des alten Ägypten, Griechenland, Rom und Juda. Ausdrücklich betonen will ich dabei, daß mit dem Nachfolgenden keineswegs die Prätension erhoben werden soll, einen wirklich abschließenden Beweis meiner These erbracht zu haben. Da dieselbe der herrschenden Auffassung nicht bloß der Gegenwart, sondern auch jener Epochen schnurstracks zuwiderläuft, aus welchen Berichte über den fraglichen Gegenstand vorhanden sind, so fehlt es naturgemäß an direkten, positiven Belegen zu meinen Gunsten beinahe gänzlich. Wir besitzen keine anderen Quellen der Erkenntnis über den Ursprung der altägyptischen Religion, als Inschriften und Papyri aus einer Zeit, in welcher besagte Religion bereits viele Jahrtausende alt war, die Wandlung all dieser Jahrtausende mitgemacht hatte und die Anzeichen ihrer Entstehungsgeschichte nurmehr als Rudimente in sich barg. Die Mythologie Griechenlands und Roms ist uns lediglich in Schriften erhalten, die nicht hinter das achte Jahrhundert vor Christus zurückreichen und die uns denn selbstverständlich alle noch früheren Geschehnisse im Lichte jener Religionsauffassung zeigen, wie sie n a ch dem achten Jahrhundert vor Christus in Griechenland zur herrschenden geworden. Und was schließlich die jüdische Religion betrifft, so haben wir im alten Testament allerdings einen systematischen, wohlgeordneten Bericht der ganzen Entstehungs- und Entwicklungsgeschichte, der sich selber als zeitgenössisch gibt, es aber tatsächlich nicht ist, ja dessen vornehmster Zweck gerade darin liegt, die Religionsvorstellungen der Urzeit in diejenigen einer um viele Jahrhunderte späteren Epoche umzudichten. Überall findet man sich daher darauf angewiesen, den wirklichen Sachverhalt erst kritisch zu rekonstruieren, die überlieferten Mythen auf ihre sinngemäße Bedeutung zu untersuchen, und wo diese dunkel ist, aus der Analogie mit anderwärts bekannten Vorgängen Schlüsse zu ziehen. Es sind dementsprechend keine objektiv feststehenden Tatsachen, sondern lediglich Hypothesen, die ich im folgenden bieten kann, allerdings jedoch Hypothesen, die allen Anforderungen strengster Wissenschaftlichkeit aufs vollkommenste entsprechen. Nur *eine* Voraussetzung ist es allerdings, von der die Beurteilung des im Nachfolgenden Dargelegten abhängen wird; von der Geneigtheit und Fähigkeit des Lesers nämlich, die Dinge so zu sehen, wie sie tatsächlich sind, und nicht so, wie angeborenes und anerzogenes Vorurteil sie ihm zeigt. Denn gar so entstellt und mangelhaft sind im Grunde genommen die auf uns gekommenen Quellen nicht; *wir* sind dazu gebracht worden, Entstelltes aus ihnen herauszulesen, auch wo es in ihnen gar nicht enthalten ist. Die ägyptischen wie die hellenisch-römischen Berichte bieten zwar kein vollkommen getreues Bild der betreffenden Urreligionen; so zum Gegenteile verzerrt, wie sie in unserer, der Modernen, Vorstellung leben, stellt jedoch kein altes Schriftdenkmal die alten Religionen dar. Und was wieder die Geschichtserzählung und Religionsanalyse des alten Testaments anlangt, so ist diese der Hauptsache nach allerdings von der *Tendenz* jener Fälschung eingegeben, die seither ins Kredo der mosaisch-christlichen Völker übergangen ist; aber daß die moderne Welt sich dieser Irreführung so vollkommen gefangen gibt, liegt nicht an der Geschicklichkeit der Täuschung, sondern an der Leichtgläubigkeit der Getäuschten. Die Fälschungen sind beinahe durchweg so leichtfertig, ungeschickt und plump, daß ohne den festen Willen der zu Täuschenden, sich täuschen zu lassen, irgendwelcher Erfolg des frommen Betrugs gar nicht denkbar wäre.

II. Der Ahnenkult im alten Ägypten.

Dies vorausgeschickt, wende ich mich zunächst zur Religion der alten Ägypter.

Daß in dieser der Totenkult eine hervorragende Rolle gespielt, wird nicht bestritten. Man braucht aber das Quellenmaterial nur einigermaßen unbefangen, d. h. unbeeinflußt durch modern-religiöse sowohl als durch naturalistische und uranistische vorgefaßte Meinungen zu überprüfen, um zu der unumstößlichen Überzeugung zu gelangen, daß sie ganz und gar aus dem Totenkult hervorgegangen und daß die ägyptischen „Götter" ursprünglich nichts anderes waren, als die Geister der Verstorbenen. Eigentümlich ist dem ägyptischen Volke bloß die auf Konservierung der Geister gerichtete Kultpflege. Es schob sich hier — wie und wann gelang mir nicht festzustellen —, in die von den Seelen handelnde Vorstellungsreihe ein Glied ein, welches nirgend gänzlich fehlt, in Ägypten aber schließlich zur Hauptsache wurde, die Idee nämlich, daß die Totenpflege nicht bloß notwendig sei zum zeitlichen Wohle der Lebenden wie der Toten, sondern daß die jenseitige Fortdauer der Verstrobenen von ihr abhänge. Die primäre Grundlage des Kultes ist zwar auch in Ägypten egoistische Furcht der Überlebenden; sie sorgen für den Toten, weil andernfalls den Lebenden Unheil droht. Aber mehr und mehr dringt die Vorstellung durch, daß der Kult hauptsächlich für den Toten selber von Wichtigkeit sei, das Mittel, ihm ewiges Leben zu bereiten. Und die naturgemäße Folge davon ist, daß der Ägypter sich nicht mehr ausschließlich auf die Nachkommen verläßt, um der eigenen Seele den Kult zu sichern, sondern nach Tunlichkeit bei Lebzeiten selber dafür sorgt. Er selber baut sich seine Grabkammer, er selber macht Stiftungen für die Balsamierung und entsprechende Beisetzung seiner Leiche nicht minder, als für Speis- und Trankopfer auf ewige Zeiten. Doch all das natürlich nur, wenn und soweit die eigenen Mittel es gestatten, und ohne daß damit die heilige Kultverpflichtung der Nachkommen aufgehoben würde. Auch liegt dieser letzteren der gleiche Gedanke zugrunde, wie beim Wilden, daß nämlich der Tote Eigentümer seines ehemaligen Besitztums bleibe und dem Erben bloß den Fruchtgenuß hinterlasse. Nur geht die Kultverpflichtung insofern noch darüber hinaus, als dem Sohne, selbst wenn der Vater mittellos gestorben, unabwendbar obliegt, für kultgerechte Bestattung und angemessene Opfer zu sorgen. Er muß dies tun, nicht bloß weil die Pietät gegen den Erzeuger es so fordert, sondern weil er des „osirischen" Geistes des Verstorbenen bedarf, damit er selber „lange lebe und es ihm wohlergehe auf Erden".

Daß nämlich der Geist des Vaters, falls kultgerecht versorgt, „Osiris", der der Mutter „Isis" oder „Hathor" wird, steht dem Ägypter fest. Zahlreiche Ägyptologen fassen dieses Osiris oder Isis werden der Toten, welches sich nach dem ganzen Inhalte der ägyptischen Totenbücher sowohl, als aller dieses Thema behandelnden Inschriften schlechthin nicht leugnen läßt, symbolisch auf, ohne jedoch dafür einen anderen Grund, als die eigene vorgefaßte Meinung angeben zu können, und sehr zum Schaden des vernünftigen Sinnes all dieser Texte. Der Geist des Toten wird im buchstäblichen Sinne des Wortes ein Gott, der Hinterbliebene behandelt ihn auch hinfort als einen solchen, und das charakteristische ist bloß, daß er, der Hinterbliebene, für die Gottwerdung dieses Gottes verantwortlich ist. Daß es neben diesen unzähligen Privat-Osirisen in Ägypten auch einen besonderen allgemein verehrten großen Osiris gab, ändert an der Sache nichts. Denn dieser Osiris, den ganz Ägypten anbetet, ist seinem Wesen und Ursprunge nach ganz dasselbe, wie die anderen: Geist eines einst gelebt habenden Ägypters, mit dem Unterschiede, daß er Könige zu Nachkommen hat. Ebenso sind alle großen Gottheiten Ägyptens nachweislich nichts anderes, als Osirise verschiedener ägyptischer Königsdynastien oder Gaufürsten, Hathor oder Isis ganz offenbar die Stammutter eines uralten Klans, deren besondere Verehrung sich durch acht verschiedene Gau-Malstätten Ober- wie Unterägyptens bis in die Römerzeit erhielt. Ptah ist der Osiris der memphitischen Dynastien, Ra der der thebäitischen usw.

Der Weg, auf welchem sich die Umwandlung der Haus- und Stammgeister in Landesgottheiten und schließlich in Naturgottheiten vollzieht, ist ein unendlich verschlungener, denn zahllose, einander mannigfaltig durchkreuzende Elemente sind es, welche dabei mitspielen. Zunächst die politischen Kämpfe. Jede der zahlreichen ägyptischen Dynastien sucht den eigenen Haus- oder Gaugott zum Reichsgotte zu machen, und nimmt die Gaugötter der unterworfenen Stämme in den eigenen Kult auf. Sie tut dies einerseits, um dem eigenen Schutzgeiste vermehrte Kultopfer zuzuführen, und sich dadurch dessen gesteigerte Gunst zu sichern, anderseits um die Zustimmung der Schutzgeister der Unterworfenen zur Besitzergreifung des eroberten Landes zu gewinnen. Daneben wirkt die verschiedene Vorstellungsweise der Götter verwirrend. Ganz der nämliche Gott erscheint das einemal als „Osiris", d. h. als gerechtfertigter Geist, das anderemal als eines seiner Fetischtiere, also z. B. Amon als Widder, oder als Schlange, Osiris als Stier, Isis als Kuh, Ra als Kater; dann aber wird derselbe Gott auch in Form des Himmelskörpers gedacht, den er zum Wohnsitze gewählt, bis schließlich mehr und mehr die naturalistische Auffassung sich durchringt, und die Götter entweder mit den ursprünglich von ihnen bloß bewohnten Himmelskörpern identifiziert werden, oder mit Naturvorgängen, die ursprünglich mit ihrem Wesen überhaupt nichts gemein haben, und die bloß deshalb in stets innigeren Zusammenhang mit ihnen gebracht wurden, weil der betreffende Gott erfahrungsgemäß gerade bei den fraglichen Naturvorgängen sich hilfreich erwiesen hatte. Solcher Art wurde z. B. aus Amon und Ra, zwei ursprünglich getrennten thebäitischen Stammgöttern, zuerst durch — aus politischen Gründen veranlaßte — Zusammenfassung Ammon = Ra, und dann aus diesen, die Sonne bewohnenden Geistern, der Sonnengott; und Ptah, der Stammgott von Memphis dürfte deshalb zum Nilgott geworden sein, weil die memphitischen Dynastien besonders erfolgreiche Tätigkeit auf dem Gebiete der Nilwasserbauten entwickelten.

Niemals aber erlosch die ursprüngliche Vorstellung, daß der „Osiris", der verewigte Geist, Eigentümer dessen sei und bleibe, was er im Leben besessen. Ganz Ägypten gehörte solcherart seinen Toten, und zwar soweit es Privateigentum war, den verewigten Privatgeistern aller vergangenen Generationen, und der Staat selber den verewigten Geistern der verstorbenen Pharaonen. Nur entwickelte sich von den thebäitischen Dynastien ab die Vorstellung, daß der Besitz von Ober- und Unterägypten ein für allemale dem Amon-Ra gebühre, den in der Sonne wohnenden Königsgeistern der Thebaiten. Während bei früheren Dynastiewechseln die Ahnengeister der neuen Dynastie in den Reichsbesitz traten, und mit denen der ausgestorbenen oder verdrängten Dynastie irgendeine kultgerechte Abfindung getroffen wurde, galt von da ab ein solcher Wechsel in der Persönlichkeit der verewigten Landesregenten für schlechthin ausgeschlossen. Amon-Ra blieb der wahre Herr des Landes, der lebende Pharao mochte weß Ursprungs immer sein. Ja, der jeweilig lebende Pharao — wörtlich übersetzt, „das große Haus" — war gar nichts anderes, als die Behausung, welche sich Ammon-Ra zeitweilig wählte, um seiner Regentenpflicht besser entsprechen zu können. Des Gottes gewöhnlicher Wohnsitz war zwar — wie gesagt, die Sonne; aber von dort aus läßt sich Ägypten nicht recht regieren; ebensowenig ging dies von dem heiligen Widder aus, den Ammon-Ra gleichfalls als Wohnsitz zur Verfügung hat; aber im Grunde ist auch der Pharao nichts anderes, als der Widder: ein Fetisch, der Anspruch auf die Krone nur dadurch hat, daß er dem Gotte zum Wohnsitze dient. Und das ist mit nichten symbolisch zu nehmen. Auch versteht sich durchaus nicht von selbst, daß Ammon-Ra sich jeden Beliebigen, der an Stelle des früheren Pharao den Thron besteigt, als neuen Fetisch gefallen lassen muß. Ra kann sich auch weigern, und hat im Laufe der ägyptischen Geschichte wiederholt ernstliche Schwierigkeiten gemacht. Erhielten die Ra-Priester im Allerheiligsten des Ra-Tempels, wo des Gottes Investitur für jeden neuen Pharao einzuholen ist, abschlägigen Bescheid, so konnte sich der Usurpator nicht behaupten. Auch glaube man beileibe nicht, daß hier bloße Priesterlist den Ausschlag gab. Die Ra-Priesterschaft stand mitunter auf Seite des Usurpators und war dem rechtmäßigen Pharao feindlich — trotzdem erwies sich Amon-Ra ungnädig, und die Folge war, daß der Usurpator schimpflich das Feld räumen mußte.

Mit alldem soll nicht gesagt sein, daß die ägyptische Religion von Uranfang bis zum Schlusse unverändert den Charakter eines rohen Gespenster- und Fetischdienstes behielt. Sie hat ganz im Gegenteile, unbeschadet der Zähigkeit, mit welcher an den Grundvorstellungen festgehalten wurde, Wandlungen durchgemacht, wie kaum eine andere, was schon damit sich erklärt, daß ihr eine Dauer beschieden war, mit welcher sich die keiner anderen auch nur annähernd vergleichen läßt. Sechstausend Jahre alt ist die ägyptische G e s c h i c h t e, wie viele tausend Jahre mag v o r aller Geschichte das Volk des Nillandes erlebt haben? So ungeheure Zeiträume hindurch kann selbst der starrste Konservativismus keine menschliche Einrichtung unverändert erhalten, und so entwickelte sich denn allgemach und unmerklich aus dem ursprünglichen Geisterglauben und Tierfetischismus der Ägypter zuerst eine naturalistische und uranistische Auffassung der verschiedenen Gottheiten, und in letzter Linie sogar — allerdings bloß als Geheimlehre einzelner Priesterkollegien — etwas dem modernen Monotheismus sehr ähnliches. Daß bei letzterer Entwicklung priesterliches Machtgelüste das treibende Element war, ändert an der Tatsache nichts, und ebensowenig an ihrer wahrscheinlichen Rückwirkung auf die Religionsauffassung anderer Völker, deren herrschende Klassen irgendwie Gelegenheit erhielten, mit dieser Geheimlehre bekannt zu werden. Insbesondere die Priester des Setihauses in Memphis scheinen, geleitet von dem Bestreben, ihren Kult zum ausschließlichen Reichskult zu machen, sehr kühne Spekulationen über die Einheit Gottes genährt zu haben. Von der Grundanschauung aber, daß die Seele des Menschen das ursprüngliche göttliche Prinzip sei und daß aller Besitz der Lebenden den verewigten Geistern als eigentlichen Herren gehöre, ist Ägypten niemals abgewichen.

III. Der Ahnenkult im alten Griechenland und Rom.

Die Religionen Griechenlands und Roms werden herkömmlicherweise als nahezu übereinstimmend dargestellt, derart, daß man z. B. in Zeus und Jupiter, Hera und Juno, Poseidon und Neptun, Aphrodite und Venus, lediglich verschiedene Namen ein und derselben Gottheit zu sehen habe. Das ist nun allerdings unrichtig; weder ist die Religion da und dort aus der gleichen Quelle geflossen, noch sind die Endergebnisse da und dort die schlechthin gleichen. Eine sehr weitgehende Verwandtschaft besteht indessen tatsächlich, und ich meine schon hierin eines der besten Beweisstücke der These zu finden, daß es überall die gleichen Grundideen sind, aus denen das religiöse Empfinden hervorgegangen.

Die landläufigen Anschauungen über die sogenannten klassischen Religionen gehen aber auch noch in einem anderen wichtigen Punkte fehl. Es wird allgemein geglaubt, Griechen und Römer hätten einer Naturreligion gehuldigt, d. h. ihre Gottheiten als personifizierte Naturgewalten aufgefaßt. Das ist jedoch falsch. Die sogenannten großen Götter Griechenlands wie Roms, die „Olympier", sind uns allerdings als Naturgottheiten überliefert worden; aber auch diese sind dazu erst in einem verhältnismäßig ziemlich späten Entwicklungsstadium und auch da nur höchst unvollständigerweise geworden. Ein eigentlicher Gott des Himmels war Jupiter-Zeus niemals, ebensowenig als Apollo-Phöbus ein Sonnengott. Der eine donnerte und der andere lenkte den Sonnenwagen; aber es kann gar keinem Zweifel unterliegen, daß sie das in der Vorstellung der ganzen alten Welt doch nur ganz nebenbei taten. Donner und Sonne gehören nicht zum Wesen des betreffenden Gottes, sie sind bloß seine Attribute, etwa gleich dem Adler oder dem Schwan, und ihre Macht den Menschen gegenüber steht schlechterdings außer Beziehung zu ihren himmlischen Funktionen. Zeus war ursprünglich nichts anderes, als der Schutzgeist eines hellenischen Stammes, hatte den Adler zum Fetischtiere, den Himmel zum Sitze, und ähnlichen Entwicklungsgang nahmen die anderen sogenannten Hauptgottheiten. Letzteres aber waren und wurden sie niemals in dem Sinne, als ob sie und ihr Kult die Hauptsache für das Volk gewesen wären, vielmehr nahm im Bewußtsein wie in der Kultpflege der klassischen Welt von Uranfang bis zum Schlusse den wichtigsten

Platz eine andere Reihe von geistigen Wesen ein, die der Römer Penaten, Manen oder Laren benannte. Es waren das die Geister der Ahnen, und diesen, nicht den großen Göttern galt des Einzelnen vornehmste Sorge. Das Wohl des Staates, der Gesamtheit, hing von jenen ab, das des eigenen Hauses, der eigenen Person, von den Penaten; mit jenen hatte man daher gelegentlich bei den ihnen gesetzten Festen, bei Staatsaktionen oder bei sonst einem speziellen Anlaß zu tun, wenn man etwa vermutete, die Hausgeister allein wären nicht mächtig genug, die Erfüllung eines speziellen Wunsches zu gewähren; diesen aber opferte jeder Fromme dreimal täglich. Und die Grundlage aller Frömmigkeit war eine rein egoistische, auf Gegenseitigkeit beruhende. Die Geister hatten ein Recht auf das Opfer, dafür der Opfernde ein Recht auf die Hilfe. Das Wohl des Staates hing davon ab, daß den Göttern ihr Recht pünktlich entrichtet werde und in Griechenland wie in Rom war es daher oberste und eigentliche Pflicht der Staatspriesterschaften, über dieses Recht der Götter zu wachen, damit nicht etwa aus dessen — und sei es vielleicht auch bloß unbewußter — Vernachlässigung dem Staate Nachteil erwachse. Darum, was der Einzelne glaubte, kümmerte sich kein Grieche und kein Römer; darüber jedoch, daß die Kultverpflichtungen genau eingehalten werden, wachte mit gleich unerbittlicher Strenge in Athen der Archon Basileus und in Rom der Pontifex maximus; denn jede „Asebeia", jedes Kultversäumnis konnte den Zorn der Götter erregen und dadurch nicht dem Säumigen allein, sondern der Gesamtheit Unheil bringen. Und daß das Recht des Gottes auf Kultpflege aus seinem Herrenrechte über gewisse Besitztümer hervorging, zeigte sich mit einer Deutlichkeit, die wenig zu wünschen übrig läßt, in der peinlichen Ängstlichkeit, die jeder erobernde klassische Staat an den Tag legte, den Göttern der von ihm unterjochten fremden Gebiete den ihnen gebührenden Kult angedeihen zu lassen. Dabei kam es nicht bloß darauf an, dem Gotte guten Willen und Freigebigkeit zu bezeigen, sondern es mußte allemal auch das Kultrituale genau eingehalten werden. Jeder Gott hatte seine ganz besonderen Bedürfnisse, und jedem mußten sie in ganz besonderer Form dargebracht werden. Wurde dabei das Geringste versehen, so half alle Freigebigkeit in Darbringung von Opfern nichts. Rom schuf daher eine eigene, ursprünglich aus zwei Männern bestehende Behörde, die „duoviri sacris faciundis", die später auf zehn, von Sulla auf fünfzehn Mitglieder gebracht wurde, und deren ausschließliches Amt es war, darüber zu wachen, daß den durch das Wachstum des Reiches ins Unermeßliche gesteigerten Kultverpflichtungen gehörig entsprochen, jedem Gotte, dessen Gebiet man erobert, das Seine zugemessen werde. Zeigte sich irgend ein bedrohliche Himmelserscheinung, trat Mißwachs ein, oder gab es Niederlagen im Felde, so war die erste Vermutung, daß man es irgend einem Gotte nicht recht getan habe, und die viri sacris faciundis mußten in den diesem Zwecke dienenden sybillinischen Büchern — deren Wert deshalb ein so unschätzbarer war — nach Abhilfe forschen.

Die Vorstellung, daß alle Herrschaft den Gottgeistern gebühre, hat sich in Hellas wie in Rom bis zur spätesten Zeit erhalten. Die Apotheose der Kaiser hat keinen anderen Sinn, als diesen; sie waren göttlich „divi", weil sie an der Götter Statt herrschten. Und deshalb bestanden auch die besten Kaiser — sie mögen z. B. wie die Antonine im übrigen noch so philosophisch veranlagt gewesen sein, auf dieser kaiserlichen Prärogative. Sie mußten es tun aus Staatsraison, weil sie andernfalls keinen legitimen Regententitel besessen hätten. Gleichwie der ägyptische Pharao, um im Nillande als Herrscher anerkannt zu werden, von Ammon-Ra als Söhn und Fetisch akzeptiert sein mußte, so beruhte auch das Recht des römischen Imperiums auf der Adoption seines Trägers von seiten all der zahllosen Götter, aus deren Herrschgebieten sich das römische Reich zusammensetzte. Und schärfer noch als im öffentlichen hat sich im römischen Privatrecht die ursprüngliche Auffassung vom Eigentumsanspruche des zu den Ahnen versammelten Geistes an seiner Hinterlassenschaft erhalten; denn die römische testamentifactio ist nichts anderes, als der streng logische Ausfluß dieses Rechtes. Auch sind sich die römischen Juristen dieses Zusammenhanges voll bewußt; daß der Testierende über sein Eigentum für den Todesfall verfügen könne, wird ganz trocken und unumwunden damit begründet, daß er Eigentümer auch nach dem Tode bleibe. Daß spätere Kommentatoren dies als bloß symbolisch auffaßten, indem sie vermeinten, das buchstäblich genommene Eigentumsrecht eines Toten wäre Unsinn, dafür können die altrömischen Juristen nichts, die ganz richtig erkannten, das Verfügungsrecht über den Tod hinaus wäre Unsinn, wenn es nicht im Glauben an dieses immerwährende Eigentumsrecht des Toten seine Begründung fände.

IV. Der Ahnenkult im alten Juda.

Über die Entstehung der jüdischen Religion berichtet der Pentateuch in der bekannten Weise. Darnach wäre streng genommen schon Adam ein Jahwediener gewesen, und die richtige Gotteserkenntnis gleichsam zugleich mit dem Menschen erschaffen worden. Was Moses am Berge Sinai verkündete, das gibt sich der Hauptsache nach lediglich als die unter besonders feierlichen Umständen erfolgte Bekräftigung von Wahrheiten, die allen Gerechten, worunter natürlich die Angehörigen des eigenen Volkes zu verstehen sind, schon längst bekannt gewesen. Und was die Geschichte Juda-Israels anlangt, so berichten darüber die Bücher Mosis von Erschaffung der Welt bis zum Einzuge nach Kanaan; das Buch Josua erzählt dann wie das Volk Jahwes das ihm von seinem Gotte angewiesene Land eroberte, das Buch der Richter, die Bücher Samuel, Könige, Chroniken, enthalten die Schicksale der in Kanaan angesiedelten Stämme bis zum Untergange der beiden Reiche Juda und Israel. Dabei wird überall gleichsam als selbstverständlich vorausgesetzt, daß die Hebräer von Uranfang Monotheisten gewesen, die zwar gelegentlich, den Verlockungen der Nachbarvölker erliegend, ein bischen Götzendienst getrieben, dann aber immer wieder reuig zu ihrem alleinigen Jahwe zurückgekehrt seien.

In Wahrheit jedoch war der Verlauf der jüdischen Religionsgeschichte ein durchaus anderer. Das jüdische Volk hat sich erst während seines babylonischen Exils zum Monotheismus bekehrt, also in einer Zeit, die jünger ist, als jene ganze Epoche, von welcher die oben genannten heiligen Bücher handeln; und das Volk Israel hat den Monotheismus überhaupt niemals kennen gelernt. Das läßt sich alles aus den genannten Büchern selber herauslesen, und soweit anderes dort zu finden ist, läßt sich nachweisen, daß es auf frommer Tendenzdichtung beruhe.

Ihrem historischen Werte nach zerfallen die sich als Geschichte gebenden Teile der Bibel in drei Kategorien. Erstens reine Dichtungen ohne jeden historischen Untergrund, zweitens zu frommem Gebrauch gründlich umgedichtete Geschichte, und drittens wirkliche Geschichte, die zu frommem Gebrauche bloß entsprechend korrigiert ist. In die erste Kategorie gehören die fünf Bücher Mosis und das Buch Josua, in die zweite die zwei Bücher Chroniken, und in die dritte: Richter, Samuel, Könige.

Dem Pentateuch und dem Buche Josua liegt schlechthin keinerlei historischer Vorgang zugrunde. Der, oder richtiger die Verfasser benutzten wohl hier und da wie z. B. bei der Schöpfungsgeschichte, beim Sündenfall, der Sintflut, und ähnlichem, Legenden, die von altersher im Umlaufe gewesen sein mögen; gerade dort aber, wo sie der Geschichte des eigenen Volkes sich zuwenden, bieten sie freie Erfindung. Es hat niemals einen Abraham, Isaak oder Jakob, niemals einen Moses, niemals einen Josua gegeben, die Juden waren — als ganzes dort angesiedeltes Volk wohlverstanden, niemals in Ägypten, sie konnten daher auch nicht von dort ausziehen, am Sinai keine Gesetze empfangen und Kanaan nicht in der Weise des Buches Josua erobern. Wozu, wie und wann diese Mythen erfunden wurden? Darüber bietet uns — von anderem abgesehen — das zweite Buch der Könige einigen Aufschluß. Es wird dort (Kapitel 22) erzählt, daß unter König Josia, das ist also ungefähr siebenhundert Jahre nach dem angeblichen Moses, der Oberpriester Jahwes, Hilkia, das „Gesetzbuch" im Tempel „gefunden", und ganz naiv hinzugefügt, daß kein dazumal Lebender von diesem Buche auch nur das Gerinste gewußt habe. Der Fund tat auch seine Wirkung, denn Josia eiferte sofort für Jahwe, unterdrückte vorübergehend alle anderen Kulte und es bedarf wohl keines besonderen Beweises, daß der Fund zu diesem Behufe vom Hohenpriester gemacht worden ist. Den ganzen Pentateuch aber hat Hilkia schwerlich verfaßt oder verfassen lassen, ja es ist wahrscheinlich, daß der damals geschriebene Teil nachträglich noch umgearbeitet wurde, denn die uns bekannte Redaktion der fünf Bücher und des Buches Josua rührt offenbar aus nachexilischer Zeit. Daß aber diese Bücher nicht aus dem 14. Jahrhundert v. Chr. — der Zeit des angeblichen Moses — stammen und keinen in Ägypten Erzogenen zum Verfasser haben, geht schon aus einer Reihe äußerlicher Umstände hervor. Der Verfasser kennt Orte und Ortsnamen, die erst viele Jahrhunderte später entstanden sind; er nennt konsequent den Westen „gegen das Meer zu", und das Land östlich vom Jordan „jenseits des Jordan", wie jeder in Kanaan eingelebte Jude, während ein wirklich aus Ägypten stammender Autor, der den Jordan niemals überschritten, sich unter obigen Bezeichnungen „Norden" und das Land westlich des Jordan denken müßte; er kennt Bücher, schreibt die Sprache einer späteren Zeit, weiß schon von einem „Lande der Hebräer" kurzum, wenn etwas sicher ist, so ist es die spätere Autorschaft dieser Bücher. Deswegen könnte natürlich ihr Inhalt immer noch auf Tatsachen beruhen; aber auch dem ist nicht so. Die Thora mitsamt dem Buche Josua haben nachweislich bloß den doppelten Zweck, einerseits den während des babylonischen Exils an Stelle der verbannten Juden getretenen kananitischen Volksstämmen ein uraltes Okkupations- und Eroberungsrecht Judas entgegenzuhalten, andererseits den Juden selber den Glauben an den „einen" Jahwe als ihre uralte Volksreligion darzustellen. Die wirkliche Geschichte enthaltenden Bücher: Richter, Samuel und Könige, wissen so wenig als vom „Gesetze" von jener Urgeschichte des eigenen Volkes auch nur das Geringste, wie sie Thora und Josua erzählen. Wo dort einer der Patriarchen, der Aufenthalt und Auszug aus Ägypten, oder irgend eine Tatsache der Eroberungsgeschichte Josuas erwähnt wird — es geschieht dies nur selten und immer im offenbaren Widerspruche mit dem übrigen Inhalte der betreffenden Geschichtspartien — dort kann man sich darauf verlassen, es mit der späteren Interpolation eines frommen Fälschers zu tun zu haben. Denn alle in den wirklichen Geschichtsbüchern erzählten Tatsachen lassen sich mit den Geschichtserzählungen der Bücher Mosis und Josua schlechterdings nicht vereinbaren. Und was vollends die Fabel von dem vierhundertjährigen Aufenthalte der Juden in Ägypten anlangt, so müßte sich, wenn daran irgend etwas wahres wäre, doch zum mindesten eine Spur davon in den Inschriften und Papyri Ägyptens finden. Es ist aber nicht der Fall. Abbildungen hebräischer Kriegsgefangener und Berichte über solche kommen häufig vor, wie das ja bei den wiederholten Kriegen der Hebräer mit Ägypten anders nicht möglich ist — sonst aber nichts. Ist es doch dieses gänzliche Fehlen aller ägyptischen Aufzeichnungen über Geschehnisse, die, wenn sie sich wirklich ereignet hätten, von dem schreiblustigen Volke des Niltals unmöglich mit Stillschweigen wären übergangen worden, was einige Ägyptologen zu dem kühnen Versuche verleitete, die Hyksos als die lange gesuchten Juden in Ägypten auszugeben. Es wäre das das erste Beispiel dafür, daß ein Volk, welches über ein anderes als Eroberer geherrscht, sich in seinen eigenen Schriften als von jenem in Knechtschaft gehalten dargestellt hätte.

Sind aber Pentateuch und Josua Tendenzdichtungen ohne allen und jeden historischen Hintergrund, dann hebt die wirkliche jüdische Geschichte mit dem Buch der Richter an, und das Bild, welches diese vor unseren Augen entrollten, ist ein ganz anderes. Scheidet man aus, was die jahwistischen Fälscher, dem in solchen Dingen geübten Auge leicht kenntlich, später interpoliert haben, so ergibt sich das Folgende. Die Hebräer waren Wüstenstämme, die zwischen dem 14. und 10. Jahrhundert v. Chr. schrittweise die vor ihnen angesiedelten, auf wesentlich höherer Kulturstufe stehenden kananitischen Völker unterjochten. Ihre Religion war ein ganz gewöhnlicher Fetischdienst, Jahwe der Kriegsfetisch einer der Stämme, den dann das Königsgeschlecht in Juda auch als Hausfetisch annahm. Niemals aber vor der Rückkehr aus dem Exile war der Jahwedienst der einzige Kult; nicht im Reiche Juda und noch weniger in Israel, wo der Jahwedienst überhaupt höchstens vorübergehend geübt wurde. Verehrt wurden neben den „Baalim" und den anderen Götzen der unterworfenen Völkerschaften die „Gräber und Höhen", d. h. nach Analogie mit anderen primitiven Völkern zu schließen, die Ahnengeister der Stammeshäuptlinge. Dies ändert sich, wie gesagt, erst nach dem Exile, und in einer Weise und aus Ursachen, auf die ich noch zurückkommen werde. Was ich hier, die Untersuchung über den Ursprung der Religionen abschließend, konstatieren will, ist bloß noch, daß auch der Urreligion der Juden, dem Kulte, welchen dieses Volk seinen Geistern widmete, die Vorstellung zugrunde liegt, es sei Pflicht der Lebenden, den Seelen der Vorfahren zu opfern, weil diesen alles Eigentum gehöre und weil sie grausam jede Außerachtlassung der ihnen gebührenden Rücksicht rächen. Und gerade diese Auffassung ist es, die sich in nicht mißzuverstehender Deutlichkeit auch in den nachmaligen alleinigen Jahwedienst übertragen hat. „Mein ist alles Land, spricht der Herr", das will nicht bloß sagen, daß der Gott der Juden König, sondern daß er Eigentümer des ganzen Landes sei. Das nahm man in Juda sogar strenger als anderwärts — das alleinige Peru vielleicht ausgenommen; denn unter Berufung auf diesen Anspruch des Gottes sollte bekanntlich alles Land nach je siebenmal sieben Jahren neu aufgeteilt werden.

VI. Kapitel.

Die Domestikation des Menschen durch die Religion.

I. Die Geisterfurcht heiligt das Eigentum.

Nachdem ich im bisherigen zu zeigen unternommen, daß Religion überall auf den Glauben an das Herrenrecht der Geisterwelt zurückzuführen sei, will ich nunmehr daran gehen, zu untersuchen, kraft welchen notwendigen Zusammenhanges dieser so geartete Geisterglaube dasjenige herbeiführte, was ich die Domestikation des Menschen nenne, die Beugung des menschlichen freien Willens unter die Dienstbarkeit zu fremden Zwecken. Es erfolgte dies von zwei Seiten her. Erstlich, indem den Massen schrittweise das zu freier Betätigung ihres Willens notwendige Verfügungsrecht über alles Eigentum entzogen, und zum zweiten, indem sie dahin gebracht wurden, in dem ihnen auferlegten Zwange den Willen einer höheren übernatürlichen Macht zu respektieren. Besehen wir zunächst die erstere Seite des Domestikationsprozesses, die Enteignung.

Mag die dem Geisterkulte zugrunde liegende Vorstellung: dem Verstorbenen gehöre das Eigentum an allem, was er im Leben besessen, und dessen Seele wache rachsüchtig über die Heilighaltung dieses Anspruches — ursprünglich die Handlungsweise der Menschen bloß den eigenen Ahnengeistern gegenüber beeinflußt haben, so konnte doch unmöglich lange ausbleiben, daß die Scheu vor dem Gespenstereigentum allgemein wurde. Die nämliche abergläubische Angst, die den Sohn dahin brachte, des Vaters Habe diesem entweder ins Grab mitzugeben, oder, so weit sich dies späterhin untunlich erwies, dem Geiste durch dargebrachten Opferkult die Erlaubnis zu Nutznießung seines Eigentums abzuschmeicheln, führte alsbald dahin, daß auch dritte Personen sich scheuten, derartiges Geistereigen anzutasten. Damit aber wurden die Geister zu machtvollen Wächtern alles hinterlassenen Besitzes; sie leisteten den Hinterbliebenen — wenn auch in anderem Sinne, als diese meinten, wirklich jenen Schutz, um deswillen diese ihnen den Kult widmeten. Vor Krankheiten und Elementarunfällen, vor den Angriffen anderer Geister vermochten sie sie allerdings nicht zu bewahren, wohl aber vor Antastung ihres Eigentums abseitens anderer Lebender.

Zwar diesen anderen wäre das gleiche Auskunftsmittel wie den Hinterbliebenen selber offen gestanden, um den Geist mit der Aneignung seines Eigentums zu versöhnen, nämlich die Darbringung der von ihm geforderten Opfer. Denn nicht aus verwandtschaftlichem Gefühle, nicht aus Zärtlichkeit gegen seine Nachkommenschaft duldete der Geist, daß sein Eigentum von dieser benützt werde, sondern aus Selbstsucht, um nämlich Opfer zu genießen. Es stünde also von vornherein dem durchaus nichts entgegen, daß dritte Personen dem Geiste ebenso die Genehmigung des Nießbrauches seines Eigens abkaufen, wie die Nachkommen — wenn diese dritten Personen eben nur wüßten, wie dies anzustellen sei, d. h. wenn sie des betreffenden Geistes Wünsche hinreichend genau kennen würden. Das aber ist — siehe das vierte Kapitel dieses Buches — eine höchst schwierige Sache. Jeder Geist hat seine ganz besonderen Rücken und Tücken, die man genau kennen muß, soll man es nicht gänzlich mit ihm verderben; und diese Absonderlichkeiten konnten natürlich immer nur denjenigen vertraut sein, die den Vorzug längeren Umganges mit dem betreffenden Gespenste genossen. Der Fremde, der vorwitzig dazwischen trat, war dem Kinde gleich zu achten, das mit dem Feuer oder mit tödlichen Waffen spielt; wem irgend Leib und Leben lieb war, der hielt sich fern von unvertrauten Geistern und von allem, was diesen gehörte — also von fremdem Besitze.

Fremden Besitz sich gewaltsam anzueignen, wagt der Kultgläubige nur, wenn er entweder hinreichenden Grund zu der Annahme hat, sein eigener Schutzgeist werde um eines ihm zuwachsenden Kultvorteiles willen, den Räuber gegen die Rache des beraubten Geistes zu schützen wissen, oder wenn er sichere Aussicht hat, sich zugleich mit dem Besitze auch der zu dessen gefahrloser Benutzung unerläßlichen Kultkunde zu bemächtigen. Das ist in der Regel bei politischen Eroberungen, nicht aber bei gewaltsamer Aneignung fremden Privatbesitzes der Fall. Die Reichskulte sind zumeist in die Hände besonderer Priesterschaften übergangen, und diese lassen sich gewöhnlich dazu zwingen, den Kult ebenso im Dienste des neuen wie früher im Dienste des alten Fürsten auszuüben. Damit hat der Gott, was ihm gebührt, und der „Eroberer" kann sich furchtlos seines Raubes freuen. Vorsteher und Ausüber der Privatkulte dagegen sind die Hausväter, d. i. die Nutznießer der betreffenden Besitztümer selber. Diese zu Fortsetzung der Kultpflege zu Nutz und Frommen desjenigen zu veranlassen, der sie ihres Besitzes gewaltsam beraubt, ist unmöglich. In diesem Sachverhalte sehe ich den eigentlichen und letzten Grund des fundamentalen Unterschiedes, der bis auf den heutigen Tag zwischen politischem und privatrechtlichem Raube besteht. Daß Held genannt wird, wer ein fremdes Reich, Räuber, wer fremdes Privateigentum sich gewaltsam aneignet, erklärt man gemeinhin aus der dem größeren, glänzenderen Erfolge entgegengebrachten schmeichelnden Huldigung. Die Wahrheit scheint mir, daß der Eroberer zwar das Recht des Nebenmenschen, nicht aber das höherstehende der Geister verletzt, während der Räuber auch den Zorn der um ihr Recht gebrachten Gespenster herausfordert. Der Tod breitete solcher Art seine schützende Hand über den Besitz, es erwuchs dem Erben ein dem natürlichen Eigentumstitel nicht bloß ebenbürtiger, sondern diesem überlegener Anspruch auf ungestörten Besitz. Wenn Shakespeare seinem König Heinrich IV. die an den Sohn gerichteten Worte in den Mund legt:

. . . . . „Was ich erwarb
Fällt dir in einer feinern Art anheim,
Weil du das Diadem als Erbe trägst."

so spricht er damit eine tiefe Wahrheit aus, die folgenschwerer war für den Entwicklungsgang der menschlichen Rasse, als irgend eine andere.

Denn die einmal entstandene Idee des Geisterschutzes für gewisse Eigentumsbestandteile fand allgemach Anwendung auf alles Eigentum, gleichviel ob von Verstorbenen hinterlassen, oder später von den Hinterbliebenen erworben. Dies setzte sich um so leichter durch, als der Idee des Eigentumsrechtes der Toten eine große, reale Wahrheit zugrunde liegt, die nämlich, daß der Kulturmensch all seinen Reichtum den Arbeiten und Errungenschaften der Vorfahren verdankt. Auf einem Wahne beruht dabei nur die Vorstellung, daß die Vorfahren auch nach ihrem Tode berechtigt und in der Lage seien, weiter zu beherrschen, was sie im Leben geschaffen. Aber da dieser Wahn nun einmal die Kraft eines unumstößlichen Dogmas erlangt hatte, so verwischte die ihm zugrunde liegende Wahrheit sehr rasch jeglichen Unterschied zwischen ererbtem und erworbenem Besitz. Vielleicht ohne sich dessen überall voll bewußt zu werden, begriffen die Menschen doch alsbald, daß auch der Erfolg der eigenen Tätigkeit bedingt sei durch jene Voraussetzungen, welche die Frucht der Arbeit, des Fortschrittes vergangener Generationen sind. Sie fühlten sich sohin auch für den eigenen Erwerb den Geistern dieser Vergangenheit verpflichtet, und die Folge davon war, daß die nämliche Vorstellungsreihe, die zu dem Glauben führte, jedes etwa eintretende Unheil sei durch Mißachtung der Eigentumsansprüche der Verstorbenen auf das von ihnen seinerzeit Erworbene hervorgerufen, nunmehr auch den weitergreifenden Glauben erzeugte, die Antastung jedes wie immer gearteten Besitztums bringe gleiches Unheil. Die Geister wurden aus Hütern des Erbeigentums zu Hütern des Eigentums schlechthin. Eine Sanktion, viel wirksamer und unbedingter, als sie von Natur aus dem natürlichen Eigentume zuteil geworden, erstreckte sich nunmehr auf jeden wie immer gearteten Erwerb des Menschen.

II. Religion verwandelt das Eigentum in ein Werkzeug der Herrschaft des Menschen über den Menschen.

Damit war eine entscheidende Umgestaltung auch im Wesen des Eigentums unvermeidlich geworden. Der Urmensch kannte Eigentum nur an Dingen, die Ergebnis der eigenen Plage oder Arbeit sind. Was nicht in diese Kategorie gehörte, daran gab es kein Eigentum, sondern höchstens ein Recht der Nutznießung, und letzteres nur insofern und insoweit, als die fragliche Sache von demjenigen, der Anspruch auf sie erhob, tatsächlich benützt wurde. Ein Eigentum an Boden z. B. existiert ursprünglich ebensowenig, als etwa ein solches an fließendem Wasser oder an atmosphärischer Luft. Sie sind niemandes Werk, sie gehören also niemand, und jedermann hat das Recht, sich ihrer zu bedienen. Es kann Streit über den Vorrang ihrer Benützung entstehen, wobei — nicht ausnahmslos, jedoch ziemlich allgemein — der Anspruch des Zuerstgekommenen als zu Recht bestehend respektiert zu werden pflegt; jedoch auch das, wie gesagt, nur insofern und insoweit, als dieser — der primus occupans — die Sache wirklich benützt, und durch die von späteren Zuzüglern geübte Mitbenützung in Ausübung seines Rechtes gestört würde. So fassen — vor dem Auftreten des Geisteseigentums — alle Naturvölker das Anrecht des Menschen auf Kräfte und Stoffe der Natur auf. Die Bodenbebauer so gut, als die Hirten, Jäger und Fischer. Das Fruchtland gehört dem, der auf ihm zuerst den Spaten ansetzt, jedoch nur insolange und bloß in jener Ausdehnung, in welcher er dies wirklich tut; das Weideland dem Hirten, dessen Herden es zuerst abgrasen, jedoch nur insoweit, als das Eindringen fremder Herden das Futter kürzen würde. Der Jagdgrund ist des Jägers, der ihn zuerst durchpürscht, der Fluß des Fischers, der zuerst seine Netze in ihm auswirft, jedoch immer nur insoweit, als das vorhandene Wild, die vorhandenen Fische nicht auch für andere genügen. Und ich glaube, daß Streitigkeiten über all diese Punkte — wohlverstanden insolange es beim natürlichen Eigentumsbegriffe sein Bewenden hatte — nur dann vorkamen, wenn Meinungsverschiedenheiten über das Vorhandensein des im obigen umschriebenen Ausschließungsgrundes der Schädigung des Erstgekommenen durch spätere Mitbenützer auftauchten.

Mit der Vorstellung vom Eigentumsanspruche der Toten vollzog sich jedoch ein ausschlaggebender Wandel Die Toten können ihr Recht nicht selber ausüben, es wäre gegenstandslos, bliebe seine Geltendmachung an die Voraussetzung der eigenen Ausübung geknüpft. Dem Lebenden nützt jegliche Sache dadurch, daß er sich ihrer bedient; dem Toten kann jegliche Sache nur dadurch nützen, daß er Lebenden die Bedingungen vorzuschreiben vermag, unter denen sie sich ihrer bedienen dürfen. Der Mensch, welcher einen Landstrich als Hirt oder Ackersmann zuerst betreten, wird neuen Ansiedlern ohne Widerrede Raum neben sich vergönnen, wenn anders nur seine eigene Wirtschaft nicht darunter leidet; er wird dies in aller Regel sogar mit Freuden tun, da ihm ja möglichst nahe Nachbarschaft aus tausend Gründen nur willkommen sein kann. Und was das entscheidende ist: keinem der neuen Ansiedler wird es — vorausgesetzt, daß ausreichender Raum vorhanden ist — in den Sinn kommen, sich darum zu kümmern, wie der Altangesessene in diesem Punkte denkt. Passen diesem nahe Nachbarn nicht, so mag e r sein Bündel schnüren und einsamere Gegenden aufsuchen. Durchaus anders wird der Verlauf, sowie der Respekt vor dem Geistereigentume erst allgemein geworden. Jetzt muß sorgfältig erkundet werden, ob es nicht gegen die Rechte der Götter des ersten Ansiedlers verstößt, wenn ihnen neue Siedler all zu nahe an den Leib rücken; ob sie nicht etwa Anspruch auf Kult von Seite all jener erheben, die da oder dort ihre Herden weiden, oder die Pflugschar führen wollen; wenn dies der Fall, welche Art Kult, wann, wie und in welchem Ausmaße selber zu leisten. Und da dem so ist, da ohne befriedigende Erledigung all dieser Fragen niemand es wagt, Besitz zu ergreifen, so versteht sich von selbst, daß die Geister stets anspruchsvoller und anspruchsvoller werden. Geht ihr Verlangen anfangs vielleicht bloß auf ein unbedeutendes Begrüßungsopfer zu Besiegelung der guten Nachbarschaft, so fordern sie späterhin umständlichen Kult, und schließlich ausgesprochene Zinspflicht. Sie werden Frohnherren des Landes, soweit ihr Ansehen reicht, und der in ihrem Namen waltende Frohnvogt ist selbstverständlich der ihrem Kulte vorstehende Hausvater oder Patriarch.

Das Eigentum, von Natur aus nichts anderes, als Herrschaft des Menschen über die Mittel eigener Bedürfnisbefriedigung, ist zum Werkzeuge der Herrschaft des Menschen über andere Menschen geworden.

III. Religion als Quelle der Sklaverei. Bedeutung der Viehzucht für die Versklavung.

Während aber Religion auf das Eigentum an Sachgütern bloß umgestaltend wirkte — allerdings in grundlegender Weise — war sie schlechthin schöpferisch für den Begriff des Eigentums am Menschen.

Dem Urmenschen ist die Vorstellung durchaus fremd, er selber oder jemand seinesgleichen, könne Mittel zu Zwecken anderer sein, zum gezähmten Tiere werden, dessen Kräfte nicht dem eigenen, sondern fremdem Nutzen dienstbar sind. Allerdings begreift er dies zumeist schon deshalb nicht, weil ihm auch die Haustiere noch unbekannt sind. Die Domestikation der Tiere stellt sich erst auf einer verhältnismäßig hohen Kulturstufe ein, und zwar gerade auf jener, die unter einem Voraussetzung der Knechtschaft ist, so daß beide Arten von Domestikation nicht bloß dem Prinzipe nach, daß ihnen beiden zugrunde liegt — der Unterwerfung unter die Gewalt als höher erkannter Wesen — sondern auch der Zeit nach in der Regel zusammenfallen. Naheliegend war daher allezeit die Vermutung, daß zwischen beiden auch ein kausaler Zusammenhang bestehe, in der Weise nämlich, daß die Viehzucht es gewesen, die zu allererst die Nutzbarmachung menschlicher Arbeitskraft ermöglichte und solcher Art zu Verknechtung der im Daseinskampfe Besiegten den Anreiz geboten. Und auch insofern erblickt man in der Domestikation der Haustiere den Entstehungsgrund der Knechtschaft, als durch sie zum erstenmale der Besitz, das Kapital, Voraussetzung der Existenzmöglichkeit für den Menschen wurde. Der Jäger und Fischer, ja ursprünglich auch der Ackerbauer, sie alle schöpfen aus einer von der Natur freiwillig gebotenen Nahrungsquelle, zu deren Nutzbarmachung weiter nichts, als ihre eigene Kraft erforderlich ist. Die Werkzeuge, deren sie allenfalls noch bedürfen, sind nicht der Rede wert, der Gegensatz von Reich und Arm ihnen folglich kaum bekannt, und selbst der im Vorigen geschilderte Geisteranspruch auf die von ihnen okkupierten Jagd-, Fischerei- oder Ackergründe kann wohl zu lästiger Tributpflicht, nicht so leicht aber zu absoluter Vernichtung ihrer wirtschaftlichen Freiheit führen. Denn wenn die Tribut heischenden Herrengeister all zu anspruchsvoll werden, steht dem Jäger, Fischer und primitiven Bodenbebauer immerhin der Ausweg offen, das Feld zu räumen, und neue, noch von keinem Gotte mit Beschlag belegte Jagd-, Fischerei- oder Ackergründe aufzusuchen. Der Viehzüchter dagegen braucht zum Existieren nicht bloß Weidegründe, sondern auch Weidetiere; er ist, wenn ihm diese fehlen, dem Hungertode oder fremder Gnade verfallen, und diese in Form der Viehzucht zu allererst sich einstellende Abhängigkeit des Menschen vom Besitze hält man ziemlich allgemein für das eigentlich treibende Agens der Knechtschaft.

Ich meinerseits vermag mich bei dieser Erklärungsweise, deren Anhänger ich bislang selber gewiesen, fernerhin nicht mehr zu beruhigen, seitdem mir zum vollen Bewußtsein gekommen, in wie hohem Grade die Knechtschaft den natürlichsten menschlichen Instinkten zuwiderläuft. Was im Sinne der obigen Darlegung als ganz selbstverständlich und fernerer Begründung gar nicht bedürftig angenommen wird, daß nämlich das Aufkommen des Unterschiedes zwischen Arm und Reich deshalb ohne weiteres zu Verknechtung des Armen durch den Reichen führe, weil Letzterer naturgemäß das Bestreben habe, sich des Ersteren Kräfte dienstbar zu machen, dieser hinwieder naturgemäß die Dienstbarkeit dem Hungertode vorziehe — erscheint mir durchaus in Widerstreit zu stehen mit allen natürlichen Auffassungen. Ich glaube, daß der Naturmensch unter keinen Umständen, er mag nun reich oder arm sein, auf den Gedanken geraten wird, die Kräfte seines Nebenmenschen für sich auszunützen, respektive die eigene Kraft im Dienste des Nebenmenschen zu verwenden. Er wird das so wenig, als etwa der moderne Kulturmensch die Bedürftigkeit des Nebenmenschen dazu benutzt, diesen als Schlachtvieh zu erwerben oder als er umgekehrt durch eigene Bedürftigkeit dahin gebracht werden könnte, sich anderen zur Verspeisung anzubieten. Damit solches geschehe, ist die vollständige Umgestaltung eines der tiefsteingewurzelten tierischen Instinkte unerläßliche Voraussetzung. Der Mensch muß erst durch irgendeinen geistigen Anpassungsprozeß dahin gebracht werden, den Gedanken, daß er Mittel zu fremden Zwecken sein könne, überhaupt nur zu fassen, ehedenn er in welcher materiellen Lage immer zum Sklaven oder zum Sklavenhalter zu werden vermag. Bevor dieser geistige Anpassungsprozeß an ihm vollbracht ist, wird er — als Reicher — seinen darbenden Mitbruder — vielleicht — fühllos verhungern lassen, der Arme den Reichen — vielleicht — skrupellos bestehlen oder berauben; an ein wie immer geartetes Tauschgeschäft zwischen Subsistenzmitteln und menschlicher Freiheit wird er so wenig denken, als etwa die Tiger darauf geraten mögen, sich untereinander zu verdingen. Besteht in diesem Punkte ein Unterschied zwischen dem Menschen im Naturzustande und dem Tiger, so kann er — meines Erachtens — bloß darin liegen, daß Ersterer als eminent geselliges Wesen minder egoistisch fühlen und handeln dürfte als letzterer, d. h. daß er leichter und bereitwilliger vom eigenen Überflusse dem bedürftigen Mitbruder unentgeltlich überlassen wird, wessen dieser bedarf. Unter den großen Katzen ist es wohl die Regel, daß sie minder glückliche Individuen der eigenen Gattung ingrimmig knurrend und fauchend von den Überresten auch der für sie selber unverwendbaren Jagdbeute wegscheuchen; unter den Naturmenschen hingegen dürfte es Regel gewesen sein, den eigenen Überfluß dem Nebenmenschen nicht bloß neidlos, sondern geradezu als dessen selbstverständlichen Anteil zu gönnen. Mit dieser Annahme wird dem Urmenschen keinerlei übernatürliche Tugend angedichtet, sondern eine Eigenschaft, die wir bei jedem gesellig lebenden Tiere, sagen wir beispielsweise bei Rindern und Pferden, ausnahmslos zu beobachten Gelegenheit haben.

Mit der Abhängigkeit des Viehzüchters von der Herde ist also bloß die materielle Voraussetzung der Verknechtung gegeben, und weder genügt diese für sich allein, um den Instinkt der Freiheit auszurotten, noch ist anderseits sie die einzige materielle Entwicklungserscheinung, die — bei Hinzutritt der entsprechenden geistigen Impulse — Knechtschaft herbeizuführen vermag. Seine Freiheit verliert der Mensch erst dadurch, daß er in dauernde Abhängigkeit von den Geistern gerät; notwendige Voraussetzung hierfür ist, daß in ihm die Vorstellung einer dauernden Verschuldung den Verstorbenen gegenüber entsteht; und nun habe ich allerdings im vierten Kapitel gezeigt, daß und in welcher Weise dieses Gefühl der dauernden Verschuldung aus dem Übergange zur Viehzucht entstanden ist, doch weder muß selbes notwendigerweise hieraus sich entwickeln, noch ist Viehzucht die alleinige Quelle, aus welcher es sich entwickeln kann. Es läßt sich denken, daß viehzüchtende Völker frei geblieben sind, wenn nämlich ihre Wahnvorstellungen eine Wendung nahmen, die es ihnen ermöglichte, die Totengeister mit sporadischen Opfergaben abzufinden; und wenn es auch tatsächlich ein solches Volk nicht gibt, so beweist das noch immer nicht die prinzipielle Unzulässigkeit obiger Hypothese, da ja sehr wohl möglich wäre, daß einzelnen Hirtenvölkern die zur Verknechtung führenden Kultvorstellungen erst nachträglich von fremden Eroberern aufgezwungen wurden. Auch Völker, die umgekehrt ohne das Dazwischentreten der Viehzucht aus sich selber heraus wahrhafte Religion samt der dazu gehörigen Knechtschaft ausgebildet hätten, sind meines Wissens zum mindesten, derzeit nicht mehr vorhanden. Trotzdem belehrt uns die Geschichte der Azteken und der Inkastämme darüber, daß es solche Völker gegeben haben muß; daß jene beiden ihren freiheitsmörderischen Kult bereits fertig nach Mexiko und nach Peru mitbrachten, ist eben so unbestritten, als daß sie, bevor sie dahin gelangten, ein Wandervolk, folglich, da es vor Ankunft der Europäer in ganz Amerika kein für Nomadenvölker brauchbares gezähmtes Tier gab, keine Hirten, sondern schweifende Jäger waren.

Das alles ist richtig, besagt aber nur, daß Viehzucht nicht unter allen Umständen verknechtende Kulte in Gefolge haben muß, und daß umgekehrt solche Kulte unter gewissen Umständen auch aus anderweitigen Ursachen entstehen können. In beiden Fällen hat man es aber mit Ausnahmen zu tun, welche die große Regel nicht umstoßen, daß die Tendenz zur Verknechtung im Wesen der Viehzucht gelegen ist, während die gleiche Tendenz bei anderer Ernährungsweise des primitiven Menschen sich bloß sporadisch unter dem Zusammenwirken seltener Zufälligkeiten einstellt.

Zwei ganz besondere, im Wesen der Sache gelegenen Gründe, sind es, denen zufolge die Knechtschaft in aller Regel aus der Viehzucht und nur aus dieser hervorgeht. Es läßt sich erstlich bei anderen Nahrungszweigen nur ausnahmsweise eine Kombination von Umständen denken, die eine so hochgradige Abhängigkeit der Lebenden von der Hinterlassenschaft ihrer Toten auch nur vorübergehend herbeizuführen vermöchte, wie sie beim Hirtenleben durch die Herde dauernd gegeben ist. Zum zweiten hat der Viehzüchter in der Dienstbarkeit seiner gezähmten Tiere ein Vorbild der menschlichen Dienstbarkeit, welches dem Jäger, Fischer und primitiven Bodenbebauer gänzlich abgeht. Nirgends im Bereiche der ganzen Natur findet der Urmensch eine Erscheinung, die ihn auf den Gedanken der Plage zu fremden Nutzen und des Nutzens aus fremder Plage bringen könnte. In seinen Haustieren erst schafft er sich ein solches Beispiel, und es ist selbstverständlich, daß es leichter sein mußte, davon die Nutzanwendung auf den Menschen zu ziehen, als mit dessen Domestikation den Anfang zu machen.

Damit soll nicht gesagt sein, daß der Mensch — gleichviel ob er als Hirt, Jäger oder Ackerbauer zum Sklavenhalter geworden, sein zweibeiniges Haustier nach der gleichen Methode wie dies in der Regel mit den Vierbeinigen geschieht, nämlich planmäßig und mit zielbewußter Absicht gezähmt und seinen Zwecken dienstbar gemacht hätte. Meine Ansicht geht vielmehr dahin, daß die Domestikation des Menschen sich der Hauptsache nach beiden Teilen, dem Herrn wie dem Knechte völlig unbewußt, als selbstverständliches Ergebnis des Geisterwahnes eingestellt habe. Es lag gar nicht in der Absicht der Reichen, die Armen dienstbar zu machen und ebensowenig in der der Armen, den Reichen zu dienen; auch waren es gar nicht die letzteren selber, denen sich jene unterwarfen, und schließlich direkt auch gar nicht der Reichtum, der den einen zur Obmacht über die anderen verhalf. Das alles taten und bewerkstelligten die Gespenster, ohne daß sie hierzu bewußter menschlicher Mitwirkung bedurften. Sie, ausschließlich sie waren es meines Erachtens, welche die von Natur aus Freien und Gleichen in Knechte umwandelten, und zwar wohlverstanden allesamt, die sogenannten „Freien" mit inbegriffen. Erst nachdem dies gelungen war, erst nachdem die Menschen Geisterknechte geworden, denen lähmende Gespensterfurcht den eigenen Willen gebrochen und in fromme Unterwürfigkeit umgewandelt, vollzog sich, und zwar, wie ich auch hier betonen möchte, ganz von selbst, d. h. ohne eigentliche böse Absicht der „Göttersöhne", die Übertragung des Herrenanrechtes von den Göttern auf deren menschliche Stellvertreter. Diese handelten dabei weder aus eigenem Antriebe noch im eigenen Interesse, am wenigsten aber aus eigener Macht; sie waren in allem was sie taten und forderten lediglich die blinden Werkzeuge der Gottheit, und dieser, nicht ihnen wurde gehorcht und gedient. Und auch Eigentum spielte bei diesem Unterwerfungsprozesse bloß die Rolle des — allerdings unentbehrlichen — Werkzeuges, dessen die Gespenster — gleich den menschlichen Interpreten ihres Willens — bedurften, um den Lebenden ihre Macht fühlbar zu machen. Gleichwie der sterbliche Despot seine Büttel und Henker, diese hinwieder Waffen und Henkerbeile gebrauchen, um den Gehorsam der Beherrschten zu erzwingen, so brauchen die Götter den „Herrn" und dieser das Eigentum zum nämlichen Zwecke; die letzte Quelle des Gehorsams aber ist dabei ebensowenig der irdische Herr und das von ihm verwaltete Eigentum, als der Henker und sein Beil, sondern ausschließlich die dem Oberherrn gewidmete Verehrung.

IV. Durch Religion noch nicht domestizierte Völker sind „unzivilisierbar", d. h. ungeeignet zur Ausbeutung.

Nie und nirgends haben wirklich freie Menschen, d. i. solche, denen die Knechtschaft nicht bereits durch ihre Religion auferlegt worden, sich ihr gefügt, es sei denn, daß es abermals Religion gewesen, was sie dazu nachträglich gezwungen.

Um diese Wahrheit zu erkennen, ist allerdings erforderlich, daß man unter einem „freien" Volke nicht ein solches verstehe, welches bis dahin frei geblieben von fremder Herrschaft, sondern ein Volk, welches ausschließlich aus Freien besteht, d. h. aus Menschen, denen Arbeit zu fremden Nutzen noch gänzlich unbekannt ist. In diesem Sinne waren z. B. alle arischen Völker seitdem sie eine Geschichte haben, nicht frei, ebensowenig die „freien" Griechen, als die „freien" Germanen, deren Aristoi und Edellinge allerdings keinem Menschen tributär waren, dafür aber um so unbedingter über die Arbeitskraft ihrer Knechte verfügten und sich selber als Knechte ihrer Götter fühlten. Deswegen wurden Griechen und Germanen gleich allen Kulturnationen — wenn besiegt — ohne weiteres Knechte ihres Siegers, gleichviel ob dieser sie an Kultur überragte oder nicht. Sie waren eben schon vor ihrer Unterwerfung durch fremde Sieger, Knechtesvölker, denen der natürliche Instinkt der Freiheit durch ihre Religion gebrochen worden. Und zwar gilt dies, das Erlöschen der Freiheitsliebe, nicht bloß für die Knechte, sondern auch für die Herren. Der hochmütigste griechische oder römische Aristokrat, der unbändigste germanische Edle, wird, zum Gefangenen gemacht und in die Sklaverei verkauft, nach längerem oder kürzerem Klagen oder wohl auch Toben, schließlich Sklave.

Erst als die europäischen Kulturvölker im jungfräulichen Amerika mit Völkern bekannt wurden, denen die Arbeitsknechtschaft bis dahin unbekannt war, sahen sie zu ihrem grenzenlosen Staunen, daß man diese schlechterdings nicht zum arbeiten für fremden Nutzen bringen könne. Das lehrreichste Beispiel dafür bieten die Antillen. Dort fanden die Spanier sogar schon einige Zivilisation vor; es gab Kaziken, die im Kriege weitgehenden Gehorsam fanden, und auch sonst in hohem Ansehen standen. Frohnknechte ihrer Edlen aber waren die Bewohner der Antillen nicht, und dementsprechend auch abseitens der Spanier absolut nicht als Arbeiter zu gebrauchen; versuchte man es, sie zu zwingen, so verfielen sie dem Untergange. Dorfgemeindeweise töteten sich diese armen Indianer, die absolut nicht begreifen wollten, daß der Mensch zur Arbeit — für andere — geboren sei, meist durch freiwilliges Verhungern oder Hängen; die Weiber hörten auf zu gebären, kurzum wenige Dezennien nach der Eroberung durch die Spanier waren diese paradiesischen Inseln von den Ureinwohnern entblößt. Dem Wesen nach nicht anders steht es um die Rothäute Nordamerikas, mit dem Unterschiede allerdings, daß diese, von den weißen „Kulturträgern" minder hart angefaßt, und mehr in der Lage, vor der ihnen aufgenötigten Zivilisation schrittweise zurückzuweichen, erst nach ebenso viel Jahrhunderten aussterben werden, als die Urbewohner der Antillen nach Jahrzehnten ausgestorben sind — es sei denn, daß es vorher gelingt, ihnen an Stelle des Glaubens an ihre noch harmlosen Ahnengeister denjenigen an irgendeine verknechtende Religion beizubringen.

Die europäischen Eroberer vermochten die wahre Triebfeder dieses Völkerselbstmordes schlechterdings nicht zu begreifen. Sie suchten die Ursache meist in irgend welchen Rasseneigentümlichkeiten des roten Menschen, faselten von mangelnder Körperstärke, geringer Widerstandskraft gegen die Versuchungen der Zivilisation, und was dergleichen mehr ist. Die Erfahrungen mit anderen Völkern der nämlichen rothäutigen Rasse hätten sie eines besseren belehren können. Bei Mexikanern, Peruanern und überall dort, wo vorher schon Knechtschaft geherrscht hatte, gelang das Zivilisationswerk vortrefflich. Mexikaner und Peruaner, Guatemalteken und Jukataner wurden alle — frühere Sklaven und frühere Edle in gleicher Weise — so gute brauchbare Knechte ihrer europäischen Besieger, wie Knechte und Edle irgendeines unterjochten Knechtesvolkes der alten Welt.

Der Unterschied lag eben nicht in der Hautfarbe und nicht in der Rasse, sondern im Vorhandensein oder im Fehlen des ursprünglichen menschlichen Freiheitsinstinktes. Und daß einzig die Religion imstande ist, dieses Instinktes Herr zu werden, zeigt sich an einem anderen Beispiele der amerikanischen Geschichte. Die Guaranis Paraguays gehörten lange Zeit hindurch zu den unbändigsten, jedem Zivilisationsversuche unzugänglichsten Bewohnern des Innern von Südamerika, an deren wilder Freiheitsliebe alle Angriffe der Spanier und Portugiesen mehr als ein Jahrhundert hindurch scheiterten. Als jedoch — es geschah das im siebzehnten Jahrhundert — die Jesuiten dortselbst die Gründung eines *theokratischen* Staates unternahmen und den Guaranis begreiflich gemacht wurde, daß sie Frohndienste leisten müßten — beileibe nicht im Interesse menschlicher Herren, sondern zu Nutz und Frommen Christi — da wurden aus diesen unzähmbaren Wilden so vortreffliche „Arbeiter", als sie nur je ein Volk geliefert hat.

Die nämlichen Erscheinungen lassen sich überall konstatieren, wo Gelegenheit vorhanden ist, das Verhalten primitiver Völker der Sklaverei gegenüber zu beobachten. Der Neger, der Polynesier ist brauchbar oder unbrauchbar zur Frohnarbeit, je nachdem er einem knechtischen oder einem freien Stamme angehört. Und der polynesische Sklave gehorcht seinem Herrn, ja läßt sich willig als Schlachtvieh behandeln einzig aus dem Grunde, weil er sich selber als unter „Tabu" stehend betrachtet, gleichwie der Negersklave sich bloß fügt, weil und insoweit er die Fetische des Herrn fürchtet. Flüchtet solch ein Sklave, so genügt in der Regel eine unter feierlichen Zeremonien ins Werk gesetzte Verwünschung des Entflohenen abseitens des Herrn oder eines von diesem dazu gedungenen Fetischpriesters, um jenen — sofern er Kunde von diesem Vorgange erhält — zu reuiger Rückkehr zu veranlassen. Das wissen die in jenen Gegenden angesiedelten Araber, die denn auch diesen Aberglauben in wirksamster Weise benützen. Ja selbst dort, wo längst schon der Islam den Fetischdienst verdrängt hat, sind die gleichen Wahnvorstellungen noch immer in Kraft. Oskar Baumann erzählt, Zeuge gewesen zu sein, wie eine Araberwitwe in Sansibar, der zwei Sklaven entlaufen waren, diese dadurch zur Rückkehr zwang, daß sie den Geist ihres verstorbenen Mannes beschwor, die Ausreißer durch schmerzhafte Beulenkrankheiten und tödliche Fieber heimzusuchen. Beide kehrten, als sie dies erfuhren, zurück und unterwarfen sich geduldig den grausamen Strafen, die das boshafte Weib über sie verhängte.

Daß in der Tatsache der Unzähmbarkeit des Menschen durch bloße menschliche Gewalt überhaupt etwas Überraschendes, und nicht weit eher etwas durchaus selbstverständliches erblickt wird, erklärt sich bloß durch die völlige Anpassung des modernen Kulturmenschen an die Gedanken- und Vorstellungsweise der Dienstbarkeit. Es ist das etwa das nämliche, wie wenn die Hunde darüber in Erstaunen gerieten, daß die Wölfe und die Füchse trotz des Futternapfes Lust, und trotz der Peitsche Mut besitzen, der Gefangenschaft zu entrinnen, wenn dies irgend möglich ist. Die Guten wissen nicht, daß es ganz offenbar eine Zeit gegeben, wo auch sie ähnlich gehandelt hätten, und ihre Treue, d. i. ihre Unterwürfigkeit dem Menschen gegenüber lediglich darauf beruht, daß es diesem gelungen, ihr, der Hunde „Gott" zu werden, der Quell alles Wohl und Wehes, der Gegenstand unbedingter Verehrung einer Hundeseele. An dem Tage, wo es dem Menschen gelingt, Gott auch in den Augen des Wolfes oder Fuchses zu werden, wird auch deren Domestikation vollbracht sein, d. h. man wird sie nicht bloß einfangen und an die Kette legen, sondern als nützliche Diener zu irgendwelchen menschlichen Zwecken gebrauchen können.

Genau so verhält es sich mit den unzivilisierbaren Menschenrassen ganz im allgemeinen. Es sind das solche, die noch in keines Gottes Hörigkeit stehen. Götter haben sie allerdings, nur verlangen diese von ihren Gläubigen wohl gelegentliche Dienste, aber noch keine Dienstbarkeit schlechthin. Daß sie nur durch die Gnade ihrer Götter überhaupt existieren, daß sie deshalb nur dazu da seien, um den Göttern zu gefallen, das ist diesen unzivilisierten Wilden noch unbekannt, und die Peitsche genügt mit nichten, um ihnen diese Kenntnis beizubringen. Dazu gehört die Umgestaltung ihres religiösen Bewußtseins in der Richtung, daß sie die Grundlagen ihrer ganzen wirtschaftlichen Existenz als von der Geisterwelt abhängig, alles was sie besitzen und genießen als überirdischer Gnade entspringend verstehen lernen. Sie müssen zu Geisterknechten werden, bevor der Mensch sie als Knecht gebrauchen kann, denn gleich jedem Tiere fügen auch sie sich niemals einem Wesen der eigenen Gattung, sondern bloß einem solchen, das sich ihnen als eines höherer Art offenbart. Ein derartiges nun ist den Tieren unter Umständen der Mensch; dem Menschen, dem Könige aller Lebewesen, kann nur ein Gebilde der eigenen Phantasie der „Gott" werden, und erst als Repräsentanten der Gottheit wird er sich seinesgleichen als Herrn gefallen lassen.

V. Die universelle Ausbreitung der Knechtschaft scheint mit dem Menschenopfer zusammen zu hängen.

So mächtig aber auch die zur Verknechtung führenden religiösen Impulse gewesen sein mögen, daß ihnen der ursprüngliche Instinkt der Freiheit, von geringfügigen Ausnahmen abgesehen, nirgends Stand zu halten vermochte, erscheint nach dem bisher Dargelegten nicht genügend aufgeklärt. Zwar nötigt nichts zu der Annahme, daß der Mensch im Kampfe gegen seine Götter überall und immer den kürzeren zog, es spricht im Gegenteile ein hoher Grad von Wahrscheinlichkeit dafür, daß ursprünglich nur vereinzelte Stämme und Völkerschaften ihre Freiheit den eigenen Wahnvorstellungen zum Opfer brachten, d. h. Knechte ihrer selbstgeschaffenen

Götter wurden. Diese Völker besiegten aber dann kraft der durch die Knechtschaft erlangten konzentrierten Macht die frei gebliebenen, und zwangen ihnen als Eroberer die eigenen Einrichtungen auf.

Wie gelang ihnen aber letzteres? Wie verträgt sich diese, dem tatsächlichen Sachverhalt offenbar entsprechende Annahme mit der soeben dargelegten Auffassung, daß der Mensch sich bloß seinen Göttern unterwirft, und daß dementsprechend noch so brutale Gewalt eines fremden Eroberers ein wirklich freies Volk wohl ausrotten, nimmermehr aber verknechten kann? Oder sollte die Lösung darin liegen, daß der knechtische Eroberer die nicht domestizierbaren Besiegten eben ausrottete, und die Übertragung der Knechtschaft auf das eroberte Gebiet bloß räumlich zu verstehen ist, derart nämlich, daß die siegende Rasse wohl neue Gebiete, nicht aber neue Knechte gewann? Auch das ist sicherlich wiederholt geschehen; die Regel aber war es ganz gewiß nicht, vielmehr spricht, soweit wir von den Vorgängen der menschlichen Urgeschichte überhaupt etwas wissen, alles dafür, daß dauernde Eroberung beinahe ausnahmslos mit Rassenmischung Hand in Hand ging, das ist mit Assimilierung und nicht mit Vernichtung der Unterworfenen. Den Eroberern muß also — in der Regel zum mindesten — die Verknechtung der Besiegten gelungen sein. Wie aber erklärt sich dies? Die Mythen der uns bekannten Kulturvölker über das sogenannte „goldene Zeitalter" bieten uns nähere Anhaltspunkte auch hierüber. Diese Mythen sind Erinnerungen an eine Urzeit der Freiheit und Gleichheit, und sie berichten uns übereinstimmend, daß die Freiheit verloren ging, als neue Götter die alten besiegten. Diese neuen Götter sind, wie sich leicht zeigen läßt, die der Eroberer, die alten die der Ureinwohner, der Sinn der Mythe ist also, daß es die Religion der Sieger war, was die Verknechtung der Besiegten zuwege brachte.

Das motiviert diesen Entwicklungsprozeß aber noch keineswegs zur Genüge, denn immer noch bleibt die Frage offen, warum den fremden Göttern gelang, woran die einheimischen scheiterten. In der Zivilisierung Paraguays durch die Jesuiten hätten wir ein Beispiel aus neuerer Zeit, an welchem sich die analogen urgeschichtlichen Vorgänge allenfalls näher beleuchten ließen. Nur paßt dieses Beispiel hier aus dem Grunde nicht, weil den Eroberern der Urzeit jenes Element der Obmacht fehlte, dem die Jesuitenpatres ganz offenbar ihren Erfolg verdankten: die erdrückende geistige Überlegenheit. Soweit diese letztere nur zu Ausübung von Gewalt gebraucht wurde, wie in den weltlichen Kolonien der Konquistadoren, konnte sie bis dahin frei gewesene amerikanische Ureinwohner wohl besiegen und ausrotten, nicht aber domestizieren; benützt zu religiöser Unterwerfung war sie unwiderstehlich. Die Guaranis wurden Sklaven des Christengottes, während sie den eigenen Göttern gegenüber ihre Freiheit bewahrt hatten, weil es Kaukasier des siebzehnten Jahrhunderts waren, die ihnen, den primitiven Barbaren, die Frohnforderungen Christi verdolmetschten. Zwischen Siegern und Besiegten der Urzeit gab es jedoch so wesentliche Unterschiede nicht — von wannen also damals der Unterschied in der Fügsamkeit den beiderseitigen Göttern gegenüber?

Ich glaube die Erklärung liegt darin, daß die Götter der Sieger Menschenfresser waren, die der Besiegten nicht. Das Menschenopfer ist nämlich eine Belgeiterscheinung der Sklaverei, genauer gesagt, das Ergebnis der nämlichen Steigerung der Gespensterfurcht, aus welcher auch diese hervorgeht. Ob der in ewiger Furcht vor seinen Göttern zitternde Wilde zuerst auf den Gedanken geriet, den Zorn der Schrecklichen durch Menschenopfer zu versöhnen, und ob dann diese Behandlung des Menschen als Opfertier es war, was seiner Erniedrigung zum Arbeitstiere die Wege ebnete; oder ob die im Vorherigen geschilderte dauernde Abhängigkeit des Menschen von den Göttern erstlich zur Sklaverei und dann erst zur Opferung von Sklaven, als der wertvollsten Besitztümer führte, dürfte wohl von den Umständen abgehangen haben. Jägervölker — soweit auch deren Götter Übermacht gewannen — haben wahrscheinlich ersteren, Hirtenvölker wahrscheinlich letzteren Entwicklungsgang genommen; das Endergebnis war für alle Fälle, daß — es ist hier selbstverständlich nur von den Anfängen der Kultur die Rede — Knechtschaft und Menschenopfer Hand in Hand gingen.

Ein freies Volk ist sohin ein solches mit bescheidenen Göttern, die sich mit gelegentlichen Opfergaben begnügen, ohne weder die ganze Persönlichkeit, noch das Leben des Menschen als ihr Eigen zu betrachten, und die deshalb auch wenig gefürchtet werden. Die Götter der Knechtesvölker dagegen sind anspruchsvolle Wesen, unersättlich nach Dienstleistungen wie nach Blut, und lähmendes Entsetzen geht deshalb von ihnen aus. Besiegt nun ein Knechtesvolk ein freies, so betrachten zwar die Unterworfenen anfangs, solange Gewohnheit und Furcht nicht jede Regung ihrer Seele unterjocht haben, diese importierten Scheusale mit Haß und Abscheu;

da sie aber, mit ihnen einmal bekannt geworden, gerade so an sie glauben, wie an die eigenen Götter, so gelingt es jenen schließlich, ihnen abzuängstigen, was sie diesen niemals zugestanden hätten.

Dies also der Grund des universellen Siegeszuges der Knechtschaft. Frei bleiben konnten im Sinne dieser Erklärungsweise bloß solche Völker, welche die zur Knechtschaft führenden Wahnvorstellungen nicht bloß selber nicht in genügender Stärke hervorbrachten, sondern auch dem Einflusse der Wahnvorstellungen fremder Eroberervölker niemals ausgesetzt waren. Solche Völker sind natürlich überaus selten, und sie finden sich bloß in entlegenen, schwer zugänglichen Erdenwinkeln als kleine armselige Horden. Warum nur in schwer zugänglichen Gebieten, das versteht sich ohne besondere Erklärung, denn es ist lediglich der Ausdruck der Tatsache, daß die Freiheit sich nur dort zu behaupten vermochte, wo sie den Angriffen knechtischer Völker entrückt war; daß aber auch Armseligkeit zu den notwendigen Voraussetzungen der Freiheit gehört, bedarf insofern einer Erläuterung, als diese an und für sich unbestreitbare Tatsache leicht dahin ausgelegt werden könnte, es läge im Wesen der Freiheit, die Menschen arm zu erhalten. Wenn wir tatsächlich die Freiheit überall bloß in Verbindung mit Armut finden, so hat dies seinen Grund lediglich darin, daß Wohlstand früher oder später die Begehrlichkeit knechtischer Eroberer auf sich zieht; die Armut ist also hier nicht Folge, sondern Ursache der Freiheit. Und fragt man, worin hinwieder der Grund der Armut gelegen sei, so ist die naheliegende Antwort, daß man diesen in der Isolierung suchen müsse. Diese Völker sind nicht arm, weil sie frei, sondern frei, weil sie arm, und arm weil sie isoliert, dem kulturfördernden Kampfe ums Dasein entrückt sind. Die Wahrheit ist, daß wir schlechterdings nicht wissen, bis zu welchem Grade des Reichtums es freie Völker hätten bringen können, wäre ihnen nur die Möglichkeit ungestörter Entwicklung im Daseinskampfe offen gestanden; denn was ihr Unterliegen beim Zusammentreffen mit unfreien Völkern herbeiführte, war mit nichten ihre wirtschaftliche und kulturelle, sondern ausschließlich ihre kriegerische Inferiorität. Es ist also sehr wohl möglich, daß sie ganz respektable Fortschritte hätten machen können, wären sie nicht allemal, sowie sie sich irgendwo dazu anschickten, die Beute knechtischer Eroberer geworden. Hierüber näheres im folgenden Kapitel.

VII. Kapitel.

Der Ausbau der Knechtschaft.

I. Nomadisierende Hirten oder Jäger waren die ersten Staatengründer.

Die kulturfördernde Wirkung der Knechtschaft liegt darin, daß sie die Voraussetzungen des Entstehens von Künsten und Wissenschaften bietet. Dieser ihr Effekt aber konnte anfänglich nur höchst unvollständig zur Geltung kommen. Die ersten Sklavenhalter waren noch keine Kulturträger; sie benutzten das Verfügungsrecht über fremde Kraft zu besserer Befriedigung der eigenen rohen Bedürfnisse, hauptsächlich aber zu kriegerischen Eroberungen. Sie wuchsen an Macht, nicht aber an Kultur.

Und man sollte meinen, daß dem in alle Ewigkeit so hätte bleiben müssen. Solange die produktiven Fähigkeiten auf niedriger Stufe stehen, ist eine sehr große Zahl von Sklaven vonnöten, damit aus den Überschüssen ihrer Arbeit namhafter Überfluß sich ansammle; und solange die Kunst fehlt, die Überschüsse zu etwas anderem, als eben zu reichlicherer Befriedigung rein tierischer Bedürfnisse zu benutzen, wird mit dem Besitze noch so zahlreicher Sklaven keinerlei höhere Kultur, sondern stets bloß höhere physische Macht verknüpft sein. Nun liegt es aber im Wesen der Sache, daß jedes Volk ursprünglich vor der Alternative stand, entweder zu wenig Sklaven zu besitzen, um großen Reichtum erwerben zu können, oder aber zwar über viele Sklaven zu verfügen, dafür aber aller feineren Künste zu ermangeln. Denn der Übergang zu höherer Kultur muß sich überall von Viehzucht und Ackerbau aus vollziehen, und es läßt sich leicht zeigen, daß nur das Hirtenvolk, welches Industrie, Kunst und Wissenschaft jedoch aus sich heraus nicht schaffen kann, verhältnismäßig zahlreiche Sklaven zu besitzen vermag, während das zu Kulturfortschritt geeignetere Ackerbau treibende Volk für zahlreiche Sklaven ursprünglich gar keine Verwendung hat. Der nomadisierende Hirte ist durch den natürlichen Herdenzuwachs auf stetige Vermehrung seines Knechtebesitzes angewiesen, seine Kriege haben daher die Sklavenjagd zum obersten Zweck, und da überdies dem besitzlosen Nachwuchse jegliche Möglichkeit selbständiger Existenz abgeschnitten ist, so konzentriert sich allgemach in den Händen der Familienhäupter sehr ansehnliche

Macht; sie werden Patriarchen, Fürsten, Könige über große Menschenmassen, ohne dieselben jedoch der Hauptsache nach zu etwas anderem, als zu Unterjochung neuer Menschenmassen verwenden zu können. Und was nun auf der anderen Seite den seßhaft gewordenen Ackerbauer anlangt, so fehlt diesem hinwieder die Verwendung für größere Sklavenmengen aus dem Grunde, weil sein Landbesitz — ist erst einmal die Zeit der allerersten Besiedlung vorüber — nicht so leicht vermehrt werden kann. Ackerbauer hören demzufolge sehr frühzeitig auf, Sklavenjäger zu sein, d. h. Kriege zu führen mit dem hauptsächlichen Zwecke, Gefangene zu erbeuten; und auch der eigene Nachwuchs vermehrt die Zahl der Sklaven nicht, sondern wandert aus, soweit er auf den ursprünglich besiedelten Hufen keinen Platz mehr findet. Die Ackerbauer entwickeln sich daher in der Regel zu kleinen Gemeinwesen kleiner, freier Familienhäupter, mit verhältnismäßig wenigen Sklaven und geringem Reichtum.

Welches ist nun der Ausweg aus diesem Zirkel? Darauf gibt uns die Geschichte folgende Antwort. Die höhere Kultur entwickelt sich erst, wenn ein Ackerbau treibendes Volk von nomadisierenden Eroberern unterjocht wird, die ihm zugleich mit seiner Selständigkeit auch seinen Grundbesitz nehmen, diesen aber hinfort nicht mehr unter zahlreiche kleine Bauern, sondern unter wenige große Adelsgeschlechter verteilen, ja mitunter in e i n e r Königshand vereinen. Auf solche aristokratische oder monarchische Eroberer weisen die Anfänge der Geschichte jedes alten Kulturvolkes hin, und zwar soweit sich die auf uns gekommenen Berichte mit annähernder Sicherheit deuten lassen, in Europa, Asien und Afrika stets und überall auf Unterjochung durch nomadisierende Hirtenvölker, in Amerika durch wandernde Jägervölker. Wie und kraft welchen Zusammenhanges diese letzteren zur Knechtschaft gelangt sein mögen, darüber ist im vorigen Kapitel einiges enthalten; über den Gebrauch welchen diese Wanderjäger ursprünglich von ihren Sklaven machten, fehlen alle Anhaltspunkte; möglich daß sie sich ihrer ausschließlich als Schlacht- und Opfervieh bedienten; fest steht nur so viel, daß sie schon auf ihren Wanderzügen Sklaven in großer Zahl mit sich führten.

Diese Tatsache der Staatengründung durch Nomaden ist den Geschichtsforschern längst bekannt; nur fehlte bisher eine ausreichende Erklärung desselben. Zwar, warum Nomaden trotz geringerer Kultur in Zersplitterung lebenden Ackerbauern auf dem Schlachtfelde überlegen sein können, war aus ihrer größeren knechtischen Konzentration und Disziplin leicht zu erklären; dunkel blieb jedoch das, worauf es hier hauptsächlich ankommt, nämlich warum es gerade nomadisierenden Stämmen vorbehalten blieb, der Zersplitterung der Ackerbauer ein Ende zu bereiten. Offenbar ist doch, daß auch die Ackerbauer untereinander in Kriege gerieten, daß auch diese Kriege häufig mit der Unterwerfung des einen Stammes unter den anderen endeten und man sollte daher meinen, daß es mit Rücksicht auf das uns hier beschäftigende Problem, die Zusammenballung größeren Reichtums im Wege der Eroberung, gleichgültig wäre, ob die siegreiche Erobererhorde eine nomadisiernde oder durch Ackerbau selber bereits seßhaft gewordene sei. Dem ist jedoch nicht so. Jeder Eroberer läßt sich natürlich bei vermögensrechtlicher Ausnützung seines Sieges durch die eigenen vermögensrechtlichen Anschauungen leiten, und diese hindern den Ackerbauer, sich das Privateigentum Besiegter rücksichtslos anzueignen, den Nomaden nicht. Gerade weil das Ackerbauvolk aus einer Zahl gleicher, unabhängiger Familien besteht, kann in keiner derselben die Vorstellung aufkommen, es sei ihr erlaubt, sich den Besitz anderer straflos anzueignen. In ihren Augen unterscheiden sich die Schutzgötter der Unterworfenen in keinem wesentlichen Punkte von den eigenen, gegen deren etwa wachgerufenen Zorn vermöchte ihrer Auffassung zufolge der Schutz der eigenen Hausgötter keine Sicherheit zu gewähren; und da es — wie früher erwähnt — wohl Mittel gibt, die Staatsgottheiten, nicht aber solche, um die Hausgötter im besiegten Lande für sich zu gewinnen, so begnügt sich ein solcher Eroberer damit, das Eigen der ersteren, das politische Herrscherrecht, an sich zu reißen, läßt dagegen das Eigen der letzteren, den Privatbesitz, unangetastet. Anders geartet sind die einschlägigen Anschauungen des Nomaden. In dessen Augen besitzen kleine Leute gar keine besonderen Schutzgeister, oder diese sind doch nicht sonderlich zu fürchten; ihm macht daher Beraubung Schwächerer geringe Skrupel, ja insoweit sie zu vermehrtem Kulte des eigenen Schutzgeistes führt, ist sie sogar an sich eine gottgefällige, fromme Handlung. Dies der Grund, warum erobernde Nomaden sich das Privateigentum des besiegten Volkes ohne weiteres aneignen, und nur wenn sie auf einen ausgebildeten Staatskult stoßen, sich mit diesem — der jedoch mit dem Privatbesitz nichts zu tun hat — nach der im früheren bereits dargelegten Weise abfinden.

II. Der religiöse Schrecken als Instrument der Staatengründung.

Die Unterjochung ackerbautreibender Stämme durch nomadisierende Hirten oder Jäger ist es also in aller Regel, was durch Kombination des höheren Kulturzustandes der ersteren und der politischen wie vermögensrechtlichen Konzentration der letzteren, die Ansammlung großen Reichtums, damit aber das Entstehen von Kunst und Wissenschaft erst ermöglicht. Daß diese Konsequenzen sich bloß unter der Voraussetzung einstellen, daß die siegreichen Nomaden geneigt und befähigt sind, nachträglich selber seßhaft zu werden und sich die Kultur der Unterworfenen anzueignen, versteht sich von selbst.

Ebenso selbstverständlich aber ist, daß es den Siegern gelingen muß, die ihres Eigentums und ihrer Freiheit Beraubten sich dauernd gefügig zu erhalten, soll anders die neue Staatenbildung von Dauer sein. Wie aber ist das so leicht möglich? Zu dem Hasse der in ihren wichtigsten Rechten und Interessen Verletzten gesellt sich hier noch die Verachtung des höherstehenden Kulturvolkes gegen die hereingebrochenen Barbaren. Soll trotzdem das Werk der nicht bloß körperlichen, sondern auch geistigen Unterwerfung gelingen, so ist das anders als unter dem Impulse religiöser Elemente gar nicht denkbar. Den Kulten der erobernden Nomaden muß eine ganz besondere Kraft geistiger Unterjochung innegewohnt haben, und eine solche läßt sich denn auch bei näherer Untersuchung überall aus der Massenhaftigkeit und Grausamkeit ihrer Menschenopfer ableiten. Daß die Intensität des Eindruckes, den die verschiedenen Kulte auf das Gemüt der Naturvölker ausübten, in ziemlich genauem Verhältnisse steht zu dem Schrecken, den sie verbreiten, habe ich im vorigen Kapitel bereits angedeutet, und grausame, lähmendes Entsetzen verbreitende Kulte waren es eben, die sich als der festeste Kitt auch der politischen Macht erwiesen.

Soweit wir überhaupt Kenntnis der Urgeschichte größerer Reiche besitzen, läßt sich ausnahmslos konstatieren, daß die Greuel ihrer Kulte alles überboten, was die wahnwitzigste Phantasie nur irgend ersinnen mag. So wurden z. B. bei den Menschenopfern im Baaltempel zu Ninive an hervorragenden Festen die Gefangenen zu Tausenden und aber Tausenden mit Maulkörben versehen an Nasenringen in die Glutöfen des Gottes geschleift; in die Hymnen der Priester und die Heilrufe der Menge mischte sich das Wut- und Schmerzgebrüll der Geopferten, in den betäubenden

Weihrauchduft der Brodem des gebratenen Menschenfleisches. Von den alten Ägyptern, Indern, Germanen, Griechen, Römern, Juden wissen wir nur so viel mit aller Sicherheit, daß bei ihnen in der Urzeit, d. i. als die Staatengründung durch die ersten nomadischen Eroberer sich vollzog, Menschenopfer üblich gewesen, ohne jedoch näheres über Art und Umfang derselben zu erfahren. Es ist dies deshalb der Fall, weil wir hier auf Berichte angewiesen sind, die den betreffenden Völkern selber entstammen, dabei aber aus einer späteren Zeit datieren, in welcher man sich der Greuel der Urzeit bereits zu schämen pflegte. Fromme und patriotische Pietät pflegen da regelmäßig wetteifernd das Werk der Verdunkelung und Fälschung zu besorgen. Eingehender geraten die Schilderungen derartiger Dinge bloß, wenn es sich um Vorkommnisse bei, dem Berichterstatter fremden Völkern handelt. Lehrreich im höchsten Grade ist deshalb, was die amerikanischen Konquistadoren und was die Forschungsreisenden aus dem Innern Afrikas erzählen.

In Amerika trafen die Spanier zwei mächtige einige Jahrhunderte zuvor gegründete Staaten: Mexiko und Peru. In beiden herrschten Menschenopfer großen Stils, nur allerdings in ersterem ungleich größeren und grauenvolleren Umfangs, als in letzterem, wo der bändigende Einfluß des religiösen Schreckens bereits in wirksamer Weise durch ein anderes, gleichfalls religiöses Element ersetzt war, auf welches ich später zu sprechen kommen werde. Doch nahm immerhin auch im peruanischen Kult das Menschenopfer hervorragende Stelle ein. Die späteren Inkas beseitigten zwar den ursprünglich herrschend gewesenen Brauch der Opferung aller Erstgeborenen, dies hinderte jedoch nicht, daß auch späterhin bei jedem Regierungswechsel dem Sonnengott bis zu tausend Kinder geschlachtet wurden. Im Vergleich zu dem Menschenkonsum des Kultes der mexikanischen Azteken haben solche Zahlen freilich wenig zu besagen. Die — wenn auch wahrscheinlich übertreibenden — Berichte der spanischen Augenzeugen schätzen die Opfer auf 20 000 bis 50 000 im Jahr, ungerechnet besonders feierliche Anlässe, wie z. B. die Einweihung des neuen mexikanischen Haupttempels im Jahre 1486, bei welcher Gelegenheit auf einmal 70 000 bis 80 000 Gefangene und Sklaven unter allen erdenklichen Martern geopfert worden sein sollen. Daß der von diesem Kulte ausgehende Schrecken das hauptsächliche Mittel war, kraft dessen der an Zahl verhältnismäßig schwache, aus dem barbarischen Norden hereingebrochene

Stamm der nomadisierenden Azteken die Millionen der Ackerbau treibenden Urbevölkerung im Zaume hielt und zu einem großen Kaisertume zusammenschweißte, ist nach allem, was wir darüber wissen, völlig zweifellos.

Den nämlichen Zusammenhang zwischen Schrecken, Autorität und Macht offenbaren uns die Reiseberichte aus dem Innern Afrikas. Wo immer sich die ersten Ansätze größerer Staatenbildung zeigen, sind diese auf erobernde Nomaden zurückzuführen, und überall findet sich auch ein Kult von ganz besonderer Grauenhaftigkeit, nachweislich nicht etwa als Ergebnis, sondern als begründende Ursache der konzentrierten Macht. Als typisches Beispiel eines solcherart entstandenen und durchaus auf der Gewalt des Schreckens beruhenden Staates kann bis zur Eroberung durch die Franzosen im Jahre 1890 das Königreich Dahomeh am Golf von Guinea gelten. Dort gehörten massenhafte Menschenopfer zum notwendigen Zeremoniell jeder Staatsaktion. Tausende von Sklaven, Kriegsgefangenen, oder falls an solchen zufällig Mangel war, von beliebig aufgegriffenen Untertanen, wurden bei Regierungsantritt sowohl als Tod eines Königs geschlachtet. Kriegserklärung oder Friedensschluß waren undenkbar, ohne Hekatomben von Menschen, aber auch die geringfügigste Handlung des Königs bedurfte der besonderen Weihe durch Tötung zum mindesten e i n e s Menschen, denn es wäre eine Verletzung der religiösen Gefühle gewesen, wenn die im Lande der Geister weilenden Manen der verstorbenen Könige nicht pünktlich Nachricht erhielten von allem, was ihr jeweilig lebender Nachfolger nur immer beginnt; und Amt des Geopferten war eben, den seligen Königsgeistern besagte Nachricht zu überbringen.

III. Die Verehrung der Unterdrücker als Rechtsnachfolger der eigenen Ahnengeister.

Eine aufmerksame Prüfung der über diesen Gegenstand aus alter und neuer Zeit überkommenen Berichte drängt sohin zu der Annahme, daß religiöser Schrecken überall dort das hauptsächliche, ja mitunter ausschließlich wirksame Agens der ursprünglichen Staatenbildung gewesen, wo verhältnismäßig höher kultivierte, aber in ihrer Zersplitterung schwächere, seßhafte Stämme durch zu relativ größeren Massen geeinte rohere Horden unterjocht wurden. Dies schließt jedoch nicht aus, daß späterhin, wenn erst einmal die Herrenrasse die Kultur der Unterworfenen sich selber angeeignet, ja dank der durch sie bewirkten Konzentration zu höherer Blüte gebracht hat, ein zweites staatenbildendes Element nicht bloß an die Seite, sondern häufig an die Stelle des ursprünglich allein wirksam gewesenenen Schreckens tritt: das Gefühl der Verehrung, ja Anbetung der Unterworfenen für die Herren. Und abermals ist es die Religion, welche auch dieses Gefühl erzeugt. Die Sieger pflegen — wie in den früheren Kapiteln geschildert — einerseits den eigenen Kult den Besiegten aufzuerlegen, anderseits aber deren Kult selber zu akzeptieren, oder sich mit demselben doch insoweit abzufinden, als notwendig ist zu kultgerechter Legitimierung der neuerworbenen Herrschaft. Es geschieht dies in der Regel derart, daß die Gottgeister der Unterworfenen als legitime Herrn des eroberten Landes, veranlaßt werden, den Eroberer an Stelle der früheren Verwalter und Nutznießer dieses ihnen — den erbeingesessenen Staatsgöttern — gehörigen Eigentums an Sohnes statt zu akzeptieren. Und diese Adoption wird buchstäblich genommen; der neue Herrscher gilt nicht bloß figürlich als Sohn des herrschenden Gottgeistes, sondern als dessen wahrhaftige Inkarnation, als Gefäß der Gottheit, welches diese „auserwählt" hat nicht etwa bloß in dem Sinne, daß sie ihm ihre Huld spendet, sondern derart, daß sie es sich zum Wohnsitze nimmt, es mit ihrem eigensten Wesen erfüllt. Der Eroberer, dem es solcherart gelungen, sich zum Gottesgefäße zu machen, wird damit zum rechten und echten Nachfolger, zum wirklichen Sohne all seiner Vorgänger, sofern diese nicht als gewöhnliche Menschenkinder, sondern gleichfalls als Fürsten, d. i. gleichfalls als Gottgefäße gedacht werden. Und da nun alles Heil, das dem Volke aus welchem Grunde immer erwächst, seinen gotterwählten Königen zu danken ist, jede wichtigere Erfindung, jede segensreiche Einrichtung — ähnlich wie dies ja heute noch der Fall — dem Fürsten persönlich zugeschrieben wird, in dessen Regierungszeit sie sich ereignete, so konnte es nicht fehlen, daß jede sich auf dem Throne behauptende Dynastie in der Vorstellung ihres Volkes zur Kulturträgerin im eminentesten Sinne des Wortes wurde. Alles, was das Volk besaß, kannte und wußte, war Einführung oder Erfindung irgendeines früheren, zumeist längst schon mythisch gewordenen Königs oder Häuptlings, also eines Vorfahren des derzeit regierenden. Und daß einem so aufgefaßten Herrscher gegenüber das Gefühl der Überlegenheit abseitens der Untertanen unmöglich Stand halten konnte, ist selbstverständlich. Mochte der Eroberer immerhin einer ursprünglich noch so sehr verachteten Rasse angehören; dadurch, daß er zum Sohne der eigenen Götter wurde, übertrug sich auf ihn alle Verehrung, die jenen von altersher gewidmet war. Diese religiöse Vorstellung erwies sich in der Regel so mächtig, daß ihr gegenüber die Tatsache des ursprünglich tieferen Kulturzustandes der Eroberer gänzlich dem Gedächtnisse entschwand, ja in ihr Gegenteil verkehrt wurde: die Eroberer sollten es nun gewesen sein, die ihre höhere Kultur den Besiegten brachten. Alles trug dazu bei, diesen Rollenwechsel zu begünstigen. Je rücksichtsloser sich die Eroberer allen Reichtum der Unterworfenen angeeignet, in desto ausgesprochenerem Maße wurden hinfort sie, respektive ihre Nachkommen, der höhere, gebildetere, die Ausgeplünderten der niedere, ungebildetere Stand des neuen Gesamtvolkes; alle Aufzeichnung, alle Geschichtsschreibung, alle Kunst und Wissenschaft stand im Dienste der neuen Herren und schilderte die Vergangenheit so, wie es deren Interesse entsprach.

Nun konnte trotz alledem geschehen, daß unter ganz speziellen Verhältnissen die natürlichen Instinkte der Widersetzlichkeit sich mächtiger erwiesen, als die dem entgegenwirkenden Impulse; war dem aber so, dann scheiterte eben die Staatenbildung. Ein derart unversöhnliches Volk wurde entweder von seinen Unterdrückern ausgerottet, oder es erwehrte sich ihrer — verharrte aber damit im Zustande der Zersplitterung und Halbkultur — insolange, bis später denn doch ein anderer Eroberer mit noch mächtigeren Impulsen der geistigen Unterjochung seiner Herr wurde.

IV. Staatenbildung in Indien.

Im bisherigen war von Staatenbildung durch Erobererhorden relativ niedriger Kulturstufe die Rede, und nochmals sei wiederholt, daß dieser Vorgang im Urzustande der menschlichen Gesellschaft die Regel gewesen zu sein scheint. Indessen war in einzelnen, seltenen Fällen, doch auch umgekehrt das staatenbildende Erobervolk das höherstehende. Nur dürften es auch hier nomadisierende Hirten gewesen sein, denen die Rolle der Staatenbildung zufiel. Es gibt heute noch, und gab offenbar allezeit Wandervölker, deren hauptsächlicher Nahrungszweig Viehzucht ist, die jedoch nebenher bereits einigen Feldbau betreiben. Erobert nun ein solches Volk ein zu Ackerbau geeignetes Land mit barbarischer Urbevölkerung, so mag es unter sonst günstigen Verhältnissen wohl dahin gelangen, die Unterworfenen statt als Herdensklaven als Ackersklaven zu benützen, auch wenn den Besiegten der Ackerbau bis dahin fremd gewesen, und dadurch allgemach selber ein Ackerbau treibendes Volk mit konzentriertem Besitze zu werden.

Das größte und interessanteste Beispiel einer derartigen Staatenbildung durch eine den Unterworfenen von Anbeginn an Kultur überlegene Erobererrasse ist die arische Eroberung Indiens. Zwar waren auch die Arier, als sie in das Fünfstromland hinabstiegen, ein ziemlich rohes Nomadenvolk; aber die von ihnen vorgefundene schwarze Urbevölkerung scheint noch wesentlich roher gewesen zu sein, und das erklärt zum Teile jene in solchem Grade nirgends zu beachtende grenzenlose Verehrung der höheren durch die niederen Stände, die im indischen Kastenwesen zutage tritt. Daß auch in Indien der religiöse Schrecken bei Erzwingung der knechtischen Gefühle eine hervorragende Rolle gespielt, ist selbstverständlich; aber zu diesem trat eine ganz eigenartige Vorstellung von der im Blute liegenden Verschiedenheit der Menschen. Man beachte, daß es sich dabei nicht um eine der höheren Macht, der edleren Beschäftigung, sondern schlechthin um eine dem edleren Blute dargebrachte unbedingte Verehrung handelt. Der Sudra oder Paria mag reich und mächtig werden, er wird es trotzdem nicht wagen, den ärmsten, elendesten Brahmanen oder Ksatrija auch nur zu berühren, und es gab eine Zeit, wo er dem Tode verfallen war, wenn er in den Schatten trat, den der Brahmane warf. Derlei Anschauungen können nur entstehen und sich festsetzen, wo eine von Anbeginn überlegene Herrenrasse einer von Anbeginn niedrigeren dienenden Rasse gegenübersteht, und wo die Überhebung der letzteren durch entsprechende religiöse Vorstellungen unterstützt wird. Die Götter der Herrenkaste werden zu Lichtgöttern, die ehemaligen der Knechteskaste zu Dämonen der Finsternis; dem Angehörigen der niedern Kaste wird die Seele entweder gänzlich abgesprochen, oder diese doch als etwas von den Seelen der Höherstehenden durchaus verschiedenes angesehen. Derart entwickelte sich in Indien jener Glaube an Seelenwanderung, in dessen Sinne den niederen Kasten als Lohn tugendhafter, d. h. kultgerechter und unterwürfiger Lebensführung in Aussicht gestellt war, daß ihre Seelen dereinst bei der Wiedergeburt in die Leiber von Angehörigen höherer Kasten fahren würden. Als so überschwenglich galt dieser Lohn, daß er bloß schrittweise und nach wiederholten Verdiensten erlangt werden konnte. Zehnmal mußte die Pariaseele ihre Erdenlaufbahn gerecht und ohne das geringste Fehl gegen die heiligen Satzungen des Kastenunterschiedes vollenden, bevor sie gewürdigt wurde, als Sudra wiedergeboren zu werden; vor ihrer Wiedergeburt als Ksatrijaseele war ihr zehnmaliges, fehlerloses Leben als Sudra auferlegt, und Brahmanenseele konnte sie erst werden nach zehnmaligem kultgerechten Lebenswandel in Ksatrijaleibern.

V. Domestizierende Wirkung von Gesetzesfurcht, Patriotismus, Kunst und Wissenschaft.

Hand in Hand mit den religiösen Elementen der Verknechtung entwickelte sich, gestützt auf diese, eine Reihe anderweitiger Impulse, die gleicherweise dahin wirkten, die natürlichen Instinkte der Freiheit in den Hintergrund zu drängen und die der Unterwerfung zu entwickeln.

Unter diese gehören in erster Reihe die positiven Satzungen, die „Gesetze“. Ursprünglich bloß durch die physische Gewalt diktiert, reichte ihre Wirksamkeit nicht weiter, als die materielle Macht zu ihrer Durchführung. Der Gesetzgeber selber dachte dabei nicht im Entferntesten an eine von ihm etwa verfolgte höhere ethische Mission. Er befahl, was ihm nützte, verbot was ihm schadete, und die im Gesetze angedrohten Strafen hatten ausschließlich den Zweck von Einschüchterungsmitteln zu Erzwingung des Vorteils oder Verhütung des Schadens. Sie waren daher mehr oder minder streng nicht nach Maßgabe der Vorstellung irgendwelcher ethischer Sündhaftigkeit, die mit Nichtbeachtung der betreffenden Gebote verknüpft wurde, sondern je nach Heftigkeit jener Gefühle von Begehrlichkeit, Zorn oder Angst, von denen sie eingegeben waren. Was der Herr am leidenschaftlichsten begehrte, oder was er am meisten fürchtete, wurde unter Androhung der grausamsten Strafen gefordert oder verboten, ja es kann sogar als Regel angenommen werden, daß die Strafen desto blutdürstiger sind, je stärker der natürliche Anreiz zu Nichtbeachtung des Gebotes, d. h. in je ausgesprochenerem Gegensatze letzteres zu der natürlichen Rechtsauffassung stand. Für Mord wird z. B. bloß Wehrgeld gefordert, da das menschliche Leben in den natürlichen Instinkten des Menschen ohnehin Schutz findet; auf Wildfrevel dagegen steht der Tod, gerade weil ihn niemand für verwerflich hält. Es liegt aber in der menschlichen Natur, daß längere Zeit hindurch andauernder Zwang endlich zum „Rechte“ wird, d. h. sich mit der Vorstellung von der inneren Notwendigkeit und Selbstverständlichkeit des Erzwungenen verknüpft. Herren wie Beherrschte vergessen schließlich daran, daß es lediglich das Interesse der ersteren gewesen, was das Gebot, ihre Bosheit oder ihre Angst, was die Strafe diktierte, und die nackte Gewalt, worauf sich beides stützte, unterstellen all dem vielmehr die Meinung, als ob Gesetz wie Strafe Ausflüsse einer höheren Ordnung wären, Notwendigkeiten, deren Ursprung und Berechtigung fernerhin gar nicht mehr untersucht wird. Letzteres geschieht um so weniger, da das herrische Gesetz alsbald auch die religiöse Sanktion erhält. Beruht doch alles Herrenrecht auf der Herrschaft der Geister; daraus ergibt sich, daß sehr rasch jegliches Gesetz zur Emanation des göttlichen Willens wird. Nicht bloß aus Furcht vor den lebenden Herren, sondern aus Gottesfurcht fügt sich jetzt der Knecht jedem Gebote, und nicht bloß um des eigenen Vorteils willen, sondern um den Göttern zu gefallen, wacht der Herr über dessen Einhaltung. Mit all dem soll nicht gesagt sein, daß die positiven Satzungen, sie mögen den Menschen in Form göttlicher oder menschlicher Gebote auferlegt worden sein, diesen Charakter ausschließlicher Herrenlaunen dauernd beibehielten. Es wäre töricht zu leugnen, daß die Gesetze späterhin auch Vernünftiges und Gerechtes forderten, ja daß sie schließlich die Sammelbecken wurden, in denen alles, was je nach dem Stande der Zivilisation eines Volkes jeweilig als „recht" zur Geltung gelangte, seine göttliche oder staatliche Sanktion fand. Aber in allen diesen Fällen war der göttliche oder weltliche Gesetzgeber eben nur der Sammler von Grundsätzen, als deren Schöpfer die wachsende Gesittung anzusehen ist; was die Gesetzgeber aus sich heraus schufen, das war von Anbeginn bis heute nichts anderes, als Befehl oder Verbot im Herreninteresse.

Hervorragenden Platz unter den zu Ausbreitung und Festigung der Knechtschaft führenden Anschauungen und Gefühlen nimmt der Patriotismus ein, als welcher jedoch nicht die dem Menschen natürliche Liebe zur Heimat und zu den Volksgenossen verstanden sein will, sondern die, von all dem ex fundamento verschiedene, widernatürliche Vorstellung, es sei „patriotische" Pflicht, in jedem wie immer gearteten Konflikte zwischen dem eigenen und einem fremden Staate, unter allen Umständen für ersteren Partei zu ergreifen. Es ist nämlich durchaus falsch, den Patriotismus für die Ausdehnung des Gefühles verwandtschaftlicher Zusammengehörigkeit auf einen größeren, ein ganzes Volk umfassenden Kreis zu halten. Noch so innige Stammverwandtschaft oder sonstige Sympathie zwischen politisch nicht unter einen Hut gebrachten, d. h. nicht dem gleichen Herrn dienenden Völkern, hat mit Patriotismus im eigentlichen Sinne des Wortes überhaupt nichts zu tun. Gerade weil es natürlich ist, daß Angehörige des gleichen Volksstammes einander zugetan seien, auch wenn sie nicht dem gleichen Staatsverbande angehören, gerade deshalb ist diese Zuneigung etwas von Patriotismus durchaus verschiedenes, ja sie gerät sogar oft in ausgesprochenen Gegensatz zu diesem; und selbst mit der Zuneigung zu den Angehörigen des gleichen Staates hat Patriotismus nichts zu schaffen. Seine Kompatrioten darf der Patriot kritisieren, tadeln, ja wenn es ihm beliebt, sogar mit ausgesprochener Abneigung behandeln; auch daß er für sie — als Einzelpersonen — Ausländern gegenüber Partei ergreife, ist kein Erfordernis des Patriotismus; dieser bezieht sich ausschließlich auf das Verhältnis zur herrschenden Macht des eigenen Landes, er ist weniger eine besondere Art von Liebe, als eine besondere Art von Gehorsam, am ehesten vergleichbar der Obliegenheit des Haushundes, der, soll er anders ein braver Hund sein, jedermann anfallen muß, auf den ihn der Herr hetzt, ohne sich Grübeleien darüber herauszunehmen, ob der Herr oder der Fremde im Rechte sei. Der Unterschied zwischen dem Patriotismus und allen naturgemäßen Gefühlen der Zusammengehörigkeit oder Liebe liegt unter anderem in seiner absoluten Natur. Wäre Patriotismus nur die Ausdehnung natürlicher Gefühle auf einen größeren Kreis, z. B. der Verwandtenliebe auf die Volksgesamtheit, so müßten auf ihn die gleichen Einschränkungen Anwendung finden, wie auf jene. Dem ist jedoch nicht so. Dem zärtlichsten Vater ist nicht bloß gestattet, sondern geradezu moralisch geboten, gegen den eigenen Sohn Partei zu ergreifen, wenn dieser ein zweifelloses Verbrechen begeht. Der Patriot dagegen muß auf seiten seines Landes stehen, mag dieses welche Untat immer vollführen, ja es ist ihm, sofern er nicht zu den Herrschenden gehört, nicht einmal erlaubt, die Untat als solche zu erkennen; nicht bloß seine Taten, seine Gedanken haben sich dem Zwange der patriotischen Pflicht zu unterordnen; dieselbe steht über allem Rechte, über aller Moral und zwar mit gutem Grunde, da, wie wir gesehen haben, Recht und Moral der Knechtschaft selber nichts anderes sind, als Ausflüsse der nämlichen Zwangsgewalt, die den Patriotismus fordert. Dieser so verstandene Patriotismus nun ist ein dem religiösen Schrecken und der religiösen Ehrfurcht zwar keineswegs ebenbürtiges, deshalb jedoch ganz außerordentlich wirksames Instrument der Verknechtung. Gleichwie er ersichtlich aus der Knechtschaft, aus der allgemeinen Pflicht stummen Gehorsams entstanden, so trägt er seinerseits mächtig bei zu Vertiefung und Ausbreitung der Knechtschaft. Nicht bloß deshalb, weil der einmal patriotisch gewordene Unterworfene ein doppelt verläßliches Instrument weitergreifender Eroberung ist, sondern eben so sehr, weil das patriotische Gefühl dazu dient, die Knechte mit dem ihnen auferlegten Lose zu versöhnen. Die Auffassung, es sei unter allen Umständen geboten, jegliches Fremde zu bekämpfen, ruft naturgemäß die Vorstellung einer alles Fremde unendlich überragenden Vortrefflichkeit des eigenen Staatswesens hervor. Der Knecht, dem dieses in Wahrheit in keinem Punkte anderes bietet, als was ihm auch jedes fremde bieten würde, gelangt solcherart zu dem Gefühle, als ob bloß sein jeweiliges Zwingherrentum vermögend sei, ihn vor einem Unglücke ohne Gleichen zu bewahren, vor dem Unglück nämlich, die Staatsangehörigkeit wechseln zu müssen. Religion belehrt ihn bloß darüber, daß und warum es seine Pflicht sei, sich von den Herrschenden ausnützen zu lassen; Patriotismus zeigt ihm den Gewinn, der dabei für ihn selber abfällt.

Zu den Elementen der Ausbreitung und Vertiefung des Knechtsinnes gehören schließlich auch Kunst und Wissenschaft. Entstanden aus den Luxusbedürfnissen der Herrschenden einerseits, den Anforderungen des Kults anderseits, und in Abhängigkeit von diesen beiden verharrend von Uranfang bis in unsere Tage, ist es nur selbstverständlich, daß sie den Stempel ihres Ursprungs wie ihrer Bestimmung getreulich bewahrten, und allezeit die Verherrlichung der Machthaber, der himmlischen sowohl als der irdischen — als ihre oberste, ja lange Zeit als ihre einzige Aufgabe betrachteten. Man nennt sie die Lehrmeister der Menschheit, und diesen Namen verdienen sie in der Tat — jedoch im doppelten Sinne. Ihnen ist es zu danken, daß alle Fähigkeiten der Menschen unablässig fortschritten, jedoch anderseits sind sie es, die ohne Unterlaß mit dahin wirkten, daß die Menschen es sich gefallen ließen, um den Genuß der Früchte ihres Fortschritts gebracht zu werden. Direkt predigten sie zwar nur höchst ausnahmsweise den Verzicht auf besagte Fortschrittsergebnisse, wohl aber taten sie es indirekt durch Verherrlichung gerade all dessen, was den Menschen diesen Verzicht auferlegte. Wirkten Religion und Staat durch Furcht und Schrecken, war es ihre Aufgabe, den Gemütern abzuängstigen, was die Begehrlichkeit der Götter und der Göttersöhne nur immer erweckte; so bedienten sich Kunst und Wissenschaft der Empfänglichkeit des Menschen für das Schöne und für das Erhabene — zu gleichem Zwecke. Alle Scheußlichkeit, alle Niedrigkeit der Knechtschaft verklärten sie mit jeglichem ihnen zu Gebote stehenden Mittel, die Bestialität des Kults nicht minder, als die des Krieges, die teuflische Bosheit der Herrschenden so gut, als die hündische Unterwürfigkeit der Beherrschten. Mit Recht gebührt daher neben dem Priester und dem Krieger, dem Künstler und dem Gelehrten ein Platz in der Reihe der Begründer und Festiger der Knechtschaft.

VI. Umwandlung der Weltauffassung durch die Domestikation.

Unter der Wechselwirkung all dieser unterschiedlichen geistigen Potenzen gelangte schließlich jener Umwandlungsprozeß des gesamten Fühlens und Denkens zum Abschlusse, der das ursprünglich in natürlicher Freiheit sich selber lebende Menschengeschlecht nachgerade sogar der Fähigkeit beraubte, wirkliche Freiheit auch nur zu denken. Gleichwie Religion ihre Bekenner dahin brachte, alle Naturvorgänge als von der Willkür überirdischer Wesen abhängig sich vorzustellen, so leiteten sie Gesetzgeber, Gelehrte und Künstler an, diese Vorstellungsweise auch auf alle Betätigungen der menschlichen Gesellschaft zu übertragen. So wenig sie sich, nachdem erst einmal die Gespenster zu Naturgöttern avanciert waren, die Bewegung der Gestirne als automatische Naturprozesse zu denken vermochten, vielmehr fest daran glaubten, die Sonne würde nicht aufgehen, falls es dem Sonnengotte einmal belieben sollte, tagsüber der Ruhe zu pflegen, ebensowenig hielten sie es nachgerade für möglich, daß sie selber ohne werktätige Hilfe ihrer Oberen gedeihen könnten.

Damit aber war das Werk der Domestikation des Menschen vollbracht. Was im Laufe der menschlichen Entwicklungsgeschichte ferner noch geschah, ist im Vergleiche zu diesem fundamentalen Umwandlungsprozesse von untergeordneter Bedeutung, und betrifft in Wahrheit lediglich die Methode, nach welcher sich die Ausnützung des einmal gezähmten zweibeinigen Haustiers vollzog. Ob man sich das Ergebnis seiner Arbeit vorweg zur Gänze aneignete, und ihm seine Futterrationen nachträglich zuwies, oder ob das Arbeitsergebnis vorweg zwar dem Knechte gehörte, der Herr jedoch nachträglich davon in Anspruch nahm, was nach Deckung der Lebensnotdurft des Knechtes zur Verfügung blieb; ob die Ration des Knechtes nach Willkür des Herrn zugemessen wurde, ob es dem Knechte erlaubt war, um deren Ausmaß mit dem Herrn auf dem Markte zu feilschen, oder ob hierüber das Herkommen entschied; und schließlich ob dem Herrn bloß die Arbeitskraft, oder zugleich mit dieser auch Leib und Leben des Knechtes gehörte — das alles sind Unterschiede, die in ethischer, politischer und juristischer Beziehung sicherlich sehr schwer wiegen, am Wesen der uns hier beschäftigenden ökonomischen Seite der Ausbeutung aber herzlich wenig ändern. Sklave, Höriger oder Lohnarbeiter gleichen einander in dem hier entscheidenden Punkte, daß sie nicht zu eigenem, sondern zu fremdem Nutzen arbeiten, gleichwie Sklavenhalter, Feudalherr und Arbeitgeber in dem entscheidenden Punkte einander gleichen, daß sie Nutzen aus fremder Arbeit ziehen.

Auch ist die vielverbreitete Meinung falsch, als ob zwischen diesen verschiedenen Methoden der Ausbeutung eine notwendige zeitliche Aufeinanderfolge bestünde, als ob die eine sich erst aus der anderen entwickelt hätte. Man spricht ziemlich allgemein von der Sklaverei als von einer Institution des Altertums, von der Hörigkeit als von einer solchen des Mittelalters, und von der Lohnarbeit als von einer solchen der Neuzeit; ganz abgesehen jedoch davon, daß diese Einteilung bestenfalls bloß auf die Geschichte der mittelländischen Völker Anwendung finden könnte, trifft sie tatsächlich auch bei diesen nur insofern zu, als hier wirklich im Altertume Sklaverei, im Mittelalter Hörigkeit und in der Neuzeit Lohnarbeit vorwiegend üblich waren; gänzlich verdrängt aber hat bloß die letztere, und dies erst seit wenigen Generationen, die beiden anderen, während im übrigen alle drei Formen der Ausbeutung stets nebeneinander und gleichzeitig im Schwung waren. Schon im grauesten Altertume gab es neben Sklaven im engeren Sinne des Wortes auch hörige Kolonen und „freie" Arbeiter, und durchaus nicht feststehend ist, ob überall die ersteren in der Mehrheit waren. Ja nicht einmal, ob Ausbeutung bei ihrem Ursprunge überall in Form gerade persönlicher Sklaverei auftrat, ist ausgemacht. Im alten Ägypten z. B. scheinen insbesondere die feldbauenden Felachen von Anbeginn persönlich frei gewesen zu sein, keineswegs streng an die Scholle gebundene Kolonen, die das den Pharaonen und den Großen gehörige Land gegen bestimmten Zins in einer Art Erbpacht hatten. Und eben so irrtümlich ist, die mannigfaltig abweichenden Formen der Ausbeutung — denn Sklaverei, Hörigkeit und Lohnarbeit bezeichnen bloß die drei Hauptarten, neben denen jedoch eine unbegrenzte Menge ineinander übergehender Variationen vorkommt — als bedingt ausschließlich durch ökonomisch-materielle Ursachen hinzustellen. Wohl sind die materiellen Verhältnisse und insbesondere der Entwicklungsgang der Produktion von entscheidendem Einflusse auf die gesamten Lebensbedingungen eines jeden

Volkes, keineswegs jedoch die allein entscheidenden, und gleichwie wir gesehen haben, daß geistige und moralische Elemente es gewesen, welche die Entstehung der Ausbeutung überhaupt erst herbeiführten, so waren und sind es in der Regel auch diese, welche hinsichtlich der Methode der Ausbeutung den Ausschlag geben. Die nämliche Produktion, die bei dem einen Volke durch Sklaven betrieben wird, liegt bei einem anderen in Händen Höriger, bei einem dritten in denen persönlich freier Lohnarbeiter. Falsch ist daher auch, daß die Alleinherrschaft, zu welcher bei den europäischen Völkern in allerjüngster Zeit die Lohnarbeit gelangte, das schlechthin notwendige Ergebnis des modernen Produktionsprozesses, im speziellen des modernen Industrialismus wäre, oder daß dieser jene zur schlechthin notwendigen Voraussetzung hätte. So zweifellos es ist, daß die ganze moderne Wirtschaft in manchen wesentlichen Punkten anderen Charakter trüge, wenn sie statt durch Lohnarbeiter, durch Sklaven oder Hörige betrieben würde, und daß umgekehrt ohne das Auftreten des modernen Industrialismus Sklaverei und Hörigkeit nicht so rasch und vollständig durch die Lohnarbeit verdrängt worden wären; so wird doch anderseits schwerlich in Abrede gestellt werden, daß die charakteristischen Kriterien des modernen Industrialismus: hochgradige Arbeitsteilung und Maschinentechnik, auch ohne Lohnarbeit bestehen, und daß diese auch ohne modernen Industrialismus zur Alleinherrschaft gelangen könnten.

Mit all dem soll nicht geleugnet werden, daß die moderne Wirtschaft tatsächlich jenes, ihre eigene Existenzberechtigung, ja Existenzmöglichkeit verneinende Agens in ihrem Schoße birgt, welches die sogenannte materialistische Geschichtsauffassung dort sucht; der Irrtum liegt bloß darin, dieses Agens gerade im Lohnverhältnisse, in der mehr und mehr überhandnehmenden Loslösung der arbeitenden Massen von den Arbeitsmitteln, finden zu wollen. Die marxische Schule erweist der Lohnarbeit all zu viel Ehre, wenn sie ihr eine so fundamentale Verschiedenheit von den anderen Abarten der Knechtschaft beimißt, daß durch sie, ja durch ihre relative Zunahme allein ein so ungeheuerer Umwandlungsprozeß herbeigeführt werden könnte, wie der Übergang von Knechtschaft zu wirtschaftlicher Freiheit und Gerechtigkeit einer ist. Damit *das* sich vollziehe, muß denn doch noch anderes geschehen sein, als daß nunmehr die Arbeitenden insgesamt ihre Lebensnotdurft auf dem Markte zugemessen erhalten, während in früheren Epochen zumeist die Willkür des Herrn oder das Herkommen über das Ausmaß der Futterportionen entschied. Und eine andere ökonomische Bedeutung hat der Übergang von Sklaverei und Hörigkeit zur Lohnarbeit nicht, denn das Wesen der Domestikation des genus homo sapiens bleibt davon unberührt, welches Wesen darin liegt, daß der von Natur aus eigenherrliche Mensch dahin gebracht ist, sich als bloßes Mittel zu fremden Zwecken zu betrachten.

VIII. Kapitel.

Die knechtische Verderbnis.

I. Entstehung der Sünde durch die Domestikation.

Die Menschheit hat den ihr durch die Knechtschaft vermittelten Kulturfortschritt teuer bezahlt. Unermeßlich ist das Meer von Blut und Tränen, welches Grausamkeit und Bosheit allezeit jenen Unglücklichen erpreßte, die ihres Menschentums entkleidet, rechtlos habgieriger Willkür überantwortet waren. Die sogenannte „Geschichte" übergeht zwar im allgemeinen das Los der Unfreien mit Stillschweigen, und erwähnt desselben höchstens insofern, als es von Einfluß war auf die Vorgänge innerhalb der Herrenkaste selber; trotzdem genügt, was sie uns über die Sklavenpolitik der Karthager, der siziliotischen Griechen, der Römer, der gallischen Kelten und anderer Völker gelegentlich erzählt, um uns Einblick zu gewähren in eine Hölle, die den Vergleich mit Dantes Inferno in keinem Punkte zu scheuen braucht. Wir erfahren da von der Sitte, die Sklaven nachtsüber an Ketten zu legen, um sie am Selbstmord zu verhindern, von der Gepflogenheit, den Industriesklaven die Füße zu brechen, damit sie nicht entlaufen können, und von Zuchtmitteln und Strafen so gräßlicher Art, daß Nerven von Stahl dazu gehören, um derlei Berichte auch nur zu lesen, und für alle Fälle kann behauptet werden, daß auf jedes menschliche Individuum, welches durch die ausbeuterische Kultur vermehrter Genüsse teilhaftig wurde, Hunderte und Tausende zu rechnen sind, denen dieselbe Kultur bloß vermehrte Plage, Schmach und Marter brachte.

Doch schmerzlicher als unter dem Elend leidet — seitdem die Knechtschaft zur herrschenden Institution geworden — die Menschheit, und zwar die *ganze* Menschheit, die Herrenklasse miteingeschlossen, unter der *Sünde*, d. i. unter dem Konflikte der angeborenen egoistischen Triebe mit den künstlich angezüchteten der Unterwerfung und Unterordnung.

Dieser — dem Tiere und dem Urmenschen gleich unbekannte — Konflikt wird erst dadurch möglich, daß die Auffassung emporkommt, und nachgerade zu einem sekundären, jedoch dem primären des Egoismus an „Heiligkeit" sogar vorangehenden Instinkte wird, daß es Pflicht des Besiegten sei, sich widerstandslos, ja freudig mißbrauchen zu lassen. Selbstverständlich ist nämlich, daß im Knechte — seine Dressur mag noch so weit gediehen sein — irgendein Rest von Widerstand der natürlichen Instinkte zurückbleibt, und diese Auflehnung des „bösen Prinzips" im Menschen gegen den kategorischen Imperativ der Unterwerfung ist eben die Sünde. Zu dem Elend gesellt sich das allgemeine Bewußtsein der eigenen Schlechtigkeit, und dies ist es, was den Menschen erst zum unglücklichsten aller Tiere macht, ja in Wahrheit zum allein unglücklichen unter den Tieren, weil zum einzigen, dem seine natürliche Unschuld abhanden gekommen, und welches dementsprechend des quälenden Gefühls eigener Nichtswürdigkeit gar nie ledig wird.

Es wäre aber eine arge Selbsttäuschung, wollte man diese Sündhaftigkeit des durch die Schule der Knechtschaft gegangenen Kulturmenschen subjektiv auffassen, d. h. den Nachdruck auf das B e w u ß t w e r d e n der eigenen Schlechtigkeit legen, im Gegensatze zum Urmenschen, dem diese Selbsterkenntnis noch fehle, ohne daß er deshalb an sich besser zu sein brauche, als der zivilisierte „Sünder". Dem Urmenschen geht nicht bloß die Erkenntnis der Schlechtigkeit, sondern die Schlechtigkeit selber ab, er ist zwar kein Engel, wohl aber schlecht und recht ein Tier, und zwar ganz offenbar eines der gutartigen. Dies gilt zunächst ohne Frage für den annoch werkzeug- wie waffenlosen Affenmenschen. Da es unter dessen nächsten Verwandten, den großen Menschenaffen, auch nicht eine bösartige Spezies gibt, so läßt sich schlechterdings nicht absehen, warum gerade jenes Glied dieser Familie, welches höchstwahrscheinlich eben infolge seiner hervorragend entwicklungsfähigen geselligen Triebe auf die Bahn der Menschwerdung gelangte, eine Ausnahme zum Schlimmen gemacht haben sollte. Allerdings dürfte man vielleicht auf den Gorilla als auf eine unter Umständen recht gefährliche Bestie hinweisen; allein auch der Gorilla ist nur gefährlich, wenn man ihn reizt, wenn er für die eigene oder für seines Weibchens, seines Nachwuchses Sicherheit zu kämpfen hat, kurzum unter Umständen, unter denen jedes starke Tier gefährlich wird.

Später, als der Mensch mit dem Feuer bekannt wurde, Geräte und Waffen erfand, aus einem hauptsächlich von Früchten und Wurzeln lebenden

Pflanzenfresser, fleischfressender Fischer und Jäger wurde, stieg mit der wachsenden Wehrhaftigkeit sicherlich auch seine Wildheit und Kampfslust; schlimmer als die großen Raubtiere wurde er jedoch damit nicht, und speziell die teuflische Freude an fremdem Leid war ihm noch unbekannt. Grausamkeit und Bosheit im wirklichen Sinne des Wortes gibt es in der Natur nicht. Die Katze spielt mit der Maus, die Fischotter verspeist ihre noch zappelnde Beute vom Schwanze aufwärts, der Würger spießt die gefangenen Käfer lebend an spitze Dornen; aber sie alle tun das nicht aus Behagen an der Marter ihrer Opfer, sondern die Katze, um ihre eigene Behendigkeit zu üben, die Fischotter, weil die rückwärtigen Teile des Fisches ihr am besten munden, der Würger, weil er solcherart die Beute am längsten zu späterem Genusse konserviert. Auch dem Menschen im Naturzustande war also Bosheit unbekannt; erst seine Domestikation hat ihm diese beigebracht.

Und wenn dem die Frage entgegengehalten wird, warum der Domestikation gerade des Menschen eine so depravierende Wirkung anhaften soll, da doch diejenige unserer Haustiere offenbar ohne eine solche sich vollzogen hat, so ist die Antwort darauf, daß der Mensch das einzige Lebewesen ist, welches durch die Domestikation in einen Konflikt mit seinesgleichen hineingehetzt wurde, und zwar dies aus dem Grunde, weil die Domestikation den anderen Tieren Wesen fremder Art — Menschen nämlich — zu Herren und Ausbeutern gab, während die Domestikation den Menschen Wesen der gleichen Art unterwarf. Der Mensch hat zu seinem Bezwinger und Ausbeuter ein Geschöpf der eigenen Phantasie, welches zur Ausübung der ihm angedichteten Herrschergewalt menschlicher Stellvertreter bedarf; und darin, in dieser Stellvertretung der göttlichen Zwingherren durch Wesen der eigenen Art, liegt das Depravierende gerade der menschlichen Domestikation. Man stelle sich vor, daß es leibhaftige Götter wären, welche die Menschheit zu ihren Zwecken ausnützen, so würde uns das zwar immer noch zu zaghaften zertretenen Knechten erniedrigen, sonst aber weder den Frieden unter uns Menschen, noch unsere Unschuld im geringsten stören; wir wären unter die Stufe der freien Tierheit erniedrigt, das ethische Niveau der Haustiere aber, der Hunde, Rinder, Schafe, würden wir uns bewahren. Und man stelle sich umgekehrt vor, daß die Schafe dahin gebracht würden, die Ausübung der menschlichen Herrenrechte selber in die Hand zu nehmen, sich gegenseitig zu scheeren, zu schlachten, zu verzehren, und man wird einsehen, daß dadurch nicht etwa bloß einzelne Verbrechernaturen unter den Schafen, sondern daß sie allesamt und notwendigerweise zu eben so scheußlichen Bestien würden — wie der domestizierte Mensch eine ist. Auch sie würden eines der anderen ingrimmigster Feind, auch in ihnen würde der gegenseitige unablässige Kampf alle Furien des Hasses, der Tücke, Bosheit und Grausamkeit, des Hochmutes und der Niedrigkeit entfesseln.

II. Einfluß der Religion auf die Moral.

Daß der Mensch derzeit eines der bösartigsten Tiere, ja das bösartige kat exochen sei, wird im Grunde genommen gar nicht bestritten, jedoch damit erklärt, daß der Kultur ihr mühsames Werk der Humanisierung des Tiermenschen noch nicht völlig gelungen. Ob bei diesem Humanisierungsprozesse der hauptsächliche Nachdruck auf die erzieherische Mission der Wissenschaft, oder auf die der Religion gelegt wird, hängt vom Parteistandpunkte des jeweiligen Moralisten ab; daß es sich dabei um eine Überwindung ursprünglicher, in der tierischen Natur des Menschen gelegener wilder Instinkte handle, darin sind sie bisher alle — Liberale und Fromme — einig, und auch die Auffassung ist ihnen gemeinsam, daß die Religion fördernd in diesen Erziehungsprozeß eingegriffen habe. Der Unterschied liegt bloß darin, daß der Liberale die Wissenschaft als unerläßliche Führerin und Lehrmeisterin der Religion bei ihrer Aufgabe der Erziehung des Menschengeschlechts ansieht, während der Fromme die Wissenschaft bestenfalls als gehorsame Magd der Religion gelten lassen will. Dementsprechend betrachten sie beide die nun einmal nicht hinwegzuleugnende Schlechtigkeit der Menschen, das Verbrechen in seinen unterschiedlichen Formen, als Rückfall in ursprünglich tierische Instinkte, als „Erbsünde" nach religiösem, als „Attavismus" nach wissenschaftlichem Sprachgebrauche.

Diese festgewurzelte Meinung dürfte nun zunächst darauf zurückzuführen sein, daß tatsächlich ein Stück Wahrheit in ihr enthalten ist. In zahlreichen Verbrechen haben wir es wirklich mit einem Rückfall zu tun, nur mit einem solchen nicht in die ursprünglichen tierischen, sondern in überholte religiöse Instinkte. Nicht das Tier, der Molochdiener, gelangt in solchen Verbrechern zur Auferstehung, und abgeschlossen wird das Werk der Humanisierung nicht dann sein, wenn der Mensch sich seiner tierischen Natur gänzlich entledigt, sondern wenn er sie völlig zurückerlangt hat.

Humanität ist nichts anderes, als die Reaktion, der Auferstehungskampf der unterdrückten tierischen Natur gegen die knechtische Verderbnis. Die

Wissenschaft kann der Natur dabei fördernd zur Seite stehen, wenn sie ihren bisherigen Charakter als Zuhälterin der Knechtschaft völlig ins Gegenteil verkehrt — wozu sie in allerjüngster Zeit tatsächlich erfolgreichen Anlauf nimmt. Die Religion spielte in diesem Kampfe stets die Rolle des zu überwindenden Hindernisses. Daran ändert nichts, daß — wie in den folgenden Kapiteln gezeigt werden soll — die Stifter aller großen Kulturreligionen Humanitätsapostel waren; sie waren es eben im Gegensatze zur jeweilig herrschenden Religion, und sie scheiterten, wie sich ergeben wird, weil sie sich von der Religion nicht völlig zu emanzipieren vermochten, weil sie versuchten, Religion durch Religion zu überwinden. Und auch damit änderte sich am Wesen der Religion nichts, daß in ihren Satzungen selber mehr und mehr die Anforderungen der Humanität Platz fanden. Diese humanen Satzungen hatten und haben mit dem religiösen Glauben nichts zu tun; sie waren von ihm nicht eingegeben, sondern in hartem Kampfe gegen ihn durch das wiedererwachende natürliche Gefühl erzwungen worden. Sie enthalten, soweit sie wirklich human und nicht bloß in humanes Gewand gekleidete Glaubenssatzungen sind, nichts Neues, keinerlei Fortschritt den Diktaten der ursprünglichen tierischen Instinkte gegenüber, und wenn dem entgegengehalten wird, daß die religiöse Sanktion dieser Naturgebote denn doch deren Ansehen gestärkt, sie von bloßen Forderungen des Instinkts zum Range von Glaubenssätzen erhoben hätten, so ist darauf zu bemerken, daß ohne knechtische Verderbnis derartige ausdrückliche Moralgebote ganz überflüssig gewesen wären.

Die zäheste Stütze des Vorurteils in betreff der erzieherischen Wirkung von Domestikation glaube ich in dem weitverbreiteten Irrtume zu erblicken — als ob sie, man mag im übrigen von ihr halten was immer, denn doch das Verdienst beanspruchen dürfe, mit dem Kanibalismus aufgeräumt zu haben. Ich muß gestehen, daß ich diese Auffassung lange Zeit selber geteilt, und ihr wiederholt in früheren Schriften Ausdruck verliehen hatte. Die aufkommende Gewohnheit, den Nebenmenschen als Lasttier zu gebrauchen, habe — so glaubte ich — seiner Verwendung als Schlachttier einen Riegel vorgeschoben. Eingehendere Studien belehrten mich seither darüber, daß dies ein gründlicher Irrtum ist. Die Tatsachen beweisen das strikte Gegenteil. Wir sehen nicht nur Kannibalismus und Knechtschaft allenthalben Hand in Hand gehen, sie fließen auch nachweislich beide aus der nämlichen Quelle, und bedingen einander gegenseitig in der Weise, daß es wohl Knechtschaft ohne Kannibalismus, nirgends aber Kannibalismus ohne Knechtschaft gibt. Der blutdürstige Urmensch, der dem Menschenfraße huldigt, weil er noch zu roh und unwissend wäre, Sklaven gebrauchen zu können, ist ein Fabelwesen. Sehr wahr, daß Sklaverei diesem primitiven Beerensammler, Fischer, Jäger, sehr geringen Nutzen brächte. Nicht das ist jedoch der Grund, warum er seine Konkurrenten im Daseinskampfe womöglich verdrängt, allenfalls sogar tötet, niemals aber zu Sklaven macht, so wenig als dies der Grund ist, warum der Tiger einen ihm ins Gehege gehenden anderen Tiger verjagt, vielleicht zerreißt, niemals aber zur Jagd für seine, des siegenden Tigers Rechnung, zwingt. Beide tun dies in Wahrheit deshalb nicht, weil keiner der beiden Streitteile: siegender Urmensch oder Tiger auf der einen, besiegter Urmensch oder Tiger auf der anderen Seite — auch nur im entferntesten an die Möglichkeit denken, einen Menschen oder einen Tiger zu Dienstbarkeit zu zwingen. Ebenso den tiefinnersten Instinkten des Urmenschen wie des Tigers widerstreitend ist es, den allenfalls im Streite getöteten Mitmenschen oder Mittiger aufzufressen. Nirgends hat man bisher auch nur Spuren von Kannibalismus bei ganz rohen Volksstämmen aufzufinden vermocht, überall ist dieser entsetzliche Gebrauch die Begleiterscheinung verhältnismäßig höherer Kultur, und überall steht er im direkten Zusammenhange mit ausgebildeter Sklaverei. Denn nicht die Not sondern der religiöse Wahn liegt dem Kannibalismus zugrunde, derselbe Wahn, dem die Knechtschaft ihre Entstehung verdankt.

III. Die Eigentumsverbrechen und die geschlechtlichen Laster.

Gleich Bosheit, Grausamkeit und Mordlust lassen sich ganz im allgemeinen alle üblen Eigenschaften des Kulturmenschen, unter denen ich nur noch die Eigentumsverbrechen und die geschlechtlichen Laster hervorheben will, auf die Knechtschaft und die ihr zugrunde liegenden religiösen Wahnvorstellungen zurückführen.

Was zunächst die Eigentumsverbrechen anlangt, so liegt auf der Hand, daß für sie, soweit sie aus der Not hervorgehen, jene Ordnung verantwortlich ist, welche die Not hervorruft. Im übrigen nehme ich keinen Anstand, das Stehlen aus Not gar nicht als wirkliches Laster, sondern als eine allerdings beklagenswerte Form der Notwehr anzusehen. Anders verhält es sich mit den Eigentumsverbrechen aus Habsucht. Letztere ist ein Laster, und zwar der häßlichsten, niedrigsten eines, aber von diesem gilt erst recht, daß es dem

Naturmenschen durchaus fremd und schlechthin ein Produkt der Domestikation ist. Zwar, daß auch der im Zustande primitivster Freiheit lebende Wilde nach Besitz strebt, kann nicht geleugnet werden; aber der Wilde strebt eben nur nach Besitz von solchen Dingen, deren er zu Befriedigung seiner Bedürfnisse bedarf; erst die Ausbeutung lehrt die Menschen, Dinge an sich zu raffen, die ihnen selber nutzlos sind und ihren Gelüsten nur dadurch dienen, daß sie sie anderen Menschen, die ihrer bedürfen würden, vorenthalten können; sie erst macht den Besitz zum Selbstzwecke und das Verlangen nach ihm zu einem grenzenlosen. Zugleich aber ist sie es, die der übergroßen Mehrzahl der Menschen allen und jeden Besitz selbst an solchen Dingen vorenthält, die ihnen sonst ganz mühelos zugänglich wären, sie erweckt also einen immerwährenden Konflikt zwischen unnatürlich ausgedehnter Begehrlichkeit und ebenso unnatürlich gesteigerter Bedürftigkeit, dessen Resultierende eben die Habsucht ist. Daß dann grausame Strafen vonnöten sind, um dieses solcherart künstlich erzeugte Laster in gewissen Schranken zu halten, ist einleuchtend.

Der Zusammenhang zwischen der Habsucht und den geltenden sozialen Einrichtungen beschränkt sich aber nicht auf das soeben dargelegte, sondern läßt sich direkt auf die der Knechtschaft zugrunde liegenden Religionsvorstellungen zurückführen. Die Religion hat nämlich den Reichtum geheiligt, und zwar nicht bloß dadurch, daß sie ihm ihren ganz besonderen Schutz angedeihen ließ, sondern auch dadurch, daß sie seinen Besitz zur Voraussetzung aller von ihr ausgehenden Segnungen machte. Das Verhältnis des Menschen zur Gottheit beruhte, wie wir gesehen haben, auf dem Grundsatze des do ut des. Die Gunst der Götter war käuflich, lediglich durch Opfer, durch diese aber — falls nur in entsprechender Form und Menge dargebracht — sicher zu erlangen. Diese mit dem Wesen der Religion von Uranfang verknüpfte Vorstellung hatte fürs erste mit der Moral allerdings nichts zu tun, da ja der Religion selber jeder Gedanke an Moral anfänglich ferne lag. Fromm sein, den Göttern dienen, hieß anfangs schlecht und recht, sie durch Gaben gewinnen. Daß der Spendende damit unter einem etwas an sich Lobenswertes, Schönes, Erhabenes, verrichte, lag ursprünglich dem Vorstellungskreise der Menschen gerade so fern, als es etwa demjenigen, der seinen irdischen Richter durch Geschenke gewinnen will, ferne liegt, darin etwas an sich Preiswürdiges zu erblicken. Gesetzt jedoch den Fall, daß die Meinung entstünde, Bestechung des irdischen Richters nütze nicht bloß dem eigenen individuellen Interesse, sondern auch dem aller Stammesgenossen, gesetzt den Fall, sie werde von all jenen Personen, deren Wille maßgebend für die eigene Handlungsweise zu sein pflegt, begünstigt, belobt, ja direkt anbefohlen, so würde schließlich auch ganz gewöhnliche Bestechung zu einer verdienstlichen Handlung werden. Und in diesem Falle befand sich der Opfernde. Die gute Laune, in die seine Gabe den Gott versetzte, kam allen Stammes- oder Volksgenossen zustatten, und alle Herrschenden: Häuptlinge, Priester, Fürsten, begünstigten nicht bloß, sie forderten gebieterisch Bestechung der Götter. Das Opfern wurde also zur Tugend, und als mit der weiteren Entwicklung der religiösen Vorstellungen schließlich der Glaube an jenseitige Vergeltung aufkam, wurde es sogar zur wichtigsten aller Tugenden, zu jener nämlich, von deren Übung das Schicksal im Jenseits abhing. Reichlich zu opfern aber vermag nur der Reiche, er allein also ist im Sinne dieser Auffassung nicht bloß hienieden, sondern auch im Jenseits Gott wohlgefällig. Was Wunder also, daß alles Sinnen und Trachten des Kulturmenschen auf die Eroberung von Reichtum gerichtet war, und daß schließlich die Gier nach diesem jedes natürliche Gefühl in den Hintergrund drängte.

Nicht anders wie mit dem Laster der Habsucht, verhält es sich mit den geschlechtlichen Lastern. Auch diese sind nichts dem Menschen von Natur aus Eigentümliches, sondern Kulturprodukte der Knechtschaft. Verglichen mit den Zuständen jener in Weiber- und Gütergemeinschaft lebenden Horden, die von einzelnen Forschern — meines Erachtens sehr willkürlicherweise — überall als die Vorläufer der ausbeuterischen Gesellschaft angesehen werden, stellt allerdings die von letzterer geschaffene Geschlechts- und Familienordnung ganz entschieden einen Fortschritt dar. Das Geschlechtsleben der kommunistischen Urhorde — man mag ihm welchen Namen immer geben — es „Punalua Ehe" oder sonstwie taufen, war die nackte Promiskuität. Daß diese Promiskuität meiner Meinung nach unter dem Einflusse derselben religiösen Vorstellungen, welche für die Eigentumsverhältnisse bestimmend gewesen, — gewissen Regeln unterworfen wurde, ändert am Wesen der Sache nichts. Ob alle Weiber aller Horden Verkehr mit allen Männern aller Horden hatten, ob der Verkehr auf Männer und Weiber der gleichen Horde beschränkt war, oder ob schließlich bestimmte Verwandtschaftsgrade als Hindernisse des geschlechtlichen Verkehrs aufkamen, läßt den entscheidenden Umstand unberührt, daß stets zahlreiche

Männer zahlreiche Weiber geschlechtlich besaßen, daß die Vaterschaft dementsprechend völlig unsicher war und die Geschlechtsfolge ausschließlich durch die Mütter bestimmt wurde. Und insoweit die ausbeuterische Ordnung diesem Zustande ein Ende bereitete, liegt darin ein Fortschritt, dessen Wert dadurch nicht zunichte gemacht wird, daß er nicht aus gesunder geschlechtlicher Empfindung, sondern lediglich aus den geänderten Eigentums- und Machtverhältnissen hervorgeht. Mit dem Aufkommen des Erbeigentums ergab sich die Notwendigkeit der Feststellung der Vaterschaft zu Zwecken kultgerechter Erbfolge, und aus dieser Notwendigkeit heraus entwickelte sich die Beschränkung des Weibes auf den Geschlechtsverkehr mit bloß einem Manne. Also nicht um ihrer selbst willen, sondern lediglich um der geordneten Eigentumsfolge willen ward eheliche Treue gefordert, und ihr Begriff erstreckte sich aus diesem Grunde auch gar nicht auf den Mann, sondern lediglich auf das Weib. Nicht den Namen Monogamie, sondern den der Monandrie verdient die durch die Ausbeutung herbeigeführte Geschlechtsordnung. Die Männer fröhnen der Promiskuität, sei es im Wege der Polygamie, sei es in dem der Prostitution; nur die Weiber müssen sich an einen Mann halten, und keiner Frage unterliegt es, daß das geschlechtliche Laster, d. i. die Verletzung des durch die geltenden Satzungen jeweilig statuierten geschlechtlichen Tugendbegriffes erst damit seinen Einzug in die Welt gehalten hat. Das alles aber ändert nicht, daß selbst diese polygam-monandrische, durch die mannigfaltigsten Laster befleckte Geschlechtspraxis der ausbeuterischen Welt den natürlichen geschlechtlich-ethischen Vorstellungen des Menschen, wie ich sie mir denke, noch immer angemessener ist, als die naive Promiskuität der kommunistischen Horde.

Durchaus falsch aber ist es, diesen hiermit gekennzeichneten Fortschritt der ausbeuterischen Geschlechtsmoral der sporadisch aufgetretenen kommunistischen Geschlechtsgemeinschaft gegenüber, als einen Fortschritt auch im Vergleiche zu den dem Menschen von Natur aus eigentümlichen Geschlechtsgewohnheiten auszugeben. Es ist nämlich meines Erachtens ganz unzweifelhaft, daß der Mensch ursprünglich in Dauerehe lebte, und zwar da dauernde Polygamie der Natur der Sache nach ohne Knechtschaft zum mindesten des Weibes undenkbar ist, in strenger Einehe. Dafür spricht, abgesehen von den uns bekannten Gewohnheiten unserer nächsten tierischen Verwandten, der großen Menschenaffen, die Beschaffenheit des menschlichen Nachwuchses. Ein durch das ganze Tierreich ausnahmslos in Geltung stehendes Gesetz ist es, daß die Geschlechtsgewohnheiten jeder Art abhängig sind von den Anforderungen, welche die Aufzucht der Sprößlinge an die Eltern stellt. Tiere, deren Junge der elterlichen Fürsorge entweder gar nicht, oder nur in geringem Grade und für kurze Zeit bedürfen, leben in Promiskuität; ist dagegen anhaltende und intensive Fürsorge beider Eltern zum Gedeihen der Brut vonnöten, so ist Dauerehe die Folge, und zwar desto strengere, je dringender und anhaltender die Notwendigkeit der Betreuung durch Vater und Mutter zugleich für die Nachkommenschaft. So leben z. B. die Hauskatzen, deren Junge wenige Wochen nach dem Wurfe selbständig, und bis dahin leicht von der Mutter allein aufgebracht werden, in Promiskuität; die wilde Katze, deren Brut gleichfalls sehr rasch heranwächst, inzwischen aber, bis das geschieht, von beiden Eltern ernährt werden muß, lebt in sog. Paarungsehe, d. h. die Pärchen finden sich zur Brunstzeit und halten bis zu vollbrachter Aufzucht der Brut zu einander, um sich dann zu trennen; die großen Katzen dagegen, deren Junge 5 bis 7 Monate gesäugt, und erst nach Jahren vollwüchsig werden, sind getreue Monogamisten. Nun gehört der Mensch zu jenen Tieren, deren Nachwuchs am langsamsten heranreift, der andauerndsten und mühsamsten Pflege bedarf; ich halte es daher für schlechthin selbstverständlich, daß treues Zusammenhalten der einmal vereinten Gatten die seiner Natur entsprechende Geschlechtsgewohnheit ist.

An die Stelle dieser natürlichen Dauerehe hat die knechtische Ordnung die Prostitution gesetzt. Und zwar wohlverstanden: die Prostitution nicht bloß als Ausschreitung neben der Ehe, sondern die Prostitution in der Ehe selber. Denn wenn Prostitution jede wie immer geartete Benutzung des Geschlechtsaktes zu einem Mittel des Erwerbs genannt wird — und es ist dies die einzig richtige Begriffsbestimmung des Wortes — dann gebührt der von Beginn der Knechtschaft bis zum heutigen Tage geltenden Ehe mit genau dem nämlichen Rechte dieser Name, wie dem Treiben der Straßendirne. Das sittsame Weib verkauft unter dem Walten der ausbeuterischen Ordnung seinen Leib nicht minder, wie das Freudenmädchen, und der ganze Unterschied liegt darin, daß ersteres den Handel für Lebenszeit, letzteres für kürzere Frist abschließt.

Darin, in dieser notgedrungenen Prostitution, liegt die eigentliche Entwürdigung des Weibes durch die geltende Ordnung. — Was dem

Weibe sonst noch an Rechten entzogen wurde, verschwindet an Bedeutung gegen die Antastung des ursprünglichsten, heiligsten aller Menschenrechte, des Rechtes der Verfügung über den eigenen Körper. Zugleich aber ist dieses Unrecht von den verhängnisvollsten Folgen für das Gedeihen der menschlichen Rasse begleitet. Das mächtigste, von der Natur durch die ganze Lebewelt erfolgreich geübte Agens der Artvollkommnung wird dadurch außer Funktion gesetzt — ich meine die geschlechtliche Zuchtwahl. Es liegt tief im Wesen des Geschlechtstriebes, daß Männchen wie Weibchen einander nach individueller Neigung wählen. Wohl ist die sog. sentimentale Liebe eine Errungenschaft, und das eine verhältnismäßig junge, lediglich des Menschen; die Liebe aber, sofern darunter nichts anderes verstanden wird, als Hinneigung der Individuen des einen Geschlechts nicht gleichmäßig zu allen, sondern nach eigensinniger Wahl zu bestimmten Individuen des andern Geschlechts, diese Liebe ist ein allen, oder doch fast allen Tieren gemeinsamer Instinkt, ja in gewissem Betrachte üben selbst einzelne Pflanzen eine Art geschlechtlicher Auswahl. Die entwicklungsgesetzliche Funktion dieses Triebes aber ist, zum Zwecke der Fortpflanzung derartige Individuen beider Geschlechter zusammenzuführen, daß aus ihrer Vereinigung die den Existenzbedingungen der betreffenden Art bestangepaßte Nachzucht erblühe. D. h. Liebe führt das Weib jenem Manne, den Mann jenem Weibe in die Arme, mit denen sie, je nach ihrer beiderseitigen Eigenart, die gesündesten, kräftigsten, schönsten Kinder erzeugen. Die bürgerliche Ehe nun hat diese Auslese vereitelt, und insbesondere in den herrschenden Klassen sind die Menschen dahin gelangt, sich bei der Gattenwahl nicht durch geschlechtliche, sondern durch sogenannte konventionelle Motive bestimmen zu lassen.

In aller Kürze will ich hier noch hinzufügen, daß meines Erachtens der Einfluß der Knechtschaft auf die Familienbande nicht minder verhängnisvoll ist. Daß diese inniger und fester geworden, wenn man das Familienverhältnis der Promiskuität zum Vergleiche heranzieht, kann füglich zugegeben werden. Durchaus falsch ist aber auch hier, daß dies einen Fortschritt den natürlichen Familienbanden der Menschen gegenüber bedeute. Zwar wird behauptet, daß die geltende soziale Ordnung dadurch, daß sie den Gatten und Vater zugleich zum Erhalter, zum Schöpfer der wirtschaftlichen Existenz der Familie mache, die natürlichen Gefühle der Familienliebe steigere, mit vermehrten Garantien umgebe. In Wahrheit aber verhält es sich gerade umgekehrt: die wirtschaftliche Abhängigkeit der Gattin vom Gatten, der Kinder von den Eltern schwächt und zerrüttet die natürlichen Familienbande. Sie macht das Familienhaupt zum Tyrannen, die Familienglieder zu Sklaven, und wer da meint, dies trage zur Veredlung und Festigung des beiderseitigen Verhältnisses bei, der kann mit dem gleichen Rechte glauben, das Band zwischen Herr und Knecht sei ganz im allgemeinen inniger und edler, als das zwischen aufeinander angewiesenen Freien. Der Tod des Familienoberhauptes ists, was nach geltendem Rechte den Beherrschten Erlösung und wirtschaftliche Selbstständigkeit bringt; sie sind also geradezu darauf angewiesen, diesen Tod herbeizusehnen, und tatsächlich sehen wir, daß sie dies desto häufiger tun, je bedeutender der zu erwerbende Besitz, mit je kräftigeren Garantien also im Sinne der landläufigen Anschauung das Familiengefühl versehen sein sollte.

IV. Der Daseinskampf und die Verderbnis.

Das letzte Bollwerk der bestehenden Ordnung gegen die Anklage, daß sie zu hochgradiger Entartung des Menschengeschlechts geführt habe, ist die Berufung auf den „Kampf ums Dasein". Es wird zugegeben, daß die Ausnutzung des Menschen durch den Menschen gewaltige Übel im Gefolge gehabt habe; da sie jedoch, so wird hinzugefügt, nichts anderes sei, als das Ergebnis einer besondern Abart des in der ganzen Lebewelt wütenden Daseinskampfes, so sei es verkehrt, hier von Entartung zu sprechen. Im Gegenteil biete gerade die Schonungslosigkeit und Grausamkeit des unter dem Walten der Knechtschaft wütenden Krieges Aller gegen Alle Gewähr dafür, daß nur die Lebensfähigsten, Tüchtigsten ihn überdauerten.

Diese angeblich Tüchtigsten, die „Aristoi", waren zwar allezeit nichts anderes, als die jeweilig Mächtigen; es entstand aber die Auffassung, daß es ihre oder ihrer Vorfahren Tugenden gewesen, was ihnen die Macht verschaffte. Und diese Vorstellung hat sich der Hauptsache nach bis auf den heutigen Tag erhalten, mit der Modifikation lediglich, daß es eine andere Art von Tugend ist, als deren wohlverdienter Lohn gegenwärtig der Machtbesitz angesehen wird. Solange physische Gewalt das vornehmste Mittel der Besitzerwerbung war, meinte man, daß es ihre hervorragende Tapferkeit gewesen, was — in der Regel zum mindesten — die „Edlen" zu solchen gemacht; als dann später industrieller Erwerb den Reichtum schuf, sah man in Klugheit, Fleiß, Sparsamkeit die machtverleihenden

Tugenden. Und zwar gilt diese Auffassung sowohl für den Einzelnen als für ganze Völker. Gleichwie innerhalb einer gegebenen Gemeinschaft die tüchtigsten Individuen es sind, denen — dem obigen Glauben zufolge — Herrschaft über ihre Volksgenossen zufällt, so seien es die tüchtigsten Nationen, denen im Wettbewerbe mit anderen Nationen die Herrschaft über diese zuteil werde.

In Wahrheit aber liegt dieser Darstellung eine vollständige Verkennung der Gesetze des Daseinskampfes zugrunde. Nicht notwendigerweise Veredlung, sondern Anpassung an die jeweiligen Daseinsbedingungen erzeugt die natürliche Auslese, und gleichwie körperliche Fähigkeiten verkümmern, körperliche Monstruositäten entstehen können, wenn die Daseinsbedingungen es so mit sich bringen, ebenso verkümmern und entarten unter Umständen aus gleichem Anlasse auch geistige und moralische Eigenschaften. Dies gilt für Tier und Mensch in gleicher Weise. Die „Tüchtigsten" sind es allerdings, die im Daseinskampfe obsiegen, allein die Tüchtigsten bloß in dem Sinne der besten Anpassung an die jeweilig gegebenen Kampfbedingungen. Wenn wir daher wissen wollen, welche menschlichen Eigenschaften es sind, durch die sich die Sieger im Daseinskampfe der knechtischen Gesellschaft auszeichnen, so muß nach den maßgebenden Voraussetzungen des Sieges in diesem Kampfe gesucht werden, wobei sich dann zeigt, daß es ganz andere Qualitäten als Tapferkeit oder Fleiß und Sparsamkeit sind, die dabei vornehmlich in Betracht kommen.

Was zunächst den Daseinskampf zwischen Volk und Volk anlangt, so ergibt sich aus dem in den früheren Kapiteln dargelegten, daß dessen Ausgang in erster Linie vom Grade der Disziplin, der Zusammenfassung der Macht abhängt. Persönliche Tapferkeit ist dabei sicherlich auch von Wichtigkeit, entscheidend jedoch bloß in den seltensten Fällen, ja insofern als hervorragende Tapferkeit mit unbeugsam trotzigem Sinne verknüpft zu sein pflegt, kann sie sogar zum Hindernisse des Obsiegens im Daseinskampfe werden. Jedenfalls gilt als Regel, daß es nicht die tapfersten, sondern die fügsamsten, leichtest disziplinierbaren Völker waren, welche die anderen unterworfen haben, eine Tatsache, die bloß deshalb so häufig verkannt, ja in ihr Gegenteil verkehrt wird, weil man, wenn von den Eigenschaften eines Volkes die Rede ist, zumeist nur an die der Herrenkaste besagten Volkes denkt. So gelten z. B. die arischen Völker allgemein als Mustertypen unbeugsamer Freiheitsliebe, aus dem

Grunde, weil die arischen Herren in der Tat frei waren; von den arischen Knechten, den willenlosen Werkzeugen in den Händen jener, ist einfach nicht die Rede. Auch die Vorstellung, daß sonstige geistige oder körperliche Vorzüge, wie insbesondere Sittenreinheit, Kraft und dergleichen, den Ausschlag im Kampfe der Völker gegeben hätten, beruht auf Irrtum. Das landläufigste Beispiel, welches zur Erhärtung dieser falschen Auffassung ins Feld geführt zu werden pflegt, ist der Untergang des römischen Reichs vor dem Ansturme der Völkerwanderung. Hier glaubt man so recht deutlich den Sieg gesunder Kraft und urwüchsiger Tapferkeit über moralische Verderbnis vor Augen zu haben. Was anders auch sollte das mit allen Machtmitteln einer verhältnismäßig hohen Kultur ausgerüstete römische Weltreich den armseligen Barbarenhorden als Beute hingeworfen haben? In Wahrheit ist es jedoch so ausgemacht nicht, daß die Horden der Völkerwanderung den Römern, sei es an Tapferkeit, sei es an Sittenreinheit überlegen gewesen wären. Das einzige Beweisstück hierfür ist die „Germania" des Tacitus, und diese ist ganz offenbar eine Tendenzschrift, verfaßt sichtlich zu dem Zwecke, dem römischen Volke einen Spiegel vorzuhalten. Dem Verfasser kam es nicht darauf an, die ihm im übrigen höchst gleichgültigen Barbaren objektiv zu schildern, sondern darauf, seinen eigenen Landsleuten zu Gemüte zu führen, wie sie — die Römer — sein sollten. Was wir sonst über die Germanen, wie ganz im allgemeinen über barbarische Völker wissen, spricht ausnahmslos dafür, daß sie keineswegs jene Tugendmuster sind, als welche sie Tacitus hinstellt; ihre Laster sind andere, als die der Kulturvölker, aber im großen ganzen nicht löblichere. Die Hausgeschichte der vandalischen, gothischen, fränkischen Königsgeschlechter z. B. darf es, was Sittenverderbnis und Greuel aller Art anlangt, kühn mit derjenigen der verworfensten römischen Kaiser aufnehmen. Tapfer waren die Germanen sicherlich, aber ebenso sicher ist, daß nicht die Feigheit der römischen Legionen es gewesen, was jenen schließlich zum Siege verholfen.

Der wirkliche entscheidende Vorteil ist auch hier in der besseren knechtischen Disziplin und Unterwürfigkeit des siegenden Volkes zu suchen. Der römische Sklave hatte aufgehört, ein verläßliches Werkzeug in den Händen seines Herren zu sein. Sein Glaube an dessen Göttlichkeit war abhanden gekommen, oder doch bedenklich wankend geworden; um seinen Trotz zu bändigen, waren Maßregeln grausamster Strenge notwendig, die dann erst recht dazu beitrugen, den Haß der Sklaven gegen die Herren zu nähren. Davon, daß die Sklaven sich willig gegen jeden Feind des Herrenvolkes hätten gebrauchen lassen, war im Römerreiche längst keine Rede mehr; im Gegenteile, sie fanden sich stets bereit, mit jedem äußeren Feinde gemeinsame Sache zu machen. Und diesem sozial zerklüfteten Rom standen die an Zahl und sonstigen Machtmitteln zwar armseligen, dafür aber sozial unerschütterlich geeinten Barbaren gegenüber. An Knechten fehlte es auch bei ihnen nicht, ja deren Zahl dürfte wie bei jedem Volke, dessen hauptsächlicher Nahrungszweig die Viehzucht ist, verhältnismäßig groß gewesen sein. Aber diese Knechte waren den Herren auf Tod und Leben ergeben, jeder Gedanke an Auflehnung lag ihnen so fern, wie etwa den Rindern oder den Hunden. Denn der Glaube an die Göttlichkeit ihrer Herrenkaste war in jenen Stämmen noch vollauf lebendig, jeder Edeling hatte irgendeine Gottheit zum Stammvater, und zwar ist es meine Meinung, daß diese bis zu den Göttern reichenden Stammbäume der barbarischen Großen nicht bloß auf dem allgemeinen Glauben, sondern in aller Regel sogar auf Wirklichkeit beruhten. D. h. ich meine, daß z. B. das Geschlecht der gotischen Wölsungen, welches seine Ahnenreihe auf Wotan zurückführte, tatsächlich einen Wotan genannten Urahn besessen haben mag, dessen Gespenst allgemach gerade dadurch, daß seine Nachkommen zu Fürsten wurden, zum Range eines großen Gottes emporstieg. Dem sei übrigens wie immer, daß ihre Herren Asensöhne seien, war den germanischen Knechten so ausgemachte Sache, wie die Existenz der Asen selber, und Widersetzlichkeit oder vollends Empörung gegen sie in ihren Augen daher gleichbedeutend mit Empörung gegen die Götter. Der barbarische Freie, weit entfernt, die eigene Kraft teilweise durch die Überwachung der Knechte gebunden zu sehen, fand in diesen stets zuverlässige Helfer gegen welchen Feind immer. Er behandelte sie daher auch besser, als der Römer die seinigen, nicht weil sie ihm etwa menschlich näher standen, sondern ganz im Gegenteile, weil — in seinen wie der Knechte Augen — eine so unendliche Kluft zwischen ihm und ihnen gähnte, daß irgendwelche besondere Maßnahmen, den Knecht am Überspringen dieser Kluft zu verhindern, schlechthin überflüssig waren.

Also nicht höhere Tapferkeit oder Sittlichkeit, sondern größere Fügsamkeit war es, was auch den Barbaren der Völkerwanderung zum Siege über die römische Kulturwelt verhalf.

Wie aber verhält es sich mit dem Daseinskampfe der Individuen?

Auch hier ist die Meinung herrschend, als ob es regelmäßig die tapfersten Krieger gewesen wären, die von ihren Volksgenossen oder von ihren Königen mit den höchsten Siegespreisen ausgezeichnet, zu Stammvätern der späteren edlen Geschlechter wurden. Doch auch das entspricht dem wirklichen Verlaufe der Geschichte, soweit derselbe überhaupt bekannt ist, sehr schlecht. Die tapfersten Krieger erhielten nach der Schlacht das lauteste Lob; den größten Lohn des Sieges heimsten die zuvor schon Mächtigsten ein, und wenn ausnahmsweise ein zuvor Kleiner plötzlich groß wurde, so kann man in neun unter zehn Fällen dessen sicher sein, daß es kein Held sondern ein geschickter Verräter war. Die Adelsregister aller modernen Nationen bieten unwiderlegbare Beweise dieser Behauptung. Ganz im allgemeinen aber muß festgehalten werden, daß, soweit Gewalt die Quelle des Reichtums war, diese in der Regel nicht in glorreichen Waffentaten, sondern in ganz ordinären Räubereien zum praktischen Ausdruck kam. Die Großen der alten sowohl als die der mittelalterlichen Welt gebrauchten allerdings das Schwert als vornehmsten Besitztitel; aber sie wandten es mit größtem Vorteil nicht gegen wehrhafte, sondern gegen wehrlose Gegner an, gegen kleine Leute, gegen Witwen und Waisen. Es entspricht also auch die Annahme nicht dem wirklichen Sachverhalte, daß Tapferkeit eine erbliche Tugend der großen Geschlechter sei. Rücksichtsloses, hartes Zugreifen allerdings war vonnöten, um den Reichtum gewaltsam zusammenzuraffen, auf welchem sich die Größe des Geschlechts aufbaute; wirkliche Tapferkeit aber ist so sehr das Widerspiel von Verrat, Raub und Hinterlist, daß wenn in der Ahnenreihe irgendeines derartigen Hauses wahrhafte Helden zu finden sind, diese nur höchst ausnahmsweise zu den Mehrern seines Besitzes, seiner Macht gehören.

Nicht besser bestellt ist es um jene Qualitäten, die bei friedlichem Erwerb den Ausschlag geben. Klugheit, Fleiß und Sparsamkeit sind an und für sich betrachtet unfraglich Eigenschaften, welche die Erwerbung von Reichtum befördern; sie genügen aber dazu auch nicht im entferntesten, falls sie sich nicht mit der Fähigkeit paaren, die Kräfte des Nebenmenschen auszunützen, d. h. diesem die Früchte s e i n e r Klugheit, s e i n e s Fleißes vorzuenthalten und sich selber anzueignen. Jeder weitergreifende Erwerb beruht auf Ausbeutung des Nebenmenschen, und es liegt unabwendbar im Wesen der Sache, daß das Objekt der Ausbeutung diese schmerzlich empfindet. Hervorragender Erfolg im Erwerben hat dementsprechend Gleichgültigkeit gegen fremdes Leid zur Voraussetzung. Wer sich besinnt, zuzugreifen, weil sein Vorteil mit dem Nachteil Anderer verknüpft ist, dem fehlt das Zeug, ein reicher Mann zu werden. Er kann vielleicht — aber auch das nur unter besonders günstigen Umständen — reich bleiben, Reichtum erwerben wird er nicht, es sei denn, daß ihm das große Los in den Schoß fällt, oder daß ganz ausnahmsweises Genie die üblen Folgen seines Charakterfehlers — des Mangels an rücksichtsloser Härte nämlich — ausgleicht. Ja es muß sogar behauptet werden, daß höhere, edlere geistige Eigenschaften der Erwerbung von Reichtum geradezu hinderlich sind. Denn um reich zu werden, ist in der Regel rasches und unverzögertes Ergreifen jeder sich darbietenden Erwerbsmöglichkeit vonnöten. Wer, wenn sich ihm die Gelegenheit bietet, etwas Ausgiebiges zu erraffen, mit Nebendingen, mit nicht zur Sache gehörigen Erwägungen die Zeit verzettelt, dem wird höchstwahrscheinlich ein minder Saumseliger zuvorkommen. Es ist aber nur bornierten Menschen gegeben, sich bei Erwerbsgelegenheiten störender Nebengedanken völlig zu enthalten und ausschließlich, von jeder anderen Erwägung unbeirrt, den zu erzielenden Gewinn vor Augen zu sehen. Ein Beispiel mag das illustrieren. Nehmen wir an, eine grundstürzende Erfindung im Eisenbahnwesen sei gemacht worden; wer dabei zunächst an die Bedeutung dieser Erfindung für den menschlichen Fortschritt, an die zunkünftige Annehmlichkeit des Reisens u. dergl. „phantastische" Dinge denkt, der hat das Zeug zum reichen Manne nicht in sich, denn die Frage, ob sich durch Verwertung der Sache nicht etwa Geld verdienen ließe, wird sich ihm entweder gar nicht, oder doch zu spät aufwerfen; ein anderer, dessen Hirn viel zu eng und dessen Herz viel zu trocken ist, als daß ein höherer Gedanke, als an das Geldverdienen ihn überhaupt anfliegen könnte, ist längst zur Börse geeilt und hat in der Voraussicht, daß die Erfindung die Einnahmen der Eisenbahnen steigern werde, Eisenbahnaktien gekauft. Dieser andere wird reich d. h. einer der Herren dieser Erde werden, und wenn seine Qualitäten kraft des Erblichkeitsprinzips auf seine Nachkommen übergehen, so werden es nicht eben erhabene Eigenschaften sein, durch welche sie sich vor ihren Nebenmenschen auszeichnen.

Mit all dem soll beileibe nicht gesagt sein, daß die Aristokraten — sei es der Geburt, sei es des Geldsacks — durchweg schlechter wären, als das von ihnen ausgebeutete Proletariat. Es ist im Gegenteile meine Meinung, daß sie in sehr wesentlichen Punkten wirklich die „Besseren" sind. Der

Knecht verkümmert körperlich, moralisch und geistig. Er ist schlecht genährt, roh, feig, nicht weil ihn die Natur dazu geschaffen, sondern weil ihn die Knechtschaft dazu gemacht. Die Wahrheit ist, daß der Kampf ums Dasein, wie ihn die knechtische Gesellschaft zu bestehen hat, allgemeine Verderbnis herbeiführt; nur dies in anderer Weise für die Herren und in anderer für die Knechte. Wer dabei — moralisch genommen — schlechter fährt, der Herr oder der Knecht, ist schwer zu entscheiden. Zur niedrigsten und nichtswürdigsten aller Kreaturen hat sie die Knechtschaft beide gemacht; im Knechte gelangen dabei vorwiegend die niedrigen, im Herren vorwiegend die nichtswürdigen Eigenschaften zur Entfaltung; ersterer ist die Verkörperung der Erbärmlichkeit, letzterer die der Bösartigkeit knechtischer Weltordnung; welche der zwei Seiten des genus homo servus die scheusäligere ist, wage ich nicht zu entscheiden.

IX. Kapitel.

Der buddhistische Erlösungsgedanke.

I. Das Beharrungsvermögen der religiösen Wahnvorstellungen.

Der Menschheit kam inmitten ihrer Entwürdigung und Erniedrigung durch die Knechtschaft die Erinnerung an ihren Zustand ursprünglicher Freiheit niemals gänzlich abhanden, und alle Kulturvölker nährten auch insofern vollkommen richtige Vorstellungen über die Ursache ihres Unglücks, als selbes in sämtlichen, das sogenannte goldene Zeitalter behandelnden Mythen, von der Knechtschaft abgeleitet wird. Nur damit gehen diese Mythen in die Irre, daß sie — abermals mit auffallender Übereinstimmung — statt auch Sünde, Laster und Verbrechen gleich dem Elend als bloße Folgeübel der Knechtschaft zu erkennen, umgekehrt die Knechtschaft als Folgeübel jener ansehen. Statt zu begreifen, daß die Menschen schlecht und unglücklich wurden, weil sie ihre Freiheit verloren, glauben sie, daß die Freiheit und mit dieser dann das Glück verloren wurde, weil den Menschen ihre ursprünglichen Tugenden abhanden kamen. Und wieder das Richtige traf die Mythenbildung insofern, als sie die Stifter des Unheils in den Göttern sah. Diese sind es, die dem bis dahin unschuldigen Menschen die Sünde bescheren. Der biblische „Baum der Erkenntnis" drückt den gleichen Gedanken aus, wie die „Pandorabüchse" der Griechen: Die Gottheit lockt das ahnungslose Menschengeschlecht in eine Falle, sie läßt es schuldig werden, um es dann zu verderben. Dabei bleibt unklar, worin denn das Verschulden, die Versündigung der zu Fall Gebrachten eigentlich gelegen sei. Das Naschen von einer verbotenen Frucht kann doch ebensowenig als genügend schwere Verfehlung angesehen werden, wie das Öffnen einer verschlossenen Büchse, wo es sich um so furchtbare Strafe handelt, wie sie den Vorwitzigen zugemessen wird; bei nur einiger Unbefangenheit müßte doch offenbar jeder Beurteiler des Vorganges zu der Ansicht gelangen, daß nicht die Menschen, sondern die Götter hier die Schuld tragen, und — waltete Gerechtigkeit — Züchtigung verdienen. Wahr aber ist, daß die Götter Urheber des Unheils sind; nur verhängen sie es direkt nicht dadurch, daß sie die Menschen zur Sünde verleiten, sondern dadurch, daß sie sie um ihre Freiheit bringen. Ja, wenn man will, trifft die Mythe sogar in der Annahme einer wie immer gearteten menschlichen Verschuldung als Ursache des Unheils das Richtige, indem doch schließlich die Götter mitsamt ihren freiheitsmörderischen Ansprüchen nichts anderes sind, als Schöpfungen des Menschen. In der Tat, der Mensch ist es, der alles Unglück selber über sich gebracht; nur nicht durch seinen Vorwitz, sondern durch seinen Wahn, nicht indem er Göttergebote brach, sondern indem er Göttergebote ersann.

Doch wie dem immer sei, daß sie unglücklich und schlecht erst geworden, nicht aber von Uranfang gewesen, diese Wahrheit lebte fort im Bewußtsein aller Kulturvölker. Nur lebte sie dort in Gestalt einer dunklen schmerzlichen Erinnerung, ohne ernstliche Hoffnung auf Wiederkehr des glücklichen Urzustandes. Sporadisch taucht da und dort der Gedanke auf, daß die Götter, gleichwie sie das Unheil heraufbeschworen, es dereinst, wenn sich der Zeiten Lauf erfüllt, auch wieder gutmachen könnten; ja selbst an der Wendung fehlt es nicht, daß es das Ende der Gottherrschaft, eine „Götterdämmerung" sein werde, was der gepeinigten Menschheit Erlösung bringt. Nur darauf verfiel der grübelnde Sinn ungezählte Jahrtausende hindurch nirgends, daß diese Erlösung durch die Menschen selber herbeigeführt werden könne; oder wenn irgendwo menschlichem Tun Einfluß auf das Erlösungswerk zugeschrieben wird, so geschieht das überall im Wege einer ganz merkwürdigen Umstülpung aller Logik in der Weise, daß der Triumph der Unschuld und Tugend nicht als Endergebnis fortschreitender Besserung, sondern als dasjenige fortschreitender Verderbnis des Menschengeschlechts vorhergesagt wird. Die Menschen werden solange stets böser und böser werden, bis endlich die Götter ihre bisher geübte Geduld verlieren, das sündhafte Gezücht völlig ausrotten und ein neues, besseres Geschlecht an dessen Stelle setzen werden. Diese als „tausendjähriges Reich" des Christentums bekannte Auffassung, ist keine eigentlich christliche Erfindung, sondern hat in zahlreichen ähnlichen Legenden des Heidentums ihre Vorläufer, und sie ist für alle Fälle ein abermaliger Beleg dafür, daß die Menschen dem Gedanken an Erlösung aus eigener Kraft ungezählte Jahrtausende hindurch unzugänglich waren.

Das ist auch vollkommen begreiflich. Allerdings dachte man sich die Sünde, diese angebliche Ursache des Elends, nicht als von Uranfang vorhanden, und naheliegend könnte daher der Gedanke scheinen, daß sie und mit ihr dann natürlich auch ihre angeblichen Folgeübel dereinst wohl wieder überwunden werden können. Man übersehe jedoch nicht, daß diese Sünde, deren Überwindung ins Auge zu fassen war, im Lichte der religiösen Auffassung gesehen, nichts anderes ist, als der menschliche Egoismus, und daß es Götterwille gewesen, der sie ins Leben rief. Damit ist eine doppelte Unmöglichkeit ihrer Bezwingung aus menschlicher Kraft gegeben, eine natürliche und eine transzendente. Ist doch der Egoismus der natürlichste, unausrottbarste Instinkt jedes Lebewesens; und diesen schon an und für sich durch menschliche Kraft nicht zu bändigenden Instinkt hat nun zu allem Überflusse besondere göttliche Fügung in die Brust des Menschen gelegt; ihn besiegen hieße daher die eigene Natur und die Götter zugleich überwinden.

Nun gab und gibt es freilich aus diesem scheinbar unlöslichen Konflikte der knechtischen Ordnung mit dem Menschenglücke einen Ausweg; die Erkenntnis der Doppelwahrheit, daß erstlich diese Ordnung nicht aus dem menschlichen Eigennutze hervorgeht, sondern entgegen dem Eigennutze, der Menschheit durch ihre Götter aufgezwungen worden ist, und daß zum anderen diese Götter bloße Wahngebilde sind, deren verderblicher Einfluß ganz von selbst verschwindet, wenn man an sie zu glauben aufhört. Allein diese Erkenntnis war und blieb der gequälten Menschheit alle vergangenen Jahrtausende hindurch schlechthin unzugänglich, und zwar nicht bloß aus zufälligen, sondern aus tief im Wesen der Sache gelegenen Gründen, und nicht wegen Mangelhaftigkeit des menschlichen Intellekts, sondern wegen Mangel all jener Voraussetzungen, die eine solche Erkenntnis hätten hervorrufen können. Die Knechtschaft erwies sich — wie im Vorherigen dargelegt — wirklich als nützlich, zwar nicht den Menschen als Einzelindividuen, wohl aber den Völkern; zwar nicht indem sie sie glücklicher, wohl aber, indem sie sie mächtiger machte; und solange dem so war, mußte naturgemäß ihr Widerstreit mit dem Eigennutze verdunkelt bleiben. Was aber die Wesenlosigkeit der Götter anlangt, so war jeder Gedanke an eine solche aus dem Grunde ausgeschlossen, weil die Existenz dieser alten Götter, die ja in Wahrheit nichts anderes waren, als die Gespenster verstorbener Menschen, durch ein Zeugnis beglaubigt erschien, gegen dessen Beweiskraft nichts aufzukommen vermag, nämlich durch das Zeugnis unausgesetzter nie und nirgends widerlegter Erfahrung. Allerdings hatte diese Erfahrung ihren Ursprung in dem durch die Furcht hervorgerufenen Wahne; allein das eben ists, was die Alten nicht wußten, nach dem damaligen Stande der Naturerkenntnis nicht wissen konnten. Sie sahen, hörten, fühlten ihre Gottgeister so gut, als sie lebende Menschen sahen, hörten, fühlten; es war also anders gar nicht möglich, als daß ihnen die Existenz besagter Gottgeister genau so absolute Gewißheit war, wie die Existenz eines beliebigen lebenden Mitmenschen. Der Ausweg, sich dem Zwange der Götter durch die Erkenntnis ihrer Nichtexistenz zu entziehen, war ihnen sohin noch viel kräftiger verschlossen, wie die Erkenntnis der Natur- weil Eigennutz-Widrigkeit der Knechtschaft.

II. Erstes Auftreten des Freiheitsgedankens in Indien.

Nichtsdestoweniger wagte der gequälte Menschengeist schon vor zweieinhalb Jahrtausenden seinen ersten Versuch der Erlösung aus den Banden der Gottesknechtschaft. Wenn ich hier die Erlösungslehre Buddhas als den ersten Befreiungsversuch bezeichne, so soll damit nicht unbedingt in Abrede gestellt werden, daß möglicherweise schon vorher andere Denker Gleiches, ja vielleicht noch Kühneres, Folgerichtigeres zu Beendigung des Elends und der Schmach ihrer geknechteten Brüder ersonnen; nur wissen wir von solchen früheren Versuchen nichts; haben sie stattgefunden, so hinterließen sie doch keinesfalls Spuren, deren Erinnerung uns die Geschichte bis in unsere Tage hinübergerettet hätte. In diesem Sinne ist Buddha jedenfalls der erste, d. h. jener erste Erlöser, von dessen Gedanken und Taten wir etwas wissen.

Daß gerade Indien, die Heimat des Kastenwesens, der schmählichsten Abart der Knechtschaft, das Land gewesen, welches den ersten Befreier gebar, ist kein bloßer Zufall. Schon eben der Umstand, daß nirgends anderwärts der Übermut der Herren und die Entwürdigung der Knechte dermaßen ins Grenzenlose stieg, macht es plausibel, daß gerade dort die Reaktion zuerst sich einstellte. Dazu kommt nun noch, daß auch das materielle Unrecht der Ausbeutung in Indien aus doppelten Gründen früher und deutlicher erkennbar wurde als anderwärts. Erstlich deshalb, weil vermöge der Freigebigkeit der Natur in jenem subtropischen Lande der Unterschied zwischen den zu Verfügung der Arbeitenden verbleibenden und den der Herrenkaste zufallenden Anteilen am Arbeitsertrage weitaus sinnfälliger war, als in den Ländern der gemäßigten Zone; und zum zweiten deshalb, weil in Indien — eben infolge des grenzenlosen Übermutes der Herrschenden — die anderwärts niemals gänzlich beiseite gesetzte Fiktion, als ob die den Knechten abgepreßten Tribute den Göttern zugutekommen, durch die dem wahren Sachverhalte allerdings besser entsprechende, in ihrer nackten Schamlosigkeit aber den Widerstand offen herausfordernde Doktrin ersetzt wurde, nicht den Göttern, unmittelbar dem Brahmanen gehöre die „melkende Kuh" eines jeden.

Die Ernte gibt in Indien bei gleicher Arbeit weit höheren Ertrag, als in allen anderen Ländern der alten Kultur; dabei ist der indische Arbeiter so genügsam, daß zu seiner und seiner Familie Ernährung, Behausung, Bekleidung, ein Bruchteil dessen genügt, was in gemäßigten Breiten dem Arbeitenden zugestanden werden muß, soll er selber am Leben erhalten und ihm die Aufzucht von Nachkommen ermöglicht werden; sein Anteil am Ertrage der eigenen Arbeit ist daher im Verhältnisse selbst zu den kümmerlichen Ertragsanteilen, auf die auch anderwärts die Knechte beschränkt sind, verschwindend gering; früher und deutlicher als anderwärts mußte ihm daher zu Bewußtsein gelangen, daß ihm die Frucht seines Fleißes entzogen wird. Des ferneren darf nicht übersehen werden, daß gerade wegen der außerordentlichen Genügsamkeit des indischen Arbeiters jede, durch unvorhergesehene Unglücksfälle hervorgerufene, weitere Einengung der ihm gewohnheitsgemäß zufallenden Nahrungsrationen, unmittelbar ans Leben geht. Der Arbeiter kälterer Zonen hat zwar in aller Regel auch nur eben genug, um satt zu werden und nicht zu erfrieren; aber um ihn zu sättigen, ist so viel vonnöten, daß eine vorübergehend eintretende Kürzung der Rationen, wenn sie nicht all zu tief greift, die Möglichkeit der Lebensfristung immer noch offen läßt; er kann sich mit noch schlechterer, noch kärglicherer

Nahrung den Magen füllen; er kann hungern, ohne zu verhungern, und er kann frieren um nicht zu hungern. Der Inder dagegen, der sich von Haus aus damit begnügt, was knapp vonnöten ist, um vor dem Hungertode zu bewahren, ist rettungslos verloren, wenn ihm irgendein Zufall den gewohnten Ertragsanteil angreift. Was daher in kälteren Zonen bloß ausnahmsweise und sporadisch vorzukommen pflegt, daß nämlich die Arbeitenden scharenweise verhungern, gehört in Indien von jeher zu den regelmäßigen Erscheinungen. Jede schlechte Ernte bringt Hunderttausenden und Millionen indischer Arbeiter den Untergang. Und das inmitten einer Natur, die auch nicht den Schatten eines Zweifels darüber zuläßt, daß es nicht ihre Kargheit, sondern ausschließlich die Habsucht der Herren ist, was Schuld trägt an dem Elend der Massen.

Anlangend die oben erwähnte zweite Besonderheit der indischen Ausbeutung, daß nämlich an die Stelle der Götteransprüche auf alle Erdengüter ganz unverhüllt die Ansprüche der Brahmanen traten, ist folgendes zu bemerken. Daß jedes irdische Gut von den Göttern stamme und den Göttern gehöre, war vornehmste und grundlegende Satzung der indischen Religion so gut wie jeder anderen. Auch war dementsprechend die hauptsächliche Sorge des Kults in Indien wie anderwärts uranfänglich der möglichst peinlichen und vollständigen Befriedigung dieser Eigentumsansprüche der Götter gewidmet. Während aber anderwärts diese kultheischenden Götter durch Bande des Blutes wie der wechselseitigen Hilfeleistung mit der Masse der Opfernden verknüpft blieben, ja letzteren sogar die Aussicht winkte, dereinst, nach ihrem Tode, selbst Götter zu werden und Opfer zu empfangen, machte der indische Seelenwanderungsglaube diesem auf Gegenseitigkeit beruhenden Verhältnisse ein Ende. Da nur die Brahmanenseelen unmittelbar zu den Göttern eingingen, die Seelen aller anderen Volksangehörigen sich damit begnügen mußten, nach dem Tode die Leiber wechseln zu dürfen, kam all diesen niederen Kasten das unmittelbare Interesse am Opferkult abhanden. Die Götter, denen sie Tribut entrichten sollten, waren Brahmanengötter, von denen sich schwer sagen ließ, was Paria und Sudra mit ihnen zu tun hätten. Da bot nun allerdings derselbe Überschwang des Herrenhochmuts, der die Verlegenheit schuf, auch den Ausweg. Die Apotheose, die zu vollbringen außerhalb Indiens dem Tode überlassen blieb, dekretierten die Brahmanen für sich bei lebendigem Leibe, sie setzten sich frischweg an die Stelle der Götter. Diesen gleich, ja in gewissem Belange sogar über den Göttern stehend, so lehrten sie, sei der Brahmane, und ihm, ihm vor den Göttern gehöre alles Gut der Erde.

Doch so sehr diese Verwegenheit der Überhebung einerseits auch geeignet war, gerade durch ihre Ungeheuerlichkeit die Anbetung und Unterwürfigkeit der Knechte womöglich noch zu steigern, so scheint sie doch anderseits der Tropfen gewesen zu sein, der das Gefäß der Ausbeutung in Indien zum Überfließen brachte. Und zwar war es kein Knecht, sondern ein Königssohn, der, offenbar unter dem Einflusse der im Vorherigen dargelegten ganz besonderen Ausschreitungen der indischen Knechtschaft, deren Verwerflichkeit erkannte, und — es geschah das zu Beginn des 6. Jahrhunderts v. Chr. — seinem Volke die Lehre von der Gleichheit aller Menschen verkündete. Daß er sie nur verkünden, nicht aber verwirklichen konnte, lag nicht an ihm, sondern an den Verhältnissen.

III. Die Erlösungslehre Buddhas.

Da Buddha sich weder von dem Glauben, daß Eigennutz die letzte Triebfeder der Sünde und Knechtschaft sei, noch von demjenigen an die Existenz der Götter loszusagen vermochte, dabei jedoch erkannte, daß Sünde und Knechtschaft erst durch die Götter in die Welt gekommen, blieb ihm zur Überwindung des menschlichen Unglücks kein anderer Weg, als Bekämpfung der Götter und des Eigennutzes. Es ist durchaus falsch, ihn einen Atheisten zu nennen, es fiel ihm nicht ein, die Götter zu leugnen; in seinen Augen sind sie sehr reale, und auch mit großer Macht ausgestattete, dem Menschen aber insofern schädliche Wesen, als auf ihren Einfluß alle Begierden zurückzuführen sind, die den Menschen ans Leben ketten und in denen die Quelle aller Leiden zu suchen sei; eine Lehre, die im übrigen gar nicht so grundstürzend revolutionär und paradox ist, als sie uns, die wir die Gottesidee im Lichte monotheistischer Theodizee anzusehen gewohnt sind, auf den ersten Blick wohl scheinen mag. Mit dem modernen Gottesbegriffe läßt sich die buddhistische Gottesauffassung allerdings nicht unter einen Hut bringen, denn in dessen Sinne gehört ja Allgüte zum ureigensten Wesen Gottes, eine schädliche Gottheit erscheint uns daher schlechthin als contradictio in adjecto. Die heidnischen Götter sind aber von Haus aus keineswegs allgütig; damit allein also, daß er sie als die Urheber des Unheils bezeichnete, hätte Buddha noch nichts gar so

Unerhörtes statuiert. Neu ist bloß die den Gläubigen erteilte Anweisung, sich um dieser ihrer Eigenart willen von den Göttern abzuwenden, sie zu verachten. Hatte man sie doch bis dahin gelehrt, die Himmlischen gerade weil sie Unheil verhängen können, erst recht zu verehren. In Buddha also haben die Götter, wenn auch noch nicht ihren Vernichter, wohl aber ihren Richter gefunden. Und genau dementsprechend fand durch Buddha auch das abseitens der Götter ins Leben gerufene Unrecht zwar nicht seine Abstellung, wohl aber seine Verurteilung. Der Ausbeutung machte der indische Avatar kein Ende, den Stempel der Verwerflichkeit aber drückte er ihr schonungsloser und erfolgreicher auf, als irgendeiner seiner Nachfolger im Werke der Massenerlösung. Einzig der von den Göttern ausgehende Schrecken mit all dem was drum und dran ist, hatte die Menschen bis dahin verhindert, die Scheußlichkeiten der Knechtschaft als solche zu erkennen; gelang es, diesen Schrecken in Mißachtung zu verwandeln, so stand hier der Erkenntnis des wahren Sachverhaltes nichts Wesentliches mehr im Wege. Der Buddhismus hat denn auch in der Tat überall, wo er Wurzel faßte, mit den argsten Auswüchsen der Knechtschaft gründlich aufgeräumt. Er zerstörte das Kastenwesen mitsamt seiner Vorstellung von der Verschiedenheit des Blutes, und setzte an dessen Stelle die Lehre von der Gleichheit aller Menschen; er bekämpfte erfolgreich allen Rassenhaß, dämpfte den Hochmut der Herrschenden und nahm sich überall der Unterdrückten an.

Nur eines gelang ihm wie gesagt nicht, ja er versuchte nicht einmal, es ins Werk zu setzen: die Knechtschaft selber zu beseitigen, eine neue, auf wirtschaftlicher Freiheit und Gleichberechtigung basierende Ordnung ins Leben zu rufen, oder ihr auch nur die Wege zu ebnen. Er konnte dies nicht, unerachtet all seiner Freiheits- und Gerechtigkeitsliebe, weil er befangen blieb in der Zurückführung der Knechtschaft auf den Eigennutz. Um jener ein Ziel zu setzen, vermeinte er daher vorerst diesen ausrotten zu müssen, und das war natürlich ein durchaus vergebliches Unterfangen. Daß es überhaupt ernst genommen werden konnte, daß die unterdrückten Massen auf denjenigen auch nur hörten, der ihnen Verachtung aller irdischer Güter empfahl, statt ihnen den Weg zu Mitgenuß derselben zu zeigen, erklärt sich seltsamerweise dadurch, daß ihnen unter einem als Lohn für diese Entsagung — völlige Vernichtung versprochen wurde. Ins absolute Nichts — Nirwana genannt — aus dem ursprünglich alle Kreatur hervorgegangen, kehrt derjenige zurück, der auf das Leben mit all seinen Reizen völlig und wunschlos verzichtet: das ist das Paradies, welches Buddha seinen Gläubigen in Aussicht stellt — und siehe da, statt sich achselzuckend abzuwenden, stürzen sich in rascher Folge mehr als dreihundert Millionen Menschen jauchzend in den Versuch, dieses Paradies zu erringen. Das macht, diese Millionen lebten inmitten einer Hölle, gegen die gehalten Vernichtung, in der Tat paradiesisch erscheinen mußte. Natürlich vermag selbst diese Hölle der indischen Ausbeutung die menschliche Natur nicht zu ändern, d. h. dem indischen Knechte die Kunst der Verneinung des Lebens wirklich beizubringen; aber die Sehnsucht nach einer solchen Änderung der menschlichen Natur vermochte und vermag sie allerdings in ihm zu erwecken, und das erklärt zur Genüge die ansonsten unbegreifliche Tatsache, daß die buddhistische Selbstvernichtungslehre, weit entfernt ein unübersteigliches Hindernis ihrer Propaganda zu sein, das wirksamste Vehikel ihres Eroberungszuges über ganz Ostasien war.

Und übersehen läßt sich des ferneren nicht, daß diese Auffassung von der Nichtigkeit, ja Sündhaftigkeit aller irdischen Güter, so schlecht geeignet sie auch ist, einen Umschwung der Wirtschaftsordnung herbeizuführen, anderseits doch eine tief greifende Veränderung der sozialen Anschauungen im Gefolge hatte. Stand früher der Reichtum um seiner selbst willen in hoher Achtung, indem er als das sicherste, ja einzige Mittel zu Erlangung göttlicher Gnade galt, so geriet er nunmehr, als gefährlichste Klippe transzendenter Seligkeit in hochgradigen Mißkredit. Die Reichen, die Mächtigen erschienen jetzt nicht mehr als die Besseren, als die Aristoi, es haftete ihnen im Gegenteil ein Makel an, dessen sie sich im Wege der Mildtätigkeit zu entledigen hatten. Die Religion nährte fernerhin nicht mehr ihren Hochmut, ihre Grausamkeit, sie verwandelte sich aus dem erbarmungslosen Frohnvogte der Unterdrückten in deren weichherzigen Schirmvogt.

IV. Erfolge und Mißerfolge des Buddhismus.

Aber der Vogt, der sie in Unterwürfigkeit darniederhielt, blieb sie nach wie vor. Nicht mehr durch Grausamkeit und Schrecken zwang sie die Knechte, für die Herren zu arbeiten; ihre Milde diente jedoch in letzter Linie genau dem nämlichen Zwecke. Daß Buddha Nichtigkeit aller irdischen Güter lehrte, hätte an und für sich wenig geschadet. Mochte er immerhin an dem Wahne festhalten, daß die ausbeuterische Ordnung Folge des Eigennutzes sei; daß dieser Irrtum ihn abhielt, die Freiheit und Gleichheit schon heinieden verwirklichen zu wollen, hätte die Ausgebeuteten nicht hindern können, darnach zu verlangen, und dies Verlangen hätte nach Zerstörung jener einzigen Macht, die den Menschen allein zu domestizieren vermag, der Furcht vor den Göttern nämlich, ohne Frage zum Falle der Knechtschaft geführt. Daß dies dazumal nicht ohne Schaden für die Zivilisation hätte geschehen können, ist richtig. Trotz aller Gunst der Natur hatte die Ergiebigkeit der menschlichen Arbeit in Indien noch nicht jene Stufe erreicht, bei welcher angelangt die Ausbeutung ohne zivilisatorischen Rückschritt von der vollen Gleichberechtigung abgelöst werden kann. Die Überschüsse der Arbeitserträge über das zur Lebensfristung Erforderliche waren so groß geworden, daß die in Einheimsung derselben durch eine nichtarbeitende Minderzahl gelegene Ungerechtigkeit mehr und mehr sich offenbarte; so groß aber, daß Künste und Wissenschaften auch bei vollkommen gerechter Verteilung der Erträge hätten blühen können, war die Ergiebigkeit noch lange nicht, und Indien wäre der Barbarei verfallen, wenn es dort fernerhin niemand gegeben hätte, der über die Früchte des Fleißes Anderer hätte verfügen können. Das Alles ist zweifellos wahr; ebenso unzweifelhaft aber ist, daß die wirtschaftliche Freiheit mit dem Erlöschen des Götterzwanges sich dennoch eingestellt hätte; denn die Knechtschaft kann allein um ihrer kulturgeschichtlichen Nützlichkeit willen ebensowenig entstehen als bestehen, sie ist eine Naturwidrigkeit, die den Menschen einzig durch unentrinnbare, höhere Macht aufgenötigt wird, und da es für den Menschen im Bereiche der ganzen Natur eine solche höhere unentrinnbare Macht nicht gibt, so müssen transzendente Gewalten ins Spiel kommen, soll der Mensch sich dem Sklavenjoche fügen. Die Knechtschaft hätte also in Indien aufhören müssen, sowie es Buddha gelungen war, die indischen Götter zu entthronen; und zwar dies ganz unbeschadet dessen, daß er einerseits die Existenz besagter Götter nicht in Abrede stellte, und daß er anderseits statt wirtschaftlicher Freiheit Askese forderte. Die alten Götter verloren tatsächlich ihren Schrecken für das indische Volk; zur Askese dagegen bekehrte es sich tatsächlich nicht. Es bewunderte die Lehre von der Nichtigkeit aller irdischen Güter, hörte jedoch — von einzelnen Sonderlingen abgesehen — naturgemäß nicht auf, Sehnsucht nach diesen selben Gütern zu empfinden. Es hätte sich folglich derselben fraglos bemächtigt, wäre nicht an die Stelle der entthronten alten Götter ein neuer Gott hindernd dazwischengetreten, und dieser neue Gott war — Buddha.

Es ist unzweifelhaft festgestellt, daß Buddha selber weit entfernt war, sich als Gott auszugeben. Ebenso feststehend ist dagegen, daß dies einzelne seiner Jünger schon bei seinen Lebzeiten taten, und daß sehr bald nach seinem Tode des Erlösers Gottesnatur Grunddogma des Buddhismus wurde. Und es ist dies gar nicht anders möglich. Derselbe Kausalzusammenhang, der Buddha hinderte, die Nichtexistenz der alten Götter zu erkennen, zwang seine Gläubigen zu seiner Vergötterung. Sie sahen, hörten, fühlten Buddha auch nachdem er gestorben, er lebte also als verklärter Geist, d. h. als Gott, und da es der Geist eines Überwinders aller anderen Götter war, der sich im seinigen offenbarte, so wurde Buddha notwendigerweise für alle, die an ihn glaubten, zum obersten mächtigsten aller Götter. Endlos waren und sind noch immer die Kontroversen über Art, Ursprung, und Bedeutung dieser Gottnatur; darüber jedoch, daß Schicksal und Heil der Menschheit auf dem „Avatar" beruhe, gibt es seit $2^1/_2$ Jahrtausenden in der ganzen buddhistischen Welt keinen Zweifel.

Damit aber war für Ostasien auch der neue, transzendente Zwingherr der Knechtschaft gegeben. Mochten nun immerhin die arbeitenden Massen Teilnahme an den Gütern dieser Erde herbeisehnen. — Buddha, der Gott, hielt ihre Wünsche für töricht und verwerflich. Er war nicht rachsüchtig, boshaft und gewalttätig gegen die Unterdrückten, gleich seinen Vorgängern im Amte des Sklavenvogtes; er hatte für alle Begehrlichkeit bloß ein mild abweisendes Lächeln; aber gerade diese Milde erwies sich nunmehr als noch wirksameres Zwangsmittel wie die frühere Brutalität, denn sie erweckte Liebe an Stelle der ehemaligen Furcht. Um Buddhas Willen trugen nun die Massen geduldig ihr hartes Joch. Wußten sie doch, daß der Gott ihnen gerne schon hienieden hülfe, hielte er dies überhaupt für möglich, und hieße doch an Buddhas Allgüte, Allweisheit, Allmacht zweifeln, wollte man etwas für möglich halten, was er nicht dafür hält.

So erklärt sich, daß der gewaltigste reinste und zudem im gewissen Sinne erfolgreichste erste Erlösungsversuch sich in anderem Sinne geradezu als wirksamstes Verknechtungsmittel erwiesen hat. Nirgends tragen die arbeitenden Massen ihr Los geduldiger, nirgends ist die Knechtschaft in ihrem Gemüte widerspruchsloser begründet, als im Geltungsbereiche des Buddhismus. Nichtsdestoweniger ist Buddha wohl der größte unter allen Wohltätern der leidenden Menschheit. Denn wenn es auch wahr ist, daß seine Lehre eine Zähmung der Geknechteten zuwege brachte, derengleichen die Geschichte der Menschheit nicht aufzuweisen hat, so gelang ihr doch auch anderseits eine Zähmung der Herren, die nicht minder beispiellos dasteht. Das Mitleid, die Milde und Duldung, die der Buddhismus fordert, sind mehr als leere Worte und schamlose Heucheleien. Die buddhistischen Machthaber und Herren sind wirklich humaner als ihre Standes- und Klassengenossen in der ganzen übrigen Welt, das moderne Europa keineswegs ausgenommen. Zwischen zwanzig und dreißig Milliarden Menschen mögen es sein, die seit dem Auftauchen der neuen Lehre bis zum heutigen Tage dieser ihrer Segnungen teilhaftig wurden; nach hunderten und tausenden Millionen muß man daher die Opfer zählen, die der indische Erlöser der Peitsche, der Verstümmelung, dem Martertode entrissen; ich kenne Keinen neben ihm, der auch nur annähernd Gleiches geleistet. Daß die von ihm Beschützten dabei Knechte geblieben sind, kann sein Verdienst umsoweniger schmälern, da der Weg zu dauernder Freiheit ihnen doch für alle Fälle verschlossen gewesen. Sie wären, wie bereits bemerkt, in Barbarei verfallen, dadurch aber die leichte Beute sklavenhaltender Eroberer geworden, wenn sie ihr angestammtes Joch wirklich abgeworfen hätten. Anderes, als was zu bewirken in eines Einzelnen — und sei es des Größten, Herrlichsten — Macht gelegen, mußte vollbracht sein, bevor die Gleichberechtigung zur Wahrheit werden konnte.

X. Kapitel.

Der jüdisch-christliche Monotheismus.

I. Der mosaische Erlösungsgedanke.

Ungefähr ein Jahrhundert nach Buddha kam es, diesmal in dem kleinen Volke der Juden, zu einem zweiten, und zwar abermals in religiöses Gewand gekleideten Versuche der Gleichberechtigung. Nur daß die jüdischen Freiheitsapostel den umgekehrten Weg einschlugen, wie der große Inder. Dieser lehrte Abwendung von allen Göttern; sie setzten an die Stelle der vielen einen einzigen Gott, verlangten aber für diesen einzigen alle Anbetung, die nur je den vielen geweiht worden war. Diesem waren die Götter die Urheber allen Unheils, ihnen blieb der Eingott der Schöpfer alles Guten. Und dennoch, trotz all dieser anscheinend so fundamentalen Unterschiede, besteht so ausgesprochene Verwandtschaft zwischen Buddhismus und Mosaismus, daß, wenn auch dafür keinerlei äußere Gründe sprächen, schon um dieser innerlichen Verwandtschaft willen angenommen werden müßte, Moses und die Propheten auf der einen, Buddha auf der anderen Seite hätten aus gemeinsamer Quelle geschöpft. Da nun Buddha im 6. Jahrhundert v. Chr. lebte, die großen jüdischen Propheten hingegen nach der biblischen Chronologie im 7. und 8., der größte, Moses, vollends im 14. Jahrhundert v. Chr. gelebt und geschrieben haben sollen, so könnte, wäre dies alles richtig, wenn hier von wechselseitiger Beeinflussung überhaupt die Rede ist, diese scheinbar nur dahin verstanden werden, daß es Moses und die Propheten gewesen, aus denen Buddha Belehrung gezogen. In Wahrheit jedoch verhält es sich umgekehrt. Die Bücher der jüdischen Propheten, — der Pentateuch mitinbegriffen — sind durch Buddha inspiriert, welch scheinbares Paradoxon darin seine sehr einfache Erklärung hat, daß alle diese jüdischen heiligen Schriften aus viel späterer Zeit stammen, als die orthodoxe Tradition ihnen zuschreibt, daß ihre angeblichen Autoren mit ihrer Abfassung sehr wenig oder gar nichts zu tun hatten, ja wie z. B. Moses überhaupt gar niemals existierten, und daß die endgültige Redaktion, in welcher sie auf uns gekommen sind, bei allen ohne Ausnahme erst nach der Rückkehr aus dem sog. babylonischen Exile vor sich ging. Und zwar wohlgemerkt nicht etwa schon nach der ersten Rückkehr unter Jerubabel (537 v. Chr.), sondern nach der zweiten unter Esra (438). Speziell der Pentateuch ist ganz gewiß erst durch Esra endgültig redigiert worden, höchstwahrscheinlich im letzten Viertel des 5. Jahrhunderts, etwa hundertfünfzig Jahre nach Buddhas 580 v. Chr. erfolgtem Tode, und sicherlich mehr als hundert Jahre nachdem die ersten buddhistischen Sendboten die Gangesebene verließen, um die Heilslehre ihres Meisters allen Völkern zu verkünden. Esra hatte sohin in Persien vollauf Gelegenheit gehabt, sie in sich aufzunehmen, und ähnlich verhält es sich mit den Redakteuren der anderen Prophetenbücher, deren Inhalt unwiderlegliches Zeugnis dafür ablegt, daß sie nicht, oder doch nur zum geringsten, unwesentlichen Teile in jener vorbabylonischen Zeit geschrieben wurden, in welcher die betreffenden Propheten sei es wirklich gelebt hatten, sei es der Legende zufolge gelebt haben sollten, sondern Jahrhunderte später, als nicht bloß das Exil, sondern auch die Rückkehr nach Palästina, ja der Wiederaufbau des Tempels bereits der Geschichte angehörten.

Damit soll aber keineswegs gesagt sein, daß Pentateuch und Propheten, soweit sie Verwandtschaft mit dem Buddhismus zeigen, diesen einfach plagiiert hätten. Gewiß, die an den Wassern Babels weinenden Juden waren in denkbar geeigneter Stimmung, eine Lehre in sich aufzunehmen, deren hauptsächlicher Inhalt Schutz und Trost aller Unterdrückten und Unglücklichen ist; sie haben sich jedoch nicht bloß als gelehrige Schüler, sondern auch als durchaus originelle Verarbeiter dieser Doktrin erwiesen. Sie akzeptierten vom Buddhismus tatsächlich den besten, wertvollsten Teil, nämlich die Lehre von der Gleichheit aller Menschen, und taten, — wie noch gezeigt werden soll — zu deren Verwirklichung mehr und Wirksameres, als vor und nach ihnen irgendein anderes Volk, modifizierten aber im übrigen die indischen Thesen nach ihren eigenen Bedürfnissen, und paßten sie diesen in durchaus selbständiger Weise an. Ihnen, als den einstigen Herren Palästinas, die keineswegs deshalb nach der Heimat zurückverlangten, um dort auf allen Besitz zu verzichten, konnte selbstverständlich mit dem Troste des indischen Parias nicht gedient sein. Sie wollten das „gelobte“ Land zurückerlangen, und wußten ganz gut, daß ihnen dies ohne Mitwirkung der Gottheit nicht gelingen könnte. Wohlverstanden auch im Sinne des Buddhismus nicht, der ja die Götter keineswegs leugnet, ihr Anrecht auf alles Erdengut nicht in Zweifel zieht, und um sich von ihnen zu befreien, keinen anderen Rat weiß, als eben den Verzicht auf alle Güter der Erde. Die Propheten Judas sind es, die den Ausweg aus diesem Dilemma ersannen, indem sie sich nicht begnügen, die bösen Götter zu verachten, sondern sie absetzen und an ihrer Statt einen ihnen gewogenen Eingott auf den Himmelsthron erheben. Mag sein, daß ägyptische Muster ihnen bei letzterer Wendung vorschwebten. Daß sich in den Geheimlehren einzelner ägyptischer Priesterschaften monotheistische Spekulationen finden, habe ich bereits erwähnt, und möglich erscheint immerhin, daß die Juden teils schon in ihrer alten Heimat in Palästina, teils während ihres Aufenthaltes in den Hauptstädten Persiens, dessen Provinz ja bald nach Palästina auch Ägypten geworden, einige Bekanntschaft mit diesen Ideen erlangten, die sie dann gleich der Erlösungskunde aus dem fernen Indien mit ihrem heimischen Jahwedienste in Kombination brachten. Auch die Herrschsucht der Jahwepriester und Jahwepropheten, die schon vor jenem unglücklichen Kriege mit Nebukadnezar, dessen Folge die Zerstörung des Reiches Juda und die Hinwegführung der jüdischen Stämme nach Babylon gewesen, wiederholt versucht hatten, ihren Gott, der ursprünglich bloß einer der vielen Haus- und Lokalgötzen Judas gewesen, zu einer Art Staatsgottheit zu erheben, und ihm eine Oberhoheit über die anderen „Balim“ des Landes zu vindizieren — auch sie mag dazu beigetragen haben, während des Exils die Lehre des Monotheismus zur Reife zu bringen; daß der treibende Gedanke des jüdischen Eingottestums die Verwirklichung der Gleichheitsidee gewesen, darüber kann nach eingehender Prüfung der sogenannten mosaischen sowohl als der prophetischen Schriften keinerlei Zweifel bestehen bleiben. Die Tendenz, aus der Einheit Gottes die Gleichheit aller Menschen abzuleiten, tritt überall handgreiflich hervor. Und dieser Zusammenhang war auch naheliegend, ja unabweislich. Wohl hat spätere Spekulation und Mythenbildung in den heidnischen Göttern von Haus aus die Personifikation bestimmter Naturkräfte und Naturvorgänge sehen wollen, und einzelne derselben, wie z. B. die sogenannten großen, die „olympischen" Götter der Griechen und Römer, wuchsen sich späterhin wirklich zu solchen heraus. Ihren ursprünglichen Charakter als besondere Schutz- und Ahnengeister gewisser Geschlechter und Stämme streiften aber auch sie niemals gänzlich ab, und die übergroße Mehrzahl aller Heidengötter blieb von Anbeginn bis zu Ende auf diese Funktion von Ahnengeistern beschränkt. Speziell die kanaanitischen Baalim hatten von Naturgöttern herzlich wenig an sich. Ihres Amtes war weniger, bestimmten Naturvorgängen vorzustehen, als vielmehr die Eigentumsansprüche der herrschenden Stämme und Stammhäupter auf Acker und Weide, Herde und Haus zu schirmen. Sie waren mit einem Worte Herrengötter, in deren Namen einzelne, von den Göttern abstammende Geschlechter, Familien, Personen, blinden Gehorsam und Knechtesdienste von der Masse der Unterworfenen forderten. Denselben blinden Gehorsam fordert nun allerdings auch der nachexilische jüdische Eingott von seinen Bekennern; als seine „Knechte" müssen auch diese sich ansehen, und alles wie immer geartete Eigentum vindiziert auch er sich selber, gleich den heidnischen Göttern. Unter Einem aber hört dieser Gott auf, Ahnengeist eines einzelnen Geschlechts oder Hauses zu sein, und wird zum gemeinsamen Vater des ganzen Volkes, dessen gesamte Angehörige er folgerichtig zu Nutznießern des ihm gehörigen Alleigentums einsetzt. Nur zu Nutznießern, nicht zu vollberechtigten Erben, gleichwie ja auch die Heidengötter Eigentümer ihres Besitzes bleiben, und den von ihnen an Sohnesstatt genommenen Nachfolgern im Besitz bloß den Fruchtgenuß gestatten; aber es liegt auf der Hand, daß der Eingott die Gesamtheit dadurch, daß er sie zur Nutznießerin der Erdengüter einsetzt, befreien will von der Herrschaft der ehemaligen privilegierten „Göttersöhne".

II. Politischer Erfolg und sozialer Mißerfolg des Mosaismus.

Der jüdische Jahwe hat in seinem Volke tatsächlich mit allen Standesvorrechten aufgeräumt; selbst das anfänglich festgehaltene priesterliche Vorrecht wurde angesichts der alles nivellierenden Gleichheit vor Gott sehr bald gegenstandlos. Die politische Macht beruhte auf dem „Gesetze", dessen Auslegung und Überwachung jedoch nicht Sache einer Priesterkaste, sondern der „Synagogen" war, in denen jedermann gleichmäßig Zutritt und gleichmäßig Stimme hatte. Nicht die Zugehörigkeit zu einem bestimmten Stande, ja späterhin nicht einmal jüdische Abstammung war dazu erforderlich, sondern ausschließlich die Kenntnis des Gesetzes, und siegreich in der Synagoge, das ist also maßgebend bei allen politischen Entscheidungen, war stets derjenige, der seine Meinung am geschicktesten zu verteidigen wußte.

Und auch daß die wirtschaftliche Gleichberechtigung, wie wir alsbald sehen werden, durch den Monotheismus nicht verwirklicht wurde, tat dem demokratischen Geiste geringen Abbruch. Trotz Jubeljahr, Bodenverteilung und Schuldennachlaß gab es Arme und Reiche; doch der Arme dünkte sich nicht schlechter als der Reiche, er brachte diesem keinerlei Verehrung entgegen, und da die religiöse Auffassung aufs Wirksamste verhinderte, daß Reichtum zur politischen Macht wurde, so wurde auch dessen wirtschaftliche Macht in engeren Schranken darniedergehalten. Er konnte nicht leicht zu sonderlicher, den Armen erdrückender Höhe anwachsen, wie sich denn auch zeigen läßt, daß alle Berichte über jüdischen Reichtum bloße, einer viel späteren Zeit entstammende, Fabeln sind. Richtig ist vielmehr, daß Juda trotz aller seiner — nie und von keiner Seite jemals bestrittenen — geistigen Energie und Tüchtigkeit, stets ein kleines, armes Natiönchen blieb, in Künsten und Wissenschaften keinerlei Leistungen aufwies, und ganz offenbar muß dies auf jene Einschränkungen zurückgeführt werden, die der Pentateuch der Konzentration des Reichtums und damit dem Aufkommen jeglicher wie immer gearteten Aristokratie auferlegte. Ebenso scheint mir sehr naheliegend, daß das Judenvolk ausschließlich diesen seinen demokratischen Institutionen seine im bisherigen historischen Verlaufe erwiesene Lebenszähigkeit verdankt. Die größten, mächtigsten Nationen sind spurlos verschwunden, sowie auch nur ein Bruchteil jenes Unglücks über sie hereinbrach, dem Juda seit mehr als zwei Jahrtausenden trotzt, weil alle anderen Völker in ihrer Aristokratie ein Haupt besaßen, welches ein siegreicher Feind bloß abzuschlagen brauchte, um den ganzen Volkskörper zu töten. Und der Natur der Sache nach richtet jeder Sieger seine Angriffe zunächst gegen dieses Haupt, denn er will in der Regel gar nichts anderes, als sich selber, richtiger die eigene Aristokratie an die Stelle der besiegten setzen. Gegen das unterworfene Volk als Ganzes führt er nichts Böses im Schilde, nichts anderes zum mindesten, als was besagtem Volke zuvor schon abseitens der angestammten Herren widerfuhr — er will es beherrschen und ausbeuten. Sowie jedoch dem Sieger die Verdrängung der besiegten durch die eigene Aristokratie gelingt, ist es in aller Regel auch mit dem Volkstume der Unterworfenen vorbei, denn jegliche Aristokratie ist der Sitz nicht bloß der Herrschergewalt, sondern auch des geistigen Lebens für den ganzen Volkskörper. Dies erklärt die mitunter ans Wunderbare grenzende Raschheit und Leichtigkeit, mit welcher wiederholt schon große Völker, — einmal auf dem Schlachtfelde besiegt — in das Siegervolk aufgingen. Die Juden allein unter allen Besiegten behaupteten sich durch jeglichen Druck hindurch, weil sie allein keine Aristokratie besaßen, die ihren Bedrängern die Handhabe zur geistigen Aufsaugung hätte bieten können.

Diesem durchgreifenden politischen Erfolg des jüdischen Monotheismus steht aber mit nichten ein gleich vollständiger auf wirtschaftlichem Gebiete zur Seite. Er konnte zeitweilig verhindern, daß die Ausbeutung zu gewaltiger Konzentration des Reichtums führe; ihr Wesen berühren konnte er nicht, weil der Glaube an die Einheit Gottes zwar geeignet ist, das Standesvorurteil zu zerstören, der wirtschaftlichen Ausbeutung gegenüber jedoch versagt. Die jüdischen Gesetzgeber haben es an Versuchen nach dieser Richtung nicht fehlen lassen. Der Pentateuch stipuliert Freilassung aller Knechte nach je sieben Jahren, Schuldnachlaß und neue Ackerverteilung nach je sieben mal sieben Jahren, und enthält daneben noch eine stattliche Reihe anderer sozialpolitischer Verfügungen, die allesamt den ausgesprochenen Zweck verfolgen, die wirtschaftlich Schwachen gegen die wirtschaftlich Starken zu schützen. Inwieweit diese Gesetze zur praktischen Anwendung gelangt sind, läßt sich schwer feststellen, doch gänzlich ohne Einfluß auf die Sozialpolitik des nachexilischen, jüdischen Staates blieben sie keineswegs, und ebensowenig läßt sich — wie bereits angedeutet — die Wirkung dieser Sozialpolitik auf Reichtum und Güterverteilung in Juda verkennen. Die oberste Quelle der Ausbeutung aber wurde mit all dem nicht verstopft;

es gab in Juda wie anderwärts Herren und Knechte, nur daß die Herren minder übermütig, die Knechte minder unterwürfig waren, als in der übrigen heidnischen Welt; denn der eine Gott konnte die ihm zugesprochene Herrschaft über die Güter dieser Erde ebensowenig ohne menschliche Stellvertreter ausüben, als dies den Heidengöttern möglich gewesen, und die Stellvertreter der Gottheit in Ausübung der wirtschaftlichen Herrenrechte, das sind eben die tatsächlichen Herren der Erde.

Ja, da es ihm nicht gelang, die Knechtschaft zu beseitigen, wurde der Monotheismus schließlich gleich dem Buddhismus, trotz seiner prinzipiellen Verwerfung der Herrschaft des Menschen über den Menschen, sogar zu ihrer wirksamsten Stütze. Auch vom Mosaismus gilt, daß der Eingottglaube, der sich seinen einzigen Gott logischerweise nur als vollkommenes Wesen denken kann, der Ausbeutung, die früher als bloße Notwendigkeit galt, den Charakter einer, wenn auch nicht an sich gerechten, so doch mit Gerechtigkeit vereinbaren Sache verleiht. Denn da zu den Attributen eines vollkommenen Wesens, Allgüte, Allmacht und Allwissenheit gehören, da nichts, was geschieht, ohne sein Wissen und Wollen geschehen, dieses Wissen und Wollen aber nur auf das Gute gerichtet sein kann, so muß auch die Knechtschaft, insofern sie besteht, gut sein. Natürlich kann dieser monotheistische Syllogismus die Ausgebeuteten nicht dahin bringen, sich mit ihrem Lose wirklich zu versöhnen, ihr Unglück nicht als solches zu empfinden; wohl aber hat er die Kraft, jeden Gedanken an Auflehnung gegen ihr Schicksal erst recht im Keime zu ersticken. Sie gewöhnen sich allgemach daran, ihre Unzufriedenheit als Verblendung anzusehen. Götterschicksal war ihr Los auch früher; aber nichts hinderte sie, die Götter, die es über sie verhängt, für ungerecht zu halten; jetzt wurde jeder Gedanke an eine mögliche Ungerechtigkeit des Weltenplanes zur schlimmsten aller Sünden, zur Gotteslästerung.

III. Der jüdische Messias.

Vier Jahrhunderte vergingen darüber, bis im Volke Judas erst Einzelne, dann immer Zahlreichere des im obigen gelegenen Widerspruches inne wurden, d. h. zu bemerken anfingen, daß zwischen der Gleichheit Aller vor Gott und der Ungleichheit der vom selben Gotte verhängten Erdenschicksale ein Abgrund gähne, der irgendwie überbrückt werden müsse. Daß diese Erkenntnis nicht schon früher sich einstellte, dürfte wohl mit der ursprünglich streng nationalen Beschränktheit der jüdischen Gottesauffassung einerseits, mit den politischen Schicksalen Judas anderseits zusammenhängen. Denn der jüdische Jahwe blieb auch als Eingott noch lange Zeit, was er ursprünglich gewesen, ein Nationalgott seines Volkes. Das ist nun allerdings ein heilloser Unsinn, der bloß in dem auf die Spitze getriebenen Rassendünkel einige Erklärung findet. Denn wenn es auch richtig ist, daß die anderen heidnischen Völker genau dem gleichen Rassendünkel huldigen, d. h. daß ein jedes Volk sich selber für das beste, tugendreichste, von seinen Göttern „auserwählte", alles Fremde für minderwertig hält, so obwalten hier doch fundamentale Unterschiede. Erstlich verunglimpfen die Religionen der anderen Völker nicht die Götter der Fremdlinge. Sie halten die eigenen Götter — auch das nicht immer, aber doch in aller Regel — für die höheren, mächtigeren; die Göttlichkeit der fremden Götter aber leugnen sie nicht, während dies der Jude tut, und seiner Auffassung der Gottesidee zufolge tun muß. Zum zweiten und hauptsächlich aber hat der Heide, der den Fremden ihre Götter läßt, keinen Anlaß, von den eigenen Göttern vorauszusetzen, daß sie auch fremden Völkern geneigt, ja im gleichen Maße geneigt seien, wie dem eigenen Volke; der Jude, in dessen Augen alle fremden Götter eitel Blendwerk sind, sollte und müßte dementsprechend im eigenen, als dem in Wahrheit einzigen Gotte, den Gott aller Menschen erblicken, und folgerichtig jeden Gedanken an Fremdenfeindlichkeit dieses Allgottes als absurd verwerfen. Das tat jedoch das nachexilische Juda eben nicht, hielt vielmehr, getreu dem Ursprunge seines Monotheismus aus nationalen Aspirationen, Jahrhunderte hindurch an dem streng nationalen Charakter desselben fest, d. h. es verfiel dem Widersinne, den einzigen Gott für sich allein zu reklamieren. Diese nationale Engherzigkeit nun war es, was — im Zusammenhange wie gesagt mit seinen politischen Schicksalen — Juda geraume Zeit hindurch blind machte gegen die Unvereinbarkeit seiner Gottesidee mit den Tatsachen des wirtschaftlichen Lebens. Wären ihm politische Erfolge: Unabhängigkeit, Sieg über seine Gegner beschieden gewesen, so hätte es dessen bald inne werden müssen, daß Jahwe — es mochte im übrigen von seiner Macht, Weisheit und Güte was immer halten — doch keineswegs vermögend sei, all seinen Bekennern gerechten Anteil an den Gütern dieser Erde zu sichern. Denn Elend und Knechtschaft hätten mit den politischen Triumphen natürlich nicht aufgehört, ja sie wären in deren Gefolge erst recht üppig in die Halme geschossen, und keinerlei Erklärung für die Nichterfüllung der auf Jahwe gesetzten sozialen Erwartungen wäre offen gestanden. Juda aber blieb — von der kurzen Episode der Makkabäischen Siege abgesehen — von politischem Unglück verfolgt, es seufzte unter dem Joche fremder Eroberer; was Wunder also, daß es die wirtschaftlichen und sozialen Übel, an denen es litt, derselben Ursache zuschrieb, wie sein politisches Unglück, richtiger gesprochen, daß es die ersteren direkt von letzterem ableitete. Nicht weil das Gesetz Jehovas der Knechtschaft gegenüber ohnmächtig ist, sondern weil die Fremdherrschaft die reine Durchführung des Gesetzes hindert, gab und gibt es — dieser Auffassung zufolge — nach wie vor Knechte in Juda. Wären erst einmal die fremden Eroberer vertrieben, so würde sich neben der politischen ganz von selbst auch die wirtschaftliche Freiheit einstellen. Daß auch die Tatsache der Fremdherrschaft unvereinbar ist mit der jüdischen Gottesidee, indem doch ebensowenig angenommen werden kann, der Allmächtige könne sein auserwähltes Volk fremden Götzendienern zur Beute überlassen, als anzunehmen ist, er sei außer Stande die wirtschaftliche Gerechtigkeit zu verwirklichen — ist allerdings richtig. Aber hier hilft die aus der heidnischen Zeit herübergenommene Idee des göttlichen Zornes. Freilich ist diese Beibehaltung des Glaubens an einen, bis zur Zertretung der eigenen Bekenner sich steigernden Gotteszorn abermals eine arge Sinnwidrigkeit. Den Heidengott konnte man sich als blindwütiges Ungetüm vorstellen, da ja Güte und Weisheit mit nichten zu seinen Attributen gehörten. Er schützte die Seinen ausschließlich um der ihm dargebrachten Opfer willen; ließ er sie im Stiche, so bot sich als ganz plausible Erklärung die Annahme, daß man durch irgendein Versehen im Opferkult seine Wut — sei es auch unwissend — gereizt habe. Der jüdische Eingott dagegen war ein vollkommenes Wesen, dem auch, wie die Propheten wiederholt hervorhoben, an Opfern gar nicht so viel gelegen sei, der dieselben höchstens als Zeichen und Symbole der Verehrung forderte; von seiner Seite war rachsüchtige Bosheit vernünftigerweise nicht vorauszusetzen. Man half sich jedoch angesichts der unabweislichen Tatsache, daß Jahwe seinem Volke nun einmal zürne — mit der Annahme, daß man seinen Unwillen irgendwie durch moralische Verfehlungen verdient habe. Wie und womit — das zu ergründen blieb Sache der Gläubigen, und es ist naheliegend, daß sich diesen dabei in erster Reihe die Vermutung aufdrängte, sie wären in Befolgung der göttlichen Gebote nicht eifrig genug gewesen. Zwar lag darin erst recht ein handgreiflicher Widersinn, da die fremden

Unterdrücker doch ganz offenbar die Gebote Jahwes noch viel weniger beachteten als Juda, und die Handlungsweise des allmächtigen, allweisen und allgütigen Gottes sohin darauf hinausliefe, daß er jene, die seine Gebote gänzlich mißachten, auf Kosten derjeniger belohnt, die sich gelegentliche Verfehlungen gegen selbe zuschulden kommen lassen. Gerade gegen dieses Bedenken aber schützte den Juden der nationalreligiöse Eigendünkel. Die fremden Völker galten ihm als quantité negligeable vor Gott. Was kümmerte es Jahwe, daß das Schicksal, das er als Strafe über Juda verhängte, vom Standpunkte der siegreichen Fremden betrachtet, als Belohnung angesehen werden konnte? Offenbar nicht mehr, als wenn ein reißendes Tier, dem er einen sündigen Juden als Beute hinwarf, darin eine ihm, dem Tiere, zugedachte Belohnung gesehen hätte. Ja schließlich drängte dieser Widerstreit der Tatsachen mit der Gottesidee den Juden dahin, daß er in seinem gottgewollten Unglücke sogar eine Quelle des Stolzes und neuerlicher Selbstüberhebung fand. Er brüstete sich damit, daß Jahwe ihn, ihn allein unter den Völkern, seines Zornes würdige; es entstand die Vorstellung eines göttlichen Vaters, der diejenigen züchtige, die er liebe, eine Vorstellung, die sich nebenbei bemerkt, durch die seitherigen Jahrtausende unerschüttert in Kraft erhalten hat, trotzdem diese, sich in Züchtigungen manifestierende göttliche Liebe mitunter — wie z. B. gerade dem Judenvolke geschah — bis zur Vernichtung der durch sie Ausgezeichneten sich steigerte.

Alle diese Auslegungskünste des Monotheismus vermochten jedoch wie gesagt gerade in Juda den beregten Widerstreit zwischen der Gleichheit vor Gott und der nach wie vor in Kraft bestehenden Teilung der Menschen in eine genußlos arbeitende Mehrheit und eine arbeitslos genießende Minderheit nur vorübergehend gänzlich zu verschleiern. Das macht, die Juden waren durch ihren Eingott zu einem tatsächlich demokratischen Volke geworden, sie hielten sich wirklich allesamt für gleich vor der Gottheit, glaubten wirklich an keinerlei Vorrechte des Blutes oder der Geburt und mußten daher notgedrungen in der wirtschaftlichen Ungleichheit ein Unrecht sehen, daß alle wie immer gearteten Erklärungsversuche bloß begreiflich machen, nimmermehr jedoch aus der Welt schaffen konnten. Dementsprechend erlosch im nachexilischen Juda das Bewußtsein dieses Unrechts niemals gänzlich, und als späterhin infolge der Verschmelzung mit dem römischen Weltreiche die nationale Abgeschlossenheit und Selbstüberhebung mehr und mehr einer aufdämmernden Erkenntnis der Zusammengehörigkeit aller Menschen Platz machen mußte, ließ sich die Knechtschaft mit der Gleichheit vor Gott nicht länger friedlich vereinbaren. Es stellte sich die Notwendigkeit ein, die Erlösung des Menschengeschlechts als erst noch zu vollbringendes Etwas anzusehen, als eine Befreiungstat, die allerdings einzig der Gottheit zu danken, von dieser aber ihren Kindern nicht bereits beschert, sondern als Bescherung erst zugedacht sei. Die messianische Idee bemächtigte sich der jüdischen Gemüter.

Daß ursprünglich auch diese merkwürdige Ausgestaltung des mosaischen Gottesglaubens streng nationalen Charakter zeigte, darf nicht wundernehmen. Sie entstand aus dem Kampfe der nationalen Beschränktheit mit den ersten Ansätzen kosmopolitischer Weltanschauung, machte aber der letzteren schritthaltend nur insoweit Zugeständnisse, als diese selber im Gemüte des Volkes Raum gewinnen konnte. Und dieser Raum war vorerst sehr gering. Dementsprechend ist auch der jüdische Messias uranfänglich nichts anderes, als ein gottbegnadeter Nationalheld, der dem jüdischen, als dem Gottesvolke, zum Siege über die in Gesetzesverachtung befangenen anderen Völker verhelfen soll.

IV. Der christliche Erlösungsgedanke.

Auch Christus war seinen jüdischen Jüngern ursprünglich nichts anderes, als ein solcher Messias. Auch er führt seine Rettungstat auf das Gesetz zurück, denn „zu dessen Erfüllung, nicht zu dessen Verletzung bin ich gekommen", heißt es im Evangelium; auch sein Werk hebt bei Juda an, denn ohne den Triumph des Gesetzesvolkes über seine Bedränger kann auch er sich die Welterlösung nicht denken; letztere aber ist ihm nicht mehr das prunkende Beiwerk besagten Triumphes, sondern Selbstzweck, ja in Wahrheit oberster Zweck, neben welchem der Triumph des Gesetzes zum bloßen Mittel wird. Nachgerade verliert sogar dieser Triumph selber seinen nationalen Charakter. Immer noch ist es das Gesetz Judas, was den Sieg erringen wird über alle Gegner, aber diese Gegner sind nicht mehr die Fremden an sich, sondern die Bösen und Gottlosen. Es gelangt der Gedanke zum Durchbruche, daß es Gerechte auch unter den Heiden gebe, welche der Früchte des messianischen Sieges nicht bloß in der Weise teilhaftig werden, daß sie sich nachträglich dem siegreichen Gesetze unterwerfen, sondern derart, daß sie gleich den Gerechten unter den Juden von Anbeginn zu den Auserwählten gehören.

Entsprechend dieser Umwandlung der messianischen Erlösung aus einem nationalen in ein weltumfassendes Befreiungswerk, treten auch die politischen Gesichtspunkte vor den sozialen in den Hintergrund. Nicht die Judaisierung, sondern die Befreiung der Welt ist das oberste Ziel, dem der mit Wunderkräften ausgestattete Messias zustrebt, und zwar wohlverstanden die Befreiung von dem Drucke des Unrechts.

In welcher Weise und durch welche Mittel sich Christus die Durchführung der Gerechtigkeit dachte, ist aus den Evangelien nicht ersichtlich, meines Erachtens nicht deshalb, weil er sich darüber nicht geäußert hatte, sondern offenbar aus dem Grunde, weil seine späteren Bekenner, denen wir die Aufzeichnung seiner Reden und Taten verdanken, aus Gründen, auf die ich noch zu sprechen kommen werde, allen Anlaß hatten, gerade über diese entscheidenden Teile seiner Lehre vorsichtiges Stillschweigen zu beobachten. Soviel nur ist erkennbar, daß sich Christus mit den mosaischen Wohlfahrtsforderungen: Jubeljahr und Schuldennachlaß unmöglich begnügt haben kann, sondern noch andere Mittel der ausgleichenden Gerechtigkeit in Vorschlag gebracht haben muß. Und zwar müssen das sehr radikale und zugleich dem Verständnisse der großen Massen naheliegende Mittel gewesen sein, da sich ja anders weder der gewaltige Zulauf, den er selber gefunden, noch die wunderbare Anziehungskraft seiner Lehre auf die Armen und Elenden auch in der heidnischen Welt der ersten nachchristlichen Ära begreifen ließe. Die Evangelien in ihrer heutigen Form besitzen diese Anziehungskraft in sehr vermindertem Grade. Was für deren propagandistischen Wert aus den späteren Erfolgen des Christentums konkludiert wird, beruht meist auf handgreiflichen Irrtümern. Es gibt kein Volk, das dadurch christlich geworden wäre, daß man es mit den „Evangelien" bekannt gemacht hätte. Daß tatsächlich im Laufe der letzten anderthalb Jahrtausende ungezählte Millionen das Kreuz nahmen, steht mit dieser Behauptung scheinbar, aber auch nur scheinbar in Widerspruch. Wenn wir lesen, daß der heilige Winfried den heidnischen Sachsen, oder daß irgend ein englischer Missionär den Südseeinsulanern das „Evangelium gepredigt" habe, so ist das bloß figürlich zu verstehen; in Wirklichkeit ist es weder den mittelalterlichen, noch den neuzeitlichen Heidenbekehrern in den Sinn gekommen, auf ihre Katechumenen durch das Evangelium wirken zu wollen; sie erzählten ihnen vielleicht die Leidensgeschichte Christi, brachten ihnen das Vaterunser bei, und glaubten dann allen Erstes, daß diese „ewigen Wahrheiten" es gewesen, was die also Behandelten aus Heiden zu Christen gemacht. Tatsächlich jedoch geschah dabei etwas ganz anderes und aus ganz anderen Gründen. Das Geschehnis bestand darin, daß die Heiden zu ihren alten einen neuen Fetisch akzeptierten, den des Missionärs nämlich, und der Grund dafür war entweder, daß ihre Häuptlinge es befahlen, oder daß der Missionär selber ihnen so hochgradigen Respekt einflößte, daß sie es für nützlich hielten, den Schutzgott eines so mächtigen und weisen Mannes auch zu ihrem Gotte zu machen. Daß es sich in neuerer Zeit so verhält, bedarf wohl keines eingehenderen Beweises; daß aber auch die Geschichte der mittelalterlichen Bekehrungen auf das nämliche hinausläuft, soll späterhin gezeigt werden, wo unter einem auch darzulegen sein wird, aus welchen Gründen die mittelalterlichen Häuptlinge ihren Untertanen die Taufe aufzwangen.

Daß dies in den ersten Jahrhunderten nach Christus anders war, daß sich damals wirklich die Angehörigen aller Nationen, zu denen die Apostel der neuen Lehre vordrangen, massenhaft zum Christentume bekehrten, und daß dies überall vorwiegend die Armen und Elenden, keineswegs auf Befehl, sondern sehr gegen den Willen ihrer Obrigkeit taten, läßt sich nur damit erklären, daß die Lehre dazumal einen Inhalt besessen, der sie zum Evangelium gerade der untersten Volksschichten geeigneter machte, als die mageren und vieldeutigen Worte zugunsten der Unterdrückten, die sich allerdings auch heute in ihnen vorfinden. Die erhaltenen Evangelientexte erzählen uns zwar, daß sich Christus in erster Reihe an die „Beladenen und Mühseligen" gewendet habe; womit er dieses aber getan, d. h. was er ihnen eigentlich gesagt habe, das geeignet gewesen wäre, ihm die begeisterte Anhängerschaft gerade dieser Menschenklasse zu erwerben, das läßt sich aus ihnen wohl erraten, nicht aber deutlich ersehen. Trotzdem ist über das Wesen dieses in den Schriften der vier Evangelisten nicht vorhandenen eigentlichen Inhalts der Evangelien ein Zweifel kaum möglich. Schon die nackte Tatsache, daß die ersten Christengemeinden nachweislich in absoluter Gütergemeinschaft lebten, beweist daß Christus diese gepredigt haben muß. Denn daß die unmittelbaren Schüler des vergötterten Meisters gerade in diesem Punkte sich von zufälligen Impulsen hätten leiten lassen, daß sie Kommunisten auf eigene Faust waren, oder daß sie sich nebensächliche, gleichsam aphoristische Worte Christi aus eigenem Antriebe in kommunistischem Sinne zurechtgelegt hätten, wird im Ernste wohl niemand glauben.

Je wortkarger in diesem Punkte die Apostelgeschichte ist, desto sicherer erscheint mir, daß die Wahrheit in ihr vorsätzlich verschwiegen wird. Aus welchem Grunde dies geschah, wird im folgenden Kapitel klar werden. Hier, wo es sich um Ergründung des eigentlichen Inhalts des sogenannten Urchristentums handelt, muß nur noch hinzugefügt werden, daß die ersten Christen sich des Widerstreites zur Kultur, in welchen sie durch ihre Gütergemeinschaft gerieten, ganz deutlich bewußt waren. Ob Christus selber erkannte, daß seine Forderungen sich mit Reichtum und Zivilisation nicht vertragen, wage ich nicht zu entscheiden, halte es jedoch für sehr wahrscheinlich. Zumindest spricht dafür seine Verachtung des Reichtums, die überall in Verbindung mit der Erwartung eines messianischen Zeitalters gebracht wird, welches den Gerechten und Frommen Ersatz für alle zwischenzeitigen Entbehrungen bringen soll. Er weiß also offenbar, daß Güterteilung vorerst nicht zu allgemeinem Reichtum, sondern zu allgemeiner Armut führen wird, fordert sie aber trotzdem, jedoch nicht aus Mißachtung irdischen Gutes, sondern um der Gerechtigkeit willen, und gebraucht, um seine Anhänger für das Opfer zu gewinnen, das Argument, daß sie sich durch Hingabe ihrer derzeitigen Besitztümer weit herrlichere Güter schon hienieden sichern könnten — von der Belohnung im Jenseits ganz zu schweigen. Denn dieser jüngste Tag, von welchem an die alte Ordnung der Welt aufhören und das Reich Gottes anheben soll, ist in den Augen Christi nicht etwa ein in weite Fernen gerücktes, erst späteren Geschlechtern in Aussicht gestelltes Ereignis, vielmehr verspricht er dessen unmittelbares Eintreten in dürren Worten: „Wahrlich ich sage Euch, dies Geschlecht wird nicht vergehen, bis daß dieses alles geschehen." Unter Hinweis auf diese nahe bevorstehende messianische Neuordnung der Welt wird der Reiche aufgefordert, mit dem Armen zu teilen, also nicht in der Meinung, daß sich im Wege der Gütergemeinschaft eine dauernde, menschliche Wirtschaft einrichten lasse, sondern in der zuversichtlichen Erwartung, daß eine unmittelbar bevorstehende göttliche Intervention alles menschliche Wirtschaften ganz im allgemeinen demnächst schon überflüssig machen werde. Daß dies und nichts anderes die Auffassung der Urchristengemeinden gewesen, liegt offen zutage. Von diesen wissen wir aufs bestimmteste, daß sie — mindestens eineinhalb Jahrhunderte hindurch — täglich und stündlich dem jüngsten Gerichte entgegensahen, und daß sie die Gütergemeinschaft als einen kurzfristigen Kredit betrachteten, den die Reichen zugunsten der Armen der Gottheit zu eröffnen hätten.

Welchen Einfluß diese religiöse Auffassung auf die wirtschaftliche Entwicklungsgeschichte der Menschheit geäußert hätte, wenn es ihr vergönnt gewesen wäre, sich längere Zeit hindurch zu behaupten und Wurzel zu schlagen, ist schwer zu sagen. Sie war jedoch, wie sich alsbald zeigen wird, eine bloß vorübergehende Erscheinung, und es ist daher überflüssig, sich über ihre möglichen Konsequenzen in Kombinationen zu ergehen.

XI. Kapitel.

Verfall und Wiedererwachen des christlichen Freiheitsgedankens.

I. Preisgebung des christlichen Freiheitsgedankens durch die Kirche.

Die ersten Christengemeinden, in denen die Erinnerung an die Lehre des Stifters noch unmittelbar und lebendig war, wichen in keinem religiösen Punkte vom strengsten Judentume ab und unterschieden sich von den andern Judengemeinden lediglich dadurch, daß sie erstlich in Christus den Messias sahen, von dessen demnächst zu gewärtigender Wiederkehr sie „das tausendjährige Reich Gottes" d. i. eine Ordnung vollkommenster Gerechtigkeit für alle Menschen erwarteten, und daß sie zum zweiten für ihr Teil den Geboten dieser vollkommenen Gerechtigkeit schon vor Wiederkehr des Messias nachkommen wollten dadurch, daß sie der Gütergemeinschaft huldigten. Erst als — es geschah dies allerdings schon wenige Generationen nach Christi Tod — das Christentum den Zusammenhang mit dem Judentume verlor und sich mehr und mehr mit heidnischen Elementen durchtränkte, trat auch in diesem Punkte ein Wandel ein. Solange jedoch der soziale Kern der Erlösungslehre durch das heidnische Beiwerk nicht vollständig überwuchert war, solange die Bekenner Christi dabei beharrten, daß alle Menschen *schon auf Erden* gleichberechtigt seien, solange sie nicht aufhörten, den „Müden und Beladenen", d. i. den Knechten, die baldige Wiederkehr des Heilands in Aussicht zu stellen, der ihre Fesseln lösen werde, solange gab es keinen Frieden zwischen ihnen und der Staatsgewalt, und konnte es keinen geben. Ein anderer Grund als dieser immanente Gegensatz zwischen herrischem Staat und wirtschaftlicher Gerechtigkeit läßt sich für die römischen Christenverfolgungen nicht finden; denn daß z. B. die Kaiser gegen die Christen deshalb gewütet hätten, weil diese sich hartnäckig weigerten, ihnen göttliche Ehren zu erweisen, kann — ganz abgesehen von der historisch leicht konstatierbaren Unrichtigkeit dieses Kausalzusammenhanges — schon deshalb unmöglich wahr sein, weil genau die nämlichen Kaiser sich niemals beifallen ließen, die Juden, nachdem ihr politischer Widerstand einmal gebrochen war, zu molestieren, trotzdem ihnen diese nicht minder hartnäckig göttliche Ehren versagten. Ebenso läßt sich unschwer nachweisen, daß die Beschuldigung der sogenannten thyestischen Mahle, d. h. des Genusses von Menschenblut und Menschenfleisch, nicht Grund der Christenverfolgungen gewesen, vielmehr war umgekehrt diese Anklage erst deren Konsequenz, insofern nämlich, als sie niemals aufgetaucht wäre, hätte man die Christen nicht verfolgt und sie dadurch gezwungen, ihre Gebräuche im Verborgenen zu üben. Erst als bei geheimen Konventikeln überraschte, vor den Richter geschleppte Christen dort aussagten, daß sie „Christi Blut und Leib genossen", entstand — ziemlich spät und keineswegs überall — der Verdacht, diese ohnehin schon der Konspiration gegen den Staat Angeklagten seien außerdem noch Menschenfresser und Menschenblutsäufer, welch abscheuliche Verdächtigung nebenbei bemerkt den heidnischen Römern weit minder verübelt werden kann, als späterhin das Auftauchen der gegen die Juden gerichteten gleichen Verleumdung den Christen zu verargen ist. Denn während diesen die jüdischen Gebräuche sehr wohl bekannt waren und sie daher ganz genau wissen konnten, daß dabei von Menschenblut und Menschenfleisch weder buchstäblich noch figürlich die Rede ist, kannte der römische Prätor der Heidenzeit die christlichen Gebräuche nicht, und mußte nicht wissen, daß das Blut Christi eigentlich Wein, und der Leib Christi eigentlich Brot sei. Dagegen ist klar, daß er es hätte wissen müssen, wenn den Christen erlaubt gewesen wäre, ihr Abendmahl öffentlich zu feiern, daß ihnen das bloß verwehrt sein konnte, weil sie verfolgt waren und daß sohin die Ächtung einen anderen Entstehungsgrund haben mußte. Zu allem Überflusse war bei den wenigsten Christenverfolgungen von diesen thyestischen Mahlen überhaupt auch nur die Rede, und schon der geringe Eifer der zeitgenössischen christlichen Schriftsteller in Widerlegung dieser scheußlichen Anklage zeigt, daß dieselbe im großen ganzen gar nicht ernst genommen wurde.

Um was es sich bei dem gegen die Christen von Staats wegen unerbittlich geübten Vernichtungskriege in Wirklichkeit handelte, wußten die damaligen Christen ganz genau, und da sie unerachtet aller Überzeugungstreue denn doch nur Menschen waren, so ist selbstverständlich, daß es unter ihnen stets zahlreiche gab, die sich zu Konzessionen an die Staatsgewalt bereit fanden. Die Nachgiebigkeit hatte um so leichteres Spiel, da es doch anfangs eine allgemein anerkannte Niederschrift der Lehre des Meisters gar nicht gab, und es daher jeder Gemeinde frei stand, in dieselbe hineinzulegen, was ihr gut dünkte. Späterhin, bei Abfassung, Zusammenstellung und Sichtung der Evangelientexte konnte man sich dadurch helfen, daß man die anstößigsten Stellen ausließ, milderte oder im harmlosen Sinne interpretierte, wohl auch Einzelnes zu gleichem Zwecke hinzuerfand. Und da der Staat unerbittlich auf seiner Verfolgung beharrte, solange das Christentum seine sozialen Befreiungsforderungen nicht gänzlich fallen ließ, so vollzog sich der Friedensschluß zwischen ihm und der Kirche erst dann, als innerhalb der letzteren selber die egalitäre Richtung gänzlich von der autoritären überflügelt war. Erst nachdem aus dem Verlangen nach Gleichberechtigung unter den Lebenden das Versprechen der Gleichberechtigung nach dem Tode geworden, erst nachdem das tausendjährige Reich Christi von der Erde ins Himmelreich verlegt war, duldete Rom das Christentum, ja es erklärte dasselbe sogar sehr rasch zur Staatsreligion, wahrlich nicht aus religiöser Überzeugung, denn Konstantin, der dies tat, blieb für seine Person Heide, sondern aus Staatsraison, weil nämlich der eine Gott, nachdem seine Bekenner darauf verzichteten, aus der einheitlichen Abstammung aller Menschen die Unrechtmäßigkeit aller menschlichen Vorrechte zu folgern, sich ganz vortrefflich für den Staat mit einheitlichem Oberhaupte eignete. Um den Monotheismus für den Gebrauch der Monarchie völlig zu adaptieren, mußte sich der Eingott zudem noch herbeilassen, einen besonderen einzelnen Menschen — den Kaiser — als seinen weltlichen Stellvertreter zu akzeptieren; war er dazu zu haben, so paßte er weit besser für die Monarchie, als jene Vielheit von Göttern, hinter deren Autorität gar zu leicht die Herrschaftsansprüche beliebiger Großer aufkommen mochten.

Und letzteren Umstand begriffen späterhin auch die germanischen und sonstigen Könige Europas sehr rasch. Auf ihn und ausschließlich auf ihn ist der Siegeszug des Christentums von der Atlantis bis zur Wolga zurückzuführen. Nach heidnischer Auffassung war das Herrscherrecht der Könige in seiner Wurzel nicht verschieden von demjenigen jedes anderen

„Edlen"; auf die direkte oder indirekte Abstammung von irgendeinem Gotte stützte zwar jeder König seine Macht; aber ganz das nämliche taten die andern Großen auch, ja, es ergab sich mitunter, daß der Ahne irgendeiner aristokratischen Sippe in der göttlichen Hierarchie über dem des Königshauses stand. So führten z. B. die Amaler, das Königsgeschlecht der Ostgoten, ihre Ahnenreihe auf Freya zurück; die gleichfalls gotischen Wölsungen dagegen rühmten sich der Abstammung von Wotan, dem Götterkönige. Das konnte der königlichen Autorität mitunter sehr verhängnisvoll werden, solange diese verschiedenen Häuptlingsahnen unter einem auch die Götter waren, an die das Volk glaubte. Mit Begierde griffen daher die Könige überall eine Lehre auf, die an die Stelle der vielen Götter den einen Himmelskönig setzte, der seine Macht jeweilig bloß einem Menschen übertrug, in jedem Lande natürlich dem Könige besagten Landes. Und ebenso selbstverständlich ist, daß die dadurch um ihren uralten Herrschertitel betrogenen Großen sich diesem Wechsel aufs äußerste widersetzten. Fragt man aber, wie es kam, daß bei diesem Widerstreite der Interessen auf die Dauer überall das der Könige das siegreiche war, und ist man vielleicht geneigt, wenigstens hierin ein Zeichen der ethischen propagandistischen Kraft auch des also verstümmelten Christentums zu erblicken, so übersehe man nicht, daß sich hier genau das nämliche vollzog, was seinerzeit den blutgierigsten heidnischen Religionen überall zum Siege über die milder gearteten verholfen. Das Christentum erwies sich eben als Machtelement im Daseinskampfe der Völker, nicht durch seinen höheren moralischen Gehalt, sondern weil es die politische Macht noch intensiver konzentrierte als das Heidentum. Ursprünglich gelang es keineswegs überall, den einen Christus an die Stelle der vielen Stammesgötter zu setzen; wo es aber gelang, da wurde das betreffende Volk einig und stark, wo es mißlang, blieb es zersplittert und schwach, und wenn dann das stark gewordene Volk seine schwach gebliebenen Nachbarn besiegte, legte es ihnen mit dem Rechte des Eroberers auf, was ins Leben zu rufen einem einheimischen Könige mißlungen war.

Seinen freiheitlichen Gehalt aber verlor das Christentum bei dieser seiner Anpassung an das Herrschaftsprinzip vollständig. In den Evangelien allerdings hatte sich dieser freiheitliche Inhalt nicht völlig ausrotten lassen; die Kirche half sich aber dadurch, daß sie die Evangelien selber unterdrückte. Natürlich geschah das unter dem Vorgeben, daß die Laien nicht reif seien, die darin enthaltenen Heilswahrheiten zu verstehen, in Wirklichkeit jedoch aus der sehr begreiflichen Besorgnis, daß sie sie schließlich doch verstehen könnten, eine Besorgnis, die, wie sich später zeigen wird, vollauf berechtigt war. Dieses Verbot erstreckte sich selbstverständlich auch auf das alte Testament, welches vom Gesichtspunkte des Herrscherbedürfnisses betrachtet, ein in vieler Beziehung noch weitaus gefährlicheres Buch ist, als das neue. Denn fehlt ihm auch manches, was in den Evangelien bloß verdunkelt werden konnte, gänzlich, so ist dafür andres in ihm mit voller Deutlichkeit ausgesprochen, was die Evangelien bloß dunkel angedeutet enthalten. Denn das alte Testament ist zwar auch gefälscht worden, aber zu anderen Zwecken als das neue, und gerade seine Gleichheitstendenzen blieben von seinen Fälschern unangetastet, ja sie wurden, wo sie ursprünglich gar nicht vorhanden waren, von diesen hineininterpoliert. Deshalb ist der freiheitliche Atem, der das alte Testament durchweht, wilder und kräftiger, als der des neuen; die Herrschenden hätten es daher sicherlich am liebsten gänzlich aus der Liste der Kanones gestrichen. Da dies jedoch aus dem Grunde nicht anging, weil in den heiligen Büchern einer Religion notwendigerweise auch etwas von Religion enthalten sein muß, im ganzen neuen Testament jedoch außer dem Hinweise auf das alte herzlich wenig davon zu finden ist, so begnügte man sich, es gleichfalls durch das Verbot seiner Lektüre unschädlich zu machen.

II. Das Heidenchristentum.

Das solcherart von der Fessel seiner eigenen heiligen Bücher befreite Christentum assimilierte sich dann leicht mit den vorgefundenen heidnischen Religionen. Der ganze Unterschied bestand schließlich darin, daß den Völkern früher Gehorsam und Unterwerfung im Namen der Götter, jetzt im Namen Christi auferlegt wurde. Dabei konnte schließlich nicht fehlen, daß mit dem ethischen Inhalte des Monotheismus nachgerade auch dessen Schale über Bord fiel. Der Glaube an die Einheit Gottes, gleichwie er aus dem Bestreben hervorgeht, eine religiöse Grundlage der menschlichen Gleichberechtigung zu finden, kann dauernd ohne den Glauben an diese letztere auch nicht bestehen bleiben, und da das Christentum diesen preisgegeben hatte, gelangte es rasch auch dahin, jenen zu verlieren. Scheinbar behauptete sich der eine Gott allein auf dem Himmelsthrone; tatsächlich aber teilte er die Herrschaft über die Menschen mit der Legion der Heiligen.

Jedes Land, jede Provinz, jede Stadt, ja jedes Individuum hatte seinen eigenen „Schutzpatron", der sich bloß dem Namen, nicht aber der Sache nach von den Staats-, Gau-, Stadt- und Familiengöttern des Heidentums unterschied; der Fetischdienst gröbster, primitivster Form, wie ihn die Barbaren in ihren alten Nationalreligionen gehuldigt hatten, wurde im Reliquien- und Bilderdienste weiter geübt — kurzum die Lehre Christi schien tot und begraben, die Knechtschaft so unantastbar gefestigt, wie je zuvor.

Durchaus irrig wäre es jedoch, hiefür das Christentum an sich verantwortlich zu machen, d. h. zu glauben, die mittelalterlichen Völker seien durch dieses erst geworden, was sie viele Jahrhunderte hindurch tatsächlich waren. Die mittelalterliche Welt war knechtisch, sittenlos, grausam, unvernünftig, und die mittelalterliche Kirche tatsächlich bei all dem mit im Spiele. Sie nährte den Knechtsinn, indem sie leidende Unterwerfung predigte, die Sittenlosigkeit, indem sie sich durch Opfer Verzeihung für jede Schandtat abkaufen ließ, die Grausamkeit, indem sie den Fanatismus anfachte, die Unvernunft, indem sie blinden Glauben für das Absurdeste forderte; aber das alles tat sie nicht, weil sie — gleichviel in wie niedrigem oder wie hohem Grade — christlich — sondern weil sie eben die Kirche der barbarischen Völker Europas war. Nicht weil sie dem Namen nach Christen geworden, sondern weil sie barbarische Knechte geblieben, erwürgten Spanier, Franzosen, Deutsche, kurzum alle mittelalterlichen Bewohner Europas zu Hunderttausenden und aber Hunderttausenden harmlose Menschen aus den nichtigsten Gründen; sie hätten als Anbeter Wotans oder der Hertha ebenso gewürgt; nur hätten sie es dann vielleicht in anderer Form und mit anderer Begründung getan, den Opfern etwa das Herz aus der Brust gerissen, statt sie bei lebendigem Leibe zu braten, und die Schlächtereien wären statt zu „Ehre" zu „Sättigung" der Gottheit veranstaltet worden. Um die Richtigkeit von all dem einzusehen, muß man sich allerdings zu der Objektivität aufschwingen, auch die eigenen Vorfahren im Lichte der Wahrheit und nicht der zärtlichen Verwandtenliebe zu betrachten. All die Gräuel, mit denen sie sich später als „Christen" befleckten, übten sie zuvor schon als sie Heiden nicht bloß waren, sondern sich auch noch nannten, und sofern sich dabei ein Wandel bemerkbar macht, so spricht er ausnahmlos zugunsten der sogenannten christlichen Zeit. So hörte z. B. seit der — wenn auch bloß nominellen — Annahme des Christentums der Kanibalismus überall auf. Die Menschenschlächtereien ließen die Barbaren nicht, denn diese gehörten nun einmal zum notwendigen Requisit barbarischer Knechtschaft, aber das Blut der Opfer wurde fürderhin nicht mehr getrunken. Allerdings wissen wir von den heidnischen Greueln unserer Vorfahren weniger, als von ihren „christlichen", aber dies ist nur deshalb der Fall, weil wir von ihnen als Heiden überhaupt sehr wenig wissen. Kommt jedoch ausnahmsweise nähere Kunde über die heidnischen Kultgebräuche auf uns, so erfahren wir Dinge, die uns mit dem höchsten Abscheu erfüllen würden, wären es Azteken oder Neger, über die wir derartiges zu hören bekommen. Da es jedoch die arischen Ahnen sind, um die es sich handelt, so sind wir geneigt, die wildeste Bestialität für „markige Kraft", den niedrigsten Knechtsinn für „biedere Treue", jeden Greuel für eine entsprechend umgetaufte Tugend zu nehmen. Erst das Dazwischentreten des Christentums bietet dann den Ausweg, dem Greuel den rechten Namen zu lassen, dafür aber nicht diejenigen, die ihn begangen, sondern die „importierte" Lehre haftbar zu machen.

Richtig ist, daß r e l i g i ö s e Verfolgungen erst mit dem Monotheismus ihren Einzug in die Welt hielten. Der Heide, d. i. der Mensch, dessen Götter die Ahnengeister sind, kann unmöglich auf den Gedanken geraten, andere Menschen deshalb zu verfolgen, weil deren Ahnengeister nicht die seinigen sind. Er wird sie, hat er anders die Macht dazu, zwingen, auch seinen eigenen Geistern Opfer zu bringen; daß sie den ihrigen zu opfern fortfahren, wird er jedoch nicht bloß gestatten, sondern — da er den Zorn auch der fremden Geister scheut — sogar fordern; auch über die Methode des Opferns vermag kein Streit zu entstehen, da jeder Gott seine eigenen Opfergebräuche hat. Bloß dem Monotheisten ist gegeben, gegen fremde Götter wie nicht minder gegen fremde Art der Gottesverehrung zu eifern. Und das taten denn schon die Juden, diese Erfinder des Monotheismus recht zornmütig. Doch unterschied sich die jüdische Unduldsamkeit sehr wesentlich von der späterhin bei den europäischen Völkern geübten. Die alttestamentarischen Berichte über religiöse Massenschlächtereien sind Fälschungen späterer Jahwepriester, hineininterpoliert in die alten Richter- und Königsannalen, also in eine Zeit, in welcher es einen jüdischen Monotheismus noch gar nicht gab, und Religionsverfolgungen daher an sich undenkbar waren. Aus späterer jüdischer Zeit ist dann allerdings sehr viel über wütende Zänkereien der Synagogen, ja über blutige Kämpfe der unterschiedlichen religiösen Parteien, über eigentliche Glaubensverfolgungen jedoch nichts bekannt. Man bekriegt sich beinahe ununterbrochen um religiöser Maßregeln willen — was der andere glaubt, kümmert keinen Juden. Zwar steht auf „Gotteslästerung“ die Todesstrafe; aber unter dem Lästern Gottes versteht selbst der grimmigste jüdische Fanatismus nicht falsche Gottesauffassung, vielmehr gehört dazu eine in Worten oder Handlungen tatsächlich verübte Beleidigung der Gottheit, und auch diese wird dann nicht der ketzerischen Meinung halber gestraft, aus welcher sie hervorging, sondern um der schlimmen Folgen willen, welche der durch sie erweckte göttliche Zorn für das ganze Volk nach sich ziehen könne. Ja der Zweifel an sich galt dem Juden, weit entfernt verbrecherisch zu sein, im Prinzipe sogar als etwas verdienstliches, insofern nämlich, als er aus dem Streben nach der Wahrheit hervorgeht, in welchem Falle er vom Talmud ausdrücklich über den blinden, kritiklosen, passiven Glauben gestellt wird. Und auch die christlichen Griechen und Römer befleckten sich Jahrhunderte hindurch, nachdem das Christentum Staatsreligion geworden, nicht mit jener Art von Greueln, die späterhin, ausgehend von den christlich gewordenen Barbaren, mehr minder die ganze Christenheit heimsuchten. Die Glaubenszänkereien der verschiedenen byzantinischen Sekten arteten zwar häufig genug in blutige Schlägereien ja Metzeleien aus; davon jedoch, daß die abweichende Meinung an sich ein todeswürdiges Verbrechen sei, wußte selbst das fanatische Byzanz anfänglich nichts; diese Auffassung gelangte erst auf dem Umwege über Westeuropa dahin, und vermochte dort niemals sonderlich fruchtbaren Boden zu finden. Byzantiner und Italer waren eben trotz aller politischen Unfreiheit doch schon über jene Stufe knechtischer Unterwürfigkeit hinaus, welche die arischen Völker aus ihrer asiatischen Heimat mitgebracht hatten. Göttliche Ehren wurden schon vor dem Auftreten des Christentums im römischen Reiche nurmehr den Kaisern erwiesen, und auch diesen lediglich in Anerkennung ihrer faktischen Macht, nicht aber, wie bei den Barbaren jedem beliebigen Großen gegenüber der Fall, im Glauben an einen Vorzug des Blutes, an die buchstäblich genommene Abstammung von den Göttern. Der römische Imperator der Heidenzeit, so bedingungslosen Gehorsam er auch in allen Staatsangelegenheiten forderte, betrachtete doch seine Untertanen in deren Privatangelegenheiten als gleichberechtigte Wesen, maßte sich zum mindesten nicht an, ihnen die Ergebnisse vorzuschreiben, zu denen ihr Fühlen und Denken zu gelangen habe. Ein solcher Ausspruch des oder der Herrschenden kann nur aufkommen, wo der Beherrschte gar nicht als Vollmensch gilt, wo es gar nicht seine Sache ist, für sich selber zu denken und zu wollen, und wo deshalb der Versuch selbständigen Denkens schon an sich, ganz abgesehen von Richtigkeit oder Falschheit seines Ergebnisses, für strafbar gilt.

Selbstverständlich waren es in — der Regel — christliche Priester, die bei den Barbaren zu Glaubensverfolgungen den Anstoß gaben; aber daraus zu folgern, daß es der Geist der Kirche gewesen, was sie dazu antrieb, käme auf dasselbe hinaus, als wenn man aus der ebenso unbestrittenen Tatsache, daß die Ketzerrichter zu den seltenen Schriftkundigen gehörten, die Schlußfolgerung zöge, Kenntnis des Lesens und Schreibens sei es gewesen, was die Ketzerverfolgungen verursachte. Die christlichen Priester waren eben auch Kinder ihres Volkes, ihrer Zeit, und wenn das fragliche Volk zur fraglichen Zeit eine Herde stumpfsinniger Knechte gewesen, die es ganz in der Ordnung fand, daß jedermann, der anderes und anders zu glauben sich vermessen, als die gotteingesetzte Obrigkeit befohlen habe, vertilgt werden müsse etwa gleich einem widerspenstigen Hunde, dann kann es nicht anders sein, als daß auch eines solchen Volkes Priester die in ihr Fach schlagenden Glaubensangelegenheiten im selben Geiste behandeln. Allerdings sind in Glaubenssachen sie die Lehrer des Volkes; aber das, was sie dem Volke lehren, ist stets das naturgemäße Ergebnis der jeweilig herrschenden geistigen und moralischen Strömung. In der Tat zeigt sich, daß die christliche Kirche des Mittelalters, trotz ihrer bekanntlich in so hohem Grade einheitlichen hierarchischen Verfassung, keineswegs überall vom gleichen Geiste der Verfolgungssucht beseelt war, daß dieser vielmehr zu- oder abnahm, je nachdem die Roheit örtlich und zeitlich stieg oder sank, und daß — dauernden Verschiedenheiten des Volkscharakters entsprechend — auch die Auffassung der Priesterschaften weitgehende nationale Verschiedenheit zeigt.

Und ganz im allgemeinen muß konstatiert werden, daß die Kleriker, von sehr vereinzelten Ausnahmen abgesehen, überall — um eine Schattierung zum mindesten — duldsamer waren als die Laien, am duldsamsten der römische Stuhl selber. Die Tatsachen sprechen gerade diesbezüglich eine so unzweideutige Sprache, daß es schlechthin unmöglich ist, sie gänzlich zu ignorieren; das gegen die Kirche gerichtete nationale Vorurteil hilft sich also damit, die relative Milde der Kirche — als Heuchelei auszugeben. Daß z. B. selbst die spanische Inquisition Anstand nahm, die Ketzer selber zu verbrennen, sie jedoch dem weltlichen Arme zum Verbrennen übergab, wird als schnödes Gaukelspiel angesehen. Warum aber hätten die spanischen Inquisitoren heucheln sollen? Verübelte irgend jemand in Spanien das Hinschlachten von Ketzern? Waren nicht ganz im Gegenteile die Autodafés Volksfeste, an denen alle Welt, die minderjährigen königlichen Prinzessinnen nicht ausgenommen, mit ungemischtem Behagen teilnahm? Und glaubt man wirklich, daß diese spanischen Inquisitoren allesamt Schurken waren, die ihre Mitmenschen nach ungezählten Tausenden zum Tode verurteilt hätten, wären sie nicht von dem Wahne besessen gewesen, die einzige Rettung vor ewigem Feuer sei im Scheiterhaufen gegeben? Von wannen hätten Heuchler den Mut zu solchen Greueln genommen? Ich meine, die spanische Inquisition handelte streng nach ihrer Überzeugung, und wenn sie sich weigerte, die Ketzer selber zu töten, so veranlaßte sie dazu wirklich nichts anderes, als Erinnerung an die Worte des Evangeliums. In diesen Inquisitoren schlummerte doch ein Restchen wirklichen Christentums, und dieses flößte ihnen — im Zusammenhalte mit ihrer sonstigen Handlungsweise freilich absurde — Skrupeln ein, von denen das übrige spanische Volk frei war, ebenso frei, als von jenen kümmerlichen Resten wirklichen Christentums. Bestand doch zwischen Beiden in dieser Beziehung der unstreitig sehr wesentliche Unterschied, daß der Inquisitor das Evangelium kannte, der Laie nicht; es darf also nicht wunder nehmen, daß im ersteren die barbarische Wildheit nicht so ungetrübt sich geltend machen konnte, wie im letzteren. Und genau dasselbe gilt für den Unterschied zwischen Klerus und Laienwelt in ganz Europa. Der geistliche Einfluß war überall ein sänftigender, kulturförderlicher. Die von seiten „gesinnungstüchtiger" liberaler Schriftsteller so häufig laut werdende Klage über den alles durchdringenden Einfluß des „Pfaffentums" übersieht den Umstand, daß es bis um die Zeit der Kreuzzüge außer den Pfaffen, die Könige und weltlichen Großen miteingeschlossen, nur Menschen gab, die auf der Bildungsstufe etwa einer Rothaut oder eines Kongonegers standen, an Grausamkeit der Instinkte aber diese beiden sehr wesentlich übertrafen. Man erinnere sich daran, welcherlei Kleinigkeiten es oft waren, wegen welcher Bosheit und Übermut der herrschenden Klassen die Todesstrafe verhängte, an die teuflische Grausamkeit, mit welcher sie vollzogen wurde, und an das nicht minder teuflische Behagen, das alle Welt daran hatte. Insbesondere das letztere ist charakteristisch. Nicht nur in Spanien, sondern überall im mittelalterlichen Europa waren Hinrichtungen Volksfeste ersten Ranges. Alten Städtechroniken ist zu entnehmen, daß die Wohnungsmiete in den die Hinrichtungsplätze umsäumenden Häusern besonders hoch zu sein pflegte, eben mit Rücksicht auf den Genuß, den die sich dort abspielenden Spektakel den Anwohnern boten. Könige und Fürsten, unter diesen die Lieblingsgestalten der nationalen Geschichtsschreiber, unterlassen es, wenn sie über politische oder sonstige Übeltäter die Todesstrafe verhängen, nur in ganz besonderen Behinderungsfällen, der Exekution persönlich beizuwohnen, und nirgend ist erwähnt, daß irgendeinem von ihnen das Abhauen von Händen und Füßen, das dutzend-, ja hundertweise „über die Klinge springen" der Köpfe, das Lebendigzerreißen, Ausweiden, Vierteilen usw. im geringsten auf die Nerven gegangen wäre.

Das alles wird ernstlich auch gar nicht bestritten; dafür aber gelten unsere mittelalterlichen Ahnen ziemlich allgemein als Inhaber einer ganzen Reihe sog. „rauher Tugenden", als treu, bieder, sittenrein. Aber auch diesbezüglich ist das Gegenteil richtig. Niemals zuvor und nachher stand die Mannesehre in geringerem Werte, niemals war für Geld in so hohem Maße alles käuflich, niemals geschlechtliche Zügellosigkeit häufiger, als damals. Das Entscheidende aber ist, daß die öffentliche Meinung jener Zeit in all diesen Lastern gar nichts Entehrendes sah. Wortbruch, Käuflichkeit, Unzucht kamen auch früher und später vor; aber daß ein König seine Eide brechen und dem, der es ihm vorwirft, ruhig antworten kann: „Habe ich auch geschworen, meine Eide zu halten?"; daß die höchsten Würdenträger überführt werden, ihr Land oder ihren Souverän verkauft zu haben, daß weltliche wie geistliche Große öffentlich Unzucht und Notzucht üben, ohne daß dies dem Respekt sonderlich Abbruch täte, in welchem solche Könige, Würdenträger und Großen stehen, über das und ähnliches besitzen wir doch nur aus dem europäischen Mittelalter Berichte.

Diese reale, nicht die von patriotischem Vorurteil erdichtete Beschaffenheit der Völker Europas muß man sich vor Augen halten, will man eine richtige Vorstellung vom Einflusse der Kirche auf sie gewinnen. Tut man dies, so wird man unmöglich verkennen, daß bei der Wechselwirkung zwischen beiden — Kirche und barbarische Volksart — erstere in allen Stücken das sittigende, fortschrittliche Element gewesen. Es ist deshalb wieder nur durch nationale Voreingenommenheit zu erklären, daß die Sympathien gerade der Liberalen unter den Modernen bei allen mittelalterlichen Kämpfen zwischen Kirche und weltlicher Macht so ausnahmslos auf seiten der letzteren stehen. Zum Heile, nicht zum Unheil Europas gelang es den römischen Päpsten, ihre Suprematie über die weltlichen Könige zu verwirklichen. Es war das ganz entschieden die Suprematie einer, wenn auch höchst zwiespältigen, Kultur und Menschlichkeit über absolute Barbarei.

III. Wiedererwachen des christlichen Freiheitsgedankens.

In der Regel wird das Erwachen des europäischen Geistes aus der vielhundertjährigen Nacht mittelalterlicher Unwissenheit, Roheit und Niedrigkeit mit der Eroberung Konstantinopels durch die Türken und mit der dadurch veranlaßten Auswanderung zahlreicher byzantinischer Gelehrter nach dem Westen in Verbindung gebracht, durch welches Ereignis den abendländischen Völkern genauere Kenntnis des antiken Wesens erschlossen und damit der Anreiz zu neuer Gedankenarbeit gegeben worden sei. Damit wird jedoch diesem Geschehnisse ganz außerordentlich übertriebene Bedeutung beigemessen. Byzanz hatte um die Mitte des 15. Jahrhunderts dem übrigen Europa wenig des Neuen mitzuteilen, es war diesem weder an Wissen und Kunst, noch an Kenntnis der Antike, und am allerwenigsten an geistiger Regsamkeit sonderlich überlegen, diese Überlegenheit keineswegs so gewaltig, daß von den byzantinischen Lehrmeistern ein radikaler Umschwung in der geistigen Verfassung des Westens zu erwarten gewesen wäre. Im übrigen war ja Konstantinopel dem Abendlande auch früher nicht fremd geblieben; die Lateiner hatten dort sogar mehr als ein halbes Jahrhundert lang geherrscht, ohne daß gar so großer geistiger Gewinn daraus für sie erwachsen wäre. Endlich läßt sich leicht zeigen, daß gerade die wichtigsten Tatsachen der Renaissance weder ihrem Wesen noch der Zeit nach mit byzantinischen Einflüssen in Zusammenhang zu bringen sind. Das Aufblühen der italienischen Kunst, die Erfindung des Buchdrucks sind älter als der Fall Konstantinopels, und daß Kolumbus oder Vasco de Gama zu ihren Entdeckungsfahrten durch alles andere eher, als durch byzantinische Anregungen veranlaßt wurden, kann füglich als ausgemacht gelten.

Andererseits jedoch muß als ebenso selbstverständlich angenommen werden, daß eine auf den verschiedensten geistigen Gebieten in fast allen Teilen des christlichen Abendlandes auftauchende große Bewegung auf irgendeine gemeinsame treibende Kraft zurückzuführen sei. Ist doch offenbar, daß bloß diese Notwendigkeit in Verbindung mit dem Fehlen einer anderen plausiblen Ursache die moderne Geschichtsforschung darauf geraten ließ, sie im Untergange des oströmischen Reiches zu suchen. Denn daß das Christentum dieses treibende Agens gewesen, vermochte man aus dem Grunde nicht zu vermuten, weil man eine sehr falsche Vorstellung von dessen Wesen besitzt. Da man es allgemein mit dem verwechselt, wozu es durch seine Unterwerfung unter den Staat geworden, so konnte naturgemäß ein Umschwung, dessen Wesenheit anerkanntermaßen in erwachender geistiger Regsamkeit zu suchen ist, auf alles andere eher, als auf selbes zurückgeführt werden. Wohl entging der Aufmerksamkeit nicht, daß auch im religiösen Glauben ein Wandel, und zwar ganz ersichtlich ein freiheitlicher, sich vollzog, statt jedoch zu begreifen, daß dieser letztere es gewesen, was die freiheitlichen Regungen auf den anderen geistigen Gebieten entfesselte, selber jedoch durch nichts anderes, als eben durch eine im Christentume von Uranfang vorhanden gewesene, niemals gänzlich erstickte, und bloß zeitweilig in den Hintergrund gedrängte Freiheitstendenz erzeugt worden sei, hält man umgekehrt die religiöse Reformation für eine Wirkung der in Künsten und Wissenschaften erwachten Kühnheit, trotzdem diese Kausalverbindung schon aus dem Grunde als offenbar falsch hätte erkannt werden sollen, weil der Umschwung auf religiösem Gebiete entschieden älter ist, als der auf künstlerischem und wissenschaftlichem.

Es war dem arischen Staate und der in seinen Dienst getretenen Kirche gelungen, das Christentum seines erlösenden Charakters zu entkleiden und in ein Mittel lediglich der Knechtung zu verwandeln. Der egalitäre Geist hörte aber deshalb nicht auf, in jenen heiligen Büchern fortzuwirken, zu denen sich das christliche Europa, wenn auch nur dem Namen nach, bekannte. Dort lebte er, entstellt und gefälscht zwar, aber seiner befruchtenden Kraft niemals ganz verlustig. Die Millionen der Laienwelt allerdings waren durch das Verbot des Bibellesens vor der Gefahr der Ansteckung mit wahrhaft christlichen Ideen bewahrt; nicht so jedoch die Kleriker, und unter diesen allein sind daher die Adepten Christi jener Zeit zu suchen. Unter diesen aber sucht man sie nicht vergebens. Niemals, selbst nicht in den finstersten Jahrhunderten des Mittelalters, fehlte es an christlichen Priestern, die durch das Lesen der Bibel zu Ideen angeregt worden waren, welche den Lehren Christi und der Propheten in den wesentlichsten Stücken entsprachen. Nur selten begriffen diese Priester zugleich, in wie hohem Grade besagter Freiheitsgeist den offiziellen Satzungen ihrer Kirche widerstritt, und sie hörten in aller Regel nicht auf, sich selber als ergebene Diener dieser letzteren zu betrachten. In Wirklichkeit jedoch waren sie es, die im Stillen aber unermüdlich deren Zusammenbruch vorbereiteten. Auch die Kirche selber erkannte nur ausnahmsweise die von dieser Seite drohende Gefahr, obwohl mir scheint, daß die den „irrenden" geistlichen Grüblern gegenüber wiederholt an den Tag gelegte Milde nicht ausschließlich auf die Überzeugung von der Unschädlichkeit, sondern mitunter auch auf eine Art heiliger Scheu vor der — wenn auch nur dunkel geahnten — Wahrheit ihrer Forschungsergebnisse zurückzuführen ist. Jedenfalls zeigte sich auch hier, daß die eigentliche fanatische Verfolgungssucht weniger im christlichen Klerus selber, als im Charakter der damaligen Laienwelt begründet war, und daß demzufolge in allen Fragen, welche die Kleriker unter sich, ohne Beeinflussung durch die weltliche Gewalt, zu erledigen hatten, etwas mehr Menschlichkeit geübt wurde. Gerade die obersten geistlichen Behörden, diejenigen also, die über solche „Irrende" zu Gericht saßen, waren mehr weniger genaue Kenner der Bibel, gewohnt allerdings an die herrschende antichristliche Auslegung, aber doch jedenfalls imstande, zu beurteilen, daß die davon abweichende ketzerische Auslegung immerhin einiges — vielleicht sogar den klaren Wortlaut der betreffenden Bibelstelle — für sich habe. Wo also ein unwissendes Laiengericht mit ruhigem Gewissen verurteilt hätte, wäre ihr Verdammungsurteil gewissenlos gewesen; sie vermieden es daher nach Tunlichkeit, ein solches zu fällen. Anders freilich geriet die Sache, wenn die Neuerung Anhänger im Laienpublikum fand und dadurch gefährlich wurde. In solchen — aber meist nur in solchem Falle — gingen auch geistliche Richter rücksichtslos vor, jedoch bezeichnenderweise weniger wegen der ketzerischen Bibelauslegung an sich, als vielmehr wegen der Verleitung von Laien zu Ketzereien. Ja es geschah häufig, daß die „irregeleiteten" Laien dem weltlichen Gerichte zur Abschlachtung übergeben, der geistliche Verleiter dagegen einfach in ein Kloster gesteckt wurde. Das Gift der solcherart da und dort immer wieder neu auftauchenden freiheitlichen Bibelauslegung aber fraß im Stillen weiter um sich. Stets zahlreicher wurden die Kleriker, die, in die Fußstapfen früherer Zweifler tretend, das Recht in Anspruch nahmen, die Bibel anders aufzufassen, als die Kirche ihrer Zeit dekretierte, und um die Wende des zwölften Jahrhunderts hatte das Übel bereits zahllose Laien mitangesteckt, gegen welche dann Kirche und Staat mit der aus der Geschichte der Albigenserkriege bekannten Grausamkeit vorgingen. Ebenso bekannt ist, daß alles Wüten nutzlos blieb, daß der Geist der religiösen Auflehnung im Stillen, und zwar abermals vorwiegend unter den Klerikern weiterglomm, um zwei Jahrhunderte später zu neuerlichem, diesmal um vieles großartigerem Ausbruche, dem Auftreten Wiclifs und Hussens und schließlich zur Reformation zu führen.

Ausdrücklich muß hervorgehoben werden, daß es nicht die großen kirchlichen Neuerer sind, in deren Lehren und Schriften die kühnste, den biblischen Geist am treuesten wiederspiegelnde Auflehnung gegen die bestehende Ordnung der Dinge zu finden ist. Diese „Reformatoren" waren eben jene, denen es gelang, die Massen ihres Volkes, und damit schließlich die Staatsgewalt selber zu gewinnen, und das konnten — der Natur der Sache nach — überall nur die Halben sein, die vor den äußersten Konsequenzen der reinen Christenlehre zurückschreckten. Männer, die es wagten, sich zu den radikalen Sentenzen eines Ambrosius, Clemens, Hieronymus, Basilius zu bekennen, fanden sich zwar allezeit unter den Lesern der Bibel, und es fehlte ihnen auch keineswegs an Gläubigen; dauernde Erfolge jedoch konnten sie nicht erringen, weil ihre Lehren dem annoch herrschenden Geiste allzusehr widersprachen. Aber alle diese religiösen Bewegungen hatten das Gemeinsame, daß sie sich auflehnten gegen die Forderung unbedingter Unterwerfung, gegen das Verbot alles wie immer gearteten selbständigen Denkens, kurzum, daß sie den kritischen Geist wachrüttelten.

Und einzig dieser Geist religiöser Auflehnung war es, der, geraume Zeit vor dem Falle Konstantinopels, zur sog. Renaissance, zum Wiedererwachen der Künste und Wissenschaften und endlich zu jener großen politischen Revolution führte, welche mit Beginn des siebzehnten Jahrhunderts in England anhob, und von da ausgehend die Verfassung der abendländischen Völker umgestaltete. Die englischen Revolutionäre stützten sich bei ihrem Kampfe gegen das absolute Königtum und für Volksrecht schlechthin auf nichts anderes, als auf „die heilige Schrift", sie konnten sich auf nichts anderes stützen, weil in der weiten Welt keine andere Stütze für sie vorhanden war, nichts außer dem alten und neuen Testamente, woraus die in tiefster Entwürdigung darniedergehaltenen europäischen Völker die Vorstellung hätten schöpfen können, daß es irgendein Recht gebe, auf welches sich der Unterdrückte dem Unterdrücker gegenüber berufen könne. Bibelverse waren es, aus denen der Widerstand des Parlaments gegen Karl I. seine Nahrung schöpfte, Bibelverse, die den ungeschulten Parlamentstruppen die zum Siege über die Kavaliere unerläßliche Begeisterung einhauchten, Bibelverse, die den Richtern des gefangenen Königs das Todesurteil eingaben. Nachdem dies jedoch geschehen, die Bibel in England den politischen Sieg über arisches Knechttum errungen hatte, bemächtigte sich selbstredend die gesamte Literatur der neuen Ideen, und da in dem Widerstande gegen diese die offiziellen Kirchen aller Konfessionen ebenso selbstredend überall im Vordertreffen standen, so entwickelte sich im Laufe des achtzehnten Jahrhunderts allgemach die seltsame Begriffsverwirrung, daß man für weltlich, ja schließlich sogar für unchristlich nahm, was zwar unkirchlich, seinem innersten Wesen wie seinem Ursprunge nach jedoch durchaus christlich war. Jetzt beriefen sich die Revolutionäre nicht mehr auf Bibelzitate, sondern auf philosophische Sentenzen; nur daß diese Sentenzen den Philosophen niemals in den Sinn gekommen wären, hätte nicht zuvor die Bibel das englische Volk zur Revolution begeistert.

VI. Wissenschaft und religiöser Wahn.

Richtig aber ist, daß der geistige Emanzipationskampf mit dem politischen Siege der Bibel über die heidnischen Vorstellungen von der Verschiedenheit der Menschen vor Gott, noch lange nicht sein Ziel erreicht hat. Auf sozialem Gebiete erwies sich dieser Erfolg als durchaus unfruchtbar; die politisch Gleichberechtigten blieben wirtschaftlich unfrei und nach wie vor war es die Religion, die sie dazu machte. Denn es liegt nicht etwa bloß an zufälligen Formen der Religion, daß der Mensch durch sie zum Knechte wird; ihre domestizierende Wirkung haftet nicht bloß dem uranfänglichen Gespensterglauben an, sondern ist das notwendige Korrelat jeder wie immer gearteten Weltauffassung, die im Universum das Prinzip der Herrschaft statuiert. Ersterer war die ursprüngliche, aller Knechtschaft tatsächlich allein zugrunde gelegenen Religionsform, nicht deshalb, weil er etwa allein vermögend gewesen wäre, Knechtschaft hervorzurufen, sondern deshalb, weil er allein ursprünglich entstehen konnte, die sog. „höheren" Religionsauffassungen erst aus ihm allmählich zu erwachsen vermochten. Ein Element, und zwar ein zwingendes, der Domestikation blieben die höchst entwickelten Religionen nicht minder, wie die primitivsten, rohesten, unbeschadet des Umstandes, daß sie ihre Entstehung offensichtlich dem Bestreben der Erlösung aus den Fesseln der Domestikation verdanken.

Er waren eben insofern verfehlte Bestrebungen, als sie das Wesen des zu beseitigenden Übels, das Prinzip der Herrschaft, unangetastet lassen mußten, da es ihnen nicht gelungen war, sich zur Erkenntnis der Wesenlosigkeit der aller Herrschaft zugrunde liegenden Wahnvorstellung durchzuringen. Solange die Menschen im Glauben verharren, daß die Erde mit allen ihren Gütern fremdes Eigentum sei, bleibt es sich der Hauptsache nach gleich, wie sie sich dieses Fremdeigentum vorstellen: ob von vielen, oder von e i n e m Herrn ausgeübt; auf den Gedanken, daß sie selber die Eigentümer seien, werden sie in keinem Falle geraten.

Ja in diesem entscheidenden Punkte hat der Monotheismus sogar eine Verschlimmerung gebracht, indem er, wie wiederholt schon angedeutet, die Idee der göttlichen Weltregierung sehr wesentlich ausdehnte und zugleich vertiefte. Der Monotheist stellt sich seinen Eingott nicht nur als ein um vieles mächtigeres Wesen vor, als dies die Bekenner von Vielgötterei mit all ihren Göttern tun; er denkt sich ihn auch als gerechtes, weises und gütiges Wesen, welches er um deswillen nicht bloß fürchtet, sondern als Inbegriff alles Edlen und Guten, als obersten Hüter, ja als Schöpfer der Moral auch verehrt und liebt. Aus diesem Grunde ist der eine Gott ein um vieles despotischerer Herr der sich zu ihm bekennenden Menschen, als der grausamste Götze es jemals den Heiden war. Kein Götzendiener wußte etwas von jener inneren Zerknirschung, von jener völligen Unterwerfung des eigenen Willens unter den göttlichen, die der Monotheismus in seinen Bekennern hervorruft.

Nun sehen wir zwar durch die ganze Epoche des sog. Aufklärungszeitalters hindurch die Wissenschaft unablässig am Werke, die Quelle aller Religion, den Geisterwahn, zu verschütten, und wenn es ein über jeden Zweifel erhabenes Resultat menschlichen Fortschritts gibt, so ist es die, dank dieser wissenschaftlichen Arbeit nachgerade zum Gemeingute der ganzen modernen Menschheit gewordene Erkenntnis, daß die den Geisterglauben hervorrufenden Erscheinungen auf bloßer Sinnestäuschung beruhen. Doch diesem vollständigen theoretischen Triumphe der Wissenschaft über den Aberglauben steht eine ebenso vollständige praktische Erfolglosigkeit zur Seite. Wir lachen über die Gespenster, aber wir fahren fort, uns von ihnen beherrschen zu lassen. Auch wäre es Irrtum zu glauben, daß dem bloß deshalb so sei, weil die Wissenschaft noch nicht Zeit gehabt habe, die durch sie vermittelten Erkenntnisse zum Gemeingute aller zu machen. Die „Wissenden" fügen sich nicht deshalb der Gespensterherrschaft, weil sie durch die Überzahl der Unwissenden dazu gezwungen werden; es fehlt ihnen nicht bloß die Macht und der Mut, sondern auch der Wille zur Abschüttelung des Jochs der religiösen Wahnvorstellungen.

Der Grund hierfür ist meines Erachtens darin zu suchen, daß diese letzteren nunmehr, nämlich seitdem sie im Wege des Monotheismus zu vermeintlichen Grundlagen der Moral geworden, gleichsam auf zwei Säulen ruhen, deren eine allerdings nach wie vor Geisterfurcht, deren andere jedoch die dem Menschen immanenten altruistischen Gefühle sind. Daß der Egoismus nicht der einzige Instinkt des Menschen ist und sein darf, daß es neben diesem auch noch Pflichten gegen den Nebenmenschen gebe, fühlt jeder normal Veranlagte; und solange nun der Glaube besteht, daß es eben Religion sei, was uns diese Pflichten zum Bewußtsein führe, ist nur zu begreiflich, daß sich daran die umgekehrte Schlußfolgerung knüpft, diese immanenten altruistischen Instinkte seien die Quelle der Religion. Ja in letzter Linie wird Religion geradezu mit ihnen identifiziert, sie werden beide unter irgendeinem entsprechenden Namen, als welchen ich bloß Kants kategorischen Imperativ nennen will, zusammengefaßt und sind damit gegen alle Angriffe bestens gefeit, die einseitig bloß den Geisterwahn zum Gegenstand haben. Denn auch diejenigen, die, von transzendenten Spekulationen unberührt, an die Identität von Religion und menschlichen Moralideen nicht glauben, bleiben, solange sie der Meinung sind, daß Religion denn doch eine Stütze der Moral sei, allen noch so evidenten wissenschaftlichen Beweisen ihres Wahncharakters entweder schlechthin unzugänglich, oder sie begnügen sich doch bestenfalls damit, die Wahrheit im Prinzipe anzuerkennen, ohne jedoch ihre praktischen Konsequenzen zu ziehen. Der Intellekt des Menschen ist eben, sehr im Gegensatz zu seiner angeblichen Herrschaft über den Willen, in aller Regel letzterem durchaus untertan, d. h., wir vermeinen zwar zu glauben, was wir als wahr erkennen, tatsächlich aber erkennen wir regelmäßig bloß das als wahr, was wir für gut halten, und solange sie sie daher als gut, d. h. als dem Guten dienend gelten lassen, werden die meisten Menschen fortfahren, an die Wahrheit der Religion zu glauben, die Wissenschaft mag dazu sagen, was sie will. Und jene Seltenen hinwieder, die überhaupt von etwas für gut Gehaltenem zuzugeben imstande sind, daß es unwahr sei, fühlen sich trotzdem verpflichtet, Partei zu ergreifen für den heilsamen Wahn gegen die verderbliche Wahrheit.

Die Wissenschaft müßte also, sollen anders die ihrerseits gebotenen Aufklärungen irgendwelchen praktischen Erfolg verheißen, außer der Richtigkeit auch die Schädlichkeit des Geisterwahnes nachweisen. Das ist ihr bisher nicht gelungen. Zwar an — wenn auch vereinzelten — Versuchen hierzu hat es nicht gänzlich gefehlt, es waren jedoch durchaus mißlungene Versuche, d. h. sie haben keinen irgendwie nennenswerten Eindruck hervorgerufen, wie mir scheint, hauptsächlich aus dem Grunde, weil sie lediglich von ethischen Gesichtspunkten ausgingen. Sie beschäftigten sich bloß mit der Frage der *moralischen*, nicht aber zugleich mit jener der *wirtschaftlichen* Nützlichkeit oder Schädlichkeit der Religion. Und nun ist allerdings der in diesem Buche behandelte eigentliche Zusammenhang zwischen Religion und bürgerlicher Ordnung der öffentlichen Meinung bisher unbekannt; daß aber hier irgendein Konnex besteht, daß die gesamte *bürgerliche* Kultur bedroht ist, wird ihr die Stütze der Religion entzogen, das weiß oder ahnt zum mindesten jedermann, was zur notwendig gen Folge hat, daß dem Religionsprobleme — mit Recht — eine seiner ethischen Bedeutung ebenbürtige wirtschaftliche beigelegt wird. Dabei bin ich weit entfernt, zu behaupten, daß die Behandlung auch nur der einen, der ethischen Seite des zu lösenden Problems bisher sonderlich zutreffend gewesen wäre; aber ich meine, daß selbst die an sich gelungenste Beweisführung der Moralwidrigkeit von Religion wenig genützt hätte, solange der Glaube an ihre Kulturnotwendigkeit unangetastet bleibt. Denn in noch viel höherem Grade, als die Anerkennung der Unwahrheit, widerstrebt den Menschen die der Immoralität einer Sache, welche sie als in ihrem Interesse gelegen betrachten. Daß Religion ethisch verwerflich sei, werden sie daher erst recht niemals zugeben, solange sie sie für nützlich in wirtschaftlicher Beziehung halten.

Den Nachweis aber, *daß Religion, respektive die durch sie gestützte bürgerliche Ordnung aufgehört habe, ein Erfordernis des Kulturfortschrittes zu sein*, hat die Wissenschaft ernstlich noch gar nicht unternommen. Alles was bislang nach dieser Richtung produziert wurde, beschränkt sich, bei Lichte besehen, auf fromme Wünsche und bloße Behauptungen. Das genügt nun wohl, um bei denjenigen, die aus ganz anderweitigen Gründen in Auflehnung gegen die bestehende soziale Ordnung begriffen sind, mehr minder begeisterte Zustimmung zu erwecken, ist jedoch selbstverständlich keineswegs geeignet, irgendwen wirklich zu überzeugen. Denn eine durch die Erfahrungen ungezählter Jahrtausende erhärtete Meinung gilt es zu zerstören, und dazu ist durchaus erforderlich, daß auf unwiderlegliche, bisher bloß nicht im richtigen Lichte betrachtete Tatsachen hingewiesen und ebenso unwiderleglich gezeigt werde, daß und warum sie die Knechtschaft fürderhin entbehrlich machen.

XII. Kapitel.

Die Herrschaft über die Elemente.

I. Zusammenhang zwischen den sozialen Einrichtungen und der Ergiebigkeit der Arbeit.

Religiöser Wahn, d. i. also ein geistiger Vorgang, war es, was die Knechtschaft hervorgerufen; deshalb ist es jedoch nicht minder richtig, daß bestimmte materielle Voraussetzungen sich einstellen mußten, damit einerseits besagter geistige Prozeß selber vor sich gehen, anderseits unter seinem Einflusse Knechtschaft resultieren könne. Und zwar waren es Vorgänge auf dem Gebiete der menschlichen Arbeit, die nach beiden Richtungen maßgebend gewesen. Die Gespensterfurcht konnte sich zu dem, aller eigentlichen Religion zugrunde liegenden Gefühle dauernder Verschuldung den Geistern gegenüber, und daraus hervorgehender dauernder Abhängigkeit von diesen, erst herauswachsen, nachdem es in Folgewirkung bestimmter wirtschaftlicher Fortschritte untunlich, oder doch schädlich im höchsten Grade geworden, den Verstorbenen ihre gesamte Hinterlassenschaft ins Grab mitzugeben; und die Gespensterherrschaft konnte zu Sklavenarbeit der Beherrschten erst führen, nachdem die Produktion ergiebig genug geworden, um einen Abzug vom Arbeitsertrage zugunsten des Herren zu ermöglichen, ohne dem Sklaven die Lebensfristung und die Aufzucht von Nachkommen unmöglich zu machen. Der Nutzen der Sklaverei im menschlichen Daseinskampfe aber liegt darin, daß sie es zum wenigsten einer Minderzahl — den Herren — ermöglicht, Überfluß und Muße zu genießen, was abermals mit der Ergiebigkeit menschlicher Arbeit im Zusammenhange steht. Nur dies in umgekehrter Richtung, wie bei dem zu Entstehung von Knechtschaft nachgewiesenen Konnexe. Damit Sklaverei entstehen könne, mußte die Ergiebigkeit der Arbeit eine gewisse Stufe erreicht haben; ihre entwicklungsgeschichtliche Nützlichkeit hinwieder hing davon ab, daß die Ergiebigkeit der Arbeit hinter einer bestimmten — von der erstgedachten allerdings verschiedenen Stufe — zurückgeblieben. Die Arbeit muß Überschüsse über das zu tierischer Lebensfristung durchaus Erforderliche ergeben — sonst kann Knechtschaft nicht entstehen; sie darf jedoch nicht so ergiebig geworden sein, daß Überfluß und Muße auch für denjenigen möglich werden, der über die Früchte bloß der eigenen Arbeit verfügt, sonst hört Knechtschaft auf nützlich zu sein. Denn daß es — wenn wirklich jedermann Überfluß und Muße genießen könnte, ließe man ihn im ungestörten Besitze der Früchte eigenen Fleißes — sicherlich das beste und vorteilhafteste wäre, die Ausbeutung des Menschen durch den Menschen hörte auf, das, so meine ich, wird selbst der Orthodoxeste der Orthodoxen zugeben. Er wird über einen solchen Gedanken mitleidig die Achsel zucken, ihn wahrscheinlich in das Gebiet der albernsten Utopien verweisen; daß aber, falls diese Utopie wider Vermuten Wirklichkeit werden sollte, Knechtschaft entbehrlich würde, wird er nicht in Abrede stellen.

Wie nun, wenn es sich tatsächlich so verhielte, wenn die Ergiebigkeit der Arbeit diese Stufe in Wahrheit erreicht hätte?

Es ist einleuchtend, daß ein solcher Wandel in der Arbeitsergiebigkeit ausschließlich Effekt des menschlichen Fortschrittes sein könnte. Dieser aber ist nichts Neues, nichts Modernes; es war von Uranfang der menschlichen Dinge seine Eigenart, die Arbeit stets ergiebiger zu gestalten; welchen vernünftigen Grund haben wir zu der Erwartung, daß diese von jeher vorhanden gewesene Steigerung der Ergiebigkeit urplötzlich von einem Effekte begleitet sein soll, den sie nie zuvor an den Tag gelegt? Denn das Wesen der Knechtschaft vermochte alle bisherige Kulturentwicklung nicht im geringsten zu berühren. Zugegeben, daß der Fortschritt — sofern er nur unbehindert sich häufen kann — endlich mit Notwendigkeit jenen Grad der Arbeitsergiebigkeit hervorrufen muß, den wir als Voraussetzung der wirtschaftlichen Freiheit erkannt haben; was spricht dafür, daß dies schon eingetreten, und nicht etwa erst nach Jahrtausenden eintreten wird? Oder unterscheidet sich vielleicht der Fortschritt der jüngsten Vergangenheit von demjenigen aller vorherigen Epochen gerade in dem hier entscheidenden Punkte, nämlich in seinem Einflusse auf die Ergiebigkeit der menschlichen Arbeit, derart ex fundamento, daß wir an diesen fundamentalen Unterschied die Erwartung knüpfen dürfen, die bis dahin so gänzlich ausgebliebene

Rückwirkung auf die Verteilung von Plage und Genuß unter den Menschen könne sich nunmehr einstellen?

Sehen wir zu!

Die ökonomische Bedeutung des menschlichen Fortschrittes war allerdings von Uranfang der Dinge, daß durch ihn die Arbeit fortlaufend ergiebiger wurde, aber dies vollzog sich alle bisherigen Jahrtausende der Menschheitsgeschichte hindurch der Hauptsache nach in der Weise, daß es gelang, die menschliche Hand mit stets vollkommeneren Werkzeugen auszurüsten. Die Schlagkraft der Faust wurde durch den Hammer, die Greifkraft der Finger durch die Zange verstärkt, und in ähnlicher Weise dienten alle wie immer Namen habenden Werkzeuge dazu, die Arbeitseignung der menschlichen Gliedmaßen zu erhöhen. Die motorische Kraft jedoch, welche all diese Arbeitsbehelfe in Bewegung zu setzen hatte, war und blieb die der menschlichen Muskeln. Die Mechanik schätzt diese Kraft im Durchschnitt auf dreißig „Fußpfunde", d. h. auf eine Energie, die ausreicht, um dreißig Pfund einen Fuß hoch in der Sekunde zu heben; nun denn, über so viel mal dreißig Fußpfunde, als es arbeitende Volksgenossen zählte, verfügte von Uranfang aller Zivilisation bis in die jüngste Vergangenheit jedes Volk, gleichviel welchen Kulturzustandes es sich erfreuen mochte. Die ersten, rohesten Pfahlbauer der Steinzeit besaßen davon nicht weniger, als die höchstentwickelten, reichsten Völker des Altertums, Mittelalters oder der Neuzeit. Alle Vervollkommnung der Arbeitsbehelfe genügte nun offenbar nicht, um eine lebendige Kraft von dreißig Fußpfunden in Stand zu setzen, wesentlich mehr als des Lebens tierische Notdurft einer Familie zu produzieren. Wenn daher der menschliche Fortschritt in seiner Anwendung auf die Arbeit auch weiterhin darauf beschränkt geblieben wäre, die zu Ausrüstung besagter dreißig Fußpfunde dienenden Werkzeuge des ferneren zu vervollkommnen, so gäbe es tatsächlich keinen vernünftigen Grund zu der Annahme, daß ihm urplötzlich gelungen sei, die Arbeitsergiebigkeit bis zu dem behufs Überwindung der Knechtschaft erforderlichen Maße zu steigern.

Doch gerade hierin hat sich der entscheidende Wechsel vollzogen; eine Steigerung der Ergiebigkeit menschlicher Arbeit ist eingetreten, die sich nicht bloß dem Grade, sondern dem Wesen nach von den Fortschritten aller voraufgegangenen Jahrtausende unterscheidet. Denn während jeglicher frühere Fortschritt — wie schon ausgeführt — auf bessere Ausrüstung der unabänderlich gegebenen menschlichen Muskelkraft beschränkt blieb, ist es dem Menschengeiste nunmehr gelungen, die zur Verfügung stehende Arbeitsenergie selber zu vermehren, und zwar dies, da dabei aus dem unerschöpflichen Schatze der Elementarkräfte geschöpft wird, durchaus nach Belieben, mit keiner anderen Grenze, als der durch die Befriedigung des jeweiligen Bedarfs gegebenen. Jetzt sind es nicht mehr die dreißig Fußpfunde der menschlichen Muskeln, von deren Leistungen die Zunahme des menschlichen Reichtumes abhängt; dieser Reichtum könnte jetzt wachsen nach Maßgabe der unermeßlichen Kraft der Riesen Wärme und Elektrizität. Nicht mehr wie allezeit bis dahin wäre es nötig, daß menschliche Massen bei harter unausgesetzter Arbeit in schmählichem Mangel schmachten, damit eine kleine Minderheit Überfluß und Muße genieße; jetzt könnte Überfluß bei mäßiger Arbeit für jedermann geschaffen werden, denn unbegrenzte Mengen von nimmermüden Knechten aus Stahl und Eisen bieten sich dar, um jene Dienstleistungen zu übernehmen, welche bis dahin Aufgabe der menschlichen Knechte gewesen.

II. Ökonomische und soziale Bedeutung der Herrschaft über die Elemente.

Seltsam ist, daß diese menschheiterlösende Bedeutung der technischen Errungenschaften der letzten eineinhalb Jahrhunderte gerade den Zeitgenossen bisher so gänzlich verborgen blieb. Zwar an volltönenden Redensarten zu vermeintlicher Würdigung des „Zeitalters des Dampfes und der Elektrizität" fehlt es nicht, nur von dem einen ist nicht die Rede, worauf allein der wahre Wert aller technischen Errungenschaften beruht, daß sie nämlich die materielle Voraussetzung schufen zu wirtschaftlicher Befreiung des Menschengeschlechtes.

Frühere Jahrhunderte und Jahrtausende waren in diesem Punkte nicht mit gleicher Blindheit geschlagen. Schon Aristoteles spricht sich darüber mit einer Schärfe aus, die nichts zu wünschen übrig läßt. Er unterscheidet sich von der Urteilslosigkeit moderner Orthodoxie zunächst schon dadurch, daß er, weit entfernt, die Knechtschaft auf einen ursprünglichen menschlichen Instinkt zurückzuführen, sich vollkommen klar darüber ist, daß sie auf Unterdrückung des menschlichsten aller Instinkte, des Eigennutzes nämlich, beruht. Ihren Nutzen erklärt er in seiner „Politik" ganz richtig daraus, daß Künste und Wissenschaften unmöglich wären, gäbe es keine Menschen, die mehr als das Notwendige besitzen und zugleich harter, aufreibender Arbeit enthoben sind, woraus wieder hervorgehe, daß es Menschen geben müsse, die harte, aufreibende Arbeit für andere verrichten. „Sollte aber", so schreibt er, „dereinst eine Zeit kommen, wo der Pflug ohne den Stier, und das Weberschiffchen ohne den Weber sich bewegen, dann kann es keine Sklaven mehr geben." Nun ist allerdings des Aristoteles Meinung ganz offenbar, daß dies niemals geschehen werde. Er hält es, und mußte es nach dem damaligen Stande der Naturwissenschaften für unmöglich halten, daß außertierische Kräfte in solchem Maße zu Verrichtung von Arbeit herangezogen werden könnten, wie er dies in dem Beispiele vom Pfluge und vom Weberschiffchen versinnbildlicht; was jedoch die Folge sein müßte, geschähe es irgendwie dennoch — darüber ist er mit sich vollkommen im Reinen.

Und als dann zwei Jahrtausende später jener große Umschwung in den Zielen der Wissenschaft eintrat, der dem bis dahin ausschließlich auf abstrakte Erkenntnis gerichteten Forschen wachsende Macht über die Natur als praktisches Ziel vorsteckte; da war es der Mann, der als vornehmster Bahnbrecher dieser neuen wissenschaftlichen Richtung gilt, Bacon von Verulam, der Vater der modernen Naturforschung, einer der nüchternsten, besonnensten, zugleich aber einer der größten Geister aller Zeiten, dem sich zu eins mit der Erkenntnis, daß alle Wissenschaft nur insofern Wert habe, als sie nützlich sei, auch die fernere Erkenntnis erschloß, daß aller Nutzen der wissenschaftlichen Errungenschaften eben in der Befreiung der Menschheit aus dem Joche der Sklaverei gipfeln werde. Was Aristoteles noch höchstens vom direkten Eingreifen der Götter erwarten mochte, das sah Bacon bereits als praktisch erreichbares Ergebnis wachsender Macht über die Naturkräfte vor seinem geistigen Auge. In welcher Weise und mit welchen Mitteln es dem Forschertriebe gelingen werde, die Elemente menschlichen Zwecken dienstbar zu machen, das konnte der große Denker zu Beginn des siebzehnten Jahrhunderts natürlich noch nicht wissen, aber daß es gelingen werde, war ihm nicht mehr zweifelhaft, und daß der Nutzen den dann die Menschheit aus der erlangten Herrschaft über die Natur ziehen würde, darin zu suchen sei, daß die Elemente all jene schmutzige, aufreibende Arbeit übernehmen würden, die bis dahin menschlichen Knechten aufgebürdet war, erschien ihm so selbstverständlich, daß ihn die vorahnende Trunkenheit über das damit hereinbrechende goldene Zeitalter der Freiheit und Gerechtigkeit zu Abfassung seiner „Nova Atlantis" drängte, eines Staatsromanes, in welchem dieses durch die Arbeit der Elemente verwirklichte goldene Zeitalter anschaulich geschildert wird.

Man glaube auch nicht, daß Aristoteles und Bacon mit ihren Ansichten vereinzelt gewesen wären. Ich berufe mich gerade auf sie, weil sie die Größten sind, und weil ihre Meinungen zugleich die beiden entgegengesetzten Pole darstellen, zwischen denen sich die Auffassung der Geistesheroen früherer Epochen bewegte. Sie alle glauben entweder gleich Bacon, oder sie bezweifeln gleich Aristoteles, daß dereinst der Pflug ohne den Stier und das Weberschiffchen ohne den Weber sich bewegen werde; daß jedoch, w e n n es geschähe, alle Menschen frei und gleich werden müßten — das zu bezweifeln, ja daran gar nicht zu denken — blieb unserem „aufgeklärten" Zeitalter vorbehalten, gerade demjenigen, welches das anscheinende Wunder als greifbare Wirklichkeit erlebt hat. Und wenn man näher zusieht, ist es eben der letztere Umstand, daß nämlich unsere Zeit Zeugin des Eintretens der Elemente in den Dienst der Menschheit geworden, woraus sich die ansonsten unbegreifliche Blindheit gegen die Bedeutung dieser Tatsache erklärt. Wohl ist es wahr, daß das gegenwärtige Geschlecht ganz im allgemeinen bornierter ist, als seine Vorgänger gewesen — das Wort „borniert" hier im buchstäblichen Sinne genommen, nicht als Dummheit, sondern als Beschränktheit des Gesichtskreises. Das Wissen ist so umfangreich geworden, daß es heute niemand mehr gibt, der das g a n z e Wissen seiner Zeit derart zu überblicken vermöchte, wie dies bei hervorragenden Geistern früherer Epochen in der Regel der Fall war. Für alle Großen galt einst das „nihil humani mihi alienum puto" Senecas; die Koryphäen der Gegenwart sind „Fachmänner", „Spezialisten", die wegen der Versenkung in ihr engeres Wissensgebiet den Überblick über den Zusammenhang aller menschlichen Dinge mehr minder verloren haben. Trotzdem wäre unbegreiflich, daß die zur Tatsache gewordene Herrschaft des Menschen über die Elemente bisher noch keinen der Zeitgenossen zu ihrer tieferen Würdigung angeregt hat, ginge diese Tatsache nicht Hand in Hand mit ihrer bisherigen Unfruchtbarkeit. Der Mensch hat nunmehr wirklich die Kunst erlernt, die Elemente für sich arbeiten zu lassen, tatsächlich jedoch ist dadurch bisher auch nicht eines Menschen Plage verringert, Not und Elend nicht aus der Welt geschafft worden, und d e s h a l b legt die Gegenwart besagter Errungenschaft nicht jene Bedeutung bei, die in den

Augen voraufgegangener Denker für schlechthin selbstverständlich galt. Bei allem Respekt vor Aristoteles und Bacon hält sich doch jeder Moderne — sofern er überhaupt Kenntnis von den betreffenden Ansichten jener Beiden hat — wenn auch nicht für klüger, so doch für erfahrener als sie, für reicher an einem Erlebnisse, welches auch jene entnüchtert hätte, wäre es schon zu ihrer Zeit bekannt gewesen.

Es wäre ungerecht, zu glauben, daß es bisher noch keinem von diesen klugen und erfahrenen Modernen in den Sinn gekommen, besagtes, immerhin auffallende Erlebnis — die Unfruchtbarkeit gesteigerter Arbeitsergiebigkeit — etwas eingehender zu untersuchen. Zwar die meisten von ihnen — Marx nennt sie verächtlich Vulgärökonomen — finden an selbem überhaupt nichts, was zu besonderem Nachdenken Anlaß bieten würde. Daß die in den Dienst der Menschheit getretenen Elemente weder Elend noch Plage verringert haben, ist in ihren Augen offenbar so selbstverständlich, als nur irgendeine andere alltägliche Erscheinung. Doch gab es immerhin einige wenige, die darüber zu grübeln für wert hielten; gefunden aber haben auch sie nichts Stichhaltiges, trotzdem sich nicht übersehen läßt, einerseits, daß es gerade die größten und scharfsinnigsten Volkswirte der letzten Jahrhunderte sind, die zu diesen Wenigen gehören, und daß sie anderseits ganz offensichtlich in dieser sie beschäftigenden Frage das Grundproblem der gesamten Wirtschaftslehre erkannten. Was sie zu dessen Erklärung vorbrachten, ist nicht bloß falsch, sondern in Wahrheit schlechthin absurd; es läuft, von nebensächlichen Abweichungen abgesehen, bei ihnen allen — angefangen von den Physiokraten bis zu Riccardo und Marx — der Hauptsache nach auf das nämliche, auf eine sophistische Spielerei mit dem Wertbegriffe hinaus, auf einen durch allerlei Trugschlüsse versuchten Nachweis dafür, daß menschliche Arbeit unvermögend sei, den Wert der erzielten Produkte zu erhöhen. Als ob das — selbst wenn es wirklich wahr wäre — mit dem in Frage stehenden Sachverhalte auch nur das Geringste zu tun hätte! Als ob das zu ergründende Rätsel darin läge, daß die Gegenstände des menschlichen Bedarfs geringen Wertes, und nicht vielmehr darin, daß sie nach wie vor in ungenügender Menge vorhanden sind? Die Massen hungern und frieren, trotzdem wir die Fähigkeit erlangt haben, unendliche Quantitäten aller erdenklichen Gebrauchsartikel zu erzeugen, und eine ganze Reihe der geistreichsten, ehrlichsten Forscher will uns nun vordemonstrieren, das komme daher, weil alle diese guten und schönen

Dinge die Eigenschaft haben, an Wert so viel zu verlieren, um wie viel ihre Menge zunimmt! Man wird zugeben, daß dies alles andere eher, als eine wirkliche Lösung des in Frage stehenden Problems ist.

III. Bisherige Resultatlosigkeit des technischen Fortschrittes.

Und doch ist meines Erachtens die Erklärung überaus einfach. Die erlangte Wissenschaft, die Elemente für uns arbeiten zu lassen, hat deshalb so verschwindende Resultate ergeben, weil sie bloß in verschwindendem Maße tatsächlich ausgeübt wird.

Das abgelaufene Jahrhundert führt zwar den pompösen Titel eines Zeitalters des Dampfes, jedoch sehr mit Unrecht, sofern man darunter versteht, daß nunmehr die mechanische Kraft an die Stelle der animalischen getreten sei. Die ungeheuere Mehrzahl aller Menschen arbeitet noch immer wie vor Jahrtausenden ohne die Unterstützung der Elemente. Wohl stehen derzeit auf Erden Dampfmaschinen von rund hundert Millionen Pferdekraft in Betrieb — absolut genommen unfraglich eine ganz respektable Menge mechanischer Energie. Untersucht man aber, wie groß die Anzahl arbeitender Menschen ist, die sich bei ihrer Produktion dieser mechanischen Hilfsmittel bedienen, so ergibt sich, daß es denn doch nur wenige Millionen derart ausgerüsteter Arbeiter gibt, während hunderte und aber hunderte Millionen sich ohne sie behelfen müssen. Diese wenigen Millionen unter Einsatz von Elementarkraft produzierender Arbeiter sind nun selbstverständlich außerstande, für die anderthalb Milliarden Lebender jenen Reichtum zu erzeugen, der dann, aber auch nur dann hervorgebracht würde, wenn wirklich die Elemente in den Dienst der ganzen Menschheit getreten wären.

Und fragt man darnach, warum dies nicht geschieht, so ist auch hierauf die Antwort sehr einfach: Man kann nicht mehr Maschinen anwenden, als notwendig sind, um den Bedarf nach Konsumtionsgütern aller Art zu decken. Jede darüber hinaus konstruierte Maschine müßte wegen Mangel an Absatz für ihre Erzeugnisse stille stehen. Die Menge der zur Konsumtion gelangenden Güter hinwieder hängt von der Kaufkraft der Menschen ab, und solange die Massen im sogen. Arbeitslohne nicht das Ergebnis ihrer Produktion, sondern ihre Lebensnotdurft zugemessen erhalten, kann nicht mehr produziert werden, als zur Deckung dieser Lebensnotdurft ausreicht.

Die Elemente wären bereit, zehn- und hundertfache Arbeit im Dienste der Menschheit zu verrichten, wäre nur Verwendung für die Früchte dieser zehn- und hundertfachen Arbeit vorhanden; und diese Verwendung fehlt einzig aus dem Grunde, weil die geltende soziale Ordnung der überwiegenden Mehrzahl die Früchte der eigenen Arbeit vorenthält. Nichts, absolut nichts, als diese mangelnde Verwendbarkeit der Produktionsergebnisse trägt Schuld an den so unendlich langsamen, mit dem Stande des technischen Wissens und Könnens in so schreiendem Mißverhältnisse stehenden Fortschritten der praktischen Anwendung von Maschinen. Daß es mehrerer Generationen bedurfte, bis die Benutzung mechanischer Kraft von den allerunscheinbarsten Anfängen schrittweise auch nur ihre derzeitige Ausdehnung errang, hat nicht etwa darin seinen Grund, daß Verständnis, Geschicklichkeit und Kapitalkraft hierzu sich nicht rascher hätten entwickeln lassen, sondern ausschließlich darin, daß die Verwendbarkeit der Erträge mechanischer Kraft — anfänglich beinahe gänzlich mangelnd — sich bloß schrittweise und allmählich auch nur zur gegenwärtigen Höhe erhob. Wäre der standard of life zur Zeit, als Watt die erste Dampfmaschine ersann, so hoch gewesen, wie in der Gegenwart, so hätte es eines sehr kurzen Zeitraumes bedurft, um — auf den Kopf der damaligen Bevölkerung gerechnet — so viele Dampfmaschinen in Betrieb zu setzen, als heute vorhanden sind; und wäre umgekehrt der Bedarf (relativ genommen) heute nicht größer, als vor vier Menschenaltern, so besäßen wir heute noch verhältnismäßig nicht mehr Dampfmaschinen als dazumal.

Gegen die Stichhaltigkeit des im obigen dargelegten Zusammenhanges zwischen Bedarf und sozialen Einrichtungen könnte geltend gemacht werden, daß letztere bloß einen Teil des Bedarfs, nämlich den zur Befriedigung des Massenkonsums dienenden, darniederhalten, während der Konsum der Besitzenden von ihnen ebenso unberührt bleibt, wie der Aufwand zu Kapitalanlagen. Bei dieser — abseitens der Orthodoxie tatsächlich erhobenen — Einwendung wird jedoch übersehen, daß hinwieder diese beiden letztgenannten Bedarfsarten unlöslich an das Ausmaß des Massenbedarfs gebunden sind. Der Kapitalaufwand dadurch, daß er doch ganz offenbar vom Umfange jenes Bedarfs abhängt, dessen Befriedigung sein ausschließlicher Zweck ist; der Luxusbedarf dadurch, daß hinwieder er von jenem Einkommen abhängt, aus welchem er Deckung finden muß, dieses wieder vom Ertrage der zur Befriedigung des Bedarfs dienenden Produktion. Man kann, von vorübergehender, zu krisenhaften Erschütterungen führender Überspekulation abgesehen, die Spinnereien und Webereien nicht vermehren oder erweitern, wenn die Nachfrage nach Gespinnsten und Geweben nicht wächst; und der Luxus des Fabrikanten kann — wieder abgesehen von ausnahmsweisen Abirrungen durch vorübergehende Verschwendung — nicht steigen, wenn seine industrielle Tätigkeit nicht zunimmt. Massenkonsum, Kapitalisation und Luxus sind aber die überhaupt möglichen Verwendungsarten der Produktionsergebnisse, und da sie alle drei, sei es direkt, sei es indirekt, bedingt sind durch das im herkömmlichen Arbeitslohne gegebene Ausmaß des zur Lebensfristung Erforderlichen, so ist ersichtlich, daß der Umfang der tatsächlichen Produktion, der tatsächlich zur Erzeugung gelangenden Reichtümer gänzlich vom Massenkonsum abhängt.

Daraus erklärt sich auch die Tatsache, daß die Verwendbarkeit von Maschinen durch die Höhe der Arbeitslöhne bedingt ist. Da Massenkonsum und Lohnhöhe selbstverständlich nichts anderes sind, als zwei Seiten der nämlichen Sache, so zeigt sich, daß die Völker mit relativ hohem Arbeitslohn von den modernen Erfindungen den verhältnismäßig ausgedehntesten Gebrauch machen, d. h. gleichsam die Fabrikanten der Welt sind, während die mit relativ niedrigerer Lohnhöhe auf Handarbeit beschränkt bleiben. Eine andere vernünftige Erklärung dieses unleugbaren Sachverhaltes gibt es nicht. Die Orthodoxie doziert zwar umgekehrt, daß die Lohnhöhe vom Stande des Reichtums abhänge, d. h. daß z. B. der Lohn in England hoch und in Italien niedrig sei, weil England reich, Italien arm sei. Diese umgekehrte Kausalverbindung aber — so plausibel sie auch auf den ersten Blick scheinen mag — ist doch widersinnig in jedem Betracht. Sie läßt erstlich unerklärt, worin denn die als causa efficiens hingestellte Verschiedenheit des beiderseitigen Reichtums ihren Grund habe; zum zweiten schreibt sie dem Wachstume des Reichtums eine Wirkung auf die Lohnhöhe zu, welche dieser an sich nie und nirgend ausübt, ja deren Gegenteil überall dort zu erwarten wäre, wo der Reichtum in Form von Maschinen auftritt. Denn die Maschine vermehrt nicht, sie vermindert die Nachfrage nach lebendiger menschlicher Arbeitskraft. Drittens und hauptsächlich aber versucht diese These wohl zu erklären, warum Maschinen in einem Lande seltener, nicht aber, was doch von entscheidender Bedeutung ist, warum sie dort minder rentabel als im anderen sind. Sie übersieht gänzlich, daß dort, wo elende Löhne gelten, aller — etwa von außen importierte — Reichtum keine, oder doch nur unansehnliche und seltene Fabriken ins Leben zu rufen vermag. Daß dem wirklich so ist, läßt sich nicht verkennen, und die — der Orthodoxie unmögliche — Erklärung hierfür liegt darin, daß die Elementarkräfte allerdings bei niedriger Lohnhöhe nicht weniger menschliche Arbeitskraft ersparen, als bei hoher, daß aber diese Ersparnis ersterenfalls geringeren Wert repräsentiert, als letzterenfalls, während der Preis der die Elementarkräfte zur Ausnützung bringenden Maschine da und dort der gleiche oder doch annähernd der gleiche ist.

Sollte aber gegen letztere Motivierung geltend gemacht werden, daß doch auch die Maschine ein Produkt menschlicher Arbeit sei, und zwar wohlverstanden, ein Produkt von weniger als der mit ihrer Hilfe zu ersparenden Arbeit, und daraus gefolgert werden, daß es überhaupt widersinnig sei, von Unrentabilität wirklich kraftersparender Maschinen, als von einer im Wesen der Sache gelegenen und nicht von bloßen Zufälligkeiten — wie etwa mangelnde Geschicklichkeit, Ungunst geschäftlicher Konjunktur und Ähnlichem — abhängigen Erscheinung zu sprechen, so ist hierauf folgendes zu bemerken. Allerdings ist auch die Maschine ein Produkt menschlicher Arbeit, und allerdings muß durch sie — soll sie anders ihren Namen verdienen, und nicht eine bloße technische Spielerei sein — menschliche Arbeit erspart werden. Während aber — solange die bürgerliche Ordnung mit ihren ausbeuterischen Einkommenzweigen besteht — die durch die Maschine e r s p a r t e Arbeit keinen höheren Wert repräsentiert, als die nackte Lebensnotdurft der entbehrlich gewordenen Lohnarbeiter, sind im K a u f - preise der Maschine neben den Löhnen der sie erzeugenden Arbeiter, noch Grundrente, Kapitalzins und Unternehmergewinn zu bezahlen. Und zwar eine Kombination unendlich mannigfaltiger Renten, Zinse und Gewinne. Alle die verschiedenen Eigentümer der Böden, in welchen die Mineralien geschürft, auf denen die Pflanzen gewachsen, die Tiere geweidet oder die Gebäude gestanden, deren man zur Herstellung der Maschine, der dazu erforderlichen Werkzeuge usw. bedurfte, verlangen Rente; den Kapitalisten, deren Gelder direkt und indirekt dem gleichen Zwecke dienten, gebührt Zins; den unterschiedlichen allen diesen Idustrien vorstehenden Unternehmern Gewinn. Fraglich kann nur sein, in welchem Verhältnisse die Summe dieser Renten, Zinsen, Gewinne zum Arbeitslohne steht, und klar ist für alle Fälle, daß es von diesem Verhältnisse abhängt, um ein wie vielfaches die vermittels der Maschine (während der ganzen Dauer ihrer Benutzbarkeit) zu ersparende Arbeitskraft die zu ihrer Herstellung (und in Betrieberhaltung) erforderliche übertragen muß, damit die Verwendung der Maschine rentabel erscheine. Wo der landesübliche Lohn auf einem Zehntel des vollen Arbeitsertrages darniedergehalten bleibt, rentieren bloß Maschinen, die mehr als 1000 Perzent Arbeit ersparen; steigt der Lohn auf ein Fünftel des Arbeitsertrages, so werden Maschinen rentabel, die mehr als 500 Perzent Arbeit ersparen usw.

Jegliche kraftersparende Maschine aber würde rentabel, wenn der Arbeitslohn auf die volle Höhe des Ertrages der Arbeit gestiegen wäre, — d. h. wenn das ganze Arbeitsprodukt ohne jeden Abzug für Rente, Zins und Gewinn den Arbeitenden gehörte — und die bürgerliche Ordnung ist es, die dies verhindert.

IV. Unvereinbarkeit der Herrschaft über die Elemente mit menschlicher Knechtschaft.

Die bestehende soziale Ordnung ist also aus einem Kulturerfordernisse zu einem Kulturhindernisse geworden, nämlich aus dem Mittel der Konzentrierung zu einem solchen der Darniederhaltung des Reichtums. Damit ist — meines Erachtens — über jeden Zweifel erwiesen, daß sie sich mit dem Kulturfortschritte — zum mindesten mit der modernen, in der Herrschaft über die Elemente zum Ausdrucke gelangenden Form desselben — auf die Dauer unmöglich verträgt. Sie oder jener müssen irgendwie überwunden werden, d. h. die Knechtschaft muß der Freiheit, oder die moderne Kultur muß der Barbarei Platz machen; ein drittes gibt es nicht. Denn dasjenige, was die Orthodoxie als das Selbstverständliche, näherer Untersuchung gar nicht Bedürftige ansieht, nämlich die Fortdauer des derzeitigen Zustandes mit seinem Gegensatze zwischen unermeßlich gesteigerter Produktivität und in den engsten Grenzen darniedergehaltener Konsumationsfähigkeit — gerade das erscheint mir als das Undenkbare. Ich halte den sich hier offenbarenden Konflikt zwischen Herrschaft über die Elemente und menschlicher Knechtschaft für einen so immanenten und gewaltigen, daß ich an die dauernde Koexistenz dieser Beiden schlechthin nicht glauben kann. Da sich die eisernen und stählernen Sklaven weigern, ihre Arbeit für die Menschheit zu verrichten, wenn diese ihrer Dienste nicht bedarf, so muß der

Konflikt, in welchen solcherart die Kultur mit sich selber geraten ist, irgendwie eine Lösung finden; wenn nicht dadurch, daß die Menschen genießen lernen, was die Elementargeister zu bieten vermögen, so dadurch, daß diese aus ihrem Dienste scheiden.

Um letztere Eventualität, die des Rückfalls in Barbarei plausibel zu machen, genügt der Hinweis auf das tatsächliche Schicksal aller bisherigen Zivilisationen allerdings nicht; die moderne Kultur besitzt in ihrer Universalität einerseits, in der ungeheuren Macht, die ihr gerade durch die erlangte Herrschaft über die Elemente zuteil geworden, andererseits, Garantien der Dauerbarkeit, die allen Vorgängerinnen fehlten; trotzdem ist ihr Untergang möglich. Denn die obigen Garantien schützen sie nur gegen äußere, nicht aber gegen innere Feinde. Vor dem Ansturme fremder Barbaren wird sie schwerlich zusammenbrechen, schon deshalb nicht, weil es binnen wenigen Menschenaltern Barbaren in dem hier gemeinten Sinne, nämlich Völker, die mit den modernen technischen Kulturmitteln unbekannt sind, garnicht mehr geben wird; wohl aber kann sie einer sich in ihrem eigenen Schoße entwickelnden Barbarei erliegen, ja die Ansätze zu einer solchen lassen sich heute schon mit Händen greifen. Ich meine damit weniger den stets heftiger auftretenden Klassenhaß, oder die stets zweifelloser in die Erscheinung tretende Feindschaft der Massen gegen die bestehende Ordnung, als vielmehr eine allgemeine, noch über das Maß der bisherigen hinausgehende Verderbnis, eine Art ethischen Fäulnisprozesses, mit welchem sich keinerlei wie immer geartete Gesittung dauernd unter einen Hut bringen ließe.

Irgendwelche altruistische Gefühle sind Voraussetzung jeglicher Gesellschaftsbildung, es handle sich dabei um Mensch oder Tier. Nun ist es allerdings mit dem Altruismus auch in der bürgerlichen Gesellschaft nicht weit her, und wenn speziell die „christlichen" Staaten dieser Anklage gegenüber darauf verweisen sollten, daß der Stifter ihrer Religion die Forderung: „Liebe deinen Nächsten als wie dich selbst" für die Grundlage allen religiösen Glaubens erklärt habe, so diene ihnen zur Antwort, daß das äußerliche Bekennen dieses Gebotes der Menschenliebe unter gleichzeitigem Festhalten an einer Ordung, die es den Menschen schlechterdings unmöglich macht, einander „als wie sich selbst" zu lieben, ihnen vielmehr bestenfalls jene Art Liebe gestattet, wie wir sie nützlichen Haustieren gegenüber empfinden mögen — Gedankenlosigkeit oder Heuchelei ist. Aber schließlich liegt auch in dem Verhältnisse zwischen Herr und Herde immerhin etwas dem Altruismus zum mindesten Verwandtes, keine wirkliche Liebe, aber doch die Möglichkeit wechselseitigen Wohlwollens, hervorgehend allerdings nicht aus dem Gefühle gleicher Art und gleichen Interesses, aber doch aus demjenigen wechselseitiger Brauchbarkeit. Der bürgerliche „Menschenfreund" nimmt keinen Anstand, den „Bruder in Christo" vor sein Joch zu spannen, aber er betrachtet ihn doch in aller Regel als ein nützliches, in seinem — nämlich des Menschenfreundes — eigenen Interesse möglichst zu schonendes Wesen, denn, so sagt er: „Der Gerechte erbarmt sich auch seines Viehes". Und dieses kümmerliche Analogon des Altruismus ist es, was — meines Erachtens — den sogenannten „Frieden" in der bürgerlichen Welt bisher möglich gemacht hat.

Mit der Herrschaft über die Elemente zugleich kann sich aber auf die Dauer selbst diese Sorte von Altruismus nicht behaupten. Jetzt hört der Nebenmensch auf, ein unter allen Umständen nützliches Objekt der Ausbeutung zu sein. Da wir mit der Maschine das Instrument in der Hand haben, durch e i n e n Knecht so viel produzieren zu lassen, als ohne sie durch zehne, ein wesentliches Mehr an Produkten jedoch nicht verwerten können, so sind von je zehn Knechten neune für uns entbehrlich, ja da sie trotz ihrer Entbehrlichkeit Futter verlangen, und wenn ihnen dieses nicht gereicht wird, ungebärdig werden, lästig und gefährlich. Welcherlei Gefühle ein solches Verhältnis zwischen Herren und Knechten notwendigerweise auslösen müßte, bedarf keiner näheren Ausführung und gar nicht zweifelhaft erscheint mir, daß sich mit denselben keinerlei gesellschaftliches Band würde dauernd vereinbaren lassen.

V. Der geistige Emanzipationsprozeß.

Mit all dem ist jedoch die Frage immer noch nicht entschieden, ob Freiheit an die Stelle der Knechtschaft überhaupt treten kann. Das letztere zu einem Kulturhindernisse geworden, besagt allerdings nicht bloß, daß sie dauernd mit Kultur nicht vereinbart ist, sondern ebenso, daß sie im Daseinskampfe überall, wo sie auf Freiheit stieße, dieser erliegen müßte, genau aus dem gleichen Grunde, aus welchem sie seinerzeit, solange sie ein Kulturerfodernis gewesen, überall obsiegte, nämlich weil Siegerin im Daseinskampfe stets jene Einrichtung bleibt, welche die höhere Macht verleiht.

Und daß der mit unbeschränkter Ausnützung der Elementarkräfte gegebene grenzenlos wachsende Reichtum Quelle unwiderstehlicher Macht werden müßte, braucht nicht erst bewiesen zu werden. Aber das hat zur Voraussetzung, daß Freiheit in den Daseinskampf tatsächlich eintritt, daß sie wirklich entsteht; und dazu genügt das Vorhandensein der materiellen Voraussetzungen ihres Sieges nicht. So wenig die Menschen sich der Sklaverei gefügt hätten, lediglich weil diese vorteilhaft im gesellschaftlichen Daseinskampfe geworden, dazu vielmehr die Überwindung des ursprünglichen Freiheitsgefühls durch den Geisterwahn notwendig gewesen; ebensowenig werden sie wieder frei werden, bloß weil Freiheit den größeren Vorteil im gesellschaftlichen Daseinskampfe böte, vielmehr gehört wieder dazu, daß der Geisterwahn vom ursprünglichen Freiheitsgefühle überwunden werde.

Und nun behaupte ich allerdings, daß diese Überwindung der Wissenschaft bisher bloß deshalb nicht gelungen ist, weil sie übersah, daß Knechtschaft, weit entfernt noch immer ein Kulturerfordernis zu sein, zum Kulturhindernisse ärgster Art geworden sei. Man könnte also meinen, daß mit dem Nachweise des bezüglichen Sachverhaltes jegliches Hindernis des bevorstehenden Triumphes der Freiheit endgiltig überwunden wäre. Dem ist jedoch nicht so. Die Wahrheit muß, um wirksam zu werden, Anerkennung finden und aus dem Bisherigen ist noch lange nicht klar geworden, ob dies geschehen wird. Daß es im Wesen der Wahrheit liege, sich über alle etwa entgegenstehenden Hemmnisse hinweg Bahn zu brechen, ist leider nichts anderes, als eine der zahllosen konventionellen Lügen, in die wir uns einzuspinnen lieben. Die bisherige Geschichte der Menschheit spricht — und zwar dies gerade auf dem hier in Rede stehenden Gebiete der religiösen Ideen — mit einer Bestimmtheit, die nichts zu wünschen übrig läßt, für das strikte Gegenteil. Noch niemals, soweit Erinnerung zurückreicht, ist der religiöse Wahn der Wahrheit, sondern allenfalls einem neuartigen Wahne erlegen, und man könnte bestenfalls einwenden, dem sei bloß deshalb so gewesen, weil die Wahrheit dem Wahne bisher noch niemals entgegengetreten. Doch auch das spräche nur dafür, daß sie allenfalls triumphieren *könne*; daß ihr — und sei es auch noch so später Sieg — unvermeidlich sei, bliebe trotzdem eine willkürliche, durch keinerlei Erfahrung erhärtete Annahme.

Dazu kommt noch, daß die Chancen der Wahrheit sich sehr wesentlich verschlechtert haben, seitdem sie es an Stelle der Vielgötterei mit dem Monotheismus zu tun hat, und zwar dies nicht bloß aus dem bereits früher erörterten objektiven Grunde der durch letzteren bewirkten Verknüpfung von Religion und Ethik, sondern vielleicht mehr noch wegen der — allerdings auf die gleiche Grundursache zurückzuführenden — Abnahme der menschlichen Urteilsfähigkeit. Der Monotheismus geht, so scheint mir, Hand in Hand mit einer hochgradigen Rückläufigkeit des kritischen Geistes. Erstlich schon dadurch, daß er seinen Bekennern zumutet, Dinge zu glauben, die mit aller Erfahrung im striktesten Gegensatze stehen. Das Heidentum war frei von diesem Gebrechen; es hielt sich in allen Stücken an die Erfahrung, an eine von der Wissenschaft nachträglich allerdings als auf Sinnestäuschung beruhend enthüllte, dazumal jedoch von niemand angezweifelte Erfahrung, die deshalb auch keines Zwanges bedurfte, um Glauben zu finden, während der Monotheismus — das ist sein zweites Gebrechen —, um sich zu erhalten, des Zwanges bedarf, eines Zwanges, der zu der dritten und schlimmsten Versündigung am Menschengeiste führte, zu jener mörderischen Auslese, welcher er die von ihm befallenen Völker viele Generationen hindurch unterwarf. Er begnügte sich nicht damit, den freien Gedanken zu verbieten, sondern rottete gleich giftigem Unkraute die freien Denker aus. Diese unleugbaren Tatsachen können unmöglich ohne Einfluß auf die intellektuelle Beschaffenheit der sich zum Monotheismus bekennenden Völker geblieben sein; diese müssen an Urteilsfähigkeit verloren haben und es hält auch nicht gerade schwer, die Symptome dieses geistigen Verfalles nachzuweisen. Am augenfälligsten ist derselbe gerade in der wissenschaftlichen Welt, deren sogenannte Fachleute das Vermögen, eine wirklich neue Wahrheit in sich aufzunehmen, d. h. eine solche, die den erbgesessenen Doktrinen widerspricht, und auf welche sich die übernommenen Thesen und Axiome nicht anwenden lassen, beinahe vollständig eingebüßt haben. Trotzdem sind naturgemäß die Fachgelehrten Führer des Volkes auf dem Wege neuer wissenschaftlicher Erkenntnis, und der Geisterwahn könnte daher noch ungemessene Zeit hindurch in Kraft bestehen, hinge seine Überwindung vom Durchdringen der richtigen wissenschaftlichen Theorien ab.

Die geistige Evolution hat jedoch glücklicherweise noch einen anderen, in aller Regel rascher und sicherer zum Ziele führenden Weg, als den durch bewußte, wissenschaftliche Erkenntnis hindurchführenden. Sie kann auch aus geänderten materiellen Existenzbedingungen hervorgehen — gleichwie umgekehrt der materielle Fortschritt zumeist das Ergebnis des geistigen ist. Es gilt auch in diesem Punkte — mutatis mutandis — das über den Zusammenhang der in Knechtschaft ausmündenden materiellen und geistigen Vorgänge dargelegte: sie bedingen sich gegenseitig, und ein vollständiges Bild der einschlägigen Entwicklung läßt sich daher bloß erlangen, wenn man sie alle beide, und zwar beide auch in ihrer Wechselwirkung untersucht. Geschieht dies mit der nötigen Unbefangenheit, so zeigt sich alsbald, daß man es im sozialen Emanzipationsprozesse — gleichwie in der Herrschaft über die Elemente — nicht mit erst noch zu erwartenden, sondern mit tatsächlich bereits — und zwar schon seit mehreren Menschenaltern — in vollem Zuge befindlichen Geschehnissen zu tun hat, die, wenn auch ihrer vollen Bedeutung nach noch nicht gewürdigt, uns doch aus Vergangenheit und Gegenwart sehr wohl bekannt sind, derart, daß sich über deren wahrscheinlichen ferneren Verlauf zwar nicht in allen, aber doch in zahlreichen wichtigen Beziehungen ganz bestimmte Schlüsse ziehen lassen.

XIII. Kapitel.

Die soziale Evolution.

1. Maschine und Arbeitslosigkeit.

Vieltausendjährige Domestikation hat den Kulturmenschen dahin gebracht, das Arbeiten zu fremdem Nutzen als natürliche und selbstverständliche Sache anzusehen. Der Mensch wurde dadurch zum Mittel für fremde Zwecke, er konnte nicht arbeiten, wenn und insoweit er selber nach den Früchten der eigenen Plage Verlangen trug, sondern bedurfte dazu eines Herrn, der seine Dienste in Anspruch nahm. Stillschweigende Voraussetzung aber war, daß solche „Arbeitgeber" genannte Abnehmer für die Früchte fremden Fleißes stets in ausreichender Beschaffenheit vorhanden seien. Daß es Menschen geben müsse, die zur Arbeit, und Menschen, die zum Genießen geboren sind, ließ man gelten, meinte aber dabei, daß auch Ersteren zum Mindesten so viel von den Gütern der Erde gebühre, als zu Erhaltung ihres Lebens notwendig sei. Es gab darüber keine ausgesprochenen Theorien, keinerlei „Recht auf Arbeit", wohl aber eine übereinstimmende Meinung, daß jedermann, der arbeiten wolle, dies zu tun, wenn nicht zu eigenem, so doch zu fremden Nutzen vermögend sein müsse. Davon, daß es außer Arbeitgebern und Arbeitern noch eine dritte Kategorie menschlicher Wesen geben könne, neben den Herren und den Knechten auch noch Überzählige, die auf Erden überhaupt nichts zu suchen haben, für die, um mit Malthus zu reden, der Tisch der Natur kein wie immer geartetes Gedeck enthalte, weder oben zwischen den Herren, noch unten zwischen den Knechten, davon wußte man vor Erfindung der Maschine nichts. Seither jedoch ist die „Arbeitslosigkeit" entstanden, und zwar nicht als ausnahmsweise unter besonders ungünstigen Verhältnissen sich einstellendes Schicksal Einzelner, sondern als regelmäßiger, von nur seltenen Epochen durchgängiger Arbeitsgelegenheit unterbrochener Zustand von Millionen. Gerade die Steigerung der Arbeitsergiebigkeit infolge der über die Elemente erlangten Herrschaft ist es, was die Verwendung aller Arbeitsfähigen und Arbeitswilligen unmöglich macht. Denn verwendbar sind bloß soviel Hände, als man zu Erzeugung verkäuflicher Produkte notwendig hat; steigt folglich der Ertrag der einzelnen Hand, ohne daß der Absatz entsprechend zunimmt, so kann man eben weniger „Hände" beschäftigen als zuvor; die Überflüssigen werden brotlos, nicht trotzdem, sondern gerade weil sie mehr Brot zu erzeugen vermöchten als zuvor; die Maschine, der eiserne Sklave, setzt menschliche Sklaven außer Tätigkeit.

Dieser Zusammenhang — die Orthodoxie mag ihn tausendmal leugnen — ist so klar und einleuchtend, daß eigentlich nicht die Arbeitslosigkeit an sich, sondern vielmehr der Umstand näherer Erklärung bedarf, warum stets nur ein verhältnismäßig gar nicht so großer Bruchteil der jeweilig verfügbaren menschlichen Arbeitskraft unverwendbar ist. Die Zahl der Arbeitslosen beträgt bloß wenige Perzente der aktiven Arbeiter, die Elemente haben aber die potentielle Ergiebigkeit der Arbeit, d. h. jene Ergiebigkeit, die dem technischen Fortschritte entspräche, auf ein sehr Vielfaches dessen gesteigert, was angesichts der Darniederhaltung des Massenkonsums auf das zur Lebensfristung Erforderliche überhaupt verwendbar ist; man sollte also meinen, daß nur ein geringer Teil der verfügbaren Arbeitskraft Beschäftigung finden könnte, und erstaunlich ist, daß nicht für die Mehrzahl, sondern bloß für ein Bruchteil der Arbeitsfähigen und Arbeitswilligen „kein Gedeck an der Tafel der Natur belegt ist".

Die Erklärung dieser Tatsache ist in dem bereits besprochenen Zusammenhange zwischen der Rentabilität von Maschinen und der Höhe des Arbeitslohnes, d. i. also des Konsums zu suchen. Nur genügt dieser Konex natürlich nicht zur Herstellung vollkommenen Gleichgewichts zwischen Konsum und Maschinenverwendung; denn daraus, daß zunehmende Verwendung von Maschinen steigenden Arbeitslohn zur Voraussetzung hat, folgt noch nicht, daß neu eingeführte Maschinen die Ergiebigkeit der Arbeit genau um soviel erhöhen müssen, um wie vieles der Arbeitslohn und mit diesem der Konsum gewachsen ist. Es ist vielmehr einleuchtend, daß sich in aller Regel ein mehr minder ausgiebiges Plus auf Seite der Ergiebigkeit einstellt; eine Maschine, die rentabel wird, wenn der landesübliche Arbeitslohn sich verdoppelt, kann die Ergiebigkeit der Arbeit vielleicht verhundertfachen, und wenn nun eine solche Maschine auch nur bei einem Dreißigstel der überhaupt verfügbaren Arbeiter zur Anwendung gelangt, so macht sie doch von je drei bis dahin beschäftigt gewesenen einen brotlos, denn sie bewirkt, daß durchschnittlich pro Hand dreimal mehr erzeugt werden kann, während der Absatz sich bloß verdoppelt.

Soviel zur Erklärung der Tatsachen des Arbeitsmangels, deren eingehendere Begründung der Leser im XVII. Kapitel meiner „Probleme der menschlichen Wirtschaft" findet. Daß unter deren Einflusse die Unzufriedenheit der Massen stetig zunahm, ist selbstverständlich. Ihr Murren wurde desto lauter, je häufiger sie sich der Gefahr ausgesetzt sahen, für ihren einzigen Besitz, ihre Arbeitskraft, keine Abnehmer zu finden. Das trat anfänglich, entsprechend der anfangs bloß sporadisch vorkommenden Verwendung von mechanischere Energie, bloß sporadisch auf. Als jedoch die Maschinen häufigere Verwendung fanden, mehrte sich auch die Zahl der durch sie brotlos gewordenen. Zwar die besitzenden Klassen und die ihrem Interesse dienende orthodoxe Wissenschaft sah auch darin, in der Arbeitslosigkeit wegen steigender Ergiebigkeit der Arbeit, im Verhungern von wegen des Überflusses, keinen Grund, an der Schönheit und Weisheit der bestehenden Ordnung irre zu werden. Im Gegenteile, ihre konsequenteren Köpfe, an ihrer Spitze der „Menschenfreund" Malthus, schöpften aus dem Umstande, daß Nahrungsmangel den Tod herbeiführt, sogar ein neues Argument zur Verherrlichung der durchgängigen Harmonie des „Schöpfungsplanes", derzufolge es so eingerichtet sei, daß die überzähligen Mitesser, die den verwendbaren Arbeitern bloß den Nahrungsspielraum beengen würden, den ihnen nicht gebührenden Platz auf Erden räumen müßten. Es zeigte sich aber mehr und mehr, daß diese Art Trost bei den Opfern besagter Harmonie, den enterbten Massen, nicht verfing. Den Glauben daran, daß sie von der Natur als Mittel zu fremden Zwecken geschaffen seien, hatte ihnen die knechtische Dressur beigebracht; als ihnen jedoch zugemutet wurde, den Hungertod als ihr gottgewolltes Schicksal hinzunehmen, begannen sie widerspenstig zu werden.

II. Schwinden der herrischen Autorität als Folge des modernen Industrialismus.

Gleichlaufend rief die Maschine stetig wachsende Zweifel an der Berechtigung des Herrschaftstitels der besitzenden Klassen hervor, und zwar dadurch, daß sie das Kapital im engeren Sinne des Wortes, d. i. die durch menschliche Arbeit entstandenen Arbeitsbehelfe, zum Instrumente der Verknechtung machte. Bis vor wenigen Generationen bildete das Grundeigentum den weitaus überwiegenden Teil allen, insbesondere allen produktiven Eigentums. Der mobile Besitz, dem immobilen gegenüber an sich schon geringfügig, bestand der Hauptsache nach aus Genußmitteln und todliegenden Schätzen; was daneben an Instrumenten und Werkzeugen vorhanden war, hatte so geringen Wert besessen, und wäre in aller Regel auch den Knechten so leicht erreichbar gewesen, daß die Obmacht des Reichtums durch alles andere eher, als durch das Eigentum an diesen beweglichen Gütern bedingt erschien. Der B o d e n stellte sich als letzte Quelle aller Zinspflicht, allen Anrechts auf anderer Leute Arbeitsprodukte dar, und jeglicher Zweifel an der naturgesetzlichen Rechtmäßigkeit der bestehenden Eigentumsordnung hätte sich daher in erster Linie gegen das Eigentum an Boden wenden müssen. Gerade dieses aber war — und ist teilweise heute noch — durch die am festesten eingewurzelten Wahnvorstellungen geschützt. Unausrottbar in jedes Menschen Brust schlummert die Meinung, daß Arbeit die natürliche und einzige Quelle allen Eigentums sei; daraus folgt nun in Wahrheit allerdings, daß der Boden, den niemand erzeugte, der ein freies Geschenk der Natur ist, rechtmäßig von niemand ins Eigentum genommen werden könne; aber gerade diese naturgemäße Schlußfolgerung entging aus naheliegenden Gründen dem Menschengeiste am längsten. Daß es möglich sei, Dinge zur Arbeit zu benützen, die niemand gehören, erschien schlechthin undenkbar. Irgendwem — so glaubte man —

müßte auch der Boden gehören, und da hier in der Tat niemand — auch der Boden b e a r b e i t e r nicht — den natürlichen Eigentumstitel des Erzeugers geltend machen konnte, so trat, als könne es anders garnicht sein, der Eigentumstitel des ersten Ergreifers an dessen Stelle. Als solcher erste Ergreifer, oder als dessen unanfechtbarer Rechtsnachfolger galt nun der jeweilige Eigentümer um so unbedenklicher, als, wie gesagt, keinerlei dem entgegenstehender anderer Eigentumstitel vorhanden war. Skrupeln über die Rechtsmäßigkeit der Okkupation tauchten wohl hier und da auf, konnten jedoch höchstens dort von irgendwelcher sozialpolitischen Bedeutung sein, wo noch lebende Bodenbearbeiter oder allenfalls deren Nachkommen sich auf ältere Okkupationstitel beriefen. Es kam vor, daß der Grundherr in den Augen seiner Hörigen ein Räuber war, weil sie sich noch daran erinnerten, daß seinerzeit ihre Ahnen von denen des Herrn gewaltsam enteignet, d. h. aus freien Bauern zu Grundholden gemacht worden waren. Aber auch in diesem Falle war es nicht die Rechtmäßigkeit des Grundeigentums an sich, was sie in Zweifel zogen, sondern das Recht des zufälligen Besitzers. In aller Regel aber war auch dieses letztere mit dem Glanze ganz besonderer Ehrwürdigkeit umgeben. Hier, im Grundeigentume, äußerte die Vorstellung von der göttlichen Weihe des Eigentums ihre lebendigste Wirkung. Das Zinsrecht der Grundeigentümer war nicht mehr und nicht weniger „von Gottes Gnaden" als ihr Recht auf politische Herrschaft. Solange daher alles, oder doch nahezu alles herrische Einkommen auf dem Grundeigentume beruhte, wagte sich der Zweifel nicht an dasselbe heran. Man bekämpfte den Kapitalzins und zahlreiche Arten des Unternehmergewinnes, ohne jedoch damit der Knechtschaft nahetreten zu wollen. Nicht die Arbeitenden wollte man von der Ausbeutung durch Zins und ungehörigen Gewinn bewahren, sondern ihre Grundherren und Arbeitgeber, denen von Rechts und Gesetzeswegen die Überschüsse des Ertrags über das zur Lebensfristung der Knechte erforderliche z u r G ä n z e gehören sollten, d. h. also, ohne daß sie mit Zinswucherern und Spekulanten zu teilen brauchten.

Erst als mit zunehmender Verwendung mechanischer Arbeitskraft das Einkommen aus Kapital und Unternehmerschaft an Umfang und Bedeutung derart wuchs, daß stets zahlreichere Arbeitende in direkte Abhängigkeit von k a p i t a l i s t i s c h e n Unternehmungen gerieten, entstanden Zweifel an der grundsätzlichen Berechtigung der Herrschaft. Die Berufung darauf, daß jedwedes Ding doch irgendwem gehören müsse, genügte hier nicht mehr, um den Eigentumstitel des Herrn gegen Anfechtung seitens der eigentlichen Erzeuger, der Arbeiter, zu schützen, und auch eine ursprüngliche, göttliche Belehnung konnte bei Gütern, deren Entstehung sich vor den Augen und unter den Händen der jeweilig Lebenden abspielte, leichter bestritten werden. Das Entscheidende aber war, daß die Knechte nunmehr ausgiebige Gelegenheit hatten, zu sehen, nicht nur wie die Reichtümer entstanden, sondern auch, wie sie in den Besitz gerade der Reichen gelangten. Die Fiktion, daß es besondere Tugenden seien, denen die Besitzenden ihre Vorzugsstellung verdanken, konnte demgegenüber unmöglich stand halten. Zwar ist es, wie an anderer Stelle bereits dargelegt, nicht in höherem Grade unrichtig, daß der Kapitalist oder Unternehmer seinen Besitz durch Fleiß, Klugheit, Sparsamkeit erworben, als es unrichtig ist, daß der Grundeigentümer durch Tapferkeit und kriegerische Tüchtigkeit zu dem seinigen gekommen; aber die Verkehrtheit der letzteren Annahme war nicht so leicht zu entdecken, während die der ersteren sich rasch selbst dem harmlosesten Gemüte offenbarte, war es nur nicht durch hartnäckiges Vorurteil gegen jede Belehrung verstockt. Die Vorgänge der ursprünglichen Bodenokkupation gehörten einer Vergangenheit an, aus welcher gerade jenen untersten Volksschichten, um deren geistigen Evolutionsprozeß es sich in erster Linie handelt, in aller Regel selbst die dunkelste Kunde mangelte; alles, was sie darüber etwa erfuhren, war nur geeignet, ihren Respekt vor den „Helden" der Vorzeit zu nähren, deren Landokkupation ja zu allem Überflusse wirklich gleichbedeutend war mit der politischen Gründung des „Vaterlandes". Daß es gerade ihre, der nunmehrigen Knechte Vorfahren gewesen, denen die fraglichen Helden dazumal das Land abgenommen, war ihnen in den seltensten Fällen auch nur im entferntesten bewußt; sie liebten und verehrten die Nachkommen jener ursprünglichen Räuber als ihre „angestammten" Herren, und zu allerletzt wäre ihnen beigefallen, daran zu zweifeln, daß in jenem Heroenzeitalter Tapferkeit das ausschlaggebende Moment bei Verteilung eroberten Landes gewesen. Die Erwerber der mobilen Reichtümer dagegen sahen die Mitlebenden am Werke. Unmöglich konnte ihnen auf die Dauer entgehen, daß *nicht* Klugheit, Fleiß, Sparsamkeit die Eigenschaften seien, die jene vor den Knechten auszeichnen. In viel gehässigerem Sinne als es Christus gemeint, erinnerte man sich nun des Wortes, daß den Reichen das Himmelreich verschlossen sei. Der Heiland verdammte im Reichtum lediglich seinen Ursprung „aus dem Schweiße des Nächsten"; der zornige Unwille der an ihren Ketten rüttelnden Knechte verurteilte den Reichen kurzweg als schlecht. Dies Urteil mag nun gerecht oder ungerecht sein, daß es mehr und mehr das allgemeine Urteil wird, kann keinem Zweifel unterliegen. Mehr und mehr mengt sich in die einst den Herren entgegengebrachte Liebe der Haß und — was schlimmer ist — in die einstige Furcht die Verachtung. Denn nicht bloß als ungerecht wird der Ausbeuter nunmehr erkannt, sondern als erbärmlich. Nicht länger verbergen läßt sich, daß es gerade die verächtlichsten menschlichen Eigenschaften sind, die am sichersten und raschesten zu Reichtum führen; damit aber ist das System der Herrschaft an der Wurzel getroffen.

Geordnetes, planmäßiges Zusammenwirken vieler ist ohne irgendwelche Disziplin schlechthin unmöglich. Nun gibt es allerdings zwei Prinzipien, auf welche sich die Disziplin zu stützen vermag: Das Eigeninteresse der zu gemeinsamem Handeln vereinten, und die Autorität. Die Mitarbeiter können ihren Oberen gehorchen, weil ihr wohlverstandener eigener Vorteil es so verlangt, oder sie gehorchen aus Zwang, aus Furcht vor den Obern. Der ausbeuterischen Welt steht aber von diesen beiden Prinzipien bloß das zweite zur Verfügung. Der eigene Vorteil der Genossen kann im herrischen Produktionsprozesse unmöglich das disziplinierende Motiv sein, weil hier nicht zu eigenem, sondern zu fremden Vorteile produziert wird. Gerät hier die Autorität des Herrn ins Wanken, so versagt das allein mögliche Prinzip der Disziplin, mit diesem aber jegliche Gewähr organischen, wohlgeordneten Zusammenwirkens. Daß sich das Chaos der herrischen Wirtschaft tatsächlich noch nicht bemächtigt hat, ist lediglich die Folge davon, daß die zur Vernichtung der herrischen Autorität führende Revolution noch nicht abgeschlossen ist. Wohl gibt es schon ungezählte Millionen Knechte, in deren Seele bereits das letzte Restchen von Verehrung der Herren ingrimmiger Verachtung Platz gemacht hat, ja man dürfte schwerlich fehlgehen mit der Annahme, daß insbesondere unter den vorgeschrittenen Nationen diese Herren-Verächter den in alter „Treue" ihren Ausbeutern Anhängenden gegenüber in entschiedener Majorität sind. Wenn trotzdem auch dort noch die herrische Organisation der Arbeit nicht versagt, so hat dies seinen Grund darin, daß sie eben tatsächlich noch immer die einzig vorhandene ist, und daß daher der Hunger auch die widerspenstigsten der Knechte dazu zwingt, sich den althergebrachten Organisationsformen bis auf weiteres schlecht und recht zu fügen. Aber daß sie dies nur widerwillig tun, daß sie keine sich ihnen darbietende Gelegenheit verabsäumen werden, um sich der herrischen Disziplin zu entziehen, ist heute schon klar.

Aus dieser Gefahr gibt es für die ausbeuterische Ordnung keinen Ausweg. Die vielgepriesene Gewinnbeteiligung ist weit entfernt einen solchen zu bieten, und zwar deshalb nicht, weil sie — wohlverstanden innerhalb des Rahmens der bestehenden Ordnung — sich ernstlich gar nicht durchführen läßt. In höchst vereinzelten Ausnahmefällen und für kurze Zeit kann sie allenfalls zur Anwendung gelangen; als herrschende, den Arbeitsmarkt regelnde Institution nimmermehr. Denn solange es ein Eigentum an den Produktionsmitteln gibt, wäre allgemeine Gewinnbeteiligung gleichbedeutend mit Vernichtung einerseits der persönlichen Freiheit der Arbeitenden, anderseits der Anpassung der Erzeugung an den Bedarf. Das Eigentum bindet nämlich nicht bloß die besessene Sache an den Besitzer, sondern auch diesen an jene. Am Gewinn eines kapitalistischen Unternehmens beteiligte Arbeiter könnten dieses nicht jederzeit nach freiem Ermessen verlassen, sie wären an dieses gekettet, etwa gleich dem Hörigen an den Boden, und da es in aller Regel ebenso schwierig ist, einem von gewinnbeteiligten Arbeitern betriebenen Unternehmen neue Arbeitskräfte zuzuführen, so wären damit alle Betriebe gleichsam petrifiziert, jeder Einengung wie Ausdehnung der Erzeugung gleich schwer zugänglich. Das nämliche gilt — mutatis mutandis — für die unter Beibehaltung der geltenden Eigentumsgrundsätze organisierten Arbeitergenossenschaften. Sie mögen als vereinzelte Experimente in mannigfacher Beziehung nicht ohne Nutzen sein; an die Stelle der herrischen Organisationsform zu treten, sind sie schlechterdings ungeeignet, denn auch sie vertragen sich — als allgemeine Unternehmungsform gedacht — ebensowenig mit der persönlichen Freiheit, als mit dem Gleichgewichte zwischen Angebot und Nachfrage.

Kurzum es gibt innerhalb der geltenden sozialen Ordnung keinerlei andere Organisationsform des Produktionsprozesses, als die herrische. Und wenn nun die Massen, nachdem einmal ihr Respekt vor den Herren geschwunden ist und ausgesprochener Mißachtung Platz macht, diese nicht länger ertragen wollen, so stehen wir damit allein schon an der Schwelle von Konflikten, die durchaus unähnlich den Lohnkämpfen, das Prinzip der Ausbeutung an der Wurzel fassen.

III. Zerstörung des Geisterwahnes durch die Dienstbarkeit der Elemente und fortschreitende Emanzipation des Arbeiterstandes.

Schließlich hat die Arbeit der Elemente im Dienste der Produktion den der Domestikation des Menschen zugrunde liegenden Geisterwahn in wirksamster Weise direkt angegriffen, indem sie handgreiflich und anschaulich zeigte, daß es nicht gespenstische Willkür und Laune, sondern unabänderliche natürliche Gesetze seien, denen die Elemente gehorchen. Der moderne Arbeiter, der täglich und stündlich mit jenen Urgewalten hantiert, die bis dahin als sinnfälligste Götterattribute galten, der mit einem Handgriffe das Feuer des Himmels und der Hölle zu bändigen vermag, ist verloren für den Glauben an den Himmel sowohl als an die Hölle. Denn was frühere Jahrhunderte und Jahrtausende als höhere, menschlicher Einwirkung, ja menschlichem Verständnisse entrückte Offenbarung der Gottheit verehrten, das enthüllt sich ihm als sein und seiner Genossen gefügiges Werkzeug, als gehorsamer Diener, der auf seinen Fingerdruck zu jeder Verrichtung bereit ist. Er bedarf gar nicht der theoretischen Aufklärung über Zusammenhang und Wesen der Naturerscheinungen; in der Werkstatt findet er die handgreiflichen Beweise dafür, daß sie alles andere eher, denn göttlicher Beschaffenheit seien.

Dies der vornehmste Grund, warum die Ideen der wirtschaftlichen Emanzipation im vierten Stande ihren fruchtbarsten Boden finden. Die zeitgenössischen Wortführer der sozialen Evolution glauben diese Tatsache durch das Interesse gerade der arbeitenden Massen am sozialen Fortschritte erklären zu können. Mit Unrecht. Die Massen waren von Uranfang der Dinge Opfer der Knechtschaft, ihr Interesse an der Erlösung stets das gleiche; trotzdem verharrten bekanntlich gerade sie in tiefster hoffnungslosester Unterwürfigkeit, und wenn es auch zeitweilig gelang, sie aufzurütteln, so war es doch stets bloß Verbesserung des materiellen Loses gewesen, wofür sie kämpften. Daß sie volles und ganzes Menschenrecht verlangen, ist eine durchaus neue Erscheinung, und es müssen folglich neue, früher nicht vorhanden gewesene Ursachen sein, welche dieselbe hervorgerufen haben. Nun könnte man allerdings diese neu hervortretende Ursache in der theoretischen Aufklärung suchen, die allerdings erst in jüngster Vergangenheit bei den Massen Eingang gefunden hat. Aber auch in diesem Punkte obwaltet — meines Erachtens — eine Verwechslung von Ursache und Wirkung. Es ist wahr, die Massen sind der theoretischen Aufklärung in höchstem Grade zugänglich geworden, in weit höherem, als durchschnittlich die Angehörigen der sogenannten gebildeten Stände; mit gerodezu rührender Begeisterung und Hingabe opfern sie ihre kärgliche Muße der Bereicherung ihrer Kenntnisse, derart, daß heute schon der geistige Horizont insbesondere der organisierten Arbeiter dem der Arbeitgeber im allgemeinen mindestens gleichsteht. Aber nicht weil sie sich Bildung angeeignet haben, sind die modernen Arbeiter den revolutionären Ideen zugänglich, sondern weil sie revolutionären Ideen zugänglich sind, haben sie sich Bildung angeeignet, und das Hantieren mit den Elementen ist es, was sie revolutionären Ideen zugänglich macht.

Diese Tatsache gewachsener Bildung im Arbeiterstande aber ist ihrerseits zu einem ausschlaggebenden Faktor im sozialen Evolutionsprozesse geworden. Erstlich dadurch, daß sie radikal umgestaltend eingreift in die geistigen und moralischen Wechselbeziehungen zwischen Herren und Knechten, und zum zweiten dadurch, daß sie die letzteren in den Stand setzte, sich geschickt und erfolgreich all jener Mittel zu bedienen, deren sie im Kampfe um ihre Emanzipation bedürfen. In ersterer Beziehung ist nicht bloß auf das erhöhte Selbstbewußtsein der Arbeiter, sondern ebenso auf die erhöhte Achtung Gewicht zu legen, welche ihnen die Arbeitgeber jetzt notgedrungen entgegenbringen. Die Knechtschaft ist an sich etwas so widernatürliches, dem gesunden Sinne des Menschen — er sei nun Herr oder Knecht — so durchaus widerstrebendes, daß sie unbefangen und skrupellos bloß insolange geübt werden kann, als der Herr im Knechte und der Knecht im Herrn gar nicht seinesgleichen sieht. Der Knecht muß zum Herrn als zu seinem Gotte hinauf, dieser auf jenen als zu seinem zweibeinigen Arbeitsviehe hinabsehen, sollen sie beide zu jener Funktion geeignet bleiben, die ihnen die knechtische Ordnung angewiesen: das aber ist nur möglich, solange der Knecht tatsächlich durch Roheit und Gedankenlosigkeit dem Viehe gleicht. Nachdem dies ein Ende genommen, ist es nicht bloß mit der knechtischen Unterwürfigkeit, sondern ebenso mit dem herrischen Überlegenheitsgefühle unwiderbringlich vorbei. Der gebildete Mensch ist zum Knechte verdorben, nicht nur deshalb, weil er dem Joche widerstrebt, sondern ebenso, weil es dem Herrn — sofern er sich menschliches Gefühl bewahrt hat — widerstrebt, ihn ins Joch zu spannen.

Anlangend den zweiten Punkt, die gewachsene Fähigkeit der Arbeitenden, sich den Anforderungen des sozialen Emanzipationskampfes anzupassen, genügt es darauf hinzuweisen, daß die Kampfesorganisationen des vierten Standes, die in den Anfängen der modernen Arbeiterbewegung sich ausschließlich mit der Lohnfrage beschäftigten, stets deutlicher das Bestreben zeigen, Einfluß auf die Produktion zu gewinnen, und daß sie diese ihre Absicht in zahlreichen, wichtigen Punkten bereits durchgesetzt haben. Den Anfang machten die englischen Gewerkvereine mit ihrem Anspruche, die Beurteilung der Marktkonjunktur der ausschließlichen Ingerenz der Arbeitgeber zu entziehen, und sich selber ein Votum in dieser, bei Feststellung der Lohnhöhe wichtigen Frage zu sichern. Ihre Absicht dürfte dabei ursprünglich gar nicht gewesen sein, Einsicht in die intimeren Angelegenheiten der Produktion zu erlangen; es mag sich für sie direkt bloß um eine Waffe im Lohnkampfe gehandelt haben; der Effekt war und ist aber trotzdem ein sehr wichtiger Wandel der beiderseitigen Stellungen. Die Arbeiter spielen von da ab nicht mehr die Rolle der einsichtslos Begehrlichen, die Arbeitgeber nicht mehr diejenigen, der ausschließlichen Anwälte der Produktion. Die Arbeiter sind aber einen Schritt weiter gegangen; ihre Fachvereine haben Einfluß auch auf die Angelegenheiten der Disziplin im Arbeitsprozesse gefordert. Sie wollen bei Anstellung und Entlassung des Personals, bei Abfassung der Arbeitsordnungen und dergleichen gehört werden und mehrfach ist ihnen auch diesfalls schon gelungen, ihren Willen trotz des gerade in diesem Punkte verzweifelten Widerstandes der Arbeitgeber durchzusetzen. Daß ihnen jeder solche Sieg vermehrten Einblick in den Geschäftsgang verschafft, ist selbstverständlich und ebenso, daß sie die damit gewonnene Ausdehnung ihrer Einflußsphäre zu fernerer praktischer Umgestaltung ihrer eigenen Organisation benützen.

IV. Revolutionierende Wirkung der unternehmerischen Kampfesorganisationen.

Nun sehen sich allerdings auch die Arbeitgeber genötigt, im Wege des Zusammenschlusses Schutz gegen die ihnen drohenden Gefahren zu suchen, und man sollte meinen, daß ihre Kampforganisationen, als direkt und ausgesprochenermaßen gegen die Emanzipationsbestrebungen des vierten Standes gerichtet, diesen unter allen Umständen hinderlich wären. Tatsächlich jedoch sind sie im großen ganzen von entgegengesetztem Effekte begleitet. Es kann nicht geleugnet werden, daß der in diesen

Verbänden nur zu häufig zutage tretende brutale, einsichtslose Klassenegoismus mitunter zu Konflikten sehr bösartiger Beschaffenheit führt; nichtsdestoweniger sind gerade sie es, die in wirksamster Weise die soziale Evolution befördern und zwar dies auf Gebieten, die sich ihrer Natur nach direkter Beeinflussung durch die Arbeiterschaft entziehen.

Die Unternehmerverbände sind es erstlich, die unablässig an der Fiktion von der sogenannten Freiheit des Arbeitsvertrages rütteln, und dadurch eine der Grundfesten der bürgerlichen Ordnung — die Meinung nämlich, daß es freie Konkurrenz sei, was in ihr zum Ausdrucke gelange — endgültig untergraben. Dadurch betreiben sie eine Propaganda für den sozialen Umsturz, die allerdings weitab von ihren Absichten liegt, an Wirksamkeit insbesondere in den oberen Gesellschaftsschichten jedoch derjenigen der Arbeiterverbände durchaus ebenbürtig ist. Sie erst bieten dem Staate entsprechenden Anlaß, sich in den Klassenkampf zu mengen. Das will nicht besagen, daß die Behörden sich neutral verhalten hätten, solange die Unternehmer isoliert den Arbeiterverbänden gegenüberstanden. Aber es waren in diesen ersten Stadien der Arbeiterbewegung in aller Regel eben nur Polizei und Militär, die sich zum Schutze der bedrohten Unternehmer in Bewegung setzten, während es jetzt mehr und mehr der Verwaltungsbeamte und der Richter ist, der im sozialen Kampfe interveniert und zwar dies keineswegs mehr so ausschließlich zugunsten bloß des einen, des bürgerlichen Teiles, als dies Polizei und bewaffnete Macht früher taten. Das hat nun allerdings in einem Umschwunge der öffentlichen Meinung seinen hauptsächlichen Grund; abgesehen jedoch davon, daß dieser Umschwung selber zum guten Teile eben durch die Unternehmerverbände hervorgerufen worden ist, darf auch nicht übersehen werden, daß ohne diese die Behörden kaum in die Lage gerieten, sich anders als zum Schutze in ihrer persönlichen Sicherheit Bedrohter — und das sind der Natur der Sache nach meist die Besitzenden — einzumengen. Damit das geschehe, mußten die Arbeitgeber durch Schaffung öffentlich-rechtlicher Körperschaften dazu erst die Handhabe bieten; sie selber mußten ihr Privatinteresse im Lichte einer öffentlichen Angelegenheit hinstellen, bevor der „liberale" Staat ernstlich dazu schreiten konnte, sich in diese Angelegenheiten zu mengen. Das taten sie denn — dazu verführt anfänglich wohl durch die Erfahrung, daß Polizei und Militär stets und unbedingt auf ihrer Seite gewesen, und daraus die trügerische Erwartung schöpfend, daß der Verwaltungsbeamte und der

Richter es in alle Zukunft ebenso halten würden; und nun ist es vergeblich, daß sie sich, so oft eine Entscheidung gegen sie fällt, gerne auf ihr individuelles Selbstbestimmungsrecht berufen möchten. Ja nachgerade fangen sie selber an, irre zu werden an der bedingunslosen Geltung dieses ihres individuellen Rechtes in Streitsachen, die eben aus dem Konflikte dieses Rechtes mit dem entgegenstehenden Rechte anderer Menschen sich entwickeln. Es liegt in der menschlichen Natur, daß die Befangenheit des Urteils im geraden Verhältnisse mit der Ausschließlichkeit des egoistischen Interesses zu oder abnimmt; man ist viel leichter geneigt, Unrecht mit Recht zu verwechseln, wenn es sich um den eigenen persönlichen, als wenn es sich um den Vorteil eines ganzen Standes handelt, und das trifft um somehr zu, je weniger man seine Standesgenossen zu schätzen und zu lieben Anlaß hat. Nun lieben und achten die Unternehmer ihre Standesgenossen in aller Regel mit bloß sehr mäßiger Begeisterung; viele unter ihnen sind a priori gar nicht so abgeneigt, zu glauben, daß sich gegen die Forderungen der Kollegenschaft vielleicht da und dort einiges sagen ließe, und das Resultat von all dem ist, daß eine Verständigung mit den Arbeitgeberverbänden — sie mögen ursprünglich immerhin zur Stärkung des kapitalistischen Widerstandes gegründet worden sein — meist leichter ist, als mit den einzelnen Arbeitgebern.

Das Verdienst der Unternehmerverbände ist es zum zweiten, daß der Klassenkampf zum mindesten in einer Beziehung, soweit es sich nämlich in demselben um die Lohnhöhe handelt, mehr und mehr zugunsten der Arbeiter sich wendet, ohne daß es darüber zu besonders bösartigen Konflikten käme. Die orthodoxe Theorie lehrt, daß der Lohn bloß auf Kosten des Gewinns steigen kann. Das ist nun allerdings das Gegenteil des wahren Sachverhaltes, wird aber doch bisher von aller Welt gläubig nachgebetet und es versteht sich daher von selbst, daß die Arbeitgeber es gleichfalls glauben. Solange man aber daran glaubt, ist der Widerstand gegen Lohnforderungen bei Lichte besehen schlechthin ein Postulat der gesunden Vernunft, ja — wie die Orthodoxie zu betonen keineswegs vergißt — in letzter Linie sogar ein Postalat des wohlverstandenen Arbeiterinteresses. Denn der Gewinn läßt sich tatsächlich ohne Lahmlegung der Produktion nicht in nennenswertem Umfange schmälern, woraus — vorausgesetzt, daß Lohn- und Gewinnhöhe wirklich im umgekehrten Verhältnisse zu einander stünden — mit der Evidenz eines Naturgesetzes hervorginge, daß der Lohn sich dauernd überhaupt nicht, und auch vorübergehend bloß auf Kosten der Produktion, also des allgemeinen Wohlstandes erhöhen lasse. Die Arbeitgeber konnten sich also mit Fug als Paladine des Gesamtinteresses ansehen, wenn sie sich den Lohnforderungen der Arbeiter widersetzten. Jedenfalls aber — sie mochten in obigem Punkte denken wie immer — glaubten sie dadurch dem eigenen Interesse aufs beste zu dienen. Nicht bloß weil die Theorie es ihnen so sagte, sondern hauptsächlich aus dem Grunde, weil sie in ihren praktischen Erfahrungen eine Bestätigung dieser Theorie zu sehen glaubten. Ihre Verbände aber sind im Begriffe, sie über das Irrtümliche dieser Meinung aufzuklären, und sie der Erkenntnis des richtigen Sachverhaltes zugänglich zu machen. Nicht weil die Verbände klüger wären, als die isolierten Unternehmer, sondern weil im Verbande der wirkliche Sachverhalt freier von Trübungen hervortreten kann, weniger gestört durch den Widerstreit des individuellen und des Klasseninteresses im Unternehmerstande selber. Auch der Einzelunternehmer verliert nicht, sondern gewinnt in Wahrheit, wenn alle Löhne steigen; da er jedoch desto mehr gewinnt, je weniger die von ihm persönlich zu zahlenden Löhne die allgemeine Lohnsteigerung mitmachen, so verfällt er leicht dem Wahne, sein Gewinn stehe im umgekehrten Verhältnisse zur allgemeinen Lohnhöhe. Gäbe es keinen Unterschied zwischen allgemeiner und ihn persönlich belastender Lohnhöhe, so wäre dieser Irrtum unmöglich, dann müßte er bemerken, daß er desto mehr gewinnt, je mehr Lohn gezahlt wird. Es ist auch nicht wahrscheinlich, daß ihm dann die Erfassung des richtigen kausalen Zusammenhangs unüberwindliche Schwierigkeiten bereiten könnte, denn es gehört kein sonderlicher Scharfsinn dazu, um zu begreifen, daß der Gewinn vom Absatze und der Absatz von der Lohnhöhe abhängt. Nun sind die Arbeitgeberverbände allerdings noch weit davon entfernt, eine wirklich allgemeine Gleichartigkeit der Löhne herbeizuführen; innerhalb ganzer Produktionszweige haben sie dies jedoch teilweise schon zuwege gebracht. Ihr Zweck dabei war, im Wege der Unifizierung ihres Interesses an der Lohnhöhe den Widerstand gegen die Arbeiterforderungen zu stärken: das wirkliche Ergebnis war: daß ihnen eben durch diese Unifizierung das Interesse am Widerstande mehr und mehr verloren geht. Sie begreifen zwar noch immer nicht, daß es geradezu die Lohn**erhöhung** ist, was ihnen, sowie sie nur entsprechend um sich greift, Vorteil bringt, und suchen sich die stets deutlicher hervortretende Tatsache der mit den Löhnen parallel steigenden Gewinne durch alle erdenklichen Nebenumstände zu erklären, wie z. B. durch die Beseitigung der sogenannten Schmutzkonkurrenz und dergleichen; jedenfalls aber haben sie aufgehört, in jeder Lohnforderung ein direkt gegen ihre Interessen gerichtetes mutwilliges Attentat zu sehen, und sich daran gewöhnt, mit den Arbeitervereinen ruhig und sachgemäß zu verhandeln, derart, daß, gäbe es zwischen den beiden Streitteilen bloß Lohnangelegenheiten zu schlichten, bösartige Konflikte derzeit schon so gut als ausgeschlossen wären.

Nicht so friedenverheißend gestaltet sich die Sachlage allerdings in den Streitfragen der Disziplin und Überwachung. Hier kann bestenfalls gesagt werden, daß die Arbeitgebervereine die ursprüngliche Schroffheit der anfänglich allen bezüglichen Arbeiterforderungen seitens der Unternehmerklasse entgegengesetzten Widerstandes einigermaßen gemildert haben. Doch auch das nur dort, wo es sich um Beseitigung überflüssiger und ungehöriger Ausschreitungen des kapitalistischen Herrenbewußtseins handelte. Der Unternehmerverband ist leichter zu dem Zugeständnis zu bewegen, daß dem Herrenrechte gewisse Grenzen gezogen werden sollen, als der Einzelunternehmer, da selbst der vom Bewußtsein der eigenen Gottähnlichkeit am vollständigsten Erfüllte unter Umständen zugibt — was er von sich selber niemals zugeben wird — daß *andere* in Ausübung ihrer Rechte zu weit gegangen sein mögen. Daß jedoch Disziplinierung und Organisation des Arbeitsprozesses ausschließlich Sache des Arbeitgebers bleiben müsse, daß jede auf Einmischung in diese Frage gerichtete Forderung der Arbeiter schlechthin indiskutabel sei, das ist ein Axiom, welchem die Arbeitgeberverbände nicht minder huldigen, als die einzelnen Unternehmer; und wenn sie, wie bereits erwähnt, häufig auch in diesem Punkte notgedrungen nachgeben, so geschieht dies doch stets mit innerlichem Widerstreben, und die Erfahrungen, die sie dabei machten, waren nicht darnach angetan, sie hinterher zu bekehren, oder auch nur vorübergehend mit ihrer Niederlage zu versöhnen. Denn in diesem Punkte liegt der kapitalistischen Auffassung kein Irrtum, sondern volle Wahrheit zugrunde. Die Leitung und Überwachung des Produktionsprozesses darf tatsächlich nur den Händen desjenigen anvertraut werden, der am Erfolge der Produktion interessiert ist, und da dies immer nur derjenige sein kann, dem das Ergebnis der Produktion gehört, so führt die Einmischung von Arbeiterverbänden in die inneren Organisationsfragen *bürgerlicher* Unternehmungen notwendigerweise zu deren Desorganisation. Dies ist so selbstverständlich, daß vom Standpunkte der bürgerlichen Weltanschauung die Arbeitgeber nicht bloß für ihre Sonderinteressen, sondern für das Kulturinteresse ganz im allgemeinen kämpfen, wenn sie ihre Herrenrechte verteidigen. Da jedoch die Arbeiter diese Weltanschauung nicht teilen, und pochend auf ihr Menschenrecht, desto entschlossener auf ihren Forderungen beharren werden, je deutlicher sich zeigt, daß mit deren endgültiger Ersiegung der Untergang der bürgerlichen Ordnung besiegelt wäre, so ist auf einverständliche Austragung dieser Fragen nicht zu rechnen. Die Arbeitgeber werden Widerstand leisten, solange ihnen dies irgend möglich ist, und fraglich könnte immerhin erscheinen, welchen endgültigen Ausgang die aus diesem Streite sich ergebenden Konflikte nehmen werden, träte nicht stets deutlicher und mächtiger ein dritter Faktor in Wirksamkeit, dessen sozialpolitische Mission es ist, die Arbeiterorganisationen in ihrer Aufgabe der Vernichtung des herrischen Sonderunternehmertums zu unterstützen. Dieser dritte Faktor aber ist das Kartell oder der Trust.

V. Kartell und Trust als Bahnbrecher der sozialen Evolution.

Kartell und Trust sind Vereinigungen von Arbeitgebern zu Abwehr der aus der sogenannten Überproduktion fließenden Übel. Mit dem sozialen Kampfe haben diese Vereinigungen direkt nichts zu tun; sie sind unmittelbar nicht gegen die Emanzipationsbestrebungen der Arbeiterschaft, sondern gegen das Mißverhältnis zwischen Produktion und Konsum gerichtet. Die klassische Theorie, die dieses Mißverhältnis leugnet, kann natürlich nicht verhindern, daß die Unternehmer seine reale Existenz stets empfindlicher zu fühlen bekommen, und nachgerade die vollständige Unvereinbarkeit der modernen Produktionsmethode mit den gegebenen Grenzen des Bedarfs begreifen gelernt haben. Daß dieser letztere bloß durch die geltende soziale Ordnung verhindert wird, sich zur Höhe der jeweiligen Produktion zu erheben, vermögen sie allerdings noch nicht einzusehen; gegen die Tatsache jedoch, daß er hinter derselben nun einmal zurückbleibt, verblenden sie sich nicht länger, und versuchen es daher, die Disparität nach ihrer Weise, d. h. innerhalb des Rahmens der bürgerlichen Ordnung dadurch zum Verschwinden zu bringen, daß sie die Produktion planmäßig auf dem Niveau des jeweiligen Bedarfes darniederhalten.

Im Prinzipe ist das nichts neues. Zünftelei und Schutzzoll verfolgen dem Wesen nach das gleiche Ziel. Selbst das Mittel, welches die in Kartellen und Trusts zum Ausdrucke gelangende Abart der Produktionseinschränkung in Anwendung bringt, ist in seiner Grundidee der mittelalterlichen Zunft entlehnt. Der moderne Zünftler will die Überproduktion dadurch eindämmen, daß er die Handarbeit gegen das Umsichgreifen der Maschinenarbeit schützt, letztere womöglich ganz unterdrückt; der Schutzzöllner dadurch, daß er die internationale Arbeitsteilung unterbindet; beiden ist gemeinsam, daß sie die potentielle Produktivität der Arbeit vermindern. Das hat sich nun als eitles Bemühen erwiesen. Die Maschine läßt sich aus der menschlichen Wirtschaft schlechterdings nicht mehr verdrängen, und die Unterbindung der internationalen Arbeitsteilung ist an sich zwar ein recht ausgiebiges Hemmnis der Arbeitsergiebigkeit, vermag aber den Abstand zwischen demjenigen, was die moderne Menschheit zu erzeugen vermöchte und demjenigen, was ihr die bürgerlichen Satzungen zu konsumieren gestatten, so wenig zu überbrücken, als ein Wassertropfen eine Feuersbrunst zu löschen vermag. Kartell und Trust fassen nun die Sache radikaler an. Sie kümmern sich nicht darum, ob mit oder ohne Maschine produziert wird, und auch die internationale Arbeitsteilung ist ihnen nur insolange und insoweit ein Dorn im Auge, als durch selbe allenfalls die Durchführbarkeit jener einzigen Maßregel erschwert wird, auf die allein sie den Nachdruck legen; und diese ist ganz einfach die der mittelalterlichen Zunft entnommene direkte Darniederhaltung der Produktion. Es soll den Produzenten nicht mehr freistehen, wieviel sie erzeugen, vielmehr sollen sie im Wege einer diesem Zwecke dienenden Vereinbarung dazu gezwungen werden, mit ihrer Produktion eine bestimmte Grenze einzuhalten.

Die liberalen Theoretiker und Staatsmänner eifern vergeblich gegen das Kartellwesen. Dasselbe ist von dem Momente, wo die Ergiebigkeit der menschlichen Arbeit eine gewisse Höhe erreicht hat, nichts anderes, als die logische, ja notwendige Konsequenz einer Wirtschaftsordnung, die den Verbrauch hindert, schritthaltend mit der Ergiebigkeit der Arbeit zu steigen. Es muß im Gegenteil Wunder nehmen, daß Kartelle und Trusts erst jetzt beginnen, sich der Produktion zu bemächtigen, wo doch die Disparität zwischen Produktivität und Konsum schon längst in die Erscheinung getreten ist. Alle gegen diese neuen Organisationsformen erhobenen Einwendungen sind — vom Standpunkte der bürgerlichen Ordnung betrachtet — unzutreffend. So gilt dies zunächst von der — nebenbei bemerkt noch vor wenigen Jahren auch von mir verfochtenen — Anschauung, daß die Kartelle das Übel, gegen welches sie gerichtet sind, nur vorübergehend heilen, auf die Dauer jedoch sogar steigern. Richtig ist, daß sie bisher tatsächlich von diesem Effekte begleitet waren, und auch fernerhin von demselben begleitet sein werden, solange die von ihnen geübte Einschränkung sich bloß auf diejenigen Produzenten erstreckt, die sich ihnen freiwillig unterwerfen. Denn solange dem so ist, wirkt gerade die durch das Kartell erzielte künstliche Preishaltung als verstärkter Anreiz zur Schaffung stets neuer überflüssiger Produktionsstätten. Wenn z. B. ein Kupferkartell den Kupferpreis dadurch hält, daß es die Ausbeute in den ihm beigetretenen Minen reglementiert, so verlockt es gerade dadurch zur Eröffnung neuer Minen, an die niemand dächte, unterläge der Kupferpreis jenem Drucke, den die Schleuderkonkurrenz der sich selbst überlassenen alten Gewerke auf dem Kupfermarkte äußern müßte. Die Kartelle suchen sich gegen diese Gefahr auf doppeltem Wege zu verteidigen, entweder dadurch, daß sie auch die neuen Unternehmen in sich aufnehmen, oder dadurch, daß sie jeden Widerstrebenden durch künstlich hervorgerufenen vorübergehenden Preissturz erdrücken. Beides aber ist unter allen Umständen sehr kostspielig, gelingt nicht immer, und führt auf die eine oder andere Weise unvermeidlich zum Ruin. Das ist jedoch kein den Kartellen notwendigerweise anhaftender und in ihrem innersten, unabänderlichen Wesen gelegener Fehler, sondern bloß die Folge mangelnder Konsequenz in ihrer Durchführung. Das Kartell muß, um seinem Zwecke in der bürgerlichen Wirtschaft zu entsprechen, zum Monopole werden, und zwar wohlverstanden, zum nicht bloß tatsächlichen, sondern — abermals gleich der mittelalterlichen Zunft — zum gesetzlichen Monopole. Es darf nicht dem Belieben des Einzelnen überlassen bleiben, ob er sich einem Kartelle anschließen, oder auf eigene Faust arbeiten will; es muß von Gesetzes wegen verboten werden, außerhalb der Kartelle zu produzieren und den Kartellen muß anheimgegeben werden, ob und unter welchen Einschränkungen sie etwaige neue Produzenten aufnehmen wollen. Geschieht dies, dann werden sie ihre produktions- und preisregulierende Funktion vollkommen erfüllen, und es unterliegt in meinen Augen nicht dem geringsten Zweifel, daß es — befreit nicht etwa zuvor schon die soziale Revolution die menschliche Wirtschaft vom Alpdruck der Überproduktion — in gar nicht so ferner Zukunft geschehen wird — wahrscheinlich unter einer ganzen Reihe mehr minder wirkungsloser Kautelen gegen allzu weitgehende Willkür der Trustmagnaten, aber geschehen unter allen Umständen.

Denn auch die anderen bürgerlichen Bedenken gegen die Kartelle beruhen auf Irrtümern. So z. B. die Klage, daß die Kartelle zu einer künstlichen Verteuerung der Produkte führen. Zunächst ist nicht erwiesen, daß dem wirklich so sei; es liegt zum mindesten keineswegs im Wesen der Sache. Man könnte vielmehr ganz im Gegenteile behaupten, daß die Kartelle die Produktionskosten sogar vermindern, indem sie die Produktion vor Verlusten schützen, die ja in letzter Linie doch von den Konsumenten zu decken sind. Zugegeben muß bloß werden, daß die Kartelle leicht zu Preistreibereien gebraucht werden *können*. Aber selbst wenn das tatsächlich eintritt, ist damit an sich noch keinerlei dauernder Verlust für die Allgemeinheit, und wenn die Kartelle erst einmal das Gesamtgebiet der Produktion erobert haben, nicht einmal ein Unrecht gegen einzelne Produzenten verbunden. Ja selbst den Arbeitenden kann es auf die Dauer gleichgültig sein, ob die Güterpreise hoch oder niedrig sind, da ja der Arbeitslohn schließlich der allgemeinen Preisbewegung folgt. Wahr ist bloß, daß die Kartelle unvereinbar sind mit der freien Konkurrenz; aber daraus folgt nicht, daß sie sich mit der geltenden sozialen Ordnung nicht vertragen, oder daß es auch nur möglich wäre, ihnen innerhalb dieser Ordnung wirksam entgegenzutreten. Das gälte nur, wenn freie Konkurrenz wirklich Voraussetzung und Ergebnis dieser Ordnung wäre — wie die Orthodoxen allerdings glauben. Konkurrenz herrscht freilich in der bürgerlichen Gesellschaft, aber nicht freie, sondern nach allen Seiten geknebelte Konkurrenz; die Menschen der bürgerlichen Welt können in keinem Belang handeln, wie sie wollen, sondern überall bloß so, wie ihnen zu handeln erlaubt ist. Was ändert sich daran durch Kartelle und Trusts? Nichts, als daß die zahllosen Gebote und Verbote durch *eines* vermehrt werden. Und dieses eine neue Gebot: „Du sollst *nur soviel* produzieren, als dir erlaubt wird", kann zu allem Überflusse für sich geltend machen, daß es die notwendige Ergänzung der anderen ist. Kartell und Trust stehen also in vollkommenster, durchgängiger Harmonie mit dem Gesamtkomplexe der bürgerlichen Einrichtungen, der Kampf gegen sie ist — vom Standpunkte dieser Ordnung aus betrachtet — ebenso unnütz als vergeblich.

Falsch ist auch die Meinung, daß der Trust die Beziehungen zwischen

Arbeitgebern und Arbeitern notwendig verschlimmern würde. Es ist wahr, er unterbindet die Konkurrenz gerade dort, wo sie bisher den arbeitenden Klassen allein zugute kam und dazu diente, diesen wenn auch nicht wirkliche Freiheit, so doch den Schein einer solchen zu gewähren. Trotzdem ist keineswegs ausgemacht, daß Trust und Arbeiterschaft einander in so ingrimmigem Hasse gegenüber stehen müßten, als allgemein von denjenigen angenommen wird, die sich mit derartigen Untersuchungen überhaupt beschäftigen. Diese halten es insgesamt für selbstverständlich, daß die Trusts ihre Monopolstellung auf dem Arbeitsmarkte zu schonungsloser Auswucherung der Massen gebrauchen würden, und dementsprechend erwarten sie ziemlich übereinstimmend das Ende der Trustherrschaft von einem Ausbruche rasender Wut des zur Verzweiflung getriebenen Proletariats. Ich halte das für eine nicht bloß willkürliche, sondern höchstwahrscheinlich dem wirklichen Verlaufe der Ereignisse diametral entgegengesetzte Annahme. Ich glaube, der Trust wird — bleibt ihm nur genügende Zeit zu voller Entfaltung, nnd macht die soziale Revolution nicht zuvor schon reinen Tisch — die Massen ganz ausgezeichnet behandeln. Ich glaube das erstlich deshalb, weil ich meine, daß die Trustleiter nicht so albern sein werden, die öffentliche Meinung mutwilligerweise herauszufordern. Sie werden sich bestreben, irgendeine Stütze in den breiteren Volksschichten zu finden und diese naturgemäß in der Arbeiterschaft suchen. Denn die materiellen Interessen des Trust stehen, die bürgerliche Ordnung als gegeben angesehen, durchaus nicht im Gegensatze zu denen der Massen. Es kann gar nicht fehlen, daß der Trust die von der orthodoxen Theorie ins Gegenteil verkehrte, von den isolierten Arbeitgebern anfangs gleichfalls gänzlich verkannte und auch derzeit bloß zögernd und unvollkommen begriffene Wahrheit, daß der Gewinn nämlich im geraden Verhältnisse zur Lohnhöhe steigt und fällt, ihrer vollen Bedeutung nach erfassen wird. Für den Trust wird es jenen Unterschied zwischen individueller und allgemeiner Lohnhöhe überhaupt nicht mehr geben, der den Einzelunternehmer zu dem Wahne verleitete, es läge in seinem Interesse, den Lohn möglichst zu drücken; es wird nur eine allgemeine Lohnhöhe vorhanden sein — die Trustleiter werden also begreifen lernen, daß es kein wirksameres, ja daß es in Wahrheit gar kein anderes erfolgreiches Mittel der Gewinnsteigerung gibt — als die Löhne recht ausgiebig zu erhöhen. Und einmal zu dieser Erkenntnis gelangt, wird der Trust sehr rasch auch dessen inne werden, daß seine Macht, die Löhne und damit seine Gewinne zu steigern, praktisch genommen bloß eine Grenze hat, und zwar die in der Konsumtionskraft der Massen gelegene. Löhne, die von den Massen nicht verzehrt, sondern erspart würden, kann er allerdings nicht bezahlen, da ja sein Gewinn nur indirekt von der Lohnhöhe, direkt aber vom Konsum abhängt; von ersterer nur insoweit, als sie Voraussetzung des letzteren ist. Er wird sich also bestreben müssen, den Konsum mit allen ihm zu Gebote stehenden Mitteln zu pflegen, d. h. mit anderen Worten, die materielle Hebung der Arbeiter wird sein oberstes Geschäftsprinzip sein. Ja was mehr ist, er wird durch sein Geschäftsinteresse sehr bald dahin gebracht werden, die Steigerung des Konsums ganz im allgemeinen sich angelegen sein zu lassen, in jedem Genießenden einen Geschäftsfreund, in jedem Darbenden einen Beeinträchtiger seiner Geschäftsinteressen zu sehen; er wird Witwen und Waisen, Invalide und Kranke unter seine Fittiche nehmen, kurzum aus purem Gewinnhunger schlankweg jene Rolle übernehmen, die der autoritäre Kommunismus seiner „Gesellschaft" zumutet.

Und zwar dies mit ungleich besserer Aussicht auf Erfolg, als diese kollektivistische Gesellschaft. Es gibt Unterschiede zwischen beiden; allein soweit diese Unterschiede wesentlicher Natur sind, sprechen sie ganz entschieden zugunsten des Trusts. Gegen ihn könnte geltend gemacht werden, daß seine Leitung nicht aus Volkswahlen, sondern aus den Besitzverhältnissen hervorgeht; doch das wäre — den kollektivistischen Wahlen gegenüber — in Wahrheit eine bloß formelle Verschiedenheit, der übrigens die Trustleiter sehr leicht dadurch begegnen könnten, daß sie sich — etwa gleich den römischen Cäsaren, die ja auch vom Senate „gewählt" und vom Volke „bestätigt" wurden — einer möglichst demokratisch aussehenden Wahlformalität unterwürfen. Ein scheinbar noch um vieles bedeutsamerer Unterschied zuungunsten der Trusts könnte darin gefunden werden, daß sie zu eigenem, die kollektivistische Gesellschaft dagegen zu gesamtheitlichem Vorteil arbeiten würden. Das aber wäre erst recht eine bloß formale Verschiedenheit. Der nicht unmittelbar verzehrte Ertrag jeglicher Produktion kann, sie mag von wem immer betrieben werden, für alle Fälle keinem anderen Zwecke zugeführt werden, als der Ergänzung und Instandhaltung der Produktionsmittel, und diese mögen nominell wem immer gehören, sie dienen in letzter Linie für alle Fälle keinem anderen Ziele, als der Erzeugung der Bedarfsgüter. Wenn daher ein universeller Trust — von dem ernstlich garnicht in Betracht zu ziehenden Luxuskonsume seiner Häuptlinge abgesehen — die Bedarfsgüter in ähnlicher Weise verwendet, wie der kommunistische Staat, so gibt es auch in dieser Beziehung zwischen ihnen einen bloß nominellen Unterschied. Und legt man trotzdem Wert darauf, so steht seiner Beseitigung erst recht nichts im Wege. Der Trust braucht seine Firmatafeln und Stampiglien bloß entsprechend zu ändern, d. h. zum Beispiel die Worte „Stahlwerke des europäisch-amerikanischen Stahltrusts" durch „Stahlwerke des europäisch-amerikanischen Volkes" zu ersetzen, und die Gleichheit ist hergestellt. Zugunsten der Trusts dagegen spräche der sehr essentielle Unterschied, daß er sich nicht gleich der „Gesellschaft" des autoritären Kommunismus anzumaßen brauchte, eine Arbeitspflicht zu statuieren; er könnte sich — in diesem Punkte gleich den bürgerlichen Einzelunternehmern — darauf beschränken, freiwillig beitretende Arbeitskräfte nach seinem Ermessen zu verwenden, ohne irgendwelchen Zwang gegen Arbeitsunwillige zu versuchen; ja selbst in Ausübung seiner Disziplinargewalt den tatsächlich Arbeitenden gegenüber könnte er weit liberaler sein, als der Kollektivismus. Und zwar dies alles ohne die sogenannte Hungerpeitsche der bürgerlichen Gesellschaft. Denn ausreichende, ja üppige Versorgung vermöchte er, wie bereits erwähnt, auch den Nichtarbeitenden zu gewähren, kurzum er könnte sich in jedem Punkte dem Ideale der sozialen Gerechtigkeit nähern — bis auf den einen, daß die Arbeitenden nach wie vor blinde Werkzeuge in fremder Hand blieben, vortrefflich behandelte, gegen Mangel unter allen Umständen geschützte und auch zur Arbeit nicht durch die Peitsche, sondern durch Zuckerbrot angetriebene Geschöpfe, aber schließlich und letztlich doch — Haustiere.

Daß sich um dieses einen, mit dem Wesen der herrischen Wirtschaft unlöslich verknüpften Gebrechens willen, die nach sozialer Befreiung ringenden Massen mit dem Trust nun und nimmer versöhnen werden, ja gerade wegen der ihnen zuteil werdenden Wohltaten erst recht nicht, bedarf wohl keines Beweises. Denn je besser es ihnen materiell geht, als desto unleidlichere Erniedrigung werden sie die väterliche Bevormundung empfinden. Der Ausgang ihres Kampfes gegen den Trust kann aber nicht zweifelhaft sein. Wird dieser doch gerade durch seine Erfolge alle Elemente ernstlichen Widerstandes gegen die soziale Umwälzung erdrückt haben. Die Fiktion der „Freiheit" im modernen Arbeitsverhältnisse wird bis auf den letzten Rest verschwunden sein, und mit Ausnahme der wenigen Trustmagnaten wird es keinen Menschen mehr geben, der Interesse am Fortbestande der alten Ordnung besäße. Ja es ist nicht einmal wahrscheinlich, daß die Trustleiter selber im gegebenen Momente Lust zum Widerstande zeigen dürften. Sie werden gleich andern Menschen den Wandlungen des öffentlichen Geistes unterworfen sein, vielleicht gerade wegen ihrer Stellung an der Spitze aller Wirtschaft zu denjenigen gehören, die am vollständigsten von der Widersinnigkeit der bürgerlichen Ordnung überzeugt sind. Es kann dementsprechend auch so kommen, daß der abschließende Umwälzungsprozeß sich weniger von Unten, als von Oben her, gleichsam im Wege einer Palastrevolution vollzieht.

Die Dinge können jedoch allerdings auch anderen Verlauf nehmen. Die im obigen vorhergesehene Entwicklung geht von der Voraussetzung aus, daß wohlberatener Gewinnhunger die hauptsächliche Triebfeder der Trustleiter sein werde. Die Möglichkeit ist jedoch vorhanden, daß der Machthunger das Übergewicht erhält, daß harte, dämonische Individualitäten sich der Geschäftsführung bemächtigen und es mit rücksichtsloser Tyrannei versuchen. Eine wirkliche Gefahr für die Freiheitssache läge aber auch hierin nicht, ja deren endgültiger Sieg dürfte dadurch nur beschleunigt werden. Denn die Tyrannei muß — will sie sich behaupten — irgendeine Stütze im Gemüte der Menschen haben und diese werden brutale Trusthäuptlinge erst recht nirgends finden. Es wird keine schwere Arbeit sein, sich ihrer zu entledigen, doch kann es unter Umständen eine nicht ganz unblutige Arbeit werden. Wahrscheinlich aber ist eine derartige gewaltsame Schlußepisode nicht, vielmehr anzunehmen, daß die freie Arbeit sich ruhig auf dem durch Maschine, Koalition und Trust nach jeder Richtung wohlvorbereiteten Boden installieren wird. Wie, darüber eingehenderes im zweiten Abschnitte dieses Buches.

VI. Blindheit und Ohnmacht der Herrschenden der bevorstehenden Revolution gegenüber.

Hier wäre nur noch die Frage zu untersuchen, ob nicht der moderne Staat sich versucht fühlen könnte, bewußt hemmend in den sozialen Entwicklungsprozeß einzugreifen und ob, falls dies geschähe, irgendwelcher Erfolg eines solchen Unterfangens zu besorgen wäre.

Erstere Frage ist nur bedingt zu verneinen. Ja es muß sogar zugestanden werden, daß die bisherige Passivität der meisten Staaten den Fortschritten des sozialrevolutionären Geistes gegenüber mit den sozialen Anschauungen der bisher tonangebenden Staatsmänner nur schlecht harmoniert. Sie halten beinahe ohne Ausnahme den sich vorbereitenden „Umsturz" für ein Unglück; warum tun sie nichts, oder doch nichts Durchgreifendes zu dessen Verhütung?

Zunächst wohl deshalb, weil sie das „Unglück" für lange nicht so unmittelbar drohend halten, als es in Wahrheit ist. Am wenigsten haben sie davon eine Ahnung, daß die Revolution der Hauptsache nach, d. h. in den Köpfen der Menschen, dem Abschlusse so nahe steht. Es geht ihnen damit wie seinerzeit den herrschenden Klassen mit der großen französischen Revolution des Jahres 1789. Auch damals sprach zwar alle Welt davon, daß ein Umsturz sich vorbereite, nur daß er sich bereits vollzogen habe, bemerkte man erst, als er in der ewig denkwürdigen Nacht des 4. August 1789 aus den Köpfen in die äußere Welt hervortrat. Die Gerechtigkeit erfordert übrigens zu konstatieren, daß es *eine* Partei gibt, welche die allgemeine Blindheit in diesem Punkte nicht teilt, und das ist die Klerikale. Sie war auch den politischen Freiheits- und Gleichheitsideen des 18. Jahrhunderts, ja schon den mit diesen zusammenhängenden technischen und wirtschaftlichen Neuerungen gegenüber nicht ganz so kurzsichtig, wie Krone und Adel. Sie hatte von Anbeginn in jedem menschlichen Fortschritte den Feind gewittert. Mit den vorläufigen Konsequenzen dieses Fortschrittes hätte, im Grunde genommen, sie am leichtesten unter allen damaligen Machthabern sich abgefunden, denn der Kirche kann es im wesentlichen gleichgültig sein, ob sie die Herrschaft über die Massen mit Königtum und Adel allein, oder auch noch mit dem Bürgertum teilen muß. Ihre Stellung wurde durch diese neue Teilung der Gewalten nicht sonderlich berührt, während Krone und Adel dabei alles zu verlieren hatten. Trotzdem bewiesen gerade diese letzteren den neuen Ideen gegenüber lange Zeit ein gewisses Wohlwollen, den Kampf gegen dieselben ausschließlich der Kirche überlassend, gleichsam als wären es bloß *deren* Interessen, die dabei in Frage kamen; sie waren eben vollkommen blind, während dies von der Kirche nur insofern gesagt werden kann, als auch sie bis zum letzten Momente in einer Täuschung über den *Zeitpunkt* der bevorstehenden politischen Umwälzung befangen war. Und ebenso verhält es sich nunmehr der sozialen Umwälzung gegenüber. Die Frommen aller Konfessionen sind die einzigen unter allen bürgerlichen

Parteien, die nicht allein wissen, daß die Revolution im Anzuge ist, sondern auch mit Bezug auf die wahren treibenden Kräfte derselben eine der Hauptsache nach ganz richtige Vorstellung besitzen. Davon, daß wir uns tatsächlich bereits inmitten der Umwälzung befinden, haben allerdings auch sie keine Ahnung, und wenn sie es zeitweilig verkünden, so glauben sie doch offenbar selber nicht daran, sondern verfolgen mit diesen ihren Kassandrarufen lediglich den Zweck, die anderen staatserhaltenden Parteien aus ihrer Lethargie aufzuschrecken. Aber daß die soziale Revolution im Anzuge ist, wissen sie wirklich, und ihren Vorschlägen der Abwehr kann Konsequenz und Folgerichtigkeit keineswegs abgesprochen werden. Die liberalen Staatsmänner, das liberale Bürgertum dagegen scheinen in diesem Punkte mit absoluter Blindheit geschlagen. Vergebens macht sie die Kirche darauf aufmerksam, daß die modernen Errungenschaften von Wissenschaft und Technik eitel „Teufelswerk", d. h. unvereinbar mit Gottesfurcht seien; vergebens sehen sie von Tag zu Tag deutlicher, daß dem wirklich so ist, daß jene Menschenklassen, deren tägliches Geschäft es ist, mit den Elementarkräften zu hantieren, allen Respekt vor Gott wie vor seinen irdischen Stellvertretern verlieren; vergebens, daß sie sich sagen müssen, die Zeit könne unmöglich so fern mehr sein, wo diese Respektlosigkeit sich des g e s a m t e n Arbeiterstandes bemächtigt haben wird — es scheint als ob sie allen Ernstes vermeinten, „durch der Logik Kettenschlüsse, und Zitate von Autoren, die man anerkennen müsse" Unrecht in Recht verwandeln und die bislang durch Gottesfurcht gebändigten Massen durch die Beweiskraft der orthodoxen wirtschaftlichen Thesen in Zaum halten zu können. Den ihrer Meinung nach zu ewiger Dienstbarkeit Verdammten gewähren sie Bildung, Koalitionsfreiheit und politische Gleichberechtigung, als gingen sie von der aberwitzigen Vorstellung aus, die Menschen ließen sich desto leichter als Lasttiere gebrauchen, je gebildeter und mächtiger sie seien.

Nun ist allerdings der bürgerliche Liberalismus seinem innersten Wesen nach unlogisch, der Versuch der Vereinbarung zweier schlechthin unvereinbaren Weltanschauungen, der knechtischen und der freiheitlichen; sein f r e i e r L o h n a r b e i t e r ist eine contradictio in adjecto, seine Bildungs- und Fortschrittsfreundlichkeit deshalb ohne Frage das gerade Widerspiel seiner wirtschaftlichen Grundansichten. Es gibt tatsächlich nur zwei folgerichtige Arten von Politik: die der völligen Freiheit oder die der völligen Knechtschaft. Wer die erstere scheut, gleichviel ob deshalb, weil sein wirkliches oder vermeintliches Eigeninteresse ihn dazu verleitet, oder weil er sie für unvereinbar hält mit den Naturgesetzen, der sollte wohl oder übel der letzteren sich anschließen. Er kann es blutenden Herzens, aber — so sollte man meinen — er muß es ganz und vorbehaltlos tun, und darf keiner Konsequenz seiner Überzeugung aus dem Wege gehen. In wessen Augen es feststeht, daß es Herren und Knechte in alle Ewigkeit geben müsse, der sollte sich auch der mit naturgesetzlicher Notwendigkeit daraus hervorgehenden Erkenntnis nicht entziehen, daß es Torheit und Grausamkeit zugleich ist, den Massen Wissen und Bildung zu vermitteln, und geradezu Wahnsinn, ihnen die politische Gewalt in die Hände zu spielen. Denn Bildung kann zu ewiger Dienstbarkeit verdammte Menschen bloß unzufrieden und unglücklich machen, die politische Macht von ihnen zu nichts anderem, als zur Vernichtung alles Bestehenden benützt werden. Sollen sie sich fernerhin willig als Lasttiere gebrauchen lassen, so müssen sie in tierischem Zustande darniedergehalten werden, mit der Religion als einzigem Unterscheidungszeichen von ihren vierbeinigen Genossen im Haushalte der bürgerlichen Kultur.

Trotzdem täte man dem Freisinne Unrecht, wenn man bei allen seinen Vertretern das im obigen gezeichnete Maß der Verblendung voraussetzte. Es gibt unter den liberalen Staatsmännern zahlreiche, die sich der Erkenntnis nicht verschließen, daß Volksbildung, Koalitionsfreiheit und politische Gleichberechtigung der Massen eine imminente Gefahr für den bürgerlichen Staat enthalten. Aber sie mögen das nun wissen oder nicht, so ist zunächst klar, daß die politischen Volksrechte nichts anderes sind, als die unvermeindliche Konsequenz der Volksbildung und diese hinwieder ist ein unvermeidliches Erfordernis der staatlichen Macht. Der Schulmeister muß helfen, den Säckel des Staates zu füllen und seine Schlachten zu schlagen. Die Liberalen sehen sich vor die Alternative gestellt, entweder im Wege der Volksbildung der Revolution die Bahn zu ebnen, oder im Wege der Volksverdummung den Staat ohnmächtig und wehrlos zu machen. Und da sie sich nun von den Frommen in dem wesentlichen Punkte unterscheiden, daß ihnen die Existenz ihres Staates Selbstzweck ist, so können sie gar nicht anders, als sich in diesem Dilemma zugunsten der Volksbildung entscheiden. Der scheinbar schärfere Blick der Kirche den sozialen Gefahren gegenüber rührt bloß daher, daß sie — unbeirrt durch Nebenrücksichten auf die kleinlichen Ansprüche des Staates — den bevorstehenden sozialen Konflikt von höherem Gesichtspunkte ins Auge zu fassen vermag. Sie vertritt das Herrschaftsprinzip in seiner abstrakten Reinheit; ihr ist es, wenn auch nicht immer absolut gleichgültig, so doch von untergeordneter Bedeutung, wer in einem gegebenen Lande herrscht; woran ihr liegt ist, daß dort geherrscht werde, denn das und nichts anderes verlangt die Macht, der sie dient. Sie ist bereit, jeden irdischen Herrn anzuerkennen, da sich dieser mit ihrem Herrn, der Gottheit, unter allen Umständen abfinden muß; deshalb gerät sie nicht so leicht in Versuchung, um des vorübergehenden Vorteils eines gegebenen Staates willen, das Prinzip der Herrschaft zu untergraben.

Eine ganz und gar müssige Frage aber ist es, ob die Kirche, wenn es ihr gelänge, die Staatsmänner zu ihren Ansichten zu bekehren, damit die soziale Revolution wirklich aufzuhalten vermöchte, denn denkbar überhaupt wäre ein solches Unternehmen nur unter der Voraussetzung einträchtigen Zusammengehens aller Staaten. Falls nämlich auch nur ein Staat sich von dem Feldzuge gegen Volksbildung und politische Gleichberechtigung ausschlösse, so wäre dieser Eine binnen verhältnismäßig kurzer Zeit der Herr aller Anderen, denen er dann als solcher seine liberaleren Gesetze aufzwänge, und der Zweck der staatserhaltenden Liga schließlich doch vereitelt. Denn allen technischen und wirtschaftlichen Fortschritt müßte die reaktionäre Verschwörung ersticken, um irgendwelche Aussicht auf Erfolg zu haben. Alle Mittel der Volksverdummung und Bevormundung würden notwendigerweise versagen, wenn dem modernen Maschinenwesen gestattet bleibt, auch dem Unwissendsten und Geknechtetsten ad oculos zu demonstrieren, daß die Elementarkräfte nicht Werkzeuge Gottes, sondern Diener des Menschen sind. Nicht ihre Bildung, ihr Hantieren mit der Maschine ist es, was die Massen Gott entfremdet, und wer sie also in Gottesfurcht erhalten will, der muß auf den ganzen Apparat der modernen Technik, damit aber auf das ausschlaggebende Machtinstrument im Daseinskampfe der modernen Nationen verzichten, was selbstverständlich nur dann denkbar ist, wenn alle Rivalen ohne jede Ausnahme das gleiche tun. Mit andern Worten gesagt: das kirchliche Rezept zur Besiegung des Umsturzgeistes wäre nur in dem Falle durchführbar, wenn es einen Universalstaat oder zum mindesten einen universellen Bund aller Staaten gäbe, der den einzelnen Staaten Garantie für universelle Einhaltung der in diesem Rezepte empfohlenen Maßregeln böte.

Zum Erfolge eines solchen Experiments wäre aber außerdem noch erforderlich, erstens, daß die Lenker des fraglichen Universalstaates oder universellen Staatenbundes dauernd, d. i. zum mindesten insolange von rücksichtslosem Herrschaftsfanatismus besessen seien, bis es ihnen gelungen ist, die letzten Spuren moderner Zivilisation zu vernichten, und zum zweiten, daß moderne Menschen die Herrschaft derartiger Individuen geduldig ertragen.

Da nun all dies vernünftigerweise nicht anzunehmen ist, so bleibt den bürgerlichen Staatsmännern keine andere Wahl, als gute Miene zum bösen Spiel des Fortschreitens der sozialen Propaganda zu machen, deren endgültiger Triumph — ist das im bisherigen Dargelegte richtig — nur noch sehr kurze Zeit auf sich warten lassen kann.

Zweiter Teil.

Die soziale Zukunft.

XIV. Kapitel.

Die pseudosozialistischen Systeme.

I. Proudhon.

Bevor ich daran gehe, meine eigenen Ideen über den zukünftigen Entwicklungsgang der von den Fesseln der Knechtschaft befreiten Menschheit darzulegen, will ich in möglichst gedrängter Kürze jene einschlägigen Doktrinen kritisch beleuchten, die seit Beginn des vorigen Jahrhunderts in Literatur und Leben um Geltung ringen. Diese unterschiedlichen Lehrmeinungen lassen sich in zwei große Gruppen teilen: solche, die Heilung der sozialen Übel suchen, ohne die ausgesprochene Absicht eines Umsturzes der bestehenden bürgerlichen Ordnung, und solche, deren Zweck eben die Beseitigung besagter Ordnung ist. Im vorliegenden Kapitel soll von ersteren die Rede sein, die ich unter dem Sammelnamen der pseudosozialistischen zusammenfasse. Ausdrücklich verwahren muß ich mich bei dieser Namengebung gegen die Absicht irgendwelcher Verkleinerung der Verdienste dieser Schulen, oder als ob vollends mit ihr angedeutet werden sollte, daß den Männern dieser Richtung Aufrichtigkeit oder Mut zur Einbekenntnis ihrer wahren Tendenzen gefehlt hätte. Sie gehören insgesamt zu den Bahnbrechern des Sozialismus, haben nicht weniger zu dessen Verbreitung insbesondere unter den Gebildeten getan, als die Radikalsten der Radikalen, und wenn sie auf halbem Wege stehen geblieben sind, während letztere unbedenklich vorwärts stürmten, so war nicht mangelnde Überzeugungstreue und geringerer Mut, sondern größere Vorsicht die wahre Ursache. Sie vermieden es, die Brücken zu überschreiten und hinter sich abzubrechen, solange die Beschaffenheit des jenseitigen Ufers unbekannt war, und daß sie die Verkündigungen der Radikalen *nicht* als genügende Aufklärung hinnahmen, zeigt, daß sie die Besonneneren, nicht daß sie die Zaghafteren gewesen. Aber das ändert nichts an der Tatsache, daß sie eben diesseits der Grenzmarke zwischen bürgerlicher Ordnung und Sozialismus verharrten, also keine Sozialisten sind.

Die Anhänger dieser unterschiedlichen Schulen teile ich, je nachdem sie bei ihren Untersuchungen vom Umlaufe, vom Unternehmergewinne, von der Grundrente oder von ethischen Gesichtspunkten ausgehen, in vier Kategorien, trotzdem diese Kategorisierung weder erschöpfend, noch in allen Einzelheiten zutreffend ist. Wenn ich sie trotzdem wähle, so geschieht es aus dem Grunde, weil sie denn doch ohne Wesentliches zu übergehen, eine der Hauptsache nach richtige und zugleich übersichtliche Zusammenfassung der einschlägigen Lehren und Forderungen ermöglicht.

Ich beginne mit der ältesten dieser vier Richtungen, derjenigen, die im Kapitalzinse die Quelle aller sozialen Übel sucht, und durch entsprechende Reform des Güterumlaufs der Abhängigkeit des Gütererzeugers vom Kapitalisten ein Ende bereiten will. Diese Schule, die in Proudhon ihren bedeutendsten Vertreter hat, geht von der Ansicht aus, daß die Macht des Kapitals auf der von ihm usurpierten Rolle des Vermittlers im *Güterumtausche* beruhe. Geld sei das Umlaufsgut par excellence, die Ware, gegen die allein alle anderen Waren zu haben sind; wer es demnach an sich raffe, der erlange damit die Macht, aller Welt den Güterumtausch zu ermöglichen oder zu verhindern, und das Verderbliche liege gar nicht so sehr darin, daß der Geldbesitzer in der Lage sei, sich für seine Intervention bei der Umsatzvermittlung einen Tribut — Zins genannt — bezahlen zu lassen, als vielmehr darin, daß die mit dieser notgedrungenen Intervention verknüpften Reibungswiderstände den naturgemäßen Warenaustausch unterbinden.

Das Heilmittel, welches Proudhon gegen das solcherart definierte Gebrechen des Gütermarktes empfiehlt, zeigt bis zu einem gewissen Grade Verwandtschaft mit der Marxschen Überwindung des „Warencharakters" der Güterwelt. Nur daß Proudhon, hierin konsequenter und deshalb noch einseitiger als Marx, besagte Überwindung im Wege von Umwälzungen ausschließlich in der Umlaufssphäre der Güter bewerkstelligen will. Da die Umsatzstockung durch das Dazwischentreten des Geldes hervorgerufen werde, so beseitigt man sie ihm zufolge am einfachsten durch die Beseitigung des Geldes aus dem Umsatzprozesse. An die Stelle von Kauf und Verkauf hat der direkte Tausch zu treten. Der Schneider hungere und der Bäcker friere, weil ersterer, um Brot kaufen zu können, auf den Verkauf seiner Kleider, und letzterer um Kleider kaufen zu können, auf den Verkauf seines Brotes warten müsse; man setze sie in den Stand, Brot und Kleider unmittelbar auszutauschen, und das Warten — d. i. eben die Umlaufsstockung — wird sein Ende haben.

Das nähere Eingehen auf die zum Zwecke der Durchführung dieses unmittelbaren Tausches von Proudhon vorgeschlagene und auch tatsächlich ins Werk gesetzte „Tauschbank" kann ich mir ersparen. Das Unternehmen scheiterte trotz aller Begeisterung, die ihm vielfach entgegengebracht wurde, nicht wie Proudhon und seine Anhänger meinten, wegen Unzulänglichkeit der zur Verfügung gestellten Mittel, sondern wegen Verkehrtheit der zugrunde liegenden Idee. Der Bäcker, dem die Kunden deshalb fehlen, weil sie selber ihre Erzeugnisse noch nicht verkauft haben, bedarf ebensowenig als der in gleicher Lage befindliche Schneider einer Tauschbank, um aus der Verlegenheit zu kommen, ja eine solche Verlegenheit existiert überhaupt nur in der Phantasie Proudhons. Leuten, die brauchbare Dinge besitzen, hilft der Kredit unter Intervention der modernen Kreditinstitutionen weit besserer und sicherer, als die Tauschbank; wenn der Bäcker kein Brot und der Schneider keine Kleider verkaufen können, so geschieht dies in Wahrheit deshalb, weil die Massen nichts haben — Geld so wenig, als irgendwelche andere Güter —, wofür sie Brot oder Kleider erwerben könnten, und für nichts können Bäcker und Schneider natürlich auch unter Intervention der Tauschbank nichts hergeben. Die Tauschbank ist also für diejenigen, zu deren Unterstützung sie erdacht ist, überflüssig, für diejenigen aber, die bei wirklich sozialen Bestrebungen in erster Linie zu berücksichtigen wären, ist sie gar nicht erdacht. Denn aus Proudhons ganzem Gedankengange geht hervor, daß ihm lediglich die selbständigen Produzenten, d. i. die Arbeitgeber vor Augen schweben, während er bezüglich der Lohnarbeiter von der orthodoxen Auffassung ausgeht, ihnen sei schon geholfen, wenn es den Meistern gut geht. Die radikaleren Sozialisten haben also ganz recht, wenn sie Proudhon, trotz seiner unleugbaren dialektischen Verdienste, als einen der Ihrigen gar nicht anerkennen, sondern höchstens als Wortführer des kleinen Mittelstandes gelten lassen.

Unter den Pseudosozialisten, die das Heilmittel des wirtschaftlichen Elends in der Umlaufssphäre der Güter suchen, wären der Vollständigkeit halber noch jene unterschiedlichen Gegner des Geldes zu nennen, die, ohne sich in tiefere Untersuchungen einzulassen, das Umlaufsmittel wegen seiner Eigenschaft als Wertmaß mit dem Reichtume, diesen aber mit der Ausbeutung verwechseln. Also eine doppelte, von naivster Oberflächlichkeit Zeugnis ablegende Begriffsverwirrung, die jedoch trotzdem weiter verbreitet ist, als man gemeinhin glaubt, und selbst im Gedankengange tieferer Forscher mitunter eine Rolle spielt. In der „Jagd nach dem Golde" sehen sie das Übel — folglich fort mit dem Golde und alles wird sich zum Besseren wenden! Nun jagen aber die Menschen tatsächlich gar nicht nach Gold und Geld, sondern nach Reichtum; in welcher stofflichen Form sich ihnen dieser letztere darbietet, ist — von rein zufälligen Sondergelüsten einzelner abgesehen — durchaus gleichgültig, ja es kann füglich behauptet werden, daß die Geldform des Reichtums gar nicht diejenige ist, die der Mehrzahl der Habsüchtigen als zu erreichendes Ziel vorschwebt; der Grundbesitz z. B. hat sicherlich für weitaus zahlreichere Menschen größere Anziehungskraft, als der Geldbesitz. Das Übel liegt nicht im Streben nach Reichtum an sich, sondern in der Abhängigkeit des Menschen vom Reichtume, und selbst wenn es sich anders verhielte, wäre mit Abschaffung des Geldes nichts gewonnen, da Geld nicht die Essenz, sondern lediglich das Maß des Reichtums ist.

II. Die Genossenschaftler.

Heilung der sozialen Übel in der Bekämpfung des Unternehmergewinnes suchen die Wortführer der sogenannten Genossenschaftsbewegung. Ihren Tendenzen liegt die an sich richtige Erkenntnis zugrunde, daß das Wesen der Ausbeutung im Arbeiten für fremden, statt für den eigenen Nutzen, zu suchen sei. Auch insofern haben sie Recht, daß — nachdem einmal die persönliche Sklaverei aufgehört hat — die Tributpflicht der Arbeiter an die Unternehmer ein Ende fände, sobald es ersteren gelänge, ohne Dazwischentreten der letzteren wohlorganisierte Produktion zu betreiben. Sie irren aber darin, daß sie die Abhängigkeit des Arbeiters vom Unternehmer für die einzige Quelle der Ausbeutung halten, und deshalb vermeinen, diese Abhängigkeit überwinden zu können, wenn nicht gleichzeitig mit dem Gewinne im engeren Sinne des Wortes auch die beiden anderen Abarten des arbeitslosen Einkommens, Zins und Rente, beseitigt sind.

Selbst wenn es wirklich möglich wäre, das genossenschaftliche Ideal zu verwirklichen, nämlich alle Produktion genossenschaftlich zu betreiben, wäre damit für die Arbeiter nichts gewonnen. Das sogenannte eherne Lohngesetz ist zwar nur insofern richtig, als der Lohn dauernd nicht über das zu gewohnheits- oder standesgemäßer Lebensführung Erforderliche hinausgehen kann; soweit es aber richtig ist, behielte es seine Wirksamkeit, auch wenn die Arbeiter sich der Unternehmer gänzlich entledigt hätten. Diese Darniederhaltung des Lohnes der Arbeit auf dem wie oben definiierten Existenzminimum ist allerdings die Folge des Warencharakters der Arbeitskraft, und es könnte scheinen, daß dieser verschwände, wenn die Arbeiter sich nicht mehr an die Unternehmer verdingen müßten, sondern als eigenberechtigte Genossen produzierten. Aber es scheint eben nur so. Den Gesetzen des Arbeitsmarktes — allerdings nicht im engeren, wohl aber im eigentlichen, weiteren Sinne des letzteren Wortes — blieben die Arbeiter nach wie vor unterworfen. Denn nicht zwischen Arbeiter und Unternehmer allein wird auf dem Markte um den Anteil an den Produktionsergebnissen gefeilscht und gehandelt, sondern zwischen Arbeiter, Unternehmer, Kapitalist und Grundeigentümer. Gelänge der Genossenschaftsbewegung die Beseitigung des Unternehmertums, so feilschten und handelten hinfort auf dem Arbeitsmarkte immer noch Arbeiter, Kapitalist und Grundeigentümer; der Wegfall des vierten Faktors könnte natürlich nicht verhindern, daß die drei Verbliebenen nach wie vor den Gesetzen des Marktes unterworfen wären, d. h. daß auf jeden von ihnen das Äquivalent seiner sogenannten Reproduktionskosten entfiele, nicht mehr und nicht weniger, genau wie gegenwärtig. Das aber will mit Rücksicht auf die Arbeiter besagen, daß sie nach wie vor auf die eigene Lebensnotdurft angewiesen blieben, wobei der Gesamtertrag der Produktion entsprechend, d. i. um den ehemaligen Anteil der Unternehmer, sänke, da dann mehr als dem gegebenen Konsum von Arbeitern, Kapitalisten (im engeren Sinne) und Grundeigentümern zusammengenommen entspräche, nicht produziert werden könnte.

Also wenn selbst die Genossenschaft zur alleinigen oder doch zur herrschenden Produzentin würde, wäre damit für die Arbeiter nichts gewonnen. Es ist jedoch schlechthin ausgeschlossen, daß dies jemals geschehen könnte;

die Genossenschaftsbewegung kann, solange das Privateigentum an den Produktionsmitteln bestehen bleibt, über höchst vereinzelte Erfolge unmöglich hinauskommen. Die Gründe hierfür habe ich im vorigen Kapitel bereits dargelegt, und will hier nur noch wiederholen, daß das Eigentum, gleichwie es die Besitztümer dem Besitzer unterwirft, umgekehrt auch diesen an jene bindet, Gebundenheit an das Produktionsmittel aber unverträglich ist mit vergesellschafteter Produktion. Und zwar dies aus doppeltem Grunde. Erstlich weil die persönliche Freiheit Schaden leidet, wenn mehrere Produzenten persönlich an das nämliche Produktionsmittel, und dadurch mittelbar aneinander gekettet sind, und zum zweiten deshalb, weil die Anpassung der Produktion an den Bedarf unmöglich ist, wenn die freie Beweglichkeit der Arbeitskräfte aufhört. Allerdings kennt auch das bürgerliche Recht Kollektiveigentum an Produktionsmitteln; der Aktionär z. B. ist ein derartiger Kollektiveigentümer; er ist aber nur mit seinem Gewinnanteile, nicht mit seiner Person an den Aktienbesitz gebunden; er hat als Aktionär nur zu befehlen, nicht zu gehorchen, und kann dementsprechend, mit dem ihm gehörigen Produktionsmittel mag geschehen, was da will, nur pekuniär, nie aber persönlich geschädigt werden. Anders der Genosse einer Genossenschaft. Dieser kann unter Umständen durch die Gebundenheit an seine Arbeitsstätte schlechthin zum Sklaven werden, und es ist deshalb vollauf erklärlich, daß die Arbeiter in aller Regel das ausbeuterische Abhängigkeitsverhältnis dem genossenschaftlichen vorziehen. Dazu kommt dann als zweiter Behinderungsgrund die Unmöglichkeit, das Angebot der Nachfrage anzupassen. In der bürgerlichen Welt vollzieht sich dieser Anpassungsprozeß bekanntlich in der Weise, daß der Unternehmer, es sei nun ein einzelner oder eine Vergesellschaftung, je nach Bedarf Arbeiter anwirbt oder entläßt. Steigt die Nachfrage nach den Ergebnissen einer bestimmten Produktion, so liegt es im Interesse der Arbeitgeber, vermehrte Arbeitskräfte heranzuziehen, sinkt die Nachfrage, so gebietet ihr Interesse die Entlassung von Arbeitern. Anders die hier in Frage stehende Genossenschaft. In deren, d. h. in der an ihr teilnehmenden Arbeiter-Interesse liegt auch bei steigender Nachfrage die Einengung der Mitgliederzahl, und sie hat in keinem Falle, also auch nicht bei sinkender Nachfrage, die Möglichkeit, sich entbehrlicher Mitglieder ohne weiteres zu entledigen. Sollte also sie dereinst die herrschende Unternehmungsform werden, so müßte das Angebot aufhören, sich nach der Nachfrage zu richten, vielmehr umgekehrt bestimmend für diese werden, ein Zustand der Dinge, der aus dem Grunde unmöglich ist, weil Produktion nicht oberster Zweck, sondern lediglich das Mittel der Bedürfnisbefriedigung in der menschlichen Wirtschaft sein kann.

III. Die Bodenreformer.

Vom Grundeigentume oder von der Grundrente als Quelle aller sozialen Übel geht der Amerikaner Henry George mit seiner „single tax“ Bewegung aus, die von dem Deutschen Michael Flürscheim und den ihm anhängenden „Bodenreformern“ aufgenommen und durch eine Reihe weitergehender Schlußfolgerungen vervollständigt wird. George erkennt ganz richtig, das im Bodeneigentum gelegene Unrecht; er begreift, daß Mutter Erde, die keines Menschen Erzeugnis ist, von keinem Menschen mit Beschlag belegt werden dürfe; er schildert in höchst origineller und durchaus zutreffender Weise die Absurdität des an das Bodeneigentum geknüpften Rechtes, Tribut für die Benutzung einer Sache zu fordern, die niemand erzeugte und die einem jeden zum Leben unerläßlich sei; er zeigt an einigen packenden Exempeln, wie dadurch der Bodeneigentümer die Macht erlange, die Früchte allen menschlichen Fortschrittes in Form stetig wachsender Grundrente in seine eigenen Taschen zu leiten. Der steigende Bodenpreis sei — namentlich in den Städten — nicht das Verdienst der Eigentümer, sondern das Ergebnis der Kulturarbeit aller, biete aber den Besitzern des Bodens die Handhabe, sich von den Nichtbesitzern die Erlaubnis bezahlen zu lassen, besagte Kulturfortschritte benützen zu dürfen. Daraus zieht George die Schlußfolgerung, daß der Boden ins Staatseigentum genommen werden müsse, wovon er sich dann Beseitigung aller gesellschaftlichen Übel, insbesondere aber der jeden Aufschwung ertötenden Überproduktion verspricht. Der zum alleinigen Grundeigentümer gewordene Staat soll den Boden gegen ein der Grundrente entsprechendes Entgelt an die des Bodens Bedürftigen verpachten, und aus dieser Abgabe, der einzigen, die hinfort nötig sein werde — daher der Name single tax —, all seinen Aufwand bestreiten. Dadurch werde sich die infolge des Bodenwuchers gestörte Harmonie der verschiedenen Produktionszweige — in welchen Störungen er, in diesem Punkte getreu der klassischen Auffassung, die einzige Ursache der bloß fälschlich Über produktion genannten, in Wahrheit aber unverhältnismäßige Produktion zu nennenden krisenhaften Erscheinungen erblickt — wieder einstellen und allgemeines Wachstum des Wohlstandes gesichert sein.

Die Ergänzung, welche Flürscheim dieser Theorie angedeihen läßt, besteht darin, daß er von der Beseitigung des Privateigentums an Boden — von ihm, dem Anhänger des Staatsmonopols auf Boden, seltsamerweise Boden-„Monopol" genannt — unter einem auch die Beseitigung des Kapitalzinses erwartet. Denn, so behauptet er, Zins können die Kapitalisten nur verlangen, weil ihnen die Möglichkeit offensteht, Boden zu erwerben und dadurch ihren Besitz wuchern zu lassen; wäre ihnen dieser Ausweg abgeschnitten, so müßten sie froh sein, einen Verwender ihres Kapitals zu finden, der es ihnen auf seine Gefahr bis zum Momente der Rückerstattung vor Verderben bewahre.

Der Irrtum von George wie von Flürscheim liegt nun darin, daß sie erstlich beide im Grundeigentum die alleinige Quelle aller Übel erblicken, und daß sie es zum zweiten gar nicht beseitigen, sondern bloß verstaatlichen wollen. Was der Arbeitende dabei gewinnen soll, wenn er Rente nicht mehr dem Privateigentümer, sondern dem Staate zahlt, läßt sich schwer absehen. Ist doch die Geschichte nicht arm an Beispielen staatlicher Bodenmonopole, und niemand wird im Ernste behaupten, daß die in deren Gefolge hervorgetretenen Zustände dem von George und Flürscheim erwarteten Ideale sonderlich entsprochen hätten. Eben so falsch ist die Georgesche und Flürscheimsche Überproduktionstheorie. Die Überproduktion, die stetige Tendenz des Angebotes, über die Nachfrage hinauszuwachsen, hat darin ihren Grund, daß der Konsum durch die sozialen Satzungen in bestimmten Grenzen darniedergehalten wird, während die produktiven Kräfte mit jedem Fortschritte von Wissenschaft und Technik zunehmen. Daran, an dieser Divergenz von Produktivkraft und Konsumtionsfähigkeit, würde sich damit allein nichts ändern, daß die Grundrente statt vom Privatgrundbesitzer vom Staate eingestrichen wird.

Nun meint, wie bereits gesagt, Flürscheim allerdings, daß zugleich mit der privaten Grundrente auch der Zins entfallen müsse; doch schon die bloße Tatsache, daß es an Gemeinwesen nicht gefehlt hat, wo die wuchernde Anlegung von Kapital in Form von Grundbesitz nahezu vollständig ausgeschlossen war, der Kapitalzins aber trotzdem keine Miene machte, sich zu verflüchtigen, müßte ihn von der Hinfälligkeit dieser seiner Voraussetzung überzeugen. Er sollte sich sagen, daß den Besitzer von Ersparnissen nichts hindern kann, seinen Erwerb in Form nicht dem Verderb ausgesetzter, ja sogar wuchernder Güter aufzubewahren, er sollte bedenken, daß Zins nicht bloß deshalb gezahlt wird, weil der Sparer sich ohne das nicht von seinem Kapitale trennen würde, sondern auch deshalb, weil der Entlehner des Kapitals bedarf. Aber auch wenn all dem nicht so wäre, bliebe der Flürscheimsche Gedankengang fehlerhaft aus dem sehr einfachen Grunde, weil Güterkauf überhaupt keine Verwendung, sondern lediglich einen Besitzwechsel von Kapital darstellt. Damit, daß der Kapitalist seine Ersparnisse zu Erwerbung eines Grundstückes benützt, sind dieselben nicht verbraucht, sondern bloß in andere Hände, nämlich in die des Verkäufers übergegangen, und dieser andere hat nun die Sorge des Verbrauches der Ersparnisse. Grund und Boden ist nur insofern Gegenstand von Kapitalverbrauch, als er dazu benutzt werden kann, im Wege von Urbarmachungs- und Verbesserungsarbeiten Kapital in sich aufzunehmen; diese seine Eignung aber hat selbstverständlich mit seiner Verkäuflichkeit oder Unverkäuflichkeit nicht das geringste zu tun. Mag immerhin im Sinne Georges und Flürscheims aller Boden dereinst dem Staate gehören, also unverkäuflich sein; das wird am Kapitalerfordernisse auf Grund und Boden und folglich am Verhältnisse zwischen Angebot und Nachfrage auf dem Kapitalmarkte absolut nichts ändern.

Die Bodenverstaatlichung läßt also die Ausbeutung in jeder Beziehung unberührt. Die ihr nachgerühmte Wirkung, Grundrente und Zins zu beseitigen, ist eine bloße Fiktion, und was den Unternehmergewinn anlangt, so behaupten die Bodenreformer nicht einmal, ihn aus der Welt schaffen zu können, sondern begnügen sich mit der Erklärung, er sei unschädlich, weil, gleich dem Arbeitslohne den Gesetzen des Marktes, d. i. der Konkurrenz unterworfen. Das letztere ist nun allerdings richtig, beweist aber nur, daß die Unternehmer davon, wenn wirklich Zins und Rente auf dem von den Bodenreformern empfohlenen Wege überwunden werden könnte, keinen Vorteil zögen. Seltsam hingegen ist, daß die Bodenreformer nicht einsehen, wie dieses letztere, von ihnen selber geltend gemachte Argument allein schon genügt, die absoltue Unfruchtbarkeit ihrer Reformvorschläge zu beweisen. Wenn — so lange es einen Arbeitsmarkt gibt — die Unternehmer nichts gewinnen können, versteht sich nicht ganz von selbst, daß unter der gleichen Voraussetzung auch für die Arbeiter keine Hilfe möglich ist? Sind etwa sie dem Gesetze des Marktes, der Konkurrenz, nicht unterworfen? Es wäre unrichtig, aber mit der Logik einigermaßen vereinbar, wenn die Anhänger der Bodenverstaatlichungsidee sich einbildeten, Unternehmer und Arbeiter würden sich nach Beseitigung von Rente und Zins in den daraus erwachsenden Gewinn teilen; warum sie aber vermeinen, ein solcher Gewinn — immer vorausgesetzt, daß er überhaupt vorhanden wäre — käme dem Arbeitslohne allein zugute, ist schlechthin unerfindlich.

Den Bodenreformern möchte ich in gewisser Beziehung auch Franz Oppenheimer mit seiner „Siedlungsgenossenschaft" anreihen. Nicht etwa aus dem Grunde, weil ich das Verdienst dieses Forschers mit seinen Angriffen gegen das Latifundienwesen für erschöpft hielte, oder weil die im vorstehenden dargelegten Gebrechen Georges und Flürscheims auch die seinigen wären; wohl aber deshalb, weil auch er den Nachdruck ausschließlich auf das Bodenrecht legt, in dessen Auswüchsen die letzte Quelle aller sozialen Übel sieht und folglich wohl ein — und zwar sehr kühner — wirtschaftlicher Reformer, aber kein eigentlicher Sozialist ist. Seine Kritiken Riccardos und Marxens gehören hier nicht zur Sache und ich will mit Bezug auf diese nur bemerken, daß ich sie für meisterhaft, aber für keineswegs erschöpfend halte; was aber seine positiven Vorschläge anlangt, die der Hauptsache nach auf Ablösung und Aufteilung allen Großgrundbesitzes von Staats wegen hinauslaufen, so bestreite ich zwar aufs entschiedenste, daß in denselben irgend ein utopisches Element enthalten wäre, oder daß auch nur namhaftere *sachliche* Schwierigkeiten ihrer Ausführung im Wege stünden, ja ich gebe sogar unbedingt zu, daß sich der Hauptsache nach all die Vorteile für Industrie und Landwirtschaft daraus ergeben würden, die Oppenheimer in Aussicht stellt; auch die in sozialer Beziehung zu erwartenden Vorteile übersehe ich keineswegs — nur daß das Herrschaftsprinzip in der menschlichen Wirtschaft damit an der Wurzel gefaßt würde, vermag ich nicht zuzugeben. Gewiß, der Reichtum würde in ungeahntem Maße und allgemein steigen, wenn aller Boden in den Besitz wirklicher Bodenbebauer käme, und da die Marxsche Verelendungstheorie so ziemlich das Gegenteil der Wahrheit ist, d. h. da wachsender Reichtum der Massen der sozialen Evolution nur förderlich sein kann, so haben einsichtige Sozialisten allen Grund, Oppenheimers Vorschläge nach Kräften zu fördern — sozialistisch sind dieselben trotzdem nicht, so wenig als etwa eine Forderung nach Vermehrung der Volksschulen sozialistisch ist, trotzdem ihre Erfüllung anerkanntermaßen im Interesse des Sozialismus liegt.

IV. Der Kathedersozialismus.

Während die drei im bisherigen besprochenen pseudosozialistischen Schulen zum mindesten von der Absicht ausgehen, eine Änderung der geltenden Wirtschaft herbeizuführen, und in die eigentlichen sozialistischen Systeme bloß deshalb nicht eingereiht werden können, weil die von ihnen vorgeschlagenen Reformmaßregeln ungeeignet sind, den angestrebten Zweck zu erreichen, ist es die Eigenart der vierten Richtung, die im Wege einer ethischen Entwicklung den sozialen Übeln zu Leibe rücken will, daß es gar nicht in ihrer Tendenz liegt, die Ausbeutung selber anzutasten, und daß sie sozialistisch bloß deshalb genannt wird, weil sie zugibt, daß die sozialen Zustände verbesserungsbedürftig seien.

Von ihren Gegnern im streng orthodoxen Lager wurde dieser Schule der Spottname „Kathedersozialisten" beigelegt; sie hat ihn — und das mit Recht — als Ehrennamen angenommen, denn ihr Verdienst ist es, den Sozialismus kathederfähig gemacht zu haben, wozu seinerzeit ein nicht geringes Ausmaß moralischen Mutes gehörte. Deshalb ist jedoch nicht minder wahr, daß man es da mit „Sozialisten" zu tun hat, die den wirklichen Sozialismus für ein Hirngespinst halten, weil sie einsehen, daß zu seiner Begründung bisher bloß Hirngespinste produziert wurden. Sie haben die an sich gewiß löbliche Absicht, den „vernünftigen" sozialen Forderungen unter Anwendung „praktisch möglicher" Mittel gerecht zu werden, und nennen sich aus diesem Grunde mitunter selber „praktische Sozialisten", sind aber in Wahrheit ebensowenig praktisch, als sie Sozialisten sind. Denn was sie als vernünftige Forderungen des Sozialismus ansehen, hat mit dem Sozialismus überhaupt nichts zu tun, und was sie für praktisch ausgeben, ist der Hauptsache nach schlechthin utopisch.

Was das erstere anlangt, so versteht diese Schule unter berechtigten sozialistischen Forderungen alle auf Verbesserung des Loses der arbeitenden Klassen abzielenden Bestrebungen. Nun liegt aber das Wesen des Sozialismus nicht in der „Hebung", sondern in der Befreiung der Massen. Er fordert für diese das volle, ganze Menschenrecht, allerdings in der — sehr richtigen — Erwartung, dadurch auch ihr Los zu verbessern; sein eigentlicher Zweck jedoch ist die Wiederaufrichtung des zertretenen Menschenrechts, welchem gegenüber die Verbesserung der materiellen Lage bloß untergeordnete Bedeutung hat.

Utopisten aber sind die Kathedersozialisten insofern, als in ihren Vorschlägen eine „Veredelung“ des Lohnverhältnisses tonangebende Rolle spielt, die in Wahrheit in das Reich der Träume gehört. Das Lohnverhältnis, die Herabwürdigung des arbeitenden Menschen zum Arbeits m i t t e l, ist an und für sich etwas abscheuliches, aller wirklichen Ethik hohnsprechendes. Doch abgesehen davon: wodurch soll diese Veredelung des Abscheulichen erzielt werden? Dadurch — so werden wir belehrt —, daß in den besitzenden Klassen das Bewußtsein ihrer Pflichten den Besitzlosen gegenüber erweckt wird. Das heißt mit anderen Worten, dadurch, daß die Angehörigen der besitzenden Klassen aufhören, eigennützige Wesen zu sein. Man wird zugeben, daß sich eine utopischere Voraussetzung kaum denken läßt. Sollte irgend jemand widersprechen, so verweise ich ihn auf die Autorität aller orthodoxen wie pseudosozialistischen Theoretiker, die — in diesem Punkte übereinstimmend — den Sozialismus in erster Reihe deshalb für utopisch erklären, weil er eine Änderung der menschlichen Natur, die Umwandlung des Menschen aus einem eigennützigen in ein uneigennütziges Wesen zur Voraussetzung habe. Letzteres ist nun allerdings nicht wahr, oder zum mindesten nicht mit Bezug auf alle sozialistischen Schulen so wahr und erwiesen, als die Gegner des Sozialismus annehmen. Daß aber eine Theorie, welche die Verwandlung des Menschen aus einem eigennützigen in ein uneigennütziges Wesen zur Voraussetzung hätte, in der Tat utopisch wäre, ist richtig; und die Kathedersozialisten brauchen daher diese ihre fälschlich auf den Sozialismus angewendete richtige Erkenntnis bloß richtig auf sich selber anzuwenden, um zu begreifen, nicht daß der Sozialismus die Wahrheit enthalte, denn er könnte ja falsch sein, trotzdem dieser Vorwurf des Utopismus ihn nicht trifft — wohl aber, daß sie selber Utopisten sind.

XV. Kapitel.

Kollektivismus und Anarchismus.

I. Befangenheit des Kollektivismus in der orthodoxen Zurückführung der Knechtschaft auf den Eigennutz. Schwäche der orthodoxen Angriffe.

Die Sozialisten im engeren und eigentlichen Sinne bekennen sich insgesamt zu der Überzeugung, daß keinerlei wie immer geartete „Reform“, sondern einzig die völlige Überwindung und Beseitigung der bürgerlichen

Ordnung die enterbten Massen befreien könne. Auch unter den Vertretern dieser Richtung fehlt es natürlich nicht an den mannigfachsten Verschiedenheiten der Meinungen und Tendenzen; dennoch lassen sich hier zwei der Hauptsache nach zusammengehörige Schulen erkennen: die kollektivistische oder autoritär kommunistische und die anarchistische.

Erstere führt das soziale Unrecht auf das schrankenlose Walten des Egoismus zurück. Daß die Produktion dem Belieben und der Willkür der Individuen überlassen werde, ermögliche es den Stärkeren, Schlaueren, Rücksichtsloseren, im Wege der Herrschaft über die Produktionsmittel Macht über ihre Mitmenschen zu erlangen. Rettung aus diesem Zustande sei demnach lediglich dadurch möglich, daß die Gesellschaft sich in den Besitz der Produktionsmittel setzt, und an Stelle der bisherigen „anarchischen" die gesellschaftliche, d. h. die von Gesellschafts wegen planmäßig geleitete Produktion Aller zu Nutz und Frommen Aller treten läßt. Was die Autoritärkommunisten sonst noch in ihren mannigfaltigen Programmen über ihre Anschauungen und Ziele sagen, ist Beiwerk, während das im obigen dargelegte den dauernden Kern ihres Lehrgebäudes bietet. Dieser aber beruht auf dem nämlichen Grundirrtum, der auch die Orthodoxie beherrscht, auf dem Vorurteile nämlich, daß Ausbeutung und Knechtschaft Ergebnisse des menschlichen Eigennutzes seien. Begriffe der Kollektivismus, daß Zwang und nicht Eigennutz das herrschende Prinzip der bürgerlichen Wirtschaft sei, so geriete er schwerlich auf den Gedanken, den Eigennutz durch den Gemeinsinn als Triebfeder der Wirtschaft ersetzen zu wollen. Denn daß der Gemeinsinn zu seiner Betätigung auf wirtschaftlichem Gebiete erst recht des Zwanges bedürfte, entgeht ihm keineswegs; er ist vollkommen im Reinen darüber, daß die Individuen, sich selber überlassen und frei von jedem Zwange, eigennützig handeln würden; da ihm jedoch unbekannt ist, daß das Arbeiten zu fremdem Nutzen erst möglich wurde, nachdem es einer Reihe von Wahnvorstellungen gelungen war, dem Instinkte der Unterwürfigkeit zur Obmacht über den des Eigennutzes zu verhelfen; daß es bloß des Wiederauflebens naturgemäßer Freiheitsliebe bedarf, damit der Unterwürfigkeitsinstinkt, eben weil er kein natürlicher, sondern ein im Wege von Wahnideen künstlich angezüchteter ist, sich verflüchtige; kurzum, da er die Menschheit vor die Wahl lediglich zwischen Barbarei, Ausbeutung oder Gemeinwirtschaft gestellt glaubt, so schreckt er vor dem mit letzterer verknüpften Zwange nicht zurück.

Es läßt sich dementsprechend leicht zeigen, daß der Kollektivismus oder autoritäre Kommunismus, so gründlich er auch mit der bestehenden Ordnung aufzuräumen glaubt, dem Wesen nach dennoch auf das nämliche hinausliefe; Ausbeutung und Zwang blieben bestehen, nur unter anderen Formen und zu anderen Zwecken. Nicht zu eigenem, sondern zu fremdem Vorteile, nicht aus eigenem Antriebe und nach eigenem Belieben, sondern auf Anordnung der Oberen würde gearbeitet, mit der Maßgabe allerdings, daß es nicht eine Minderzahl, sondern die Gesamtheit wäre, die Vorteil aus der Arbeit zöge, und daß die Oberen, denen gehorcht werden müßte, nicht durch den Zufall des Besitzes oder der Geburt, sondern durch Wahl zur Macht gelangen würden. Und wenn nun die Kollektivisten dem entgegenhalten, daß es ein Spiel mit Worten sei, von Ausbeutung oder Zwang zugunsten der Gesamtheit zu reden, da doch die angeblich Ausgebeuteten oder Gezwungenen selber zu sotaner Gesamtheit gehören; so ist in Wahrheit gerade diese ihre Einwendung ein Spiel mit Worten. Die Ausbeutung wird damit nicht zur Gerechtigkeit, daß der Ausgebeutete an ihren Früchten, und der Zwang damit nicht zur Freiheit, daß der Gezwungene an der Verhängung des Zwanges teil hat.

Auf der anderen Seite versuchen die Orthodoxen, allerdings ebenso vergeblich, den Nachweis zu führen, daß der autoritäre Kommunismus noch ungerechter und freiheitsfeindlicher wäre, als die geltende bürgerliche Ordnung, indem sie zeigen, daß das Produzieren *für* die Gesellschaft zur Begünstigung der Ungeschickten, Faulen auf Kosten der Tüchtigen und Fleißigen, das Produzieren *durch* die Gesellschaft hinwieder zu hochgradiger Tyrannei führen müßte. Auch hier ist die Schlußfolgerung falsch, als so fraglos richtig die Prämissen zugegeben werden mögen. Der Kollektivismus wäre in der Tat gleichbedeutend mit Begünstigung der Untüchtigen auf Kosten der Tüchtigen, und mit hochgradiger Tyrannei aller über alle; daraus aber folgt noch lange nicht, daß er ungerechter und freiheitsfeindlicher sein müßte, als die bürgerliche Welt. Um das für so ausgemacht zu halten, wie die Apologeten der geltenden Ordnung tun, müßte man deren naiven Glauben teilen, daß das Recht auf freien Gebrauch der eigenen Kräfte heute einem jeden zustehe, und daß es die Tüchtigsten seien, die aus dem Gebrauche dieses Rechtes den größten Vorteil ziehen. Hat man dagegen erst einmal erkannt, wie es mit all dem in Wirklichkeit bestellt ist, so sind zum mindesten Zweifel darüber zulässig, ob das Parasitentum der an

Zahl geringeren, in ihren Ansprüchen jedoch unersättlichen Herren, demjenigen der vielleicht zahlreicheren, in ihren Ansprüchen jedoch sicherlich bescheideneren untüchtigen faulen „Genossen", den tüchtigen und fleißigen Arbeitern größere Opfer auferlegen würde; und ob die Tyrannei, der in ihrer Macht allerdings beschränkteren, dagegen aber lediglich von rücksichtsloser Habsucht geleiteten herrischen, oder die der gesellschaftlichen, mit schrankenloser Macht ausgestatteten, aber zum Wohle der Gesamtheit bestellten Oberen die unerträglichere wäre.

Eben so müssig ist der Streit darüber, ob die Organisation und Leitung der menschlichen Wirtschaft von Gesellschafts wegen fähigere oder unfähigere Elemente an die Spitze der Geschäfte brächte, als die herrische Organisation und Leitung. Zwar die Argumentation der Autoritär-Kommunisten, daß die „Gesellschaft", da sie die Gesamtheit aller Produzenten darstelle, am besten befähigt sei zur Leitung jeglicher Produktion, beruht auf einem Trugschlusse. Die Gesellschaft birgt in ihrem Schoße allerdings die Summe aller zu allen Berufen erforderlichen Sachverständigen; kein einziger dieser Sachverständigen jedoch ist sachverständig für alle, sondern jeder nur für einzelne Berufe, und wenn sie nun alle in ihrer Totalität über alle Berufe entscheiden sollen, so werden notwendigerweise alle ihre Entscheidungen nichts weniger denn sachverständig sein. In der Gesamtheit ist alles Wissen, alles Können enthalten; die Gesamtheit dagegen weiß nichts und kann nichts. Doch selbst wenn man das kollektivistische Produzieren von Gesellschafts wegen streng wörtlich auffaßt, d. h. derart, daß im Zustande des autoritären Kommunismus wirklich alle über alles entscheiden müßten, wäre damit noch immer nicht einmal soviel bewiesen, daß die solcherweise zustande gebrachte Produktionsleitung wesentlich schlechter sein müßte, als die herrische. Nicht Sachkenntnis, sondern Zufall, Liebedienerei, Kameradschaft, würden bei Besetzung der einflußreichsten Stellen im Zukunftsstaat zumeist den Ausschlag geben? Zugestanden! Ist es jedoch etwa in der bürgerlichen Welt anders? Warum sollte also dort zu Stillstand, oder doch zu unleidlichen Störungen der Wirtschaft führen, was sich hier ungezählte Jahrtausende hindurch in Kraft erhalten hat? Indessen liegt keinerlei innere Nötigung vor zu derartiger Auffassung des Grundsatzes der gesellschaftlichen Produktionsleitung. Die Gesellschaft kann sich zwecks ihrer wirtschaftlichen Tathandlungen sehr wohl in Fach- oder Berufsgruppen teilen, und hierdurch das obige Gebrechen vermeiden.

Auch das Bedenken, daß die autoritär-kommunistische Produktion mißlingen müßte, weil ihr der Ansporn des Eigennutzes fehlen würde, ist nicht tragisch zu nehmen. Was zunächst die Arbeiter anlangt, so fehlt diesen doch auch in der bürgerlichen Wirtschaft besagter Ansporn in aller Regel vollständig, und wird durch den Hunger, durch die Furcht vor Entlassung ersetzt. Nun denn, auch dieser Ansporn würde in der autoritär-kommunistischen Wirtschaft fehlen, er müßte durch die Zwangsgewalt der Oberen oder der Gesellschaft ersetzt werden. Aber daraus folgt doch höchstens, daß der Kollektivismus in diesem Punkte nicht wesentlich besser wäre, als die persönliche Sklaverei, nicht aber, daß seine Wirtschaft aus diesem Grunde scheitern müßte. Und was den Eigennutz der Betriebsleiter anlangt, so darf nicht vergessen werden, daß auch in der herrischen Wirtschaft nicht gerade die unter dem Ansporne des Eigennutzes stehenden Eigentümer es sind, die sich als die geschicktesten Betriebsleiter erweisen. Mit „Lohn" abgefundene, am Nutzen des Unternehmens meist unbeteiligte Angestellte laufen ihnen mehr und mehr den Rang ab — warum sollte es bei den Angestellten, d. h. bei den gewählten Oberen autoritär-kommunistischer Betriebe grundsätzlich anders sein?

Doch zugegeben, daß Tüchtigkeit und Fleiß im Kollektivismus durchweg tief unter dem in der herrischen Wirtschaft üblichen Niveau ständen, so folgt selbst daraus noch nicht einmal so viel, daß er geringere Ergebnisse liefern würde, als diese. Im Gegenteile; wenn ihm kein anderes, tiefer liegendes Hindernis im Wege stünde, müßten die Erträge unter seinem Walten ganz außerordentlich höher geraten als diejenigen ausbeuterischer Betriebe. Und zwar wäre dies die naturnotwendige Folge der Steigerung des Bedarfes. Wenn man in Erwägung zieht, welch verschwindender Bruchteil der im Laufe des menschlichen Fortschrittes potentia erworbenen produktiven Fähigkeiten es ist, der tatsächlich zur Verwendung gelangt, lediglich aus dem Grunde, weil die herrschende soziale Ordnung den Bedarf in bestimmten, durch die Lebensnotdurft der Massen gegebenen Schranken darniederhält; kann es nicht dem geringsten Zweifel unterliegen, daß noch so tiefes Sinken von Fleiß und Geschicklichkeit nicht hindern würde, die tatsächliche Produktion ganz außerordentlich zu steigern, so wie nur Bedarf für die Ergebnisse gesteigerter Produktion geschaffen wäre. Daß den Arbeitenden nicht „Lohn", d. i. was sie zum Leben brauchen, sondern bei steigendem Ertrage steigender Anteil zufiele, wäre nun unter dem Walten des Kollektivismus nicht zweifelhaft. Er könnte also — einmal zur herrschenden Wirtschaftsform geworden — jede Maschine verwenden, durch welche menschliche Arbeitskraft erspart wird, und daß durch diese unbegrenzte Vermehrbarkeit der mechanischen Energie das mangelhafte Funktionieren der menschlichen reichlich wett zu machen wäre, erscheint mir selbstverständlich.

Nicht geringere, sondern sehr wesentlich höhere Erträge müßte also der Kollektivismus — unbeschadet all seiner im bisherigen besprochenen Mängel —, bieten, vermöchte er nur darüber mit sich ins Reine zu kommen, *was* und *für wen* produziert werden soll. Das jedoch vermag er nicht, und *dies* ist der Grund, warum sich — wohlverstanden in einem zivilisierten, auf alle Kultur nicht völlig verzichtenden Gemeinwesen — nach seiner Methode weder gut noch schlecht, weder vernünftig noch unvernünftig wirtschaften läßt.

II. Unmöglichkeit der Gütererzeugung ohne Markt.

Besehen wir uns das vom Kollektivismus geforderte „Produzieren durch und für die Gesamtheit", so finden wir zunächst, daß selbes die Bildung eines Preises der Dinge ausschließt. Ohne Preis jedoch ist, bei höherer Arbeitsteilung wohlverstanden, Produktion unmöglich. Wenn man nicht weiß, was die Dinge wert sind, kann man natürlich auch nicht wissen, ob das Ergebnis mehr oder weniger wert ist, als der Aufwand der Produktion, und das Produzieren wird zu einer sinnlosen Vergeudung von Gütern und von Arbeitskraft.

Das konnte natürlich den Kollektivisten nicht gänzlich entgehen; nur glaubten sie im Arbeitsaufwande das Mittel zu besitzen, um den Wert der Dinge unabhängig vom Markte feststellen zu können. Das ist jedoch eine sehr oberflächliche Auffassung. Zunächst schon deshalb, weil sich bei nur einigermaßen entwickelter Arbeitsteilung der Arbeitsaufwand ,gar nicht erfassen läßt. Wie soll z. B. festgestellt werden, wieviel Arbeitsaufwand in einem Schuh steckt? Der des Schuhmachers ließe sich allerdings ermitteln; wird das aber auch bezüglich des Arbeitsaufwandes zu Herstellung des im Schuh verarbeiteten Stückes Leder, des Zwirnes, der Nägel, gelingen? Und wenn man selbst daran nicht verzweifelt, will man es auch unternehmen, den Arbeitsaufwand herauszurechnen, der für die Vernützung all der Werkzeuge, Unterkunftsräume und dergl. entfällt, die mittelbar bei Herstellung eines Schuhes in Frage kommen? Wieviel ist für den Arbeitsaufwand zu Herstellung der Schuhmacherwerkstatt, der Lederfabrik, des Stalles der das Leder liefernden Rinder, wieviel für die Vernützung der Äxte, Sägen, Meißel bei Erbauung dieser Ubikationen anzusetzen? Und so fort ins Unendliche. Das alles zu finden, kann im Ernste kein Zurechnungsfähiger erwarten. Wenn man die Werte der verschiedenen Gebrauchsgüter gegeneinander abwägen will, gibt es schlechterdings kein anderes Mittel, als die Vergleichung ihrer auf dem Markte, d. h. durch Angebot und Nachfrage zutage tretenden Preise. Es ist wahr, letztere weichen vom Werte mehr minder ab, allein sie sind eben das einzig faßbare; jedenfalls kann man zu Schlüssen über den Arbeitsaufwand anders, als auf dem Umwege über sie unmöglich gelangen. Wenn man für ein Paar Schuhe ein Stück Leinwand erhält, so schließt man, daß in beiden Dingen gleich viel, oder doch annähernd gleich viel Arbeitsaufwand enthalten ist; wollte man dagegen umgekehrt das Tauschverhältnis zwischen Schuhen und Leinwand nach dem in den zweien enthaltenen Arbeitsaufwande bestimmen, so wäre dies eine schlechthin unlösliche Aufgabe.

Den Kollektivisten bliebe also schon aus diesem Grunde und ganz abgesehen davon, daß es aller wirtschaftlichen Vernunft Hohn spricht, die Preise nach dem Arbeitsaufwande finden zu wollen, da doch umgekehrt die Preise es sind, nach denen sich der Arbeitsaufwand zu richten hat, kein anderer Ausweg, als den ihnen unbekannten Wert der Dinge durch willkürliche, von Obrigkeits wegen festzustellende Taxen zu ersetzen. Nun bedenke man aber, was es heißt, einen Tarif ohne jedwede Kenntnis, ja selbst ohne die entfernteste Andeutung der wirklichen Preise anzufertigen. Allerdings hat es willkürliche Tarifierungen wiederholt in Menge gegeben, ohne daß ihretwegen die Produktion zum Stillstande gebracht worden wäre; aber bei all diesen behördlichen Tarifen und Taxen handelte es sich in Wahrheit gar nicht um einen Ersatz, sondern lediglich um eine Korrektur der Marktpreise. Man wollte die Produzenten zwingen, billiger zu verkaufen, oder die Konsumenten, teuerer zu kaufen, als zum natürlichen Preise, den man jedoch — zum mindesten annähernd — stets sehr wohl kannte. Es handelte sich dabei immer nur um einzelne Dinge oder Leistungen, die entweder an und für sich ihren eigenen, durch den Tarif gar nicht vollständig aus der Welt geschafften natürlichen Preis besaßen, oder auf deren natürlichen Preis doch ohne sonderliche Schwierigkeiten aus demjenigen ihnen verwandter anderer Dinge geschlossen werden konnte. Fleischtaxen haben z. B. nie und nirgends verhindert, daß man den natürlichen Fleischpreis ziemlich genau kannte; vermochte man nicht, ihn aus demjenigen benachbarter Gegenden zu berechnen, so waren doch die Ochsen nicht tarifiert, und er ließ sich nach deren Preise mit annähernder Genauigkeit konstruieren. Und was das Entscheidende ist, die Rücksicht auf die neben und unabhängig von den Tarifsätzen sich behauptenden natürlichen Preise führte mit oder ohne den Willen der tarifierenden Behörden zum mindesten jene Anpassung des Tarifes an die natürlichen Preisverhältnisse herbei, die unerläßlich war, sollte der Tarif die Produktion oder die Konsumtion nicht lahmlegen. Sie mochten wollen oder nicht: annähernd nach dem Preise der Ochsen, Schafe und Schweine mußten die wohlweisen Magistrate die Preise des Ochsen-, Schaf- und Schweinefleisches einrichten.

Ganz anders verhielte es sich in einer Wirtschaft, in welcher eine künstliche Tarifierung völlig an die Stelle des Marktes zu treten, diesen zu ersetzen hätte. Hier gäbe es keine, aber auch gar keine Grenze der Irrtümer: hier vermöchte nichts die Magistrate auf den richtigen Weg zurückzuführen, wenn sie in ihren Tarifen noch so weit von den Produktionskosten abwichen. Für den Anfang allerdings, solange noch die einstigen Marktpreise einige Orientierung böten, könnten sich die Taxen in notdürftigem Zusammenhange mit den dringendsten Anforderungen der Wirtschaftlichkeit erhalten; mit jedem Fortschritte von Wissenschaft und Technik, mit jedem dadurch hervorgerufenenen Wechsel der Produktionsbedingungen jedoch würde notwendigerweise dieser Zusammenhang loser und loser, bis sich schließlich die ganze menschliche Wirtschaft in ein heilloses Chaos zweckloser Plage aufgelöst hätte. Denn Arbeitsteilung und Markt gehören notwendiger- und untrennbarerweise zueinander. Ohne Markt läßt sich nur wirtschaften, solange tatsächlich für den unmittelbaren Gebrauch erzeugt wird, was jedoch nur insolange der Fall ist, solange Produzent und Konsument eines jeden Dinges die nämliche Person, oder doch die nämliche, durch unbedingte Interessengemeinschaft verbundene Gruppe von Personen ist. Wer alles, was er konsumiert, selber erzeugt, der braucht den Markt nicht, um zu wissen, was er erzeugen soll; ihm ersetzt der „Gebrauchswert" der Dinge wirklich den Preis, und der Arbeitsaufwand wirklich die Produktionskosten, aus dem sehr einfachen

Grunde, weil sein eigenes, von ihm selber empfundenes Bedürfnis, seine eigene Plage, ihn über beides aufklärt. Er wird Nahrungsmittel erzeugen, wenn der Hunger, und Kleider, wenn der Frost ihn zur Arbeit veranlassen. Sowie jedoch die Arbeitsteilung einen solchen Umfang erreicht, daß das Bedürfnis des Konsumenten vom Produzenten, und die Mühe der Arbeit vom Konsumenten nicht mehr empfunden wird, gibt es kein anderes Mittel, als den Markt, um die Produktion auf die Erzeugung der jeweilig dem Bedarf entsprechenden Dinge zu lenken. Und zwar dies ganz unbeschadet aller Menschenliebe und allen Gemeinsinns. Die Produzenten mögen von noch so lebhaftem Verlangen erfüllt sein, den Wünschen der Konsumenten in allen Stücken entgegenzukommen, und diese noch so sehr bestrebt, den Produzenten keine überflüssige Plage zu verursachen — es ist ihnen dies ohne Markt und Preis platterdings unmöglich, denn nur diese sind vermögend, sie über die einschlägigen Verhältnisse auf der Gegenseite aufzuklären, und ohne solche Aufklärung sind sie gar nicht in der Lage, die eigene Entscheidung zu treffen. Um zu wissen, ob er Nahrungsmittel oder Kleider, wieviel und welche Art von diesen Dingen er verlangen soll, muß der Konsument Kenntnis von dem Opfer haben, welches die Erwerbung eines jeden dieser Dinge erfordert, d. h. er muß über die Preise orientiert sein. Es genügt keineswegs, daß ihm beispielsweise Seidenkleider besser gefallen, als Leinenkleider; er wird, falls erstere wesentlich teuerer sind, unter Umständen doch Leinen vorziehen, ja möglicherweise, wenn ihm auch dieses zu teuer erscheint, auf den Erwerb neuer Kleider gänzlich verzichten. Und vollends genügt dem Kleiderfabrikanten die Kenntnis seiner eigenen Fähigkeit zum Verfertigen seidener sowohl als leinener Kleider nicht, um die Wünsche der Konsumenten zu befriedigen; er braucht den Markt sogar nach doppelter Richtung. Da bloß die Endanfertigung der Kleider seine Sache ist, und er, um sich ans Werk zu machen, zuvor selber die Ergebnisse der Arbeit Anderer erwerben muß, braucht er den Markt nicht bloß, um über die Intensität des Verlangens der Konsumenten nach Kleidern, sondern auch um über die sämtlichen der Kleiderverfertigung entgegenstehenden Schwierigkeiten, über die Produktionskosten mit anderen Worten — Aufklärung zu erlangen. Er muß wissen einerseits, was seine Rohstoffe und Betriebsmittel kosten, anderseits was seine Kunden zu zahlen bereit sind. Fehlt ihm die Orientierung hierüber, so wird er Dinge erzeugen, die niemand verlangen würde, wüßte er, mit welchen Opfern an Arbeitskraft und Kapital ihre Herstellung verknüpft ist, und die Erzeugung anderer Dinge unterlassen, die begierig verlangt würden, hätte man Kenntnis von der (vergleichsweisen) Leichtigkeit ihrer Beschaffung. Er wird Rohstoffe verarbeiten, die mehr wert sind, als das aus ihnen verfertigte Fabrikat, und Maschinen verwenden, deren Herstellung und Betrieb mehr Arbeit verschlingt, als mit ihrer Hilfe erspart werden kann, kurz er wird ohne sich im geringsten helfen zu können, alle Grundsätze der Wirtschaft auf den Kopf stellen.

All das ist mangels eines Marktes auf die Dauer derart unvermeidlich, daß ein kommunistisches Gemeinwesen sehr rasch dahin gelangen müßte, das Produzieren unmittelbar für den Bedarf mehr und mehr buchstäblich zu nehmen, d. h. die Arbeitsteilung nur insoweit beizubehalten, als dies möglich ist, ohne die unmittelbare Berührung zwischen Konsumenten und Produzenten zu verlieren. Tatsächlich haben dies einzelne Fanatiker des Kommunismus auch schon vorgeschlagen. Sie begreifen, daß ganze Nationen, oder vollends die ganze Menschheit ihre Erzeugnisse nicht austauschen könnten, wenn es keinen Markt gäbe, und empfehlen daher als Wirtschaftsform der Zukunft die Arbeitsteilung lediglich innerhalb der einzelnen Kommunen, oder noch kleinerer Verbände, die auf den Verkehr mit der Außenwelt mehr oder minder vollständig zu verzichten hätten. Und in der Tat, der Markt könnte solcherart entbehrlich gemacht werden, nur müßte mit diesen Einschränkungs- und Absperrungsmaßregeln radikal vorgegangen werden. Nicht große Stadtgemeinden, sondern möglichst kleine Verbände müßten sich solcherart zusammentun, und ihre Abschließung gegen die Außenwelt dürfte nicht mehr minder vollständig, sondern absolut sein. Denn nur in ganz kleinen Verbänden wäre darauf zu rechnen, daß die Konsumenten auch über die Schwierigkeit der Beschaffung, und die Produzenten auch über den Gebrauchswert eines jeden Dinges genügend orientiert seien. Die im nächsten Absatze zur Erörterung gelangende dritte Voraussetzung, daß die solcherart zur Erzeugung und Verteilung gelangenden Dinge allesamt zur Befriedigung höchst primitiver, möglichst allen Menschen gemeinsamer Bedürfnisse dienen, und daß der volle Einsatz der Arbeitskraft eines jeden Genossen zu Deckung sotaner Bedürfnisse sich von vorneherein verstünde, mit anderen Worten, daß ein solches Gemeinwesen roh und arm sein müßte — würde sich dann als naturgemäße Konsequenz der beiden ersten ganz von selbst einstellen. Denn hochgradige, ausgedehnte

Arbeitsteilung ist nicht bloß das Ergebnis, sondern auch die Voraussetzung der Kultur und des Reichtums.

III. Unmöglichkeit der Güterverteilung ohne Markt.

Nicht besser wäre es um die Güter v e r t e i l u n g im autoritär-kommunistischen Gemeinwesen bestellt.

Eine solche läßt sich nach dreierlei Methoden denken; es könnte entweder jedem das gleiche, oder jedem nach seinem Bedürfnisse, oder endlich jedem nach seiner Leistung zugeteilt werden, und ich wiederhole nochmals, daß in einem barbarischen Gemeinwesen alle drei Methoden ausführbar sind, nebenbei bemerkt, dem Wesen nach auch alle drei auf dasselbe hinauslaufen. Denn möglich sind sie hier alle drei wegen der Armut eines solchen Gemeinwesens, derzufolge das für alle gleiche ebenso wie das dem Bedürfnisse oder das der Leistung angepaßte identisch ist mit dem zur Lebensfristung Erforderlichen. Wo überhaupt nicht mehr erzeugt werden kann, als zur Deckung der animalischen Notdurft genügt, dort sind die Bedürfnisse und dementsprechend die Bedarfsgüter so gleichartig, zugleich aber trotz angestrengter Arbeit aller so geringfügig, daß erstlich die Verteilung nach der M e n g e anstatt nach dem Werte der Dinge vor sich geht, und daß zum zweiten andere als annähernd gleiche Portionen ohnehin nicht denkbar sind. Eine Jägerhorde, allenfalls auch eine Gruppe kleiner Ackerbauer kann die Beute, respektive die Ernteergebnisse von Gesamtheits wegen verteilen. Tut sie dies nach dem Prinzipe der Gleichheit, so fällt jedem Individuum die gleiche Stückzahl Wild, das gleiche Maß Getreide zu; teilt sie nach dem Bedürfnisse, so erhält der Genügsame weniger, der Anspruchsvollere mehr von diesen nämlichen Dingen; wird nach der Leistung geteilt, so entfällt so viel Wild oder so viel Getreide auf das Individuum, als seiner Mitwirkung beim Jagen oder Ackern entspricht. Dabei wird es schließlich annähernd oder völlig auf das nämliche hinauslaufen, nach welcher der drei Methoden man vorgeht, denn die Unterschiede im Bedarfe nach diesen zur nackten Lebensfristung eines jeden erforderlichen Dingen werden für alle Fälle ebenso geringfügig sein, als die Unterschiede der Leistung in der allen gemeinsamen Tätigkeit. Und sollten solche doch vorkommen, so hilft das Band persönlicher Kameradschaft, wohl gar Blutsverwandtschaft, die Autorität der Ältesten über allenfalls auftauchende

Schwierigkeiten hinweg. Auch die in vereinzelten Fällen sich etwa einstellende Notwendigkeit, bei Teilung der Güter statt auf die Menge auf den Wert zu achten, kann solchen primitiven Gemeinwesen — unerachtet des Fehlens eines Marktes — nur geringe Schwierigkeiten bereiten. Gesetzt den Fall, ein Mitglied verlangt Bogen und Pfeile an Stelle des ihm gebührenden Wildes, so wird nicht schwer halten, festzustellen, welchem Quantum Wildes sotane Waffen gleichzuachten sind, da sich die Mühe, welche an diese verschiedenen Dinge zu wenden ist, angesichts der noch in den Kinderschuhen steckenden Arbeitsteilung leicht gegeneinander abwägen läßt. Ganz anders stellt sich die Sache in einem Gemeinwesen mit entwickelter Kultur, mannigfaltigen und hohen Bedürfnissen, ausgebildeter Arbeitsteilung. In einem solchen ist es — ohne Markt — gleich unmöglich, jedem das gleiche, jedem nach seinem Bedürfnisse, oder jedem nach seiner Leistung zuzuteilen.

Es bestehen hier zunächst zwischen den Teilungsergebnissen dieser drei Methoden ganz gewaltige, mit jedem Fortschritte der Kultur und des Reichtums unablässig wachsende Verschiedenheiten. Der Abstand zwischen den Bedürfnissen sowohl, als zwischen den Leistungen ist groß, folglich der auf das Individuum entfallende Anteil ein ganz anderer, je nachdem bei dessen Bemessung auf Gleichheit, Bedürfnis oder Leistung gesehen wird. Außerdem aber richtet sich das Bedürfnis jetzt auf unendlich verschiedenartige Dinge, die gegen einander abzuwägen anders als durch Vergleichung ihres Wertes schlechterdings unmöglich ist, und der Wert dieser Dinge läßt sich infolge der hochgradigen Arbeitsteilung anders, als durch den Markt nicht erfassen.

Dementsprechend gestaltet sich zunächst die gleiche Teilung zu ausgesprochenem Unsinn. So lange es sich bloß um Befriedigung von solchen Bedürfnissen handelt, die allen Menschen gemeinsam sind, ist es zwar ungerecht, aber doch nicht sinnlos, den Faulen oder Ungeschickten mit der gleichen Ration zu beteiligen, wie den Fleißigen, Geschickten, ja ich gebe sogar zu, daß unter Umständen, wenn nämlich die vorhandenen Mittel nicht weiter als zur Befriedigung der allerdringendsten Lebensnotdurft ausreichen, dieses Unrecht zur Pflicht wird. Es ist ein Gebot der Menschlichkeit, niemand verhungern zu lassen, es ist zulässig, wenn auch nicht gerecht, jedermann das gleiche Behagen zu bereiten, aber es ist absurd, jedermann den gleichen Überfluß aufzunötigen. Denn hier widerstreitet die Gleichheit nicht bloß die Verschiedenheit des Verdienstes, sondern auch der Verschiedenheit des Verlangens. Wer aller Welt gleichviel Leckerbissen aufnötigen wollte, wäre nicht ungerecht, sondern verrückt.

Doch nicht das ist es, was ich hier unter Unmöglichkeit der gleichen Teilung verstehe. Die Geschichte der menschlichen Entwickelung ist so reich an Tollheiten, daß kein Grund zu der Annahme vorliegt, es müßte gerade diese eine sich als untunlich erweisen. Für undurchführbar erkläre ich — ohne Markt — die gleiche Teilung, weil in einem zivilisierten Gemeinwesen angesichts der Verschiedenheit der Bedürfnisse nicht nur dem Umfange, sondern auch der Art nach, gleiche Teilung jedenfalls Beteiligung nicht mit den körperlich gleichen, sondern mit wertgleichen Dingen bedeuten müßte, die gleichen Werte aber unmöglich geboten werden können, wo es unmöglich ist, den Wert der Dinge zu finden. Und das ist, wie gesagt, bei hochgradiger Arbeitsteilung ohne Markt schlechterdings nicht zu erreichen. Der Kommunismus steht also dem Probleme der gleichen Teilung ratlos gegenüber.

Nicht anders aber verhält es sich bei ihm mit der Teilung je nach dem Bedürfnisse oder je nach der Leistung. Denn auch bei den letzteren Verteilungsschlüsseln wäre Kenntnis des Preises der zu verteilenden Güter unerläßliche Voraussetzung, und wo man nicht weiß, wieviel die Dinge wert sind, ist es natürlich ebenso unmöglich, den Wert der zur Verteilung gelangenden Dinge nach der Leistung des zu Beteiligenden zu bemessen, als es unmöglich ist, dies nach dem Bedürfnisse oder auf dem Fuße der Gleichheit zu tun. Der autoritäre Kommunismus vermöchte also keine wie immer geartete Verteilung der Güter ins Werk zu setzen, er wüßte ebensowenig für wen, als was er produzieren soll.

Es muß im übrigen bemerkt werden, daß das tatsächliche Scheitern der zahlreichen autoritär-kommunistischen Experimente, an denen das vorige Jahrhundert so reich war, nicht auf die im obigen dargelegte entscheidende Ursache zurückzuführen ist. Der Markt hat diesen kleinen, inmitten der bürgerlichen Welt eingebetteten Gemeinwesen gar nicht gefehlt. Sie etablierten allerdings selber keinen solchen, aber sie hatten ihn in unmittelbarer Nachbarschaft, waren über die Preise aller Dinge genau so gut informiert, als alle Welt, und hätten daher — wären sie anders dazu befähigt gewesen — ohne weiteres produzieren sowohl, als die Produkte zur Verteilung bringen können — natürlich bloß insolange, als sie eben vereinzelte, den Gang der sozialen Entwicklung der Kulturwelt unberührt lassende Experimente blieben. Daß sie so kläglich zugrunde gingen, ist in der Tat auf jene sekundären Ursachen zurückzuführen, deren ich eingangs dieses Kapitels Erwähnung tat und deren Wirksamkeit — eben da es sich um vereinzelte Experimente handelte —, durch den Einfluß gesteigerter Rentabilität kraftersparender Maschinen nicht paralysiert wurde. Es zeigte sich in diesen Fällen wirklich, daß die Tyrannei der kommunistischen Oberleitung unerträglicher, ihre Geschicklichkeit geringer war, als die der ausbeuterischen Herren. Daß dem notwendigerweise so sein müsse, ist damit noch lange nicht erwiesen, um so weniger, da vereinzelte kommunistische Gemeinden kürzere oder längere Zeit hindurch immerhin Erfolge hatten, ja mitunter sogar zu beträchtlichem Reichtum gelangten. Nur daß letzteres allerdings bloß den auf religiöser Grundlage beruhenden gelang, bei denen nicht die gesellschaftliche, sondern die unmittelbare göttliche Autorität an Stelle der bürgerlichen trat. Daß freiheitliebende Kulturmenschen nach autoritär-kommunistischem Rezepte erfolgreich zu wirtschaften vermocht hätten, ist auch als isolierte Erscheinung — bisher zum mindesten — noch niemals vorgekommen. Sollte es aber unter der Gunst ganz besonderer Verhältnisse irgendeinmal im kleinen doch gelingen, so würde das wie gesagt, nur dem Umstande zuzuschreiben sein, daß das entscheidende Gebrechen dieser Gesellschaftsform, der Mangel des Marktes nämlich, sich bei ihnen noch nicht geltend zu machen vermochte. Sowie es hervortritt — und das müßte, wenn nicht früher, so doch unweigerlich dann geschehen, sowie der Autoritär-Kommunismus zur herrschenden Gesellschaftsordnung würde — wäre grenzenlose Anarchie, ja völlige Auflösung der Wirtschaft das unvermeidliche Ergebnis gerade jenes Systems, welches der „Anarchie in der Wirtschaft" ein Ende zu bereiten als seinen obersten Programmpunkt hinstellt. Ob dabei Anarchie sich als unmittelbare Folge des im abigen dargelegten Unvermögens zu geordneter Wirtschaft einfände, oder ob es vorher zu dem Versuche käme, die Ordnung durch rücksichtslose Tyrannei zu ersetzen, bleibt im schließlichen Erfolge gleich. Es ließ sich nämlich allerdings denken, daß der Autoritär-Kommunismus, seine Unfähigkeit zu einer mit persönlicher Freiheit vereinbarten Erzeugung und Verteilung der Güter erkennend, zum letzten Auskunftsmittel griffe, obrigkeitlicher Willkür völlig jene Funktion zu übertragen, die in einem freien Gemeinwesen dem Eigeninteresse der Individuen zufällt. Die Behörden hätten dann nicht bloß zu entscheiden, was, von wem und in welcher Ausdehnung zu produzieren sei, ohne daß sie sich um Fähigkeiten und Neigungen der in Frage kommenden Arbeiter zu kümmern brauchten, ihre Sache wäre es auch, einem jeden zuzuteilen, was sie für das gleiche, für das den Bedürfnissen oder für das der Leistung eines jeden entsprechende halten, unbekümmert darum, was Geschmack und Bedürfnis der Konsumenten dazu sagen. Es versteht sich aber von selbst, daß die damit verknüpfte Bevormundung von modernen Kulturmenschen unmöglich geduldet werden könnte.

Der autoritäre Kommunismus bietet also keine schlechte, sondern eine unmögliche Lösung des sozialen Problems; nichtsdestoweniger enthält er den anderen sozialpolitischen Lehrmeinungen gegenüber eine inhaltreiche Wahrheit, diejenige nämlich, daß menschliche Kultur bloß in und mit der Gesellschaft möglich ist, und daß gesellschaftliches Zusammenwirken irgendwelche autoritäre Organisation zur unerläßlichen Voraussetzung hat.

Näheres hierüber in den folgenden Kapiteln.

IV. Befangenheit beider anarchistischen Schulen in der orthodoxen Identifizierung von Autorität und Herrschaft.

Im Anarchismus sind zwei gesonderte Richtungen zu unterscheiden, die individualistische und die kommunistische. Beide fußen auf der gemeinsamen Grundanschauung, daß die Autorität am sozialen Unrecht Schuld trage. Ausgehend von der an sich ganz richtigen Ansicht, daß niemand die Macht besäße, sich die Dienste des Nebenmenschen tributär zu machen, überließe man nur jedermann fessellos dem Einflusse seiner natürlichen Instinkte, gelangen die Anarchisten beider Schulen zu der durchaus unlogischen Schlußfolgerung, daß jede wie immer geartete Autorität zur Knechtschaft, zur Ausbeutung des Menschen durch den Menschen führen müsse. Im Wesen der Autorität an sich, nicht in einer besonderen Art Mißbrauch der Autorität sehen sie das Übel, und erwarten deshalb Heilung von einem Umwandlungsprozesse, bei welchem zugleich mit der mißbräuchlichen auch alle nützliche und notwendige Autorität zum Opfer fiele.

Auch dieser Irrtum geht gleich dem Autoritär-Kommunistischen aus Befangenheit in gewissen von der Orthodoxie übernommenen Irrlehren hervor. Eifert der Kollektivismus gegen den Eigennutz und glaubt diesen im Wege des Zwanges überwinden zu müssen, weil er sich dem orthodoxen

Dogma gefangen gibt, Ausbeutung sei die notwendige, naturgemäße Folge des Eigennutzes; so eifert der Anarchismus — der individualistische wie der kommunistische — gegen die Ordnung, weil er sich von dem orthodoxen Dogma nicht befreien kann, Knechtschaft sei das notwendige, naturgemäße Ergebnis jeder wie immer gearteten menschlichen Ordnung. Er sieht, daß im bisherigen Verlaufe der Geschichte Ordnung und Knechtschaft tatsächlich stets Hand in Hand gingen, und da er so wenig als die Orthodoxie den wirklichen Zusammenhang dieser Erscheinung kennt, so nimmt er auf Treu und Glauben den von der Orthodoxie verkündeten als ewige Wahrheit hin, und unterscheidet sich von dieser, die der Ordnung zuliebe auf Freiheit verzichtet, bloß darin, daß er der Freiheit zuliebe die Ordnung über Bord werfen will.

Etwas der Autorität Ähnliches findet sich bei zahlreichen gesellig lebenden Tieren: Die meisten Herdentiere z. B. folgen den Signalen und Bewegungen des Leittieres, aber sie tun dies freiwillig, ohne daß weder das Leittier noch die Genossen im entferntesten versuchen, Gehorsam zu erzwingen. Auch der Anarchismus meint nun nicht, daß die menschliche Gesellschaft ohne Führung arbeiten und fortschreiten könnte; nur glaubt er, daß in einer auf Grundlage vollkommener Freiheit und Gerechtigkeit aufgebauten Gesellschaft, die zur Führung der Geschäfte wirklich unerläßliche Leitung freiwilligen Gehorsam finden werde, genau so wie in der tierischen Gesellschaft. Er beruft sich auf die Erfahrungen der Geschichte, um zu zeigen, daß die mit Autorität ausgestatteten Führer bisher noch immer und überall zu Unterdrückern der Geführten wurden, und fügt hinzu, daß es der menschlichen Natur zufolge anders gar nicht sein könne; wem das Amt eingeräumt sei, andere zu leiten, der werde — mögen seine ursprünglichen Absichten welche immer sein — schließlich stets dahin gelangen, seinen eigenen Vorteil an die Stelle des Gesamtvorteils zu setzen.

Dieser Gedankengang ist aber in allen seinen Teilen falsch. Daraus, daß die Tiere, soweit sie überhaupt gesellschaftlicher Leitung gehorchen, dies freiwillig tun, folgt nicht, daß dies in der menschlichen Gesellschaft ebenso sein könne; aus der geschichtlichen Erfahrung folgt nicht, daß die Autorität der Führung es gewesen, was zur Unterdrückung der dieser Autorität Gehorchenden geführt, und aus der menschlichen Natur folgt nicht, daß es so sein müsse.

Ersteres anlangend, übersieht der Anarchismus den zwischen Tier und Mensch bestehenden, hier entscheidenden Unterschied, daß ersteres seinen Instinkten blind gehorcht, letzterer nicht. Das Leittier bedarf keiner Autorität, d. h. keiner den Gehorsam sichernden Veranstaltungen, weil es selber, als ein dem eigenen Instinkte blind gehorchendes Wesen, von der Herde gar niemals etwas anderes verlangt und verlangen kann, als was ein jedes Mitglied derselben blind zu befolgen durch den nämlichen Instinkt gezwungen wird. Es wird in Wahrheit gar nicht ihm, sondern unmittelbar dem Instinkte gehorcht, den zu erregen, in Wirksamkeit zu setzen, des Führers ausschließliches Amt ist. Wenn das Leittier einer Gemsenherde seinen Warnungspfiff ausstößt, so ergreifen allerdings alle Individuen der Herde „wie auf Kommando" die Flucht; in Wirklichkeit gibt es hier jedoch gar kein Kommando, das Leittier ordnet nichts an und es wird ihm nicht gehorcht, es gibt bloß ein Signal, welches Gefahr anzeigen soll, und die Furcht vor dieser, nicht die Autorität des Leittieres ist es, was die Herde zur Flucht bewegt. Mit derartiger Anregung zu instinktiven Handlungen kann sich die Leitung in der menschlichen Gesellschaft nicht begnügen, da ihre eigenen Entschließungen keine bloß instinktiven, sondern von Erwägung eingegebene sind, und mit den Erwägungsergebnissen der einzelnen Individuen sich keineswegs notwendigerweise decken.

Und zwar gilt dies, wenn auch nicht in vollkommen gleicher Weise, für das Gebiet der eigennützigen wie für das der gemeinnützigen Handlungen des Menschen, soweit sie beide gesellschaftlich, d. h. durch das Zusammenwirken vieler vollbracht werden sollen. Der Eigennutz genügt z. B. dazu, um die Menschen anzutreiben, Schuhe zu erzeugen, wenn und wie dies dem Bedarfe entspricht; keinerlei Autorität ist erforderlich, um sie darüber zu belehren, wann, in welchem Umfange und in welcher Qualität dies zu geschehen hat, denn der Markt ist es, der sie über all das aufklärt und ihr eigener Vorteil steht durchaus und vollkommen proportional im Zusammenhange mit ihren, in Erfüllung dieser Anforderungen des Marktes gebrachten Opfern. Wollen sie also die Schuhe vereinzelt, d. h. ohne sich zu vergesellschaften, erzeugen, so benötigen sie hierzu keiner Autorität. Tun sich jedoch ihrer mehrere zur Schuhproduktion zusammen, so bedürfen sie eines Produktionsleiters, und dieser bedarf der Autorität. Denn auch beim Produzieren gehorcht der Mensch nicht blind dem ihn dazu antreibenden Instinkte, dem Eigennutze, sondern läßt sich dabei von Erwägungen leiten, deren Ergebnis bei jedem an der Produktion teilnehmenden Individuum anders geraten kann, während doch die Handlungsweise gemeinsam produzierender Individuen notwendigerweise in vielen Punkten zusammenstimmen muß, soll der Erfolg der Produktion nicht vereitelt werden. Ja nicht bloß der materielle Vorteil, die persönliche Sicherheit der Genossen erfordert, insbesondere beim Arbeiten unter Zuhilfenahme der Elementarkräfte, sehr genaues, dem gemeinsamen Arbeitsplane streng angepaßtes Ineinandergreifen der Individuen, und da dieses Ineinandergreifen nicht vom Instinkte, sondern von der Erwägung geleitet ist, so kann man sich auch behufs seiner Herbeiführung nicht unmittelbar auf den Instinkt verlassen, sondern bedarf dazu der autoritären Disziplin. Daß die Bienen oder die Ameisen zu vielen Tausenden am gemeinsamen Werke arbeiten, ohne sich dabei einer Autorität zu unterwerfen, erklärt sich eben daraus, daß sie auch hier vom Instinkte geleitet sind, der jede einzelne von ihnen mit Naturnotwendigkeit in vollkommenster Übereinstimmung mit den Genossen handeln läßt. Keine Biene kann willkürlich vorgehen, deswegen braucht keine zu befürchten, durch die Willkür der anderen im gemeinsamen Werke gestört zu werden. Wäre es im letzteren Punkte anders, könnte es z. B. vorkommen, daß die eine Biene die Zelle verklebt, in welcher die andere eben beschäftigt ist, so würde dies autoritäre Disziplin auch im Bienenstocke zur Voraussetzung erfolgreicher Arbeit machen.

Auf die tierische Natur darf sich also der Anarchismus nicht berufen, wenn er die Entbehrlichkeit von Autorität innerhalb der menschlichen Gesellschaft dartun will. Ebensc irrtümlich aber ist seine Berufung auf die Lehren der menschlichen Geschichte, um zu beweisen, daß Autorität stets zur Ausbeutung geführt habe. Richtig ist, daß soweit wir diesfalls überhaupt etwas wissen, Ausbeutung stets das Vorhandensein von Autorität zur Voraussetzung hatte, ja daß sie ohne solche gar nicht gedacht werden kann und daß folglich, hörte dereinst wirklich die Autorität auf, damit notwendigerweise auch die Knechtschaft verschwinden müßte. Daraus folgt jedoch nicht, daß umgekehrt Autorität Knechtschaft zur notwendigen Folge hätte. Ausbeutung ist ohne Autorität nicht möglich, wohl aber diese ohne jene, weil Ausbeutung neben der Autorität auch noch ganz bestimmte, im früheren ausreichend analysierte Wahnvorstellungen zur Voraussetzung hat. Und was das Entscheidende ist — diese Wahnvorstellungen haben einerseits ihren Ursprung mit nichten in der Autorität, und es muß anderseits gerade in ihnen und nicht in dieser der zur Ausbeutung führende Impuls gesucht werden. Sie, nicht Autorität, erzeugen den Instinkt der Unterordnung des Eigennutzes unter fremden Nutzen, diese eigentliche, letzte causa efficiens der Ausbeutung. Die Autorität — ihre Zwangsgewalt mag im übrigen welche immer sein — spielt dabei lediglich die Rolle eines — allerdings notwendigen — begünstigenden Umstandes. Damit die aus dem Gespensterglauben hervorgehenden Wahrvorstellungen sich bis zum Instinkte der wirtschaftlichen Domestikation entwickeln, müssen sie mit Zwangsgewalt ausgerüstete Autorität entweder schon vorfinden, oder aus sich selber heraus erzeugen; geschieht keines von beiden, so wird der Aberglaube alle erdenklichen Formen annehmen, die wirtschaftliche Freiheit der Menschen jedoch unberührt lassen. Wo jedoch dieser Aberglaube fehlt, oder wo er nicht die auf Unterjochung des Eigennutzes gerichtete Wendung nimmt, kann Autorität allein das Wunder nicht vollbringen, die Menschen zur Unterordnung ihres Nutzens unter den Nutzen dritter zu veranlassen.

Das, nicht das von den Anarchisten behauptete Gegenteil ist es, was uns die Geschichte lehrt. Wir kennen Volksstämme, die zum Teil mit sehr ausgesprochener Zwangsgewalt versehene Autoritäten besitzen, dabei aber doch wirtschaftlich frei sind, weil ihr Gespensterglaube nicht die zur Verknechtung führende Richtung nahm. Dies ist z. B. bei den meisten Jäger- und Fischervölkern der Fall. Sie haben ihre Ältesten und Häuptlinge, denen bei Beute- oder Kriegszügen gewissenhaft gehorcht wird, die Recht sprechen und über die Sitte wachen; daß irgend wer Anspruch habe auf die Arbeitsergebnisse eines anderen, davon wissen trotzdem diese Völker nichts, ja es ist dies eine ihnen schlechthin unfaßbare Vorstellung. Nun ist allerdings richtig, daß dem in aller Regel deshalb so ist, weil diese Völker, zufolge ihrer Unbekanntschaft mit der Kunst des Produzierens, des Erzeugens statt des bloßen Einsammelns der Subsistenzmittel, Sklaven gar nicht verwenden können. Schreiten sie zu Viehzucht und Ackerbau vor, so stellt sich mit dem Produzieren in aller Regel auch das Produzieren zu fremden Nutzen ein. Sehr richtig; nur stellt es sich dann nicht als Folgewirkung der Autorität, sondern als Folge davon ein, daß nunmehr die abergläubischen Wahnvorstellungen — in der im ersten Teile dieses Buches eingehend geschilderten Weise — den Instinkt der wirtschaftlichen Unterwerfung hervorrufen. Geschieht dies ausnahmsweise nicht — und es fehlt an, wenn auch vergleichsweise seltenen Beispielen hierfür keineswegs — so kommt es auch zur Ausbeutung nicht, unbeschadet im übrigen noch so ausgebildeter Autoritäten. Die gegenseitige Besorgnis beruht lediglich auf der orthodoxen Begriffsverwirrung, daß es der Eigennutz der Herren sei, was die Ausbeutung hervorrufe. Erkennt man erst einmal die Verkehrtheit dieser Auffassung, begreift man, daß den Ausbeutungslustigen all ihr Eigennutz nichts nützen würde, begegnete ihm nicht die Opferwilligkeit der Knechte, so kann auch nicht zweifelhaft sein, daß alle wie immer Namen habenden menschlichen Schwachheiten der Inhaber von Autorität nicht gefährlich für die wirtschaftliche Freiheit werden können, ohne jene einzige menschliche Schwachheit, die allein zur Ausbeutung führt, ohne die transzendente Wahnvorstellung nämlich. So lange diese besteht, werden allerdings einzelne die Kräfte ihrer Nebenmenschen zum eigenen Vorteile ausnützen; es ist jedoch ebenso vergeblich, die Autorität oder die Knechtschaft beseitigen zu wollen, solange jener Wahn in den Menschen lebendig bleibt, als es — von der Möglichkeit eines solchen Versuches gänzlich abgesehen — überflüssig ist, die Autorität anzutasten, hat der knechtende Wahn erst einmal seine Macht verloren. Und daß die Ausbeutung sich der jeweilig bestehenden Autoritäten zu ihren Zwecken bedient, beweist ebensowenig, daß diese sich von menschlicher Herrschsucht unter allen Umständen zu gleichem Zwecke werden gebrauchen lassen, als z. B. aus der Tatsache, daß alle Autoritäten die persönliche Sklaverei schützten und begünstigten, solange diese zu Rechte bestand, d. h. dem Rechtsbewußtsein der Menschen entsprach, gefolgert werden könnte, daß sotane Begünstigung der persönlichen Sklaverei im Wesen der Autorität liege, daß menschliche Schwachheit sie stets dazu mißbrauchen werde und daß man folglich, um vor persönlicher Sklaverei sicher zu sein, die Autorität abschaffen müsse.

V. Einseitigkeit und Unwahrheit des kommunistischen sowohl als des individualistischen Anarchismus.

Der Anarchismus beruht also zunächst auf einem, den Schulen beider Richtungen gemeinsamen logischen Trugschlusse, dessen falsche Prämisse aus dem Lehrgebäude der Orthodoxie übernommen ist. Daneben aber besitzen individueller sowohl als kommunistischer Anarchismus je einen Originalirrtum, indem sie nämlich beide je e i n e n menschlichen Instinkt als alleinige natürliche Triebfeder aller menschlichen Handlungen ausgeben, mit dem Unterschiede, daß in den Augen der Individualisten E i g e n n u t z , in denen der Kommunisten Gemeinsinn dieser Instinkt ist, welcher die von den Fesseln jeglicher Autorität befreite Menschheit zu einträchtigem harmonischem Zusammenwirken veranlassen werde. Dabei können sie selbstverständlich beide nicht übersehen, daß die Menschen tatsächlich denn doch dem Einflusse auch anderer Impulse unterworfen sind; die Individualisten leugnen nicht unbedingt, daß die Menschen auch gemeinnützig, die Kommunisten keineswegs, daß sie auch eigennützig handeln; nur versuchen sie es beide, diese anderen Impulse entweder als bloß scheinbar verschieden von jenem einzigen, oder als widernatürliche Ergebnisse des Zwanges auszugeben. Was man mit dem Namen Gemeinsinn oder Altruismus belegt, ist — so sagen die Individualisten — nichts anderes, als verhüllter Eigennutz. Die Menschen täten freiwillig niemals etwas irgend einem Dritten zuliebe, vielmehr finde man bei näherer Analyse stets, daß ihre scheinbar uneigennützige Handlungsweise in letzter Auflösung doch nur ihrem eigenen selbstischen Instinkte diene. Die kommunistischen Anarchisten hinwieder leugnen nicht, daß der Egoismus derzeit ein großes Geltungsbereich habe; nur erklären sie dies aus dem demoralisierenden Einflusse der bestehenden Zwangsinstitutionen. Sie meinen, daß, wenn nur erst ihr Wille frei und ihr Interesse ein gemeinsames sein werde, die Menschen einträchtig zu gemeinem Nutzen zusammenwirken würden.

Die Einseitigkeit in der Auffassung sowohl des individualistischen als des kommunistischen Anarchismus beruht auf sehr durchsichtigen Trugschlüssen. Was zunächst ersteren anlangt, so unterliegt es allerdings keiner Frage, daß Eigeninteresse selbst bei den uneigennützigsten Gefühlen und Handlungen sehr häufig, ja in der Regel mit im Spiele ist; niemals aber, zum mindesten bei normal veranlagten Menschen, bildet es die einzige Triebfeder. Daß man fremdes Leid bloß lindere, um des peinlichen Gefühles ledig zu werden, welches dessen Anblick im angeblich Mitleidigen erwecke — wie die Individualisten behaupten — ist entschieden und nachweislich falsch. Denn wäre es so, so müßte der Mitleidige die Last des Wohltuns auf fremde Schultern abzuwälzen sich bestreben, und könnte höchstens dann persönlich eintreten, wenn dies aus irgendwelchem Grunde schlechterdings nicht zu vermeiden wäre. Es bedarf keines Beweises, daß dem nicht so ist. Die altruistischen Gefühle drängen den Menschen, sich selber in ihrem Sinne zu betätigen; es muß also ein vom Eigennutze verschiedenes Element in ihnen enthalten sein. Ja, es kann nicht einmal zugegeben werden, daß dieses vom Eigennutze verschiedene Element in seinem ersten Ursprunge auf den Egoismus zurückzuführen sei, d. h. daß die altruistischen Instinkte im Menschen nicht entstanden wären, hätte ihre Betätigung sich nicht als dem Einzelinteresse förderlich erwiesen. Gewiß, sie entstanden und setzten sich als Artinstinkt fest, weil ihre Betätigung nützlich im Kampfe ums Dasein war; aber wohlverstanden nicht nützlich für das Individuum, sondern nützlich für die Gesellschaft: Herde, Horde, Staat, der das, vielleicht gerade an seinem Altruismus zugrunde gehende Individuum angehört. Der Gemeinsinn ist — in diesem Punkte unähnlich dem Eigennutze — kein durch die ganze belebte Natur verbreiteter, wohl aber ein allen gesellschaftlich lebenden Tieren gemeinsamer Instinkt. Es gab wahrscheinlich eine Zeit, in welcher die Individuen der Spezies homo dieses Instinktes entbehrten; damals aber lebten sie eben noch nicht in Gesellschaften, sondern einzeln. Die einfachsten, ursprünglichsten Ansätze der Vergesellschaftung gingen notwendigerweise Hand in Hand mit der Entwicklung des Gemeinsinnes, was besonders darzulegen eigentlich überflüssig erscheinen sollte, indem doch Gemeinsinn nichts anderes ist, als die aus dem Gefühle der Zusammengehörikgeit entstehende, und das Zusammenleben erst ermöglichende mehr minder vollständige Unterordnung des Egoismus unter den Nutzen der Gruppe. Nun ist der Mensch ein gesellig lebendes, und zwar ein nicht bloß zufällig, sondern notwendigerweise gesellig lebendes Tier geworden; er kann auf die Vergesellschaftung nicht mehr verzichten, ohne unter einem seiner ganzen, im Laufe der Jahrtausende erworbenen Kultur zu entsagen, woraus hervorgeht, daß der Gemeinsinn, obwohl unfraglich jüngeren Ursprungs als der Eigennutz, dennoch die Bedeutung eines nicht minder natürlichen Instinktes erlangt hat, wie dieser.

Womöglich noch durchsichtiger ist das Gewebe von Trugschlüssen in der kommunistisch-anarchistischen Einseitigkeit. Der kommunistischen Verwerfung des Eigennutzes liegt, wie ich bereits bei Besprechung des autoritären Kommunismus darlegte, offenbar Befangenheit im orthodoxen Dogma vom Ursprunge der Ausbeutung aus dem Eigennutze zugrunde. Da sie letzteren als Ursache der zu bekämpfenden sozialen Übel gelten lassen, glauben alle Kommunisten Abhilfe in seiner Überwindung zu erblicken; nur machte es sich der anarchistische Kommunismus dem Eigennutze gegenüber bequemer, als der autoritäre; er leugnet ihn ganz einfach, nicht schlechthin, wohl aber als natürlichen menschlichen Instinkt. Von Natur aus, so behauptet er wie oben bereits angedeutet, stehe der Mensch, gleich allen gesellig lebenden Naturwesen, ausschließlich unter dem Einflusse des Gemeinsinnes; Egoismus sei nichts anderes, als eine durch besondere menschliche Zwangseinrichtungen künstlich hervorgerufene Entartung, die sofort wieder verschwinden und dem natürlichen Instinkte Platz machen werde, sowie mit den Zwangseinrichtungen der durch sie erzeugte unnatürliche Anreiz beseitigt worden.

Nun ist aber durchaus unrichtig, daß die gesellig lebenden Tiere ausschließlich uneigennützig handeln. Sie unterscheiden sich von den nichtgeselligen Tieren, die absolute Egoisten sind, in dem Punkte, daß ihre Handlungsweise in einzelnen Punkten auch noch vom Gemeinsinne geleitet wird, lediglich unter dem Impulse des Gemeinsinns aber handelt kein bisher bekanntes Lebewesen. Die Ameisen und Bienen, diese vielberufenenen Exempel des angeblichen Kommunismus im Tierreiche, werden, wie einmal bereits dargelegt, nicht vom G e m e i n -, sondern vom F a m i l i e n sinne angetrieben, denn einer einzigen, in engster Blutsverwandtschaft stehenden Familien gehören alle Mitglieder eines Baues oder Stockes an. Wo im Tierreiche nicht durch Bande des Blutes gebildete Gemeinschaften oder Gesellschaften vorkommen, spielt der Gemeinsinn eine höchst untergeordnete Rolle dem das Tun der Individuen beherrschenden Egoismus gegenüber, in Wahrheit überall im Tierreiche eine viel untergeordnetere, als selbst in der primitivsten menschlichen Gesellschaft, was sich ja sehr natürlich dadurch erklärt, daß die Vergesellschaftung selbst für den tiefst stehenden Menschen weit höhere Bedeutung erlangt hat, in seinem Leben eine weitaus größere Rolle spielt, als im Leben des höchst entwickelten Tieres. Der Mensch ist das Gesellschaftswesen katexochen: er konnte es nicht werden, ohne seine gesellschaftlichen Instinkte höher zu entwickeln, als irgend ein anderes geselliges Tier. Ausschließlich geselligen Instinkten gehorcht aber auch er nicht, und zwar dies nicht bloß infolge vorübergehender Kulturentartung, sondern von Natur aus. Ja das Wesen der Kulturentartung — und wohlverstanden gerade jener, gegen welche sich der Anarchismus in erster Reihe richtet, der Entartung infolge der Ausbeutung nämlich, liegt umgekehrt in einer naturwidrigen Unterdrückung des Eigeninstinktes. Nicht verschwinden, sondern sein verlorenes Geltungsbereich zurückerobern wird sohin der Eigennutz, wenn die Fesseln der Knechtschaft fallen. Damit soll nicht gesagt sein, daß der Freie geringeren Gemeinsinn besitzen wird, als der Knecht, denn nicht vom Gemeinsinn, sondern vom Knechtsinne, von der Unterwerfung unter fremden Nutzen wird sich der Eigennutz das verlorene Geltungsgebiet zurückerobern. Nicht zu gemeinem, sondern zu fremdem, zu anderer Einzelwesen Nutzen arbeiten derzeit die Menschen, und wenn sie dereinst wieder zu eigenem Nutzen arbeiten dürfen, so wird damit sicherlich keine Abschwächung, sondern ganz im Gegenteile eine Vertiefung ihres Gemeinsinnes verknüpft sein. Gerade dadurch, daß ihr Eigeninteresse volle Befriedigung findet, wird ihr Interesse an der Gesellschaft, innerhalb deren dies vor sich geht, erst recht erwachen, ihr Gemeinsinn wird lebhafter, inniger werden — ihr ursprüngliches Geltungsbereich aber werden Eigeninteresse und Gemeinsinn behalten.

Beide Richtungen des Anarchismus sind daher in ihren Voraussetzungen sowohl als in den daran geknüpften Forderungen durchaus verkehrt. Weder Eigennutz noch Gemeinsinn sind ausschließliche Triebfedern des menschlichen Handelns, und wären sie es auch, so könnte Autorität doch nicht entbehrt werden, denn zu allem auf Erwägung beruhenden vergesellschafteten oder gesellschaftlichen Handeln ist Autorität vonnöten. Der Anarchismus — der individualistische nicht minder als der kommunistische — gehört gleich dem Autoritär-Kommunismus zu den unmöglichen Dingen.

Nichtsdestoweniger enthalten auch die zwei anarchistischen Hauptrichtungen je eine große und folgenschwere Wahrheit. Der individualistische Anarchismus ist im Rechte damit, daß der freiwaltende Egoismus die vollkommenste Harmonie aller wirtschaftlichen Interessen gewährleistet; der kommunistische Anarchismus seinerseits trifft die Wahrheit, wenn er den Gemeinsinn als ursprünglichen menschlichen Instinkt anerkennt. Es ist richtig, daß jedermann Anspruch auf den Ertrag der eigenen Arbeit besitzt und daß niemand sich anmaßen darf, dem Individuum bei Verfolgung seiner eigensüchtigen Zwecke in den Weg zu treten; ebenso richtig aber ist, daß es daneben ein, lediglich auf die Zugehörigkeit zur menschlichen Gemeinschaft gestütztes Recht eines jeden gibt. Hierüber Näheres in den folgenden Kapiteln.

XVI. Kapitel.

Die soziale Freiheit.

I. Das Wesen der Freiheit.

Indem ich nunmehr an die Darlegung meiner eigenen Ansichten über die zukünftige freiheitliche Entwicklung der Menschheit gehe, muß ich das Gebiet exakter Forschung verlassen, und dasjenige der Kombination betreten. Die Erfahrungswissenschaft hat naturgemäß dort ihre Grenze, wo die Erfahrungen aufhören, und da es keine zukünftigen Erfahrungen gibt, so steht dem Bestreben, die Gestaltungen der Zukunft, dieselbe mag im übrigen noch so nahe bevorstehend sein, zu erkennen, kein anderer Weg offen, als derjenige ruhig abwägender Schlußfolgerungen. Daraus wieder ergibt sich, daß während die für die Vergangenheit gefundenen Ergebnisse, sofern der zu ihrer Aufdeckung eingeschlagene Weg der richtige war, Anspruch auf absolute Gültigkeit erheben dürfen, die zukünftigen Entwicklungsformen sich derart verläßlicher Erkenntnis entziehen, denn es liegt im Wesen jeglicher Vorhersagung, daß die in ihr ausgesprochene Wahrheit eine bedingte, von gewissen Voraussetzungen abhängige ist. Doch wenn auch keinerlei Forschung heute schon vollkommen aufzudecken vermag, was die Zukunft bringen *wird*, so vermag sie uns allerdings zu zeigen, erstlich was sie bringen, und zum zweiten, was sie nicht bringen *kann*. Denn gerade in seinen Grundzügen beruht jeglicher Naturvorgang — und ein solcher ist auch der gesellschaftliche Entwicklungsprozeß — auf Tatsachen und Gesetzen ewiger Gültigkeit. Es ist zwar schlechthin unmöglich, heute schon alle Einzelheiten der zukünftigen Gesellschaftsordnung vorherzusagen; wohl aber kann es gelingen, einige der Gesetze zu erkennen, auf denen sich diese Ordnung aufbauen wird, und über den Einfluß dieser Gesetze auf die äußeren Gestaltungen der Zukunft zum mindesten begründete Vermutungen zu statuieren.

Zu diesem Behufe ist zunächst eine Klärung der in Untersuchung zu ziehenden Grundbegriffe notwendig.

Die zukünftige Gesellschaftsordnung denke ich mir nicht als einen aus abstrakten Wahrheiten erst zu konstruierenden, idealen Zustand, sondern als die Wiederkehr einmal bereits vorhanden gewesener Anschauungen und Einrichtungen, mit der Maßgabe allerdings, daß nunmehr auf den Kulturmenschen Anwendung finden soll, was einst Lebensnorm von Barbaren gewesen. Nicht um einen Wandel der menschlichen Natur kann es sich dabei handeln, vielmehr um die Wiedereinsetzung des ursprünglichsten, natürlichsten menschlichen Triebes, des Eigennutzes, in sein ungeschmälertes Recht; und nicht einmal ein wirklicher Wechsel der Rechtsanschauungen, sondern bloß ein solcher der äußeren Rechtsnormen ist hierzu erforderlich. Denn wenn man näher zusieht, so sind es gar keine neuen Grundsätze, die sich hinkünftig durchsetzen werden, sondern lediglich solche, die sich bereits im Rahmen der bestehenden Gesellschaftsordnung zur Geltung von zweifellos feststehenden Axiomen durchgerungen haben, mit dem alleinigen Unterschiede, daß die bestehende, ausbeuterische Gesellschaft diese Axiome als Wahrheiten verkündet, ohne sie jedoch zu verwirklichen, während gerade letzteres, die Verwirklichung der Axiome, Aufgabe der zukünftigen Wirtschaft wäre. Keinem bürgerlichen Politiker oder Philosophen fällt es ein, die Heiligkeit, Notwendigkeit und Möglichkeit der Freiheit in Zweifel zu ziehen; daß das, was man für Freiheit gehalten, Knechtschaft gewesen, kann daher einem Zustande wirklicher Freiheit nicht von vornherein den Stempel des utopischen aufdrücken. Gleichberechtigung ist auch in den Augen der bürgerlichen Welt das Erstrebenswerte; daß sie bei jener Gleichberechtigung, welche sie zur Durchführung brachte, an das Wichtigste aller Rechte vergaß, raubt doch offenbar der wirklichen Gleichberechtigung nichts von ihrer Notwendigkeit. Eigentum sei die Voraussetzung aller Freiheit, sagt der bürgerliche Kodex; das bleibt wahr, trotzdem die bürgerliche Rechtsordnung die Mehrzahl der Menschen des Eigentums beraubt, und ganz im allgemeinen statt auf Eigentum, auf Enteignung beruht. Daß der ungehinderte Gebrauch der eigenen Kräfte jedes Menschen ursprüngliches Recht sei, wie abermals die bürgerliche Theorie verkündet, ist richtig, trotzdem die bürgerliche Praxis den Gebrauch der eigenen Kraft für die große Mehrzahl aller Menschen vom Belieben anderer abhängig macht. Insoweit daher die bürgerlichen Theoretiker und Gesetzgeber keine Heuchler sind, sondern es mit ihren Axiomen ehrlich meinen, können sie selber unmöglich in Abrede stellen, daß eine zukünftige Gesellschaftsordnung, als deren leitende Grundsätze wirkliche Freiheit und Gerechtigkeit, Sicherheit des Eigentums und des Gebrauchs der eigenen Kräfte sich herausstellen sollten, ihrem innersten Wesen nach gar nichts anderes ist, als was allezeit für gut und vernünftig galt, auch wenn nicht allezeit klar erkannt wurde, was zur Verwirklichung dieses als vernünftig und gut angesehenen geschehen müßte.

Ich meine nun, daß zu diesem Behufe nichts anderes vonnöten ist, richtiger gesagt, daß damit dies geschehe, nichts anderes sich vollziehen wird, als daß der Eigennutz des Menschen, der Jahrtausende hindurch durch Geisterfurcht gebändigt war, wieder zum Leitstern der wirtschaftlichen Handlungsweise des Menschen werden wird. Welche Folgen für Moral und wahres höheres Menschentum ich mir davon verspreche, wird sich zum Schlusse ergeben; aber wohlverstanden, ich verspreche mir das als Folge, nicht als Voraussetzung der wirtschaftlichen Freiheit. Ich meine nicht, daß die neue Ordnung sich als Ergebnis dieser Besserung der Menschen einstellen werde, vielmehr meine ich umgekehrt, daß diese, wie sie derzeit von Natur aus tatsächlich sind, zur neuen Ordnung übergehen, und in Folgewirkung davon sich vervollkommnen werden. Und unter diesem als Folgewirkung der neuen Ordnung sich einstellenden Aufschwunge verstehe ich beileibe nicht irgendwelchen idealen, engelhaften Zustand, sondern schlecht und recht die Wiederkehr urwüchsiger, tierischer Moral, tierischer Unschuld, an Stelle der Jahrtausende lang herrschend gewesenen untertierischen Bösartigkeit, die lediglich Ergebnis jenes ganz eigenartigen Zwiespaltes zwischen den natürlichen Instinkten und den unabweislichen Anforderungen der Knechtschaft ist, in welchen den Menschen seine Domestikation versetzte.

Auch mit absoluter Gleichheit hat die wirtschaftliche Freiheit nichts gemein. Gleich *berechtigt* sind alle Menschen, d. h. sie haben alle den gleichen Anspruch auf den Gebrauch der eigenen Kräfte, wie auf die Benutzung der von Natur und Kultur gebotenenen Arbeitsmittel. Darüber hinaus geht die natürliche Gleichheit nicht. Weder an Kräften und Fähigkeiten, noch an Bedürfnissen und Wünschen, sind die Menschen gleich. Der eine ist stark, fleißig und klug, der andere ist schwach, faul und einfältig, der eine ist genußfähig und begehrlich, der andere stumpf an Sinnen und genügsam; es ist ebenso töricht und vergeblich, von ihnen allen die gleiche Leistung zu erwarten, als es töricht und überflüssig ist, ihnen allen die gleichen Genüsse zuzumuten. Worauf sie Anspruch haben und was sie verlangen, ist nicht, daß ihnen allen das gleiche, sondern daß einem jeden von ihnen das selbstgewollte Los zufalle; darin und darin allein sehen sie ihre Freiheit und ihr Glück.

Die Besorgnis aber, daß Ungleichheit welcher Art immer sich auf die Dauer mit der Freiheit nicht vertragen könne, weil sie in letzter Linie zur Vernichtung der Gleichberechtigung führen müßte, beruht auf einem Irrtume. Dem wäre so, wenn speziell die Ungleichheit des Einkommens an sich das Gleichgewicht der Macht unter den Menschen stören würde, wenn der Besitzer des größeren Reichtums in diesem das Mittel erlangt hätte, seine Nebenmenschen zu unterdrücken. Und daß dem so sei, glaubt man ziemlich allgemein aus dem Grunde, weil in der bestehenden bürgerlichen Gesellschaft die Ausbeutung tatsächlich mit dem Besitze aufs innigste verquickt ist, in der Weise nämlich, daß einerseits Erwerbung von Reichtum ihr letzter Zweck, anderseits Verwendung desselben zu Erlangung von Macht über den Nebenmenschen ihr vornehmlichstes Mittel ist. Dabei wird aber der entscheidende Umstand übersehen, daß besagte zur Ausbeutung führende Macht nicht Folgewirkung jeglichen, und sei es auch noch so großen individuellen Besitzes, sondern ausschließlich des individuellen Eigentums an den Arbeitsmitteln ist. Sind einzelne noch so reich, die Arbeitsmittel aber jedem Arbeitslustigen frei zugänglich, so können die wenigen ihren Reichtum zu was immer benützen, zur Ausbeutung der Arbeitenden nimmermehr.

II. Der bürgerliche Freiheitsbegriff.

Alle sozialpolitischen Doktrinen ohne Ausnahme, soweit sie im Meinungskampfe um die soziale Zukunft derzeit in Betracht kommen, geben sich selber als Postulate der Freiheit, ja sie bekämpfen insgesamt ihre Gegner in erster Reihe damit, daß sie ihnen das richtige Verständnis für die Anforderungen „wahrer Freiheit" absprechen. Bewahre nicht der Knechtschaft, sondern der Freiheit des Arbeitsvertrages redet die Orthodoxie das Wort; nicht für Zwangsorganisation der Arbeit, sondern für Befreiung der Arbeit im Wege gesamtheitlicher Organisation tritt der Kollektivismus in die Schranken; und nicht den Untergang von Kultur und Freiheit im Wege der Auflösung aller gesellschaftlichen Ordnung wollen die Anarchisten herbeiführen, sondern die Freiheit gegen die ihr abseitens jeder gesellschaftlichen Ordnung drohende Gefahr ein für allemale sicherstellen.

Was ist also Freiheit, und zwar erstlich Freiheit ganz im allgemeinen, und zum zweiten wirtschaftliche Freiheit im speziellen.

Um auch hierüber ins Reine zu kommen, sind keinerlei tiefangelegte, neue Untersuchungen erforderlich; die landläufige Definition der Freiheit genügt allen Ansprüchen aufs vollkommenste, in deren Sinne Freiheit nichts anderes ist, als Unabhängigkeit von jedem wie immer gearteten fremden Willen. Nur glaubt der bürgerliche Liberalismus allerdings, sein Freiheitsideal verwirklicht zu haben, wenn er einzelne Arten des Zwanges beseitigt; der Anarchismus hält es für nötig, zugleich mit dem Zwange auch die Ordnung über Bord zu werfen, und der Kollektivismus schließlich verwechselt Freiheit mit Teilhaberschaft am Zwange. Um daher die Freiheit, wie ich sie meine, gegen jedes Mißverständnis sicherzustellen, wird es zuförderst notwendig sein zu zeigen, wodurch sie sich von diesen drei bisherigen Freiheitsidealen unterscheidet.

Was zunächst die bürgerliche Auffassung anlangt, so leugnet diese wie gesagt keineswegs, daß uneingeschränkter, keinem fremden Willen unterworfener Gebrauch der eigenen Kräfte Erfordernis der Freiheit sei, glaubt aber diesem auch von ihr anerkannten Prinzipe dadurch gerecht zu werden, daß sie — seit Aufhebung der persönlichen Sklaverei — jedermann gestattet, mit sich, seinen Kräften und Fähigkeiten zu beginnen, was ihm nur immer belieben mag. Sie übersieht dabei nicht gänzlich, daß diese prinzipiell erteilte Erlaubnis demjenigen nichts hilft, dem die behufs praktischer Betätigung seines Selbstbestimmungsrechtes durchaus unerläßlichen Mittel fehlen, meint aber, daß diesem Mangel nicht menschliche Satzungen, sondern unabänderliche natürliche Tatsachen zugrunde liegen. Doch zugegeben selbst, daß letzteres richtig wäre, so würde das nur besagen, daß die bürgerlichen Satzungen für die Behinderung des freien Kräftegebrauches nicht verantwortlich gemacht werden können, nicht aber, daß besagte Freiheit kraft dieser Satzungen vorhanden sei. Die Einwendung ist aber tatsächlich falsch, das Übel, um welches es sich hier handelt, besteht nicht von Natur aus, sondern ist schlechthin ein Produkt der bürgerlichen Ordnung. Denn die Mittel, deren die Menschen bedürften, um von dem ihnen prinzipiell eingeräumten Rechte freier Betätigung ihrer Kräfte praktischen Gebrauch zu machen, heißen Boden und Kapital, und beide sind ihnen nicht durch die Natur, sondern durch menschliche Einrichtungen entzogen. Den Boden hat die Natur nicht für einzelne, sondern für alle

Menschen geschaffen, und das Kapital gehört von Natur aus denjenigen, die es erzeugten, was wieder nicht jene wenigen sind, die es den Arbeitenden wegnehmen, sondern jene vielen, die selber arbeiten.

Soll daher der freie Kräftegebrauch sich wieder einstellen, so bedarf es dazu keines Wechsels im natürlichen Zusammenhange der Dinge, sondern ausschließlich des Wegfalls jener bürgerlichen Einrichtungen, deren Effekt eine Störung dieses natürlichen Zusammenhanges ist. Boden und Kapital müssen denjenigen überlassen werden, denen sie von Natur aus gehören, und alles ist getan. Und das wird sich vollziehen, nicht weil es gerecht und gut, sondern weil es anders gar nicht möglich ist, sobald jene einzige Macht verschwindet, die allein vermögend war, den Menschen dienstbar zu machen. Sowie religiöser Wahn aufhört, die Menschen zum Verzicht auf ihre Rechte zu zwingen, müssen diese — Theoretiker und Gesetzgeber mögen dazu sagen, was sie wollen — an ihre legitimen Herren zurückfallen.

III. Freiheit und Anarchismus.

Die anarchistische Mißdeutung der Freiheit anlangend, wäre es ungerecht, den Anarchisten zu imputieren, sie vergäßen gänzlich daran, daß der Mensch als geselliges Wesen seine Freiheit nicht bloß in der Isolierung, sondern auch in der Geselligkeit finden müsse und daß es ein Ding der materiellen Unmöglichkeit wäre, auf einträchtiges Zusammenwirken angewiesene Individuen handeln zu lassen, ohne daß Sicherheit für die Übereinstimmung ihrer Absichten geboten wäre. Wenn sie trotzdem jeder wie immer gearteten, nach festen Normen eingerichteten Ordnung widerstreben, so geschieht dies in der Erwartung, daß eine solche Übereinstimmung der Absichten selbstverständliche Folge der Freiheit sein werde — was als an sich richtig zugegeben werden muß. Denn in der Tat ist es bloß die Knechtschaft, die auf gegenseitiger Ausbeutung beruhende Gesellschaftsordnung, was Interessenkonflikte erst hervorgerufen hat, und in einer auf wirklicher Freiheit und Gleichberechtigung beruhenden menschlichen Gemeinschaft, in welcher niemand ein Interesse haben kann, welches dem des Nebenmenschen zuwiderläuft, ist nicht bloß möglich, sondern selbstverständlich, daß alle das gleiche wollen.

Nicht selbstverständlich, sondern schlechthin unmöglich aber ist, daß die Mitglieder eines solchen Gemeinwesens, ihre hier in Frage kommenden

Interessen mögen noch so identisch sein, das in ihrem Interesse gelegene überall herauszufinden, geschwiege denn ihre Handlungsweise diesem gemeinsamen Interesse überall anzupassen vermöchten, ohne dazu besonderer Veranstaltungen zu bedürfen. In der sogenannten Urhorde läßt sich solches allenfalls denken, in Gemeinschaften höherer Ordnung wäre eine derartige Voraussetzung einfach absurd. Gerade behufs Ermöglichung der Freiheit sind in einem zivilisierten Gemeinwesen bestimmte, zur Geltendmachung und Durchführung des allen gemeinsamen Willens dienliche Organe unerläßlich.

Gesetzt den Fall, es handle sich um den Bau einer Eisenbahn. Daß das Interesse an diesem Baue in einer Gesellschaft wirklich Freier und Gleichberechtigter durchaus identisch für alle Mitglieder dieses Gemeinwesens sein muß, ist richtig, und soll späterhin noch eingehend dargelegt werden. Folgt daraus, daß die Eisenbahn ohne irgendwelche zu diesem Behufe eingerichtete Behörde zustande kommen kann? Was die Individuen alle ohne Ausnahme wünschen, ist, daß Vorkehrungen getroffen werden, die ihre Arbeit möglichst fruchtbar gestalten, ihrer Bequemlichkeit, ihrem Vergnügen möglichst entgegenkommen, und dabei die möglichst geringen Opfer an Geld und Arbeit erfordern. Das ists, was bei ihnen allen als selbstverständliche Absicht vorausgesetzt werden kann, mehr aber nicht. Schon daß zu diesem Behufe Verbesserung der Kommunikation ein zweckdienliches Mittel sei, muß vielen unter ihnen vielleicht erst gesagt werden, und es ist möglich, daß schon hierüber Meinungsverschiedenheiten unter ihnen bestehen, die ohne eigens zu diesem Behufe geschaffene besondere Veranstaltungen schwer oder gar nicht zu konstatieren, geschweige denn zu überwinden sind. Doch zugegeben, daß über diese Schwierigkeit auch in einer anarchistischen Gesellschaft hinwegzukommen wäre, daß es gelänge, in einer solchen die Ansicht zur Reife zu bringen, Verbesserung der Verkehrsmittel sei das zu Wünschende; wie soll die Entscheidung darüber herbeigeführt werden, ob zu diesem Behufe eine Straße, ein Kanal oder eine Eisenbahn notwendig sei; des ferneren, welche von den vielen möglichen Tracen zu wählen, ob die Bahn eingeleisig oder zweigeleisig, mit leichten oder schweren Schienen, solid aber kostspielig oder billig aber oberflächlich zu bauen sei? Der helle Unsinn wäre es, all das ohne Behörde im Wege direkter gegenseitiger Aussprache der Mitglieder eines großen Gemeinwesens erledigen zu wollen. Es sind das Dinge, die allerdings nur geschehen dürfen, wenn und insoweit sie dem Willen aller dienen, die aber trotzdem, wenn sie überhaupt geschehen sollen, durchgeführt werden müssen, ohne daß die ungeheuere Mehrzahl der übereinstimmend Wollenden sich darum unmittelbar auch nur zu kümmern braucht.

IV. Freiheit und Kollektivismus.

Wenn nun aber der Kollektivismus aus der Wahrheit, daß Autorität mit Freiheit im vollkommensten Sinne des Wortes nicht bloß verträglich, sondern durchaus unerläßlich zu deren Verwirklichung ist, die Schlußfolgerung zieht, daß einzig die Gesamtheit berufen und in der Lage sei, diese Autorität zu üben, so ist dies trotzdem ein handgreiflicher Irrtum. Indem er solcherart die ordnende Gewalt der Gesellschaft auf das Gebiet auch der Wirtschaft ausdehnt, übersieht er den fundamentalen Unterschied der zwischen dieser und den gesellschaftlichen Angelegenheiten besteht, hervorgerufen durch die Verschiedenheit der treibenden Impulse, die der menschlichen Handlungsweise hier und dort zugrunde liegen, des Eigennutzes einerseits, des Gemeinsinnes anderseits. In seiner Wirtschaft handelt der Mensch ausschließlich des eigenen Nutzens halber, ohne sich direkt auch nur im geringsten um den allgemeinen Nutzen zu kümmern. Das letzterem am besten gedient ist, wenn ersterer sich denkbar schrankenlos betätigen kann, ist richtig, ändert aber nichts an der Tatsache, daß es dem wirtschaftenden Individuum als solchem ganz gleichgültig ist, wie die Gemeine bei seiner Wirtschaft fährt. Daraus geht hervor, daß das wirtschaftende Individuum sich ohne Eingriff in seine Freiheit seine Handlungsweise von keinem dritten — derselbe mag in wessen Namen immer auftreten — vorschreiben lassen kann. Schon der bloße von dritter Seite erhobene Anspruch, sich hier zum Vormunde des individuellen Eigennutzes aufzuwerfen, wird als unerträgliche Tyrannei empfunden. Und wenn nun ordnende und überwachende Organe auch auf dem Gebiete der Wirtschaft durchaus nötig sind, sowie der Mensch aus seiner Isolierung heraustritt, und Befriedigung seiner Bedürfnisse im Zusammenschlusse mit seinesgleichen sucht; so folgt daraus, daß diese Organe hier nicht Diener der höheren Gesamtheit, nicht von dieser eingesetzt und nicht dieser verantwortlich sein, nicht in deren Namen und nicht in deren, gleichviel ob wirklichem oder vermeintlichem Interesse handeln können, sondern in allen

Stücken die Zwecke und Willensmeinungen der zu besagter Erwerbstätigkeit zusammengetretenen Individuen zur ausschließlichen Richtschnur nehmen müssen. Es haben kurz gesagt, die Individuen Herren zu bleiben auf diesem ihrem Tätigkeitsgebiete, die Organe zur Ordnung und Leitung dieser ihrer Tätigkeit dürfen nicht Diener der Gesamtheit, des Staates oder der Gesellschaft, sie müssen i h r e Diener sein. Und da des ferneren Herr überall nur derjenige sein kann, zu dessen Nutz und Vorteil gearbeitet wird, weil nur dieser im Eigennutze die Richtschnur seiner Handlungsweise findet, so geht daraus hervor, daß Arbeit zu eigenem Nutzen der Arbeitenden Voraussetzung nicht bloß des richtig verstandenen Eigennutzes, sondern dadurch mittelbar auch der Freiheit ist. Und zwar wohlverstanden, jedem Arbeitenden muß der Ertrag der eigenen Arbeit zufallen, nicht allen Arbeitenden der Ertrag aus jedermanns Arbeit. Nur in diesem Falle ist es möglich, daß die Arbeitenden Herrn ihres eigenen Arbeitsprozesses werden, während andernfalls die Gesamtheit als Eigentümerin der Arbeitserträge auch Herrin der Arbeitenden werden müßte, was hinwieder unverträglich mit deren Freiheit wäre. Es verhält sich hiermit in der freien Gesellschaft nicht anders, als in der knechtischen; auch in der knechtischen Wirtschaft gibt es ordnende und leitende Organe, und auch hier ist Herr der fraglichen Organe überall der Eigner der fraglichen Produktionsstätte. Gerade so, wie im Sinne der bestehenden Ordnung die Organe der auf Erwerb gerichteten Tätigkeit, die Geschäftsleiter und Fabriksdirektoren, von den Arbeitgebern ernannt werden, in deren Namen und Interesse handeln und in allen Stücken an deren Willen gebunden sind, ebenso müssen die analogen Organe in der freien Gesellschaft von den Arbeitern der verschiedenen Einzelwirtschaften ernannt werden, in deren Namen und Interesse tätig sein und an deren Willen gebunden bleiben. Es handelt sich also auch in diesem Punkte garnicht um die Durchführung eines neuen, bisher unbekannten, sondern lediglich um Übertragung eines auch in der bestehenden Wirtschaftsordnung geltenden Prinzips auf die freie Wirtschaft.

Ebenso irrtümlich und mit Freiheit unverträglich, wie die Ausdehnung der gesamtheitlichen Autorität auf das Gebiet der menschlichen Wirtschaft ist auch der vom Kollektivismus erhobene Anspruch der Gesamtheit auf das Eigentum an Boden und Kapital. Unter jenem legitimen Herrn, an welchen — wie vorhin gesagt wurde — Boden und Kapital nach Aufhören der Gottesknechtschaft zurückfallen müssen, ist nicht der Staat und nicht die Gesellschaft zu verstehen. Zunächst schon deshalb nicht, weil die Knechtschaft damit nicht aufhörte, sondern bloß ein Wechsel in der Persönlichkeit des obersten Gewalthabers einträte; zum zweiten aber deshalb, weil dieser neue Gewalthaber gar nicht imstande wäre, die Menschen unter sein Joch zu zwingen. Das vermag einzig die Gottheit, und wenn deren Macht zu Ende ist, gibt es nichts, was eine abermalige Domestikation des genus homo sapiens zuwege bringen könnte. Selbst das Zugeständnis unbedingter Kulturnotwendigkeit, Nützlichkeit und Gerechtigkeit würde dem Kollektiveigentum an den Produktionsmitteln nichts helfen, solange zugegeben werden muß, daß all diese schönen Dinge den Verzicht des Individuums auf sein Selbstbestimmungsrecht zur Voraussetzung haben. Denn diesen Verzicht wird der Mensch seinesgleichen gegenüber sowenig jemals leisten, als ihn jemals ein Hund, Schaf oder Rind seinesgleichen gegenüber geleistet hat; und wenn es wirklich wahr wäre, daß ohne das Kultur unmöglich ist — je nun, dann würde eben Barbarei das Los der den Zwingern religiöser Domestikation entsprungenen Menschheit sein.

Die Gesellschaft hat aber auch nicht den Schatten eines Rechtes auf Boden sowenig, als auf Kapital. Eigentumsansprüche auf Boden gibt es überhaupt nicht, da solche — nach natürlicher Rechtsauffassung wohlverstanden — lediglich vom Erzeuger einer Sache erhoben werden können, und den Boden niemand erzeugt hat, nicht der Eigentümer nach bürgerlichem Rechte, ebensowenig jedoch die Gesellschaft, aber ebensowenig natürlich das arbeitende Individuum. Boden ist eine freie Gabe der Natur, die sohin gleich allen anderen Naturgaben von jedermann benutzt, von niemand ins ausschließende Eigentum genommen werden kann.

Kapital dagegen — als Erzeugnis der Menschenhand — hat allerdings seinen Eigentümer, doch das ist eben der Erzeuger des Kapitals und nicht die Gesellschaft. Diese kann und mag allenfalls im Prozesse der Kapitalbildung den Individuen bei Ansammlung, Verteilung und Verwendung der ihnen gehörigen Kapitalien helfend und ordnend zur Seite stehen, sie kann als Sammelstelle der Ersparnisse dienen, als Reservoir, von welchem aus die dem Konsum entzogenen Arbeitsergebnisse zur Verteilung an die kapitalbedürftigen Produzenten gelangen; Eigentümer jedes Kapitalpartikelchens aber muß dessen jeweiliger Erzeuger bleiben, woraus wieder hervorgeht, daß ihm, dem Erzeuger, auch der Nutzen aus der Kapitalverwendung gehören muß. Und zwar ist unter diesem Nutzen nicht bloß der unmittelbar in materiellen Gütern sich darstellende Gewinn zu verstehen. In einer Gesellschaft von Kulturmenschen finden aus den angesammelten Kapitalien mannigfaltige Ausgaben Deckung, welche direkten materiellen Gewinn gar nicht ergeben. Aber gleichviel ob es sich um direkten oder indirekten, materiellen oder ideellen Vorteil handelt: dem Individuum, aus dessen Kapitalbeitrag der Vorteil erwächst, muß derselbe auch zufließen, und zwar genau im Verhältnisse seines Beitrages, soll anders der wirtschaftlichen Gerechtigkeit voll Genüge geschehen, und es kann sich nur darum handeln, zu untersuchen, ob dem Prinzipe der Freiheit wirklich jene Kraft vollendet harmonischer Ausgleichung der Interessen innewohnt, daß es all diese scheinbar unvereinbaren Probleme zu lösen vermöchte.

XVII. Kapitel.

Die freie Arbeit.

I. Der Arbeitgeber als Produktionsleiter.

Erste Voraussetzung der wirtschaftlichen Freiheit ist, daß die Arbeitenden es zuwege bringen, jene Organisation des Produktionsprozesses, die bisher Sache des herrischen Arbeitgebers gewesen, selber durchzuführen. Dabei taucht nun zunächst die Frage auf, ob die bisher geübte Funktion besagten Arbeitgebers in der Tat so nützlich, ja mit Rücksicht auf die im Produktionsprozesse zu erzielende Wirtschaftlichkeit sogar unersetzlich sei, wie die Orthodoxie behauptet. Dessen Verdienst soll es bekanntlich sein, erstlich, daß die Produktion sich der Erzeugung jener Dinge zuwendet, nach denen jeweilig Bedarf vorhanden ist und zum zweiten, daß die Leitung der Produktionsprozesse in den hierzu bestgeeigneten Händen liegt.

Sehen wir also zu, wie es sich damit in Wahrheit verhält. Sorgt zunächst der Arbeitgeber heutigen Rechts wirklich dafür, daß die dem jeweiligen Bedarfe entsprechenden Dinge erzeugt werden? Allerdings tut er das, und zwar in der Weise, daß er den Arbeitenden den Gegenstand ihrer Arbeit vorschreibt. Aber selbst im Rahmen der bestehenden Wirtschaftsordnung tut er dies doch nicht überall, und am allerwenigstens läßt sich sagen, daß man seiner überall bedarf, damit die Arbeitenden den Gegenstand ihrer Produktion treffen könnten. Beweis dessen, daß es tatsächlich auch in der bürgerlichen Welt Arbeiter gibt, die ohne Anleitung des Herrn selbständig auf eigene Faust produzieren; und siehe da, es gelingt ihnen dies Kunststück, ohne daß sie sich bei irgend wem Belehrung über den Gegenstand ihrer Produktion einholen müßten; sie richten sich mit ihrem Angebote genau so gut oder schlecht nach der Nachfrage, wie die Arbeitgeber. Wenn man näher zusieht, findet man des ferneren, daß der Unterschied zwischen jenen Arbeitern, die zur Anpassung ihrer Produktion an das Angebot eines Herrn bedürfen, und denjenigen, die ohne solche Hilfe selber mit der Lösung des Problems fertig werden, darin liegt, daß ersteren das Eigentum am Produktionsertrage fehlt, letzteren nicht; was sich hinwieder dadurch erklärt, daß es einzig der Eigennutz ist, was den Produzenten veranlassen kann, gerade jene Dinge hervorzubringen, auf die sich der Bedarf jeweilig richtet und daß diese richtunggebende Kraft des Eigennutzes naturgemäß zur Voraussetzung hat, daß der Produzent Eigentümer seines Produktes sei. Die Wünsche der Konsumenten sind an sich betrachtet den Arbeitern allerdings höchst gleichgültig, genau so gleichgiltig sind sie aber den Arbeitgebern; und wenn letztere trotzdem durch Eigennutz dazu angetrieben werden, alle wie immer gearteten Launen der Konsumenten tunlichst zu befolgen, so gilt genau das nämliche auch für die Arbeiter, sofern sie nur selber Vorteil davon haben, verkäufliche statt unverkäufliche Dinge zu produzieren. Für sie sowenig als für die herrischen Unternehmer bedarf es behördlicher oder wie immer sonst gearteter höherer Bevormundung, um ihnen die Wünsche der Konsumenten zu offenbaren; es steht ihnen zu diesem Behufe dasselbe Mittel der Orientierung offen, von welchem ihre sogenannten Brodherren Gebrauch machen: der Preiskourant des Marktes.

Besehen wir uns nun die zweite Seite der den Arbeitgebern zugeschriebenen wirtschaftlichen Funktion, die darin liegen soll, die bestmögliche Leitung der Produktion zu garantieren. Der Arbeitgeber vereinigt in sich, wenn auch nicht immer, so doch zumeist, die Person des Eigentümers mit derjenigen des Betriebsleiters; in ersterer Eigenschaft gehört ihm der Nutzen der Produktion, er steht sohin in denkbar vollständigster Weise unter dem Ansporn des Eigennutzes. Das alles ist an sich vollkommen richtig, nur folgt daraus mit nichten seine wirkliche Unentbehrlichkeit oder auch nur Überlegenheit in Leitung des Produktionsprozesses. Sein Eigeninteresse erweist sich nämlich erfahrungsgemäß auch innerhalb des Rahmens der bestehenden Wirtschaftsordnung keineswegs als hinreichend wirksames Moment, um seiner Betriebsleitung vor jener bezahlter Angestellter den Vorrang zu verleihen; er ist allerdings derjenige, der unter allen überhaupt möglichen Betriebsleitern das größte persönliche Interesse am guten Fortgange der Produktion besitzt, trotzdem beruht das Vorurteil zu seinen Gunsten lediglich auf der irrigen Voraussetzung, daß es die nämlichen Eigenschaften sind, die zum Verwalten wie zum Erwerben von Vermögen Geschick verleihen. Zu erfolgreicher Leitung mächtiger Produktionsprozesse ist in erster Reihe Wissen, Fleiß und Umsicht erforderlich, zum Erwerbe dagegen gehört vor allem Rücksichtslosigkeit in Verbindung mit einer gewissen Borniertheit, wie ich dies an anderer Stelle bereits ausgeführt habe. Beide Arten von Qualitäten finden sich nur selten in einer Person vereint, und daher kommt es, daß gute Betriebsleiter höchstens ausnahmsweise das Zeug dazu besitzen, reich zu werden, während der Mann, der reich geworden, in der Regel gut tun wird, sein Vermögen durch andere verwalten zu lassen.

Letzteres ist so fraglos richtig, daß tatsächlich die Besitzer der großen Vermögen sich in stets steigendem Umfange beeilen, die Verwaltung ihres Eigentums fremden Händen anzuvertrauen, seitdem in der modernen Aktien-Gesellschaft das bequeme, jedermann zugängliche Mittel gefunden wurde, derartige Verwaltungsübertragungen durchzuführen. Ja, es zeigte sich dabei sogar unter einem, daß der Einzeleigentümer, weit entfernt, selber der geschickteste Verwalter seines Vermögens zu sein, in aller Regel nicht einmal das Zeug dazu hat, unter den sich als Verwalter fremder Vermögen darbietenden Mietlingen die geschickteste Auswahl zu treffen. Er ist auch hierin jener Assoziation von Einzeleigentümern nicht gewachsen, die sich in der Aktiengesellschaft zusammenfindet. Und das alles, trotzdem gerade die Aktiengesellschaft eine Reihe der gewichtigsten Gebrechen aufweist. Ihre Natur bringt es mit sich, daß bei ihr der Herr und Eigentümer, d. i. der Aktionär, von ganz besonderen Ausnahmefällen abgesehen, zu keinerlei sei es aktiver, sei es passiver Beeinflussung oder Überwachung des ihm gehörigen Betriebes tüchtig sein kann. D. h. wohlverstanden, einzelne Aktionäre mögen das alles häufig genug sein; die Aktionäre als Korporation, richtiger die in den Generalversammlungen sich zusammenfindenden Majoritäten derselben, sind es fast niemals. Denn sie bestehen meist aus Leuten, die von den zu ihren Gunsten betriebenen Geschäften nicht das Geringste verstehen. Neunundneunzig Hundertteile der Eisenbahnaktionäre

z. B. wissen vom Eisenbahnwesen kaum wesentlich mehr, als daß die Lokomotiven auf Rädern laufen und — daß man aus den Betriebsüberschüssen Dividenden zahlt. Diese Mehrzahl vermag daher die in ihrem Namen betriebenen Geschäfte auch nicht im entferntesten zu überwachen. Dies ist so sehr und so anerkanntermaßen der Fall, daß die Generalversammlungen der Aktionäre — das ausschließliche Forum, in welchem die Eigentümer des Unternehmens sich überhaupt zu Worte melden können — in aller Regel das Eingehen auf die eigentliche Geschäftsleitung grundsätzlich perhorreszieren und sich damit begnügen, die Kapitalangelegenheiten im engeren Sinne des Wortes zu entscheiden. Es ist nur höchst ausnahmsweise vorgekommen, daß z. B. eine Generalversammlung von Eisenbahnaktionären Bau-, Betriebs- und Tariffragen auch nur diskutiert hätte; sie erörtert und diskutiert stets bloß das, was bei den Tarif-, Bau- und Betriebsangelegenheiten herauskommt: die Dividende, Erhöhungen oder Herabsetzungen des Anlagekapitals und dergl. Auch dabei ist sie fast immer ein willenloses Werkzeug in den Händen ihrer bezahlten Dienerin, der Betriebsleitung, weil ihr Verständnis in der Regel nicht einmal zu richtiger Beurteilung dieser, ihr Interesse unmittelbar berührenden Fragen hinreicht.

Und nicht bloß unwissend und unfähig, sondern der gegen ihren eigenen Vorteil gerichteten Korruption zugänglich ist diese oberste Herrin der Aktien-Gesellschaft. Auch das nicht etwa bloß zufällig, sondern aus im Wesen der Sache liegenden Gründen. Das Gefühl der eigenen Unfähigkeit und Unwissenheit, die aus Erfahrung geschöpfte Überzeugung, daß sie in den Generalversammlungen ohnehin sich darauf beschränken würden, gutzuheißen, was die Betriebsleitung ihnen unterbreitet, veranlaßt die überwiegende Mehrzahl der Aktionäre, an den Generalversammlungen überhaupt nicht teilzunehmen, so daß, um dort eine Majorität zu bilden, in der Regel ein sehr geringer Bruchteil des Aktienbesitzes genügt. Es geschieht daher nur zu häufig, daß Personen, die dem Interesse einer bestimmten Aktien-Gesellschaft entgegengesetzte Tendenzen zur Geltung bringen wollen, durch Ankauf einer verhältnismäßig nicht gar so großen Aktienzahl die Majorität in der Generalversammlung und damit die Macht erschleichen, ihren eigenen Vorteil auf Kosten der fraglichen Gesellschaft durchzusetzen. Begünstigt werden derartige Machenschaften, bei welchen die Herrin der Gesellschaft zur Verräterin an sich selber wird, durch das moderne Lombardierungs- und Belehnungswesen. Man braucht solcherart nicht einmal eine Minderzahl der Aktien auch nur vorübergehend eigentümlich zu erwerben, um entscheidend in die Geschicke von Aktien-Gesellschaften einzugreifen; es genügt, eine Anzahl Aktien zu belehnen, „in Kost zu nehmen", wie der Kunstausdruck lautet, um das zeitweilige Dispositionsrecht über die Geschäfte zu erhalten und dieses letztere dann dazu zu benützen, um eine Aktien-Gesellschaft nach Belieben auszubeuten, wohl auch vollends zu ruinieren. Man erspart dabei nicht bloß das andernfalls unvermeidliche Opfer aus dem Kursverluste an zu solchen Zwecken erworbenen Aktien, man kann — das nützliche mit dem angenehmen verbindend — sogar an diesem Kursverluste direkt gewinnen, indem man nämlich das Belehnungsgeschäft mit einer rechtzeitigen Kontremine-Börsen-Operation in Zusammenhang bringt. Und all das sind Gebreste, die sich durch keinerlei wie immer geartete gesetzgeberische oder sonstige Reformversuche heilen lassen, weil sie eben unlöslich mit dem innersten Wesen alles nicht auf eigener Arbeit beruhenden Eigentums verknüpft sind. Ebensowenig als man ändern kann, daß Unmündige oder Geistesgestörte außerstande sind, ihr Eigentum persönlich zu verwalten, ebensowenig kann man ändern, daß auch erwachsene gesunde Personen deshalb allein, weil sie Eigentum ererbt oder nach bürgerlichem Rechte „erworben" haben, zumeist der Fähigkeit ermangeln, die Verwaltung dieses ihres Eigentums erfolgreich zu überwachen.

Wenn nun trotzdem die Aktiengesellschaft sich in der Leitung gerade der größten, schwierigsten Geschäfte dem Privatunternehmertum überlegen erweist, so geht daraus soviel zum mindesten unwiderleglich hervor, daß das ausschließende Eigentum weit entfernt ist, besondere Eignung zur Überwachung und Leitung von Geschäften zu verleihen, und daß folglich die dem Arbeitgeber mit samt seinem Unternehmergewinne von der Orthodoxie unter diesem Titel nachgesagte wirtschaftliche Nützlichkeit eine leere Fiktion ist.

Nun könnte aber gefragt werden, ob genügende Sicherheit dafür vorhanden sei, daß sich freie Arbeiter bei Wahl ihrer Betriebsleiter überhaupt von Rücksichten auf geschäftliche Tüchtigkeit würden leiten lassen. Man könnte darauf hinweisen, daß die Arbeiter, soweit sie bisher in der Lage waren, sich selber Führer zu geben, bei Auswahl der zu diesem Amte berufenen Persönlichkeiten meist auf alles andere eher Gewicht zu legen pflegten, als auf hervorragende Fähigkeit zur Produktionsleitung. Was sie dabei bestimme, sei Rednergabe, Agitationstalent, allenfalls auch Ehrlichkeit und Mut, alles Eigenschaften, die an sich sehr schätzenswert sein mögen, mit Geschäftssinn und Organisationstalent jedoch nichts gemein haben. Die Tatsache an sich ist richtig; die meisten der bisherigen Arbeiterführer wären wirklich herzlich schlechte Geschäftsleiter und Fabrikdirektoren; dem ist jedoch nicht deshalb so, weil etwa die Arbeiter für geschäftliche Tüchtigkeit kein Verständnis besäßen; sie wären ausgemachte Dummköpfe, wenn sie derzeit — wie die Verhältnisse für sie nun einmal liegen — regelmäßig statt unerschrockener Agitatoren, kluge Geschäftsleute zu ihren Führern wählen würden, denn nicht zu ihren Geschäften, sondern zu ihren Kämpfen brauchen sie derzeit diese Männer, und es versteht sich daher von selbst, daß sie dementsprechend bei deren Auswahl Gewicht hauptsächlich auf jene Eigenschaften legen, die zur Leitung im Kampfe geschickt machen. Daß sie darauf beharren würden, bei ihren Führern in erster Linie auf Kämpfereigenschaften auch dann zu sehen, wenn sie dieser Führer als Geschäftsleiter, und zwar als Leiter ihrer — der Arbeiter — eigenen Geschäfte benötigen würden, braucht ernstlich wohl nicht besorgt zu werden.

II. Vergesellschaftung und Freiheit.

Doch mit dem Nachweise, daß herrisches Arbeitgebertum überflüssig ist, um die Produktion auf die Güter des jeweiligen Bedarfs zu lenken und daß es keineswegs die Garantie tüchtigster Betriebsleitung bietet, ist die Möglichkeit — geschweige denn die Überlegenheit — freiheitlicher Arbeitsorganisation noch lange nicht entschieden. Immer noch fragt sich, ob selbstherrliche Arbeiter auch imstande sein werden, sich jene kräftige, umfassende Disziplin zu geben, deren Erzwingung bisher Sache des Arbeitgebers gewesen, ohne welche aber erfolgreiche wirtschaftliche Tätigkeit undenkbar ist.

Die dabei zunächst auftauchende Frage ist, ob freie Menschen sich überhaupt zur Vergesellschaftung verstehen werden. Die bisherigen Erfahrungen sprechen scheinbar für das Gegenteil. Der Eigennutz verlangte zwar stets die Wahl jener Produktionsform, bei welcher mit geringster Anstrengung die reichsten Ergebnisse zu erzielen sind, und das war, auch bevor die Elementarkräfte dem Menschen dienstbar wurden, ohne Frage stets und immer die Vergesellschaftung; aber diese legt der Willkür des

Individuums so mannigfache Opfer auf, daß ihnen gegenüber, gerade in den Augen der Fähigsten und Energischesten die materiellen Vorteile in den Hintergrund treten, daher es nur in Ausnahmefällen zu freiwilliger Wahl dieser Produktionsform kömmt, und auch die vereinzelt freiwillig entstehenden Assoziationen drohen beim geringsten störenden Anlasse wieder auseinander zu fallen. Alle Menschen lieben ihren Nutzen, aber gerade die Tüchtigsten lieben ihre völlige Ungebundenheit noch mehr als ihren Nutzen, und ziehen daher zumeist isolierte Arbeit der vergesellschafteten vor, solange ihnen die Wahl bleibt. Die Heranziehung der Elemente in den Produktionsprozeß macht jedoch dieser Wahlfreiheit ein Ende; wo ihm die Maschine als Konkurrent entgegentritt, kann der Mensch fürderhin nicht mit bloßer Muskelkraft arbeiten — wohlverstanden, wenn er sich nicht nur der Muskelbewegung willen, zu Übung seiner Körperkräfte, plagen, sondern ein Ergebnis seiner Plage sehen will — er m u ß sich der neuen Produktionsmittel bedienen und zu diesem Behufe m u ß er sich mit anderen Arbeitenden vergesellschaften, da jene gewaltigen Instrumente, deren bewegende Kraft die Elemente sind — von höchst vereinzelten Ausnahmen wieder abgesehen — sich nur von gemeinsam handelnden zahlreichen, nicht aber von einzelnen Arbeitern handhaben lassen. Der Eigennutz lockt jetzt nicht mehr, er zwingt die Menschen zur Vergesellschaftung; die Arbeit der Zukunft wird also für alle Fälle assoziierte Arbeit sein.

Zwar wie die Dinge heute noch liegen, kann von absoluter und allgemeiner Konkurrenzunfähigkeit isolierter, auf menschliche Muskelenergie als motorischer Kraft allein angewiesener Produktion allerdings nicht die Rede sein. Es gibt zwar derzeit schon einzelne Produktionszweige — die Spinnerei zum Beispiel — in denen Handarbeit neben Maschinenarbeit nicht mehr bestehen kann; tatsächlich existieren zwar Millionen, die noch immer mit ihren Händen spinnen — vom Ertrage dieser ihrer Arbeit leben aber können diese Millionen nicht, seitdem die Maschinenspindel in allgemeine Anwendung gekommen ist. Es sind das da und dort in entlegenen Erdenwinkeln vegetierende Weiber, die, wenn jede andere Arbeit fehlt, müßige Stunden mit der Handspindel ausfüllen, dabei aber, trotz der bis unter das Tierische hinabgedrückten Kümmerlichkeit ihrer Bedürfnisse, doch verhungern würden und tatsächlich nur zu oft verhungern, wenn sich für sie außer dieser N e b e n b e s c h ä f t i g u n g, an welcher sie mehr aus Gewohnheit, denn um ihres Ertrages willen festhalten, keine andere, lohnendere Arbeit findet. Doch so verhält es sich derzeit — wie gesagt — nur mit einzelnen Produktionszweigen, während im allgemeinen der Satz gilt, daß die Maschinenarbeit die Konkurrenzfähigkeit der Handarbeit zwar gedrückt, keineswegs jedoch gänzlich vernichtet hat. Dem ist aber bloß deshalb so, weil — aus sattsam dargelegten Gründen — solange die Ausbeutung bestehen bleibt, die Maschine bloß sporadisch und vereinzelt verwendet werden kann. Findet die Ausbeutung ihr Ende, so muß und wird sich die Maschine aller Produktionsgebiete bemächtigen, und zwar dies so vollständig und durchgängig, daß von höchst vereinzelten besonderen Arbeitszweigen abgesehen, in denen die Elemente aus irgendwelchen Gründen schlechterdings nicht an die Stelle der Menschenhand zu treten vermögen, die Konkurrenzfähigkeit von Handarbeit ganz im allgemeinen aufhören muß. Die freien Arbeiter werden also, sofern Befriedigung ihrer Bedürfnisse und nicht unfruchtbare Plage ihr Zweck ist, unweigerlich zu kleineren oder größeren Gruppen, je nach Beschaffenheit der von ihnen gewählten Produktionszweige — zusammentreten und ihre Arbeit gemeinsam verrichten müssen.

Dazu aber ist ein sehr hohes Maß von Disziplin vonnöten. Dieselbe Großartigkeit der modernen Arbeitsinstrumente, die zur Vergesellschaftung nötigt, erzwingt auch peinliche Ordnung, Genauigkeit und Verläßlichkeit in Handhabung dieser Instrumente. Nicht bloß der gute Fortgang der Arbeit, sondern Gesundheit und Leben der Genossen ist davon abhängig, daß alle tun, was ihres Amtes ist; was sich ohne stramme Disziplin, ohne den Führern entgegengebrachten pünktlichen Gehorsam natürlich nicht erreichen läßt. Werden freie Arbeiter ihren gewählten Organen all das zugestehen? Soweit es ohne Gefährdung der Freiheit möglich ist, sicherlich. Denn die Notwendigkeit strenger Disziplin begreifen die Arbeiter aufs vollkommenste; sie bedürfen hier, wo es sich nicht nur um ihren Nutzen, sondern um ihre heilen Glieder handelt, keiner Belehrung. Nur könnte das alles selbstverständlich auf die Dauer doch nicht helfen, falls ein im Wesen der Sache gelegener Gegensatz zwischen Disziplin und Freiheit bestünde, genauer gesagt, wenn es nicht im Wesen wirklicher Freiheit läge, jeden derartigen Gegensatz von vorneherein unmöglich zu machen. Und zwar ist es gerade die absolute Schrankenlosigkeit der Freiheit, was ihre Vereinbarung mit vollkommenster Disziplin nicht nur ermöglicht, sondern zur selbstverständlichen Folge hat.

Der Freiheit gefährlich könnte nämlich die Disziplin nur dann werden, wenn der Arbeiter an die Genossen, denen er sich anschließt, und dementsprechend an die Organisation, die er sich im Vereine mit ihnen gibt, unlöslich gebunden wäre. Und dem wäre in der Tat so, wenn die zu irgend einer wirtschaftlichen Tätigkeit vereinigten freien Arbeiter Eigentümer der betreffenden Wirtschaft würden. Das könnte sich mit der Freiheit in der Tat nicht vertragen; mit der aller außen stehenden Arbeiter nicht, weil diesen durch solches Eigentum das Recht verkürzt würde, sich, wenn es ihnen wünschenswert erscheint, den Arbeitern der fraglichen Fabrik, der fraglichen Landwirtschaft, wann immer anzuschließen; mit der Freiheit der in fraglicher Fabrik oder Landwirtschaft beschäftigten Arbeiter nicht, weil sotanes Eigentum hinwieder ihnen die Möglichkeit nehmen würde, ohne Preisgebung ihrer berechtigten Interessen jederzeit, wenn es ihnen wünschenswert erscheint, die Stätte ihrer Arbeit zu verlassen. Ganz anders aber steht die Sache, wenn die freien Arbeiter nicht Eigentümer, sondern lediglich Nutznießer ihrer Produktionsstätte sind, an deren Erträgen sie teilnehmen, solange es ihnen gefällt dort zu arbeiten, und die sie jeden Augenblick mit einer andern vertauschen können, sowie irgend ein ihnen hinreichend gewichtig erscheinendes Motiv sie dazu veranlaßt.

Von der fundamentalen Bedeutung dieser absoluten Freizügigkeit für das Gleichgewicht aller wirtschaftlichen Potenzen und für die Interessenharmonie in der freien Gesellschaft soll noch eingehend gesprochen werden. Hier gilt es vorerst, die ebenso fundamentale Tragweite dieses Prinzips für die Vereinbarkeit von Disziplin und Freiheit zu beleuchten. Wäre der einzelne Arbeiter an die Stätte seiner Tätigkeit gebunden, so würde der Umstand, daß seine jeweiligen Direktoren, Werkführer, Aufseher aus der Wahl der Genossen hervorgehen, und durch solche jederzeit wieder entfernt werden können, keineswegs ausreichenden Schutz gegen allenfallsige Tyrannei besagter Vorgesetzter gewähren. Denn die Ansichten über die Grenzlinie zwischen Strenge und Tyrannei sind sehr verschieden, und die individuelle Freiheit verlangt nicht, daß der Einzelne gegen dasjenige geschützt werde, was in den Augen einer beliebigen Majorität, sondern gegen das, was in seinen eigenen Augen Tyrannei ist. Derjenige, dessen Auffassung in diesem Punkte empfindlicher ist, als die der Genossen, oder gegen den allein sich vielleicht die Tyrannei der Vorgesetzten richtet, oder der vielleicht vollends auf Wunsch und unter Zustimmung der Genossen tyrannisiert wird, wäre hoffnungslos um seine Freiheit gebracht, wenn er Hilfe bloß durch ein Majoritätsvotum erlangen könnte. Wenn ihm jedoch freisteht, die Stätte, wo ihm — seiner Meinung nach — unbilliges zugemutet wird, nicht bloß jederzeit zu verlassen — welches Recht ihm allerdings auch heute gewährleistet ist — sondern ganz nach freiem Ermessen, ohne dazu fremder Zustimmung zu bedürfen, mit einer andern zu vertauschen, so kann selbst die strammste Disziplin seiner Freiheit nicht gefährlich werden, da er sich ihren Anforderungen eben nur insolange zu unterwerfen braucht, als es ihm selber gefällt.

Derart freizügige Arbeiter können ihren selbstgewählten Organen all jene Vollmachten einräumen, die zu Inganghaltung und tadelloser Ordnung aller Produktions- und Geschäftszweige nur immer erforderlich sind, ohne daß ihre Freiheit dabei Gefahr liefe. Denn die Freiheit hat allerdings zur Voraussetzung, daß jedermann nach eigenem Belieben handeln könne, das schließt jedoch nicht aus, daß jedermann sich in gewissen Fällen sagen lasse, wie er zu handeln habe, vorausgesetzt natürlich, daß es dann ihm überlassen bleibt, sich nach dieser Anweisung zu richten oder nicht zu richten. Und das ists, was Disziplin und Freizügigkeit im Vereine bedeuten. Die Disziplin sagt, daß die Vorgesetzten in gewissen Fragen zu entscheiden haben; die Freizügigkeit sagt, daß es den Individuen jederzeit überlassen bleibt, sich diesen Entscheidungen zu unterwerfen oder sich ihnen zu entziehen. Die Freizügigkeit schützt das Individuum nicht bloß vor dem Zwange, ihm widerstrebende Anordnungen befolgen zu müssen, sondern gewährt ihm auch die Möglichkeit, dem eigenen Ermessen gemäß zu handeln, indem es nämlich eine solche Tätigkeitsstätte aufsucht, wo ihm bloß dasjenige aufgetragen wird, was mit seinen eigenen Anschauungen übereinstimmt. Ja selbst solche Individuen, denen die Anforderungen der Disziplin nirgends gefielen, die sohin nirgends eine Arbeitsstätte fänden, wo sie dem eigenen Ermessen entsprechend zu handeln vermöchten, könnten über Einschränkung ihrer persönlichen Freiheit nicht Klage führen, sofern ihnen nur das Recht zustünde, sich mit allenfallsigen Gesinnungsgenossen zusammenzutun und die Etablierung einer Produktionsstätte zu versuchen, in welcher nach ihren Prinzipien — sagen wir immerhin gänzlich ohne Disziplin — gewirtschaftet wird. Daß es gerade wegen dieser Schrankenlosigkeit der Freiheit zu derartigen praktischen Verwirklichungsversuchen des Anarchismus nicht kommen wird, halte ich nun allerdings für ausgemacht. Verböte man es ihnen, begegneten sie irgendwelcher Einschränkung ihres souveränen Willens, so kann ich mir denken, daß sich Menschen finden würden, die Sehnsucht darnach verspüren, ohne ordnende Organe, oder ohne diesen Organen eingeräumte Disziplinargewalt mit hundert- und tausendpferdekräftigen Dampfmaschinen, Dynamos, Transmissionen und anderem dergleichen Spielzeug nicht bloß selber zu hantieren, sondern auch jeden, der Lust dazu verspürt, nach Laune und Belieben in ihrer Nachbarschaft hantieren zu lassen; für gänzlich ausgeschlossen dagegen halte ich es, daß solches Gelüste standhalten könnte, wenn seiner Betätigung keinerlei Verbot im Wege stünde. Ich gebe also zu, daß der radikale Anarchist auch in der freien Gesellschaft keine Gelegenheit fände, so zu handeln, wie seine Prinzipien es ihm vorschrieben, und daß ihm sohin nur die Wahl zwischen Müßiggang oder Unterwerfung unter die Anforderungen der Disziplin bliebe. Nur meine ich, daß darin keine Verletzung der wie immer aufgefaßten Freiheit läge. Denn damit das fragliche anarchistisch gesinnte Individuum dem eigenen Willen entsprechend tatsächlich produzieren könne, wäre nötig, daß ihm Macht verliehen würde, andere zu seinem Willen zu zwingen. Nun gibt es allerdings Menschen, die auch derartiges als ihr Recht beanspruchen, nur ist das dann kein Menschenrecht mehr, sondern ein Herrenrecht, in dessen Sinne die damit Bedachten sich mitunter bekanntlich auch die „Freiheit" nehmen, ihre Mitmenschen zu pfählen und zu kreuzigen. Derartige Freiheiten würden in der freien Gesellschaft tatsächlich fehlen, hier würde jedermann bloß das Recht besitzen, selber zu tun oder zu lassen, was ihm der eigene Wille vorschreibt — dies Recht aber allerdings vollkommen und bis in die äußersten Konsequenzen; woraus dann hervorgeht, daß derjenige, der wie beispielsweise unser Anarchist, keine Genossen seiner Willensmeinung findet, ohne Genossen jedoch erfolgreich nicht arbeiten kann und sohin, um zu arbeiten, seinem Willen entgegenhandeln müßte — um vollkommen frei zu sein, auch noch des Rechtes bedarf, überhaupt nicht zu arbeiten. Nun denn, auch dieses sein Recht wird meines Erachtens die freie Gesellschaft respektieren und zwar nicht bloß im Prinzipe, sondern praktisch, nicht bloß dadurch, daß sie ihn unbehelligt verhungern läßt, sondern dadurch, daß sie ihm die Möglichkeit sichert, gänzlich ohne Arbeit zu leben. Hierüber Näheres in dem Kapitel über das Recht der Nichtarbeitenden.

III. Freiheit und Disziplin.

Die vollkommene Vereinbarkeit von Freiheit und Disziplin ist sohin im Prinzipe unanfechtbar. Werden sich aber nicht etwa der praktischen Betätigung der Disziplin in einer aus durchaus gleichberechtigten Genossen gebildeten Vergesellschaftung, deren Organe aus jederzeit widerruflicher Wahl jener selben Individuen hervorgehen, deren pünktlichen Gehorsam ihre, der Oberen Disziplinargewalt sichern soll, alle erdenklichen Schwierigkeiten entgegenstellen? Werden die Oberen nicht stets in erster Reihe darauf bedacht sein müssen, ihre Mandatare bei guter Laune zu erhalten, werden sie ihnen, insbesondere den Einflußreichen, Redegewandten unter ihnen, nicht schmeicheln, kurzum in steter Versuchung sein, die Rücksicht auf die eigene Popularität der Rücksicht auf das Interesse des Geschäfts voranzustellen?

Das alles wäre nur zu besorgen, wenn die Genossen, aus deren Wahl die Geschäftsleiter hervorgehen, nicht unter einem auch Eigetnümer — zwar nicht des Geschäfts, denn dieses muß, wie bereits erwähnt, herrenlos bleiben — wohl aber der Erträge des Geschäfts wären. Sofern sie das sind, überlasse man es beruhigt ihrem Eigennutze, dafür zu sorgen, daß die Geschäftsleiter ihrer obersten Pflicht, der Aufgabe, zu deren Erfüllung sie gewählt werden, stets eingedenk bleiben und streng in deren Sinne handeln. Irrtümer sind, wie in allen menschlichen Dingen, auch hier natürlich nicht ausgeschlossen; es mag ja vorkommen, daß in einem oder dem anderen Etablissement die Leitung weniger auf das Erträgnis, als auf die gute Laune der Genossen sehen wird; geschieht es jedoch irgendwo, so wird die betreffende liebedienerische Geschäftsleitung gar bald inne werden, daß sie es gerade in dem versehen hat, was sie ausschließlich erreichen wollte, daß nämlich — in naturgemäßer Folgewirkung schlechter Geschäftsergebnisse — die Laune der Genossen eine sehr schlechte werden wird. Denn schließlich arbeiten die Menschen nicht um der schönen Worte, sondern um der Erträge willen, und Betriebsleiter, die es mit selbstherrlichen Genossen zu tun haben, können mit Sicherheit darauf rechnen, kurzerhand beseitigt zu werden, wenn sie statt der letzteren, erstere bieten. Ebensowenig werden die Genossen irgendwelche auffällige Parteilichkeit dulden. Schutz dagegen bietet abermals ihr Interesse am Ertrage der gemeinsamen Produktion.

Dieses erfordert nicht bloß, daß die Leitung geschickt sei, sondern ebenso, daß jeder Genosse an den rechten Platz gestellt werde, und eine Geschäftsleitung, die sich in diesem Punkte grobe Fehler zu Schulden kommen ließe, oder vollends in den Verdacht geriete, derartige Fehler absichtlich zu begehen, wäre rasch ihrer Mandate verlustig.

Zugegeben — könnte man einwenden —. Verträgt sich aber die stete Unsicherheit, in welcher solcherart jede Geschäftsleitung schwebte, mit jener Stetigkeit, ohne welche erfolgreiche Geschäftsführung kaum möglich ist? Über die Geschicklichkeit der Leitung entscheiden schließlich die Erträgnisse; eine Verwaltung, die auf befriedigende Geschäftsgewinne hinzuweisen vermöchte, brauchte sohin nicht so leicht die Kritik der Genossen zu fürchten, insbesondere wenn die Vergleichung mit den Erträgen anderer Arbeitergenossenschaften einen jederzeit verläßlichen Maßstab dafür bietet, was als befriedigendes und was als ungenügendes Geschäftsergebnis zu betrachten. Es wird sich zeigen, daß ein solch verläßlicher, jederzeit zur Verfügung stehender Maßstab in der freien Gesellschaft allerdings gegeben ist, und insoweit bestünde keine Gefahr ungerechter Nörgelei für die Oberen. Anders aber verhält es sich mit der Frage der Parteilichkeit oder Unparteilichkeit, wie ganz im allgemeinen mit einer Reihe anderer Verwaltungsfragen, deren Beurteilung vom freien Ermessen der Menschen abhängt, über welche die Ansichten daher unter allen Umständen sehr verschieden sein können, und die — so sollte man meinen — für eine Geschäftsleitung, welche jederzeit von der Meinung gerade derjenigen abhängt, über welche zu disponieren ihres Amtes ist, eine stete Gefahr, oder doch zum mindesten eine stete Unbequemlichkeit bilden müßten. Aber auch diese Besorgnis scheint mir unbegründet; der Eigennutz der Genossen auf der einen, deren Freizügigkeit auf der anderen Seite schützt die Verwaltungen auch gegen diese Gefahren aufs vollkommenste.

Daß Disziplin nicht erfolgreich gehandhabt werden kann, wenn die leitenden Organe in steter Gefahr der Desavouierung durch die ihnen vorgesetzte oberste Autorität — das wäre hier die Generalversammlung der Genossen — schweben, wissen die Arbeiter mindestens so gut, als die Arbeitgeber. Sie kümmern sich darum — im Produktionsprozesse — derzeit sehr wenig, weil sie an erfolgreicher Handhabung der Disziplin derzeit kein Interesse haben. Man gebe ihnen dies Interesse, und ihr Verständnis wird in diesem Punkte von vornherein nichts zu wünschen übrig lassen.

Doch sollte es auch örtlich und zeitlich anders sein, so wird die Erfahrung sie sehr rasch aufklären und ihr Eigennutz sie dahin drängen, die gemachten Erfahrungen entsprechend zu benützen. Sie werden sich sorgfältig davor hüten, die Autorität ihrer selbstgewählten Oberen zu schädigen, sie werden es sich zweimal überlegen, ehe sie zugeben, daß mit der Disziplin in Zusammenhang stehende Angelegenheiten so leicht auch nur zur Sprache gebracht werden, sie werden vor kleineren Willkürlichkeiten und selbst vor gröberen Irrtümern absichtlich die Augen verschließen, kurzum sie werden in allen Stücken so handeln, wie vernünftige Menschen es ausnahmslos tun, wo ihr eigenes geschäftliches Interesse in Frage steht. Und die Freizügigkeit ists, die ihnen dies ohne Schaden für ihre Freiheit gestatten, zugleich aber den Verwaltungen allezeit verläßliche Fingerzeige über die Richtigkeit oder Unrichtigkeit der jeweilig beobachteten Geschäftspraxis bieten wird. Die Genossen werden, selbst wenn sich in ihren Reihen Unzufriedenheit mit den Oberen zu regen beginnt, diese doch lange Zeit gewähren lassen, unter Rücksicht darauf, daß ja diejenigen, die sich beschwert fühlen, zu anderen Assoziationen übergehen können; die Oberen hingegen werden aus solchen Übertritten, wenn sie wirklich vorkommen, besser und deutlicher, als aus Zänkereien in den Generalversammlungen entnehmen, daß sie auf falschem Wege sind und ihr Verfahren ohne Schaden für ihre Autorität ändern können. Ja es wird in der Regel nicht einmal zu wirklichem Austritte von Genossen zu kommen brauchen, damit aller Welt klar werde, wie es in diesem Punkte, nämlich hinsichtlich der Zufriedenheit mit der Leitung, bei den verschiedenen Assoziationen bestellt sei; es wird zu diesem Behufe zumeist genügen, in Evidenz zu halten, an welche Assoziationen sich der junge Nachwuchs, oder aus irgendwelchem Grunde Zuwandernde mit Vorliebe wenden und welche sie auffallend vermeiden.

Schon die hieraus geschöpfte Erkenntnis dürfte in aller Regel hinreichen, um irrende Verwaltungen zur Abstellung der von ihnen — vielleicht ahnungslos — begangenen Fehler zu bewegen, gleichwie sie auch den Mitgliedern der betreffenden Assoziationen als Prüfstein dafür gelten kann, ob ihre eigene Meinung über ihre Organe auf Wahrheit oder auf Voreingenommenheit beruht. Kurzum, auch in diesem Punkte birgt die Freiheit, gerade vermöge ihrer Vollständigkeit, in sich selber die denkbar beste Garantie vollkommster Ordnung.

IV. Recht und Freiheit.

Wie aber, wenn die Genossen einer Assoziation im Bunde mit ihren Organen irgendwelche Angriffe auf das öffentliche Wohl, auf die Gleichberechtigung, auf die Freiheit, planen sollten? Wie, wenn es ihnen z. B. beifiele, Fremden den Zutritt zu der von ihnen besetzten Produktionsstätte zu erschweren, wozu ihnen, so könnte man glauben, gerade die Freiheit ihres eigenen Tun und Lassens Handhaben in Fülle bieten müßte? Dieses Bedenken erscheint um so gewichtiger, da doch gerade dann, wenn irgendwo örtlich und zeitlich hervortretende ganz besondere Produktionsvorteile neue Zuzügler heranlocken, der Egoismus der Altangesessenen den stärksten, natürlichsten Anreiz zu Abschließungsversuchen bildet. Man sollte meinen, daß in solchen Fällen die Altangesessenen ihre monopolistische Absicht leicht nicht bloß im Einvernehmen, sondern sogar gegen den besseren Willen ihrer Oberen durchzusetzen vermöchten.

Dem *scheint* jedoch bloß so. Denn auch dagegen bietet die Freiheit den besten Schutz, jene allseitige Freiheit nämlich, die allerdings den Genossen einer jeden Assoziation zu tun erlaubt, was ihnen nur immer beliebt, ganz das gleiche Recht jedoch aller Welt außerhalb der betreffenden Assoziation einräumt. Zu diesen, allen Mitgliedern einer wahrhaft freien Gesellschaft zustehenden Rechten gehört selbstverständlich auch das, sich durchaus nach eigenem Ermessen und ohne irgendwen um Erlaubnis fragen zu müssen, in die Angelegenheiten jeder beliebigen Assoziation zu mengen. Wie und ob überhaupt neu eintretende Mitglieder zu *beschäftigen* seien, darüber hätten im Sinne der Ordnung, wie ich sie mir denke, die Geschäftsleiter einer jeden Assoziation zu entscheiden; Stimmrecht in der Generalversammlung aber erwürbe jedermann durch die bloße, lediglich von ihm selber abhängige Tatsache seiner Teilnahme an der Versammlung. Sowie nun irgend eine Assoziation der Freizügigkeit dadurch ein Schnippchen zu schlagen versuchte, daß sie neueintretende Mitglieder hinwegzuekeln sich bemühte, indem sie selbe zum Beispiel durch die Betriebsleiter schlecht behandeln ließe, läge es in der Hand der öffentlichen Meinung, dem Spuke ein rasches Ende zu bereiten. Außenstehende Genossen könnten die Direktion entfernen und durch neue ersetzen, die Statuten ändern, mit einem Worte, nun ihrerseits tun, was ihnen beliebt, sofern sie nur in ausreichender, d. h. zur Bildung einer Majorität genügender Zahl an einer Generalversammlung teilnehmen. Fraglich kann nur erscheinen, einerseits ob — unerachtet dieser so außerordentlich bequemen und leichten Methode der Abwehr — jederzeit mit Sicherheit darauf zu rechnen wäre, daß sich bei jedem irgendwo geplanten Attentate gegen das öffentliche Interesse, Außenstehende genügender Zahl finden würden, um die Absichten der betreffenden Attentäter zu Schanden zu machen, und andererseits, ob nicht wieder umgekehrt diese schrankenlose Leichtigkeit der Einmischung eine immerwährende Gefahr für die Stetigkeit und die Ruhe einer jeden Verwaltung bilden würde.

Ersteres anlangend scheint mir die Erwartung keineswegs übertrieben, daß auf ihren eigenen Vorteil bedachte Menschen überall dort, wo eine gröbliche Verletzung ihrer wichtigsten Interessen durch eine leichte Anstrengung ihrerseits vereitelt werden kann, die damit verbundenen geringfügigen Unbequemlichkeiten nicht scheuen werden. Denn in einer wirklich freien Gesellschaft deckt sich das öffentliche Interesse in allen Stücken mit dem Interesse aller Einzelindividuen; die Freizügigkeit z. B. ist, wie sich später zeigen wird, das Mittel, kraft dessen jedermann Anteil hat an allen wo immer hervortretenden Produktionsvorteilen, derart, daß eine Verletzung dieses Rechtes geradezu einer Antastung der Nutzansprüche eines jeden gleichgeachtet werden müßte. Monopolgelüste innerhalb einer Assoziation sind dasselbe, als ob Einzelne es versuchten, sich das Eigentum aller anzueignen, und gar nicht der Gemeinsinn, sondern der Eigennutz ist es, was die Außenstehenden antreiben muß, derlei Tendenzen überall dort, wo sie sich zeigen, energisch zunichte zu machen. Doch zugegeben selbst, daß dieser immanente Zusammenhang des eigenen mit dem öffentlichen Interesse nicht aller Welt überall und immer bewußt sein sollte, darf doch als sicher angenommen werden, daß schon der bloße Gemeinsinn sich stark genug erweisen würde, der bedrohten Gerechtigkeit Beschützer in hinreichender Zahl zu verschaffen. Schlimm um die Sache der Gleichberechtigung stünde es allerdings, wenn derartige Attentate statt auf allgemeine Mißbilligung, auf Gleichgültigkeit, ja vielleicht auf offene oder geheime Sympathie bei den dabei nicht direkt Beteiligten stießen; dann aber wäre es nicht bloß in diesem einen Punkte, sondern ganz im allgemeinen mit der Freiheit vorbei, denn daß dieselbe nur dort und insolange bestehen kann, als die Menschen ihrer wirklich begehren, versteht sich ebenso von selbst, als sich eigentlich umgekehrt von selbst versteht, daß sie gegen den Willen der dabei beteiligten Menschen auch nicht verloren gehen kann.

So sicher es mir nun scheint, daß die Freizügigkeit in sich selber das ausreichende Schutzmittel ihrer selbst trägt, und das berechtigte Eigeninteresse aller gegen jede Schädigung zu schützen vermag, für ebenso sicher halte ich es, daß umgekehrt das Eigeninteresse durchaus genügt, um die Freiheit vor jedem mit ihr getriebenen Mißbrauche zu bewahren. Gerade weil einleuchtend ist, daß unzulässiges Eingreifen Außenstehender in seine inneren Angelegenheiten jedem Geschäfte verhängnisvoll ist, kann mit Zuversicht darauf gerechnet werden, daß die Mitglieder einer auf durchgängiger Interessensolidarität aufgebauten Gesellschaft sich vor unmotivierten, überflüssigen Eingriffen in fremde Assoziationen sorgfältig hüten werden. Man darf nur auch hier nicht übersehen, daß sie — eben im Wege der Freizügigkeit — am Gedeihen auch der fremden Geschäfte direkt interessiert sind, daß jeder Schaden, welchen sie jenen zufügen, ihr eigener Schade ist.

Gleichwie niemand eine Unterbindung der Freizügigkeit dulden wird, weil damit eine Antastung seiner Nutzansprüche an allen wie immer Namen habenden Geschäfte verknüpft wäre, ebenso wird niemand mutwillig eine Schädigung welch fremden Geschäfts immer begehen oder dulden, da dies eine Kürzung seines eigenen Nutzens nach sich zöge. Es mag vorkommen, daß Irrtümer in diesem Punkte begangen werden, daß die öffentliche Meinung eine gröbliche Verletzung der Freizügigkeit in Geschehnissen zu sehen glaubt, die tatsächlich harmloser Natur sind, gleichwie auch umgekehrt der wahre Charakter böswilliger Absperrungsmanöver verkannt und aus diesem Grunde eine behufs Wahrung der Freizügigkeit notwendig gewordene Intervention der öffentlichen Meinung unterlassen wird; absichtlich aber wird das eine sowenig als das andere geschehen, und es bedarf wohl keines eingehenderen Beweises, daß derart aus bloßem Irrtum hervorgegangene Unterlassungs- und Begehungssünden weder der Freiheit noch der Disziplin sonderlich schaden können. Erstere wäre ernstlich bloß dann gefährdet, wenn die öffentliche Meinung lau bliebe, auch wo offenbares Unrecht geschieht, letztere bloß dann, wenn sie auf bloßen Verdacht hin, ja vielleicht sogar mutwilligerweise sich zum Schiedsrichter in fremden Angelegenheiten aufwürfe.

V. Die freie Einkommenbemessung.

So tadellos aber im übrigen die freie Organisation der Arbeit auch funktionieren mag, so ist doch selbstverständlich, daß sie nicht zu bestehen, ja nicht einmal zu entstehen vermöchte, wenn das Problem der Einkommenverteilung in ihr keine vollkommen befriedigende, störungsfreie Lösung fände.

Was nun zunächst das Teilungsprinzip anlangt, so können Körperschaften, deren treibende Kraft der Eigennutz ist — und als solche müssen die freien Arbeitervergesellschaftungen gelten — einen anderen Teilungsschlüssel, als den nach den Leistungen unmöglich zur Anwendung bringen.

Mit dessen prinzipieller Anerkennung ist aber in Wahrheit noch sehr wenig getan. Die Sache wäre leicht und einfach, wenn es irgend einen, und sei es auch nur halbwegs brauchbaren objektiven und mechanisch benutzbaren Maßstab der Leistungen gäbe. Daß deren Abmessung rein nach ihrer Dauer eine an den Unsinn streifende Ungerechtigkeit wäre, der sich freie Menschen unmöglich unterwerfen könnten, ist einleuchtend. Zwischen unangenehmer, harter, gefährlicher Arbeit einerseits, und angenehmen, leichten, der Gesundheit förderlichen Verrichtungen anderseits muß ebenso ein Unterschied gemacht werden, wie zwischen qualifizierter und unqualifizierter Arbeit. Für alle diese und nach gar manche andere gleicherweise in Betracht zu ziehende Unterschiede gibt es aber — in aller Regel zum mindesten — keine objektiven, äußerlich kenntlichen Merkmale, ihre Feststellung muß menschlichem Ermessen überlassen bleiben, in den Arbeiterassoziationen also dem Ermessen der Geschäftsleiter. Es ist anders gar nicht möglich, als daß die erzielten Gewinne nach einer sehr mannigfaltig abgestuften Skala unter die Genossen verteilt werden, und ebenso unausweichlich ist, daß die praktische Anwendung all dieser Skalen dem Ermessen der Geschäftsleiter anheimgegeben wird. Kann die Disziplin auch dieser Belastungsprobe standhalten? Wird der Neid der — meist in starker Majorität befindlichen — Minderbefähigten zugeben, daß die Fähigeren einen Vorzug vor ihnen genießen, wird die Klage über Ungerechtigkeit und Protektionswirtschaft nicht allgemein — und was das wichtigste ist —, wird sie in vielen Fällen nicht berechtigt sein?

Diese Besorgnisse wären nur zu begründet, wenn nicht auch hier der Eigennutz einerseits, die Freizügigkeit anderseits ihnen allen den Stachel entzöge. Jawohl, es ist anzunehmen, daß allezeit einzelne Genossen sich durch den Verteilungsschlüssel für verkürzt halten werden; das aber wird der Disziplin höchst ungefährlich bleiben, da den Unzufriedenen jederzeit das Auskunftsmittel offen steht, von der Freizügigkeit Gebrauch zu machen, d. h. zu einer andern Assoziation überzutreten. Verhängnisvoll für die Autorität der Betriebsleitung kann nur werden, wenn die Genossen sich der Meinung zuneigen, daß die Betriebsleitung ganz im allgemeinen unverständig oder ungerecht vorgehe. Daß aber eine solche Meinung aufkomme, wenn sie falsch ist — das verhindert in sehr wirksamer Weise der Eigennutz der Genossen, der allerdings keinen genügenden Schutz gegen Überschätzung der eigenen, wohl aber gegen leichtfertige Taxierung fremder Verdienste bietet. Wenn die Genossen nur sonst Vertrauen zu der Einsicht und Redlichkeit der selbstgewählten Geschäftsleiter haben, werden sie in einer Angelegenheit, an deren richtiger Handhabung sie in so hohem Grade interessiert sind, wie es die Abwägung der Leistungen eines jeden im gemeinsamen Betriebe Beschäftigten ist, unbegründeten Klagen über Hintansetzung spezieller Interessen nicht so leicht williges Gehör schenken. Sie werden dies um so weniger, als ihnen die Freizügigkeit den verläßlichen objektiven Anhaltspunkt zur Beurteilung der Berechtigung auftauchender Klagen bieten wird. Wenn keiner der angeblich Benachteiligten wegzieht, oder wenn allenfalls Wegziehende anderwärts auch nicht höheren Anwert finden, so kann es um die eigene Betriebsleitung nicht schlimm bestellt sein; verhält es sich anders, sprechen gehäufte Austritte und die Schätzung, welche die Ausgetretenen anderwärts finden, für gehäufte Mißgriffe im Schoße der eigenen Gesellschaft, dann wird allerdings der Verdacht auch der vertrauensseligsten Genossen rege werden — dann wird aber auch eine auf ihre Vertrauensstellung Gewicht legende Geschäftsleitung den Sturm in der Generalversammlung der Genossen gar nicht abwarten, sondern — sofern sie es vermag — aus eigener Initiative Abhilfe schaffen.

Und nicht bloß zu nachträglicher Korrektur in Abstufung der unterschiedlichen Lohnkategorien begangener Fehler, sondern ganz im allgemeinen als oberster und eigentlicher Regulator dieser Abstufungen muß die in diesem Punkte sich äußernde wechselseitige Konkurrenz der unterschiedlichen Betriebsassoziationen dienen. Die Dinge würden sich diesbezüglich in der freien Gesellschaft nicht wesentlich anders abspielen, wie bislang in der bürgerlichen. Auch deren Geschäftsleitungen bestimmen die bei ihnen üblichen Lohnsätze nicht rein willkürlich, sondern unter dem Einflusse der Konkurrenz, und nicht darin, daß sie von der Konkurrenz befreit sind, sondern darin sehe ich den bezüglichen Unterschied zwischen der zukünftigen freien und der bürgerlichen Geschäftsleitung, daß es ein anderer Fixpunkt sein wird, um welchen die von der Konkurrenz diktierten „Löhne" hinfort oszillieren. Bisher taten sie das um das sogenannte Existenzminimum des Arbeiters, zukünftig werden sie es um den aliquoten Anteil am Arbeitsertrage tun; erhält der Arbeiter in der bürgerlichen Welt mehr oder weniger an Subsistenzmitteln, so erhielte der Arbeiter in der freien Gesellschaft größeren oder geringeren Anteil am Ertrage — beides jedoch in letzter Linie nicht nach reiner Willkür der einzelnen Assoziationsleitungen, sondern unter dem Diktate der Konkurrenz.

Dies aber gilt ebenso für die Anteile der Arbeitsgenossen wie für die der Arbeitsleiter, der Direktoren, Geschäftsführer und sonstigen vorgesetzten Organe der Assoziationen. Ich stelle mir vor, daß in aller Regel statutarische oder vertragsmäßige Fixierung des Beteiligungsschlüssels Platz greifen dürfte, wobei auch hier die Konkurrenz der zu den verschiedenartigen Funktionen geeigneten Individuen einerseits, der ihrer bedürftigen Assoziationen andererseits, es wäre, wodurch in letzter Linie die Gehalte bestimmt würden. Besonders hervorragende und seltene Talente müßten, wo sie vonnöten sind, durch Einräumung ausnahmsweise hoher Anteile gewonnen und festgehalten werden, minder wertvolle, alltägliche hätten sich mit mäßigeren, den Gewinn eines tüchtigen Durchschnittsarbeiters vielleicht gar nicht überragenden zu begnügen; all dies genau wie in der bürgerlichen Welt, abermals allerdings mit dem entscheidenden Unterschiede, daß es sich nicht um reichlichere oder kärglichere Futterrationen, sondern um größere oder geringere Ertragsanteile handeln würde.

XVIII. Kapitel.

Das freie Kapital.

I. Freiheit, Gerechtigkeit und Wirtschaftlichkeit bei der Kapitalbeschaffung.

Hochentwickelte Wirtschaft bedarf zu ihrer Ingangshaltung mächtiger Kapitalien, die freie Wirtschaft, deren Begleiterscheinung durchgängige Benützung der Elementarkräfte sein soll, unendlich größerer, als die knechtische. Nun ist es aber eines der grundlegenden Axiome der Orthodoxie, daß Zins die unerläßliche Voraussetzung der Kapitalansammlung sei, und alle bisherigen sozialistischen Doktrinen, die kollektivistische so gut als die beiden anarchistischen, haben Stichhaltiges gegen diese Lehrmeinung nicht zu produzieren vermocht. Zwar ist besagtes Axiom, wenn man näher zusieht, von der Orthodoxie selber nicht ganz so unbedingt gemeint, als es in seiner abstrakten Schroffheit den Anschein erweckt. Es fällt den Apologeten der bürgerlichen Ordnung ernstlich gar nicht ein, zu leugnen, daß Kapital auch im Wege gesellschaftlicher Anordnungen — von Staats wegen, wie der gebräuchliche Ausdruck lautet, — aufgebracht werden kann, ebenso geben sie zu, daß nicht alles abseitens der Individuen aufgespeicherte Kapital gerade nur um des Zinses wegen vorhanden sei. Daß es stets Menschen gegeben hat und geben wird, die vom jeweiligen Ertrage ihrer Arbeit einiges dem unmittelbaren Konsume entziehen, und entweder der Beförderung ihrer Produktion zuwenden, oder behufs Deckung allenfallsigen zukünftigen Bedarfs beiseite legen, können sie unmöglich übersehen, und geben sie auch ohne weiteres zu. Was sie mit ihrer These meinen, ist nichts anderes, als daß es, greife man nicht zu brutalem Zwange, ohne Zins unmöglich sei, die Produktion ausreichend mit Kapital zu versehen. Das von den Sparern freiwillig angesammelte Kapital stehe — ohne Zins — fremden Kapitalbedürftigen nicht zur Verfügung, und da ohne kapitalistische Ausstattung dieser Dritten, d. i. nicht über genügende eigene Ersparnisse verfügenden Produzenten, hochentwickelte Produktion unmöglich sei, so erfülle der Kapitalist im engeren Sinne des Wortes, d. i. der Verleiher von Kapital, eine wirtschaftliche Mission von unschätzbarem Werte, und sein

Gewinn, weit entfernt, eine Verkürzung der Arbeitenden zu bedeuten, sei ganz im Gegenteile eine — zumeist relativ minimale — Vergütung des der Produktion geleisteten Dienstes. Und zwar vollziehe der Kapitalist diese seine Mission, eben durch Vermittelung des so arg geschmähten Zinses, in strengster Übereinstimmung mit allen Anforderungen der Freiheit, Gerechtigkeit und Wirtschaftlichkeit zugleich. Der Freiheit, so lehrt sie, geschehe dadurch Genüge, daß es dem Belieben des Kreditwerbers anheimgegeben sei, ob er das Darlehngeschäft abschließen wolle oder nicht; der Gerechtigkeit dadurch, daß die Höhe des Zinses sich nach Nutzen und Gefahr der Kreditoperation richte; der Wirtschaftlichkeit dadurch, daß eben jener Kapitalwerber, in dessen Händen das Kapital die beste Verwendung findet, den höchsten Zins anbieten und sich dadurch den Kredit sichern könne.

Das sind nun allerdings ebensoviel Trugschlüsse, als Argumente. Der Freiheit ist damit nicht Genüge geschehen, daß man das Recht besitzt, sich bei dritten Personen um die Mittel zur Befruchtung der eigenen Arbeit zu bewerben; das wäre selbst dann nicht Freiheit zu nennen, wenn diese dritten Personen ihre Zustimmung ausschließlich davon abhängig machten, was sie als im wohlverstandenen Interesse des Bewerbers gelegen ansehen, denn auch dann könnte letzterer nicht nach eigenem, sondern lediglich nach — wenn auch weisem — fremdem Ermessen handeln, auch dann wäre er nicht frei, sondern — in wohlwollender Weise zwar — bevormundet. Die Vormünder der Kapitalbedürftigen sind aber nicht wohlwollend, sondern handeln — was ihnen selbstverständlich nicht verübelt werden kann — ausschließlich aus egoistischen Motiven; sie erteilen oder verweigern ihre Hilfe nicht nach der Meinung, die sie sich über den Vorteil des Bewerbers, sondern nach jener, die sie sich über den eigenen, von dem des Kreditwerbers sehr verschiedenen Vorteil bilden. Diese angebliche Freiheit der Kapitalbedürftigen ist also in Wahrheit Knechtschaft: Abhängigkeit von fremdem, fremdem Interesse dienendem Willen.

Nicht viel besser ist es um die Gerechtigkeit bei der bürgerlichen Art der Kreditbewilligung bestellt. Zu behaupten, daß sie so gänzlich in ihr Gegenteil verkehrt sei, wie die angebliche Freiheit, wäre unbillig; ein bescheidenes Wörtlein hat — mitunter — auch sie dreinzureden; die entscheidende Stimme aber führt an ihrer Statt abermals der einseitige Nutzen des Kapitaldarleihers. Es ist richtig, daß der Darlehnsnehmer — caeteris paribus — höheren Zins anbieten, der Darlehngeber verlangen *könnte*, wenn das Unternehmen, zu dessen Durchführung das Kapital bestimmt ist, größeren Gewinn verspricht, und daß, soweit dies geschähe, der Gerechtigkeit nach beiden Seiten — für Darlehnswerber sowohl als Darlehnsnehmer — genügt wäre. Doch das geschieht eben in aller Regel nicht; hohe Gewinnhoffnungen wirken ganz im Gegenteil sogar ermäßigend auf den Zinssatz, insofern nämlich, als sie die Kreditwürdigkeit des Darlehnswerbers erhöhen. Vorteil von gesteigerter Nützlichkeit der zur Verwendung gelangenden Kapitalien haben die Sparer bloß mittelbar dadurch, als und insofern bei allgemein wachsender Ergiebigkeit der Produktion die Kapitalnachfrage zu steigen pflegt. Dann müssen die Kreditwerber höheren Zins anlegen, aber auch dann nicht im geraden, sondern im umgekehrten Verhältnisse des Nutzens, den sie selber sich vom Dahrlehnkapitale versprechen. Denn der Zinsfuß richtet sich in Wahrheit direkt gar nicht nach der Nützlichkeit der Kapitalanlagen, sondern nach dem Verhältnisse von Angebot und Nachfrage auf dem Kapitalmarkte einerseits — dessen mitbestimmendes Element besagter Nutzen allerdings ist — und nach der mit Kapitalverleihung verknüpften Gefahr anderseits. Letzteres entspricht nun zwar der Gerechtigkeit, jedoch wohlverstanden nur derjenigen dem Kapitalisten gegenüber, während sie für den Kapitalwerber höchstes Unrecht ist. Billig vom Standpunkte des Darlehngebers erscheint, daß er desto mehr fordert, je gewagter das Unternehmen, zu dem er sein Geld hergeben soll; daß es aber auch billig vom Standpunkte des Darlehnwerbers wäre, destomehr zahlen zu müssen, je unsicherer sein Gewinn ist, läßt sich wohl kaum plausibel machen.

Doch auch den Anforderungen der Wirtschaftlichkeit entspricht das Wechselverhältnis zwischen Zins und Zugänglichkeit der Kapitalien keineswegs. Es ist eben nicht wahr, daß in der bürgerlichen Welt derjenige das Kapital erhält, der es am wirtschaftlichsten verwenden kann, vielmehr erhält es jener, der dem Kapitalisten den höchsten Zins oder die beste Sicherheit bietet, ganz gleichgültig, aus welchem Grunde beides geschieht. Wer hohe Zinsen bewilligt, oder wer reich ist, der findet zu den gewagtesten, schlechtesten Unternehmungen Kredit, während die besten, sichersten Anlagen Kapitalmangels wegen unterbleiben, wenn ihre Unternehmer arm sind und sich nicht gar zu arg bewuchern lassen wollen.

Also weder die Freiheit noch die Gerechtigkeit, noch endlich die Wirtschaftlichkeit findet durch den Zins ihre Rechnung; wahr ist bloß, daß der

Zins das einzige der bürgerlichen Welt zugängliche Mittel ist, die menschliche Wirtschaft vor behördlicher Tyrannei, Ungerechtigkeit und Unwirtschaftlichkeit zu bewahren. Dem Kapitalwerber, dem der bürgerliche Kapitalist den Kredit verweigert, trotzdem er desselben dringend bedarf, entsprechenden Vorteil für dessen Gewährung zuzugestehen bereit ist und wirtschaftlichsten Gebrauch von demselben machen würde, bleibt zum mindesten die Hoffnung offen, es bei einem anderen Kapitalisten besser zu treffen; und fraglich ist, ob die zukünftige Gesellschaft Entsprechenderes an Stelle dieser bürgerlichen Einrichtung zu bieten vermag. Denn was Anarchisten und Kollektivisten vorschlagen, hält der Kritik noch viel schlechter stand, als der bürgerliche Wucher.

Den Anarchisten zufolge kann man die Kapitalverteilung getrost dem Walten des natürlichen menschlichen Instinktes überlassen, als welchen die kommunistischen Anarchisten den Gemeinsinn, die individualistischen den Eigennutz anrufen, ohne daß es hierzu irgendwelcher besonderer Veranstaltungen bedürfte. Dabei ist merkwürdig, wie beide anarchistischen Schulen in beinahe unbegreiflicher Weise gegen jene Seite der hier in Betracht kommenden Wahrheit verblendet sind, die ihrer vorgefaßten Meinung widerspricht, während sie die andere Seite ganz richtig sehen. Die ganze Wahrheit ist nämlich, daß erstlich Ersparnisse und Bedarf nach Ersparnissen einander in der Regel individuell *nicht* decken, d. h. daß es ebenso Produzenten gibt, die mehr Kapital erspart haben, als sie jeweilig in ihrer eigenen Produktion nützlich verwenden können, wie umgekehrt solche, die zu produktiven Zwecken größeren Kapitals bedürfen, als sie selber beiseite zu legen vermochten — und daß zum zweiten der Sparer, dem kein Vorteil dafür geboten wird, daß er sein Eigentum anderen zur Verwendung überlasse, dies eben nicht tut, ja es zweckentsprechend zu tun, aus eigener Kraft gar nicht in der Lage ist. Die kommunistischen Anarchisten nun würdigen ersteres aufs Vollkommenste, sind aber ebenso vollständig blind gegen das Zweite; da in ihren Augen Gemeinsinn der die menschliche Wirtschaft beherrschende natürliche Trieb ist, so bedarf es — ihrer Auffassung zufolge — weder des Zinses noch besonderer gesellschaftlicher Organisation, damit jedermann die eigenen Ersparnisse zu jedermanns Verfügung stelle. Die individualistischen Anarchisten hinwieder begreifen, daß der sich selbst überlassene Sparer sein Eigentum anderen nicht in entsprechender Weise zuwenden würde, übersehen dagegen, daß Kapitalbesitz und Kapitalbedarf des Einzelnen sehr verschiedene Größen nicht nur sein können, sondern in aller Regel tatsächlich sind; ihnen zufolge ist alles aufs Beste dadurch geregelt, wenn das Individuum nach eigenem Ermessen über die Ergebnisse der eigenen Arbeit verfügt, da der Eigennutz es dazu antreiben werde, einen Teil besagter Arbeitsergebnisse behufs Inganghaltung der eigenen Produktion dem eigenen Konsume zu entziehen, d. h. zu ersparen.

Die Kollektivisten ihrerseits würdigen beide Schwierigkeiten, helfen sich aber über beide durch den Zwang hinweg. Ja es scheint, daß sie auf den Gedanken von Zwangsorganisation der Arbeit hauptsächlich deshalb geraten sind, weil sie die Unmöglichkeit dessen einsehen, daß das Individuum, auf sich selber gestellt und ohne irgendwelche Intervention der Gesellschaft einen zur Inganghaltung und Vervollkommnung der Produktion erforderlichen Bruchteil seines Eigentums fortlaufend nicht bloß erspare, sondern auch fortlaufend — zinslos — anderen Individuen, die solcher Ersparnisse bedürfen, behufs produktiver Verwendung übergebe, dabei aber nicht begreifen, daß und in welcher Weise die Gesellschaft ihrer Mission bei Ersparung und Verwendung der Kapitalien gerecht zu werden vermag, ohne sich das Eigentum über die Produktionserträge anzumaßen.

Nach anarchistischem oder kollektivistischem Rezepte läßt sich also Kapital in einer der Freiheit, Gerechtigkeit und Wirtschaftlichkeit entsprechenden Weise ebensowenig wie nach bürgerlicher Methode beschaffen; sehen wir zu, ob und eventuell nach welcher Methode dies überhaupt möglich ist.

II. Spontane Ansammlung zinslosen Kapitals.

Erfordernis der Freiheit ist es, daß dem Sparer das unbedingte Verfügungsrecht über seine Ersparnisse belassen werde, daß er folglich mit selben jederzeit ganz nach eigenem Ermessen beginnen könne, was immer ihm beliebt. Niemand also darf ihn zwingen, sie gerade denjenigen zu übergeben, welche ihrer bedürfen, niemand darf ihn hindern, sie — falls er sie überhaupt jemand anvertraut hat, — zurückzufordern, wann ihm gefällt, und ebensowenig darf ihm verboten sein, so viel und so hohe Zinsen zu fordern, als ihm nur immer belieben mag. Sollen die Ersparnisse trotzdem zinslos den Produzenten zur Verfügung stehen, so kann dies nur dann geschehen, wenn erstlich dafür gesorgt ist, daß es auch ohne Zins vorteilhaft für den Sparer erscheine, sein Eigentum zur Verfügung Fremder zu stellen, daß ihm zum zweiten die Sicherheit geboten sei, es jederzeit rückerstattet zu erhalten, und zum dritten, daß es zinslos in die Hände der kapitalbedürftigen Produzenten gelange.

Die Einrichtung, kraft deren die beiden erstgenannten Bedingungen erfüllt werden können, braucht nicht erst ersonnen zu werden, sie ist der bürgerlichen Welt sehr wohl bekannt und ihr Name heißt: Depositenbank. Setzt man nun voraus, daß eine zukünftige Bank nicht bloß für die bei ihr auflaufenden Guthabungen — was auch die bürgerliche Depositenbank nicht tut — sondern ebenso für die bei ihr kontrahierten Kredite keine Zinsen berechnet, so kann unter der ferneren Voraussetzung, daß die Mittel der Bank ausreichen, oder, daß die Gesamtheit irgendwie etwa entstehende Lücken auszufüllen vermag — worüber näheres später — von ihr, richtiger durch ihre Vermittlung von der Gesamtheit jedermann zinsloses Kapital zur Verfügung haben, und folglich niemand in die Nötigung geraten, Zins anzubieten. Dem Sparer braucht das Zinsnehmen nicht verboten zu werden, damit auch dieses Element der Ausbeutung gleich dem Unternehmergewinne aus der Welt verschwinde, ohne daß die individuelle Freiheit auch nur im geringsten angetastet würde.

Wie aber verhält es sich mit den Anforderungen der Gerechtigkeit? In deren Sinne liegt es, daß der Sparer teilnehme am Nutzen der mit Hilfe seiner Ersparnisse bewirkten Verbesserungen der Produktion. Daß er nicht bloß um dieses Nutzens willen spart, ist allerdings richtig; er läßt einen Teil seines Erwerbes unverzehrt, weil er selben behufs Deckung eines allenfallsigen zukünftigen Bedarfes dermaleinst gebrauchen zu können glaubt, und diese seine Absicht ist vollkommen erreicht, wenn ihm die Ersparnisse kostenlos und sicher aufbewahrt und ebenso kostenlos und sicher zu jederzeitiger Verfügung gehalten werden. Deshalb ist jedoch nicht minder richtig, daß sein Eigentum es ist, welches — allerdings dank der Intervention des Kapitalverwenders — nunmehr Früchte trägt, Früchte, die ohne ihn, den Sparer, ebensowenig vorhanden wären, als ohne jenen, auf deren Genuß sie daher beide Anspruch haben. Wenn früher die Unstichhaltigkeit der orthodoxen These von der Gerechtigkeit des Zinses aus dem Grunde behauptet wurde, weil zwischen Zins und Kapitalnutzen die strenge Verhältnismäßigkeit fehle, so sollte man meinen, daß die Zinslosigkeit vollends ungerecht wäre, indem hier aller Nutzen einseitig dem

Kapitalverwender verbleibe, der Sparer gänzlich leer ausgehe. Und verhielte es sich so, dann stünde es tatsächlich schlecht um die Gerechtigkeit zinsloser Kapitalbeschaffung. Die Wahrheit aber ist, daß *in einer wirklich freien Gesellschaft der Sparer genau den nämlichen Vorteil aus der Kapitalverwendung zieht, wie der Kapitalverwender selber*, und die Lösung dieses scheinbaren Paradoxons liegt ganz einfach — in der Freizügigkeit der Arbeitskräfte.

Wo jedermann jederzeit das Recht hat, die Stätte seiner Tätigkeit nach eigenem freien Ermessen zu wechseln, dort ist selbstverständlich, daß der Nutzen jeder wo immer durchgeführten Kapitalanlage aller Welt gleichmäßig zugute kommt. Diese Gewinnpartizipation vollzieht sich in doppelter Weise: dadurch, daß die Preise jener Güter, deren Produktion im Wege der Kapitalanlage verbessert worden ist, insolange sinken, oder dadurch, daß sich dem Produktionszweige gestiegener Arbeitsergiebigkeit insolange vermehrte Arbeitskräfte zuwenden, bis die Gewinnraten überall ins Gleichgewicht zurückgekehrt sind. Ersterenfalls teilen sich alle Mitglieder des freien Gemeinwesens gleichmäßig in den Vorteil ermäßigten Preises gewisser Güter bei gleich gebliebener Gewinnhöhe, letzterenfalls ebenso alle in den Vorteil gestiegener Gewinnhöhe bei gleichgebliebenen Güterpreisen, respektive es tritt in der Regel eine Kombination einigermaßen gestiegener Gewinne und einigermaßen gesunkener Preise ein, all das jedoch gleichmäßig für alle Welt, wobei jene Arbeiter, die in dem jeweilig kapitalistisch ausgestatteten Unternehmen beschäftigt sind, höchstens vorübergehend einen den allgemeinen Durchschnitt überragenden Nutzen einstreichen.

Daß der Sparer solcherart teilnimmt an allen Vorteilen, die aus der werbenden Anlage der von ihm angesammelten Kapitalien fließen, ist klar; besteht doch im Grunde genommen — dank der Freizügigkeit — zwischen ihm und den unmittelbaren Verwendern des Kapitals gar kein Unterschied des Nutzungsrechtes an den gemachten Anlagen; nicht einem fremden, dem eigenen Geschäfte hat er seine Ersparnisse zugewendet, mit der Maßgabe allerdings, daß nicht er selber, sondern ein solidarischer Geschäftsgenosse die Handhabung der Anlage besorgt.

III. Kapitalbeschaffung von Gesellschaftswegen im Einklange mit Freiheit und Gerechtigkeit.

Mit dem Nachweise, daß die spontan ersparten Kapitalien auch ohne Zins der Produktion zur Verfügung gestellt werden können, ist jedoch selbstverständlich das Problem der Kapitalbeschaffung in der freien Wirtschaft noch lange nicht erledigt. Dem ohne Frage ganz außerordentlich gestiegenen Kapitalbedarfe wird eine — relativ zum mindesten — jedenfalls außerordentlich gesunkene Spartätigkeit gegenüberstehen. Die Sparfähigkeit wird allerdings zunehmen, und es ist möglich, daß dementsprechend trotz des verringerten subjektiven Sparbedürfnisses absolut genommen sehr wesentlich größere Summen zu kapitalistischer Verwendung bereit stünden; denkbar ist sogar, daß diese Steigerung der Sparfähigkeit der gleichlaufenden Erhöhung des Kapitalbedarfes die Wage halten könnte; darauf zu rechnen ist jedoch nicht, und soll daher die freie Wirtschaft nicht der Gefahr chronischer oder sei es immerhin bloß zeitweiliger akuter Kapitalnot ausgesetzt sein, so müssen ihr auch noch andere Quellen der Kapitalbeschaffung zu Gebote stehen.

Nun ist allerdings klar, daß Kapital ebenso von Gesellschafts wegen als durch die spontane Spartätigkeit der Individuen aufgebracht werden kann; es fragt sich aber, ob ersteres sich mit wirtschaftlicher Freiheit vereinbaren läßt. Daß aus dem Steuerrechte des bürgerlichen Staates an sich keinerlei Schlußfolgerung weder auf ein analoges Recht, noch auf die Nützlichkeit seiner Ausübung für eine freie Gesellschaft gezogen werden kann, versteht sich von selbst. Die einzige wirkliche Rechtsquelle des bürgerlichen Staates ist die Gewalt, sein einziges Mittel der Ausführung der Zwang. Er darf und kann Steuern einheben kraft des nämlichen Rechtstitels, kraft dessen er einkerkern oder töten darf und kann — weil er nämlich die Macht dazu hat. Es besteht in diesem Punkte meines Erachtens kein wesentlicher Unterschied zwischen allen seit Uranfang der knechtischen Kultur bis zum heutigen Tage bekannten Staaten. Gleichwie die Priester Hiutzilopochtlis kein besseres, aber auch kein schlechteres Recht hatten, in ihre Hände gefallene Gefangene zu schlachten, als moderne europäische oder amerikanische Richter und Henker, so sehe ich auch zwischen dem Steuerrechte moderner Staaten und dem Schatzungsrechte, wie es etwa die alten Assyrer ausübten, keinen wesentlichen Unterschied. Die äußeren Formen haben sich geändert, die Sache selber ist die nämliche geblieben: Gewalt der Herrschenden über Leib und Habe der Beherrschten.

Mit diesem „Rechte" vermag eine freie Gesellschaft in der Tat nichts anzufangen. Es gibt aber auch ein wirkliches Anrecht der Gesellschaft auf die Arbeitsergebnisse der Individuen und zwar gerade jenes, dessen sie zwecks Beschaffung der erforderlichen Produktivkapitalien bedarf: den Anspruch auf Ersatz der von der Gesellschaft beigesteuerten Arbeitsmittel.

Die kollektivistische These, daß fruchtbringende Arbeit nur in der Gesellschaft möglich sei, ist nämlich vollkommen richtig; falsch ist bloß die daran geknüpfte Schlußfolgerung, daß das Arbeitsprodukt der Gesellschaft gehöre. Daraus, daß ohne Arbeitsmittel nicht gearbeitet werden kann, folgt mit nichten, daß das Arbeitsprodukt demjenigen gehört, der das Produktionsmittel beigestellt hat. Wohl aber folgt daraus, daß der Gebrauch des Arbeitsmittels bezahlt werden muß, und wenn nun die Gesellschaft es ist, die das Arbeitsmittel beistellte, so ist eben sie es, die Zahlung für dessen Gebrauch beanspruchen kann. Wohlverstanden, nicht bloß Vergütung für die den einzelnen Produzenten, respektive Produktivgenossenschaften zur Verfügung gestellten besonderen Kapitalien von diesen einzelnen, sondern für das der Gesamtheit zur Verfügung gehaltene Produktivkapital von der Gesamtheit aller Arbeitenden. Denn diese alle benützen ohne Ausnahme jegliches in der Gesellschaft überhaupt zur Verwendung gelangende Kapital, gleichviel, ob sie selber, respektive die wirtschaftende Genossenschaft, zu welcher sie selber gehören, oder dritte wirtschaftliche Individualitäten es unmittelbar in Verwendung haben. Und dieser gesellschaftliche Anspruch auf Partizipation am Kapitalnutzen ist es, auf den gestützt die Gesellschaft von jedem ihrer Mitglieder einen Beitrag erheben, und diesen dann zu ihren unterschiedlichen Zwecken, darunter also auch zu fortlaufender, der Nachfrage entsprechender Ergänzung des Kapitalvorrates benützen kann.

Um die volle Tragweite der im obigen berührten Teilnahme aller Arbeitenden an allen Vorteilen jedes wie immer gearteten Produktivkapitals zu ermessen, muß die Tatsache begriffen werden, daß jeder Arbeiter, stünde an Kulturmitteln nichts anderes als die in seinem eigenen Etablissement verkörperte Summe derselben zu seiner Verfügung, besagtes Etablissement mag noch so gewaltig und vollkommen sein, doch nur ein armseliger Barbar wäre, der in aufreibender Plage des Lebens kümmerlichste Notdurft kaum zu befriedigen vermöchte. Aller Reichtum des Kulturmenschen ist der Hauptsache nach nicht den Arbeitsbehelfen, die er im engeren Kreise handhabt, sondern jenen zu danken, deren sich die Gesamtheit bedient. Einen Spinner z. B. mögen seine mechanischen Spindeln mitsamt den sie bewegenden Kraftmaschinen in den Stand setzen, binnen Stundenfrist soviel Garn zu erzeugen, als er ohne diese Behelfe kaum in Monatsfrist herzustellen vermöchte. Das würde ihm jedoch blutwenig helfen, wenn Nahrungsmittel, Kleider, Werkzeuge, nach wie vor in der Urväter Weise erzeugt würden. Denn da er von Garn allein nicht leben kann, da er sein Garn gegen Nahrungsmittel, Kleider und Werkzeuge austauschen muß, der Tauschwert aller Dinge aber im Verhältnis des zu ihrer Erzeugung erforderlichen Aufwandes menschlicher Arbeit steht, so bekäme er für sein vieles Garn — genauer gesprochen, für die im Garn enthaltene Spinnerarbeit, doch nur um einen verschwindend geringen Bruchteil mehr von den Gegenständen seines Bedarfs, als wenn auch er gleich aller Welt nach altväterweise produzieren würde. Die klassische Theorie irrt, die da lehrt, daß er genau ebensoviel erhielte, daß die gesteigerte Ergiebigkeit seiner Arbeit den Wert des von ihm erzeugten Produktes überhaupt nicht zu erhöhen vermöchte; er erhält von all jenen Dingen, die Garn enthalten, mehr; die gesteigerte Ergiebigkeit seiner eigenen Arbeit nützt ihm insoweit, als er Konsument seiner eigenen Erzeugnisse ist; aber da selbst das großartigste Einzeletablissement inmitten der auf universeller Arbeitsteilung beruhenden Kulturwirtschaft doch nur minimale Bruchteile des Gesamtbedarfs jedes einzelnen selber erzeugt, so ist eben jedermann nur zu minimalem Bruchteile Konsument der eigenen Erzeugnisse, und zieht sonach auch nur minimalen Nutzen aus der Vervollkommnung bloß der eigenen Arbeitsmethoden. Nur diesen letzteren Vorteil bezahlt er als Genosse seiner Spinnerei in Gestalt der von besagtem Etablissement zu leistenden Kapitalrückzahlungen; für den weitaus größeren Vorteil aus der allgemeinen Steigerung der Arbeitsergiebigkeit bleibt er der Gesamtheit verpflichtet, und diese Verpflichtung ist es, als deren Äquivalent eine ihm auferlegte allenfallsige Abgabe anzusehen ist.

Wie aber stünde es um Gerechtigkeit und Freiheit bei Auswerfung und Einhebung einer solchen Abgabe? Die Gerechtigkeit erfordert, daß die Steuer einen jeden genau nach Maßgabe des Vorteils treffe, als dessen Bezahlung sie gedacht ist; die Freiheit verlangt, daß bei ihrer Auswerfung wie bei ihrer Eintreibung jede Möglichkeit behördlicher Willkür ausgeschlossen sei. Beides läßt sich, meines Erachtens, in der denkbar einfachsten Weise dadurch erreichen, daß die Abgabe gleichmäßig, d. h. mit dem gleichen Prozentsatz auf jegliches Arbeitsergebnis geworfen wird. Damit wäre beiden Anforderungen automatisch und in doppelter Beziehung genügt. Der Produzent wird streng im Verhältnis seiner Arbeitsleistung, d. i. also im Verhältnis der seinerseits tatsächlich vollzogenen Benützung aller gesellschaftlichen Kapitalien belastet, besteuert sich also selber, und die Behörde ist in diesem Betrachte schlechthin das willenlos handelnde Vollzugsorgan des selbstherrlichen Produzenten.

Nun ist allerdings richtig, daß die Belastung durch die Abgabe das Individuum träfe, noch bevor es in den Genuß des aus ihrem Ertrage erst zu schaffenden, also der Zukunft angehörigen Vorteils tritt und es könnte sohin immer noch fraglich erscheinen, ob ihm diese Art Vorsorge für die Zukunft ohne seine ausdrückliche Zustimmung auferlegt werden darf. Allein auch diese Frage erledigt sich durch den Umstand, daß jedermann aus ähnlichen Opfern der Vergangenheit erworbene Vorteile bereits genießt. Der Kulturmensch verdankt seinen Reichtum nur zum geringen Teile sich selbst und den Mitlebenden, zu weitaus überwiegendem den Vorfahren. Er ist in diesem Sinne ein Erbe, jedoch gleichsam ein fideikommissarischer, dem die Verpflichtung obliegt, die von den Vätern überkommenen Güter gewissenhaft in gutem Zustande den Nachkommen zu überantworten. Denn nicht für die jeweilig lebende Generation allein, sondern für alle zukünftigen Generationen haben die vergangenen gestrebt und gerungen. Die jeweilig Lebenden würden Raub an der Zukunft begehen, unterließen sie die ihnen pflichtgemäß obliegende Sorge für die Instandhaltung der Produktionsmittel. Gewaltsam darf die Gesellschaft deshalb keines ihrer Mitglieder zur Erfüllung dieser Pflicht anhalten; aber da sie selber nur bedingte Nutznießerin der aus der Vergangenheit überkommenen Güter ist, da sie mit den der Zukunft gebrachten Opfern nur Zahlung für tatsächlich in Anspruch genommene Vorteile leistet, so ist es kein Zwang, sondern lediglich die Konsequenz dieses durch die freiwillige Handlungsweise der Individuen gegebenen Sachverhaltes, daß jedermann, der den Vorteil mitgenießt, auch seinen Kostenbeitrag leistet. Die Gesellschaft kann die überkommenen

Kulturmittel so wenig, als die erst zu schaffenden oder als sonst ein Element der Produktion — mit alleiniger Ausnahme der unentgeltlich von der Natur gebotenen — kostenlos der Benutzung übergeben; daß man ihren Genuß bezahlen muß, ist ebensowenig eine Freiheitsverletzung, als etwa die Notwendigkeit, den Materialverbrauch bei Erzeugung einer jeden Ware zu bezahlen, eine solche ist.

Die Kapitalbeschaffung kann also vollkommen in Einklang mit allen Anforderungen der Gerechtigkeit und Freiheit vonstatten gehen. Sehen wir zu, wie es sich mit der Kapital*verwendung* verhält.

IV. Wirtschaftlichkeit zinsloser Kapitalverwendung.

Die Freiheit verlangt, daß es gänzlich dem Ermessen der Produzenten anheimgegeben werden muß, ob und wie viel Kapital sie in Anspruch nehmen und wozu sie es benützen wollen. Ist dies nun ohne Zins überhaupt möglich. Ist irgendwelche Garantie dafür vorhanden, daß die Produzenten von dem ihrer Willkür überlassenen fremden Eigentume wirtschaftlich nützlichen Gebrauch machen werden? Wer haftet für die Gefahr allenfallsiger Kapitalverluste? Ist es schließlich unter allen Umständen möglich, jeglichem Kapitalbedarfe zu genügen, und was hat — immer im Einklange mit Freiheit und Gerechtigkeit — zu geschehen, wenn, und sei es auch bloß zeitweilig, der Kapitalvorrat hinter der Kapitalnachfrage zurückbleibt?

Was nun das erste dieser Bedenken anlangt, so fragt es sich bei diesem zunächst darum, was unter wirtschaftlicher Verwendung von Kapital im Produktionsprozesse zu verstehen sei. Offenbar eine solche, bei welcher das unter Einsatz von Kapital erzeugte Produkt an Wert mehr gewinnt, als das im Produktionsprozesse vernützte Kapital selber wert ist. Nützlich ist z. B. die Verwendung bloß solcher Maschinen, die im Produktionsprozesse, in welchem sie gebraucht werden sollen, mehr Arbeit ersparen, als ihre — der Maschinen — eigene Herstellung Arbeit kostet. Bekämen nun die Fabrikanten ersatzlos Kapital geliehen, so könnten sie dieses zur Anschaffung jeder Maschine benützen, die ihnen Arbeitsaufwand erspart, ohne Rücksicht darauf, ob nicht vielleicht die Herstellung der Maschine mehr Arbeit erfordert, als die durch ihre Verwendung zu ersparende. *Deshalb ist notwendig, daß der Schuldner das entliehene Ka-*

pital rückerstattete; daß er es inzwischen, bis dies geschehen, auch verzinse, hat damit nicht das geringste zu tun. Denn die Anwendung einer Maschine, die während der Zeit ihrer produktiven Benützung weniger erspart, als ihre eigene Herstellung kostet, ist mit Schaden für denjenigen verbunden, der sie — die Maschine — bezahlen, respektive ihren Wert rückerstatten muß, auch wenn er keinen Zins zu entrichten hat.

Steigert aber nicht vielleicht der Zins die Nötigung zu wirtschaftlicher Verwendung von Kapital? Auch das ist falsch. Die Verpflichtung, aus den Erträgnissen der Produktion das Kapital zurückzuerstatten, genügt vollkommen, um den Produzenten zur Anschaffung des jeweilig wirtschaftlichsten, d. h. die größte reine Krafterspärnis herbeiführenden Produktionsmittels zu nötigen. Denn sein Bestreben ist naturgemäß darauf gerichtet, im Preise des Produkts von den Konsumenten Rückersatz der seinerseits zu leistenden Kapitalabzahlung zu erlangen; diesen Ersatz aber leisten die Käufer nur dann vollständig, wenn der Produzent bei Auswahl seiner Maschinen, wie überhaupt aller seiner Produktionsmittel, das jeweilig nach Lage der Umstände Beste, d. h. Wirtschaftlichste, getroffen hat. Nicht was die Herstellung einer beliebigen Ware zufällig gekostet hat, sondern was sie kosten muß, nicht die zufälligen tatsächlichen, sondern die notwendigen Produktionskosten bestimmen den Preis der Ware, und wer daher ein Ding unter Aufwand von Kosten für Kapitalabtragung herstellt, welches die Majorität seiner besser beratenen Berufsgenossen unter Aufwand geringerer Kapitalabtragungskosten erzeugt, der wird — ceteris paribus — im Preise seines Produktes Ersatz bloß für einen Teil der Kapitalkosten erhalten, den anderen Teil selber zu tragen haben. Und umgekehrt wird derjenige, der als Erster, oder doch unter den Ersten, Maschinen verwendet, deren Kapitalabtragung verminderte Kosten verursacht, während die Majorität noch unter Einsatz größerer Kosten produziert, die Differenz als Gewinnüberschuß einstreichen.

Die Kapitalabtragung und nicht der Kapitalzins ist es also, was Gewähr leistet nicht bloß für wirtschaftliche, sondern für die jeweilig nach Lage der Dinge überhaupt mögliche wirtschaftlichste Verwendung von Kapital. Ja der Zins ist in einem sehr wesentlichen Punkte geradezu ein Hindernis, und zwar unter Umständen ein recht wirksames — wirtschaftlichster Kapitalbenutzung. Und zwar dies aus folgendem Grunde.

Da der Zins für entliehenes Kapital insolange gezahlt werden muß, bis das Kapital getilgt ist, und die Tilgung des Kapitals während der Dauer von dessen Wirksamkeit im Produktionsprozesse erfolgt, so versteht sich von selbst, daß für Kapital großer Dauerbarkeit mehr Zins aufläuft, als für rasch vernützbares, gerade deshalb aber auch rasch abgezahltes Kapital. Das kann natürlich niemals verhindern, daß in gegebener Zeit gleiche Steigerung der Ergiebigkeit bewirkende Maschinen gleichen Preises trotzdem dann vorgezogen werden, wenn sie dauerbarer sind, denn das erzwingt unter allen Umständen der im früheren dargelegte Einfluß der Kapitalrückerstattung auf die Wirtschaftlichkeit der Kapitalverwendung. Während aber dieses letztere Moment — die Kapitalabzahlung — zugleich auch dafür Garantie böte, daß bei Verschiedenheiten des Preises, der Wirksamkeit und der Dauerbarkeit stets jene Maschine gewählt werde, mittels deren die größte Kraftersparnis zu erzielen ist — wie dies im Interesse höchster Wirtschaftlichkeit gelegen wäre — erzwingt der Zins, daß dort, wo zwischen kurz- und langdauerbaren Maschinen die Wahl offen steht, erstere unter Umständen auch dann gewählt werden müssen, wenn sie die minder wirtschaftlichen sind. Diese Nötigung zu relativ unwirtschaftlicher, d. h. von der höchsten Wirtschaftlichkeit abweichender Kapitalverwendung, ist desto intensiver, je höher der Zinsfuß und je größer die Unterschiede in der Dauerbarkeit [1]).

Daß diese mitunter geradezu ungeheuerliche Behinderung wirtschaftlichster Kapitalverwendung durch den Zins, nicht längst schon als solche empfunden und aufgedeckt worden ist, erklärt sich daraus, daß in der bestehenden bürgerlichen Gesellschaft von wirtschaftlichster Verwendung der

---

[1]) Gesetzt, es gibt zwei Maschinen, die beide die Ergiebigkeit der Leistung von 100 Arbeitern verdoppeln, deren eine jedoch binnen Jahresfrist, die andere dagegen erst nach zehn Jahren vernützt wird. Die eine erspart also während ihrer Dauer 100, die andere 1000 Jahresarbeiten. Das wirtschaftlich allein Richtige wäre bei solchem Sachverhalte, erstere Maschine nur für den Fall zu verwenden, wenn sie um nicht mehr als den zehnten Teil des Kostenbetrages der letzteren hergestellt werden könnte. Denn nur dann, wenn beispielsweise die erste 100 000, die zweite 1 000 000 Werteinheiten — sagen wir Kronen — kostete, wäre es — immer vom Gesichtspunkte wirtschaftlichster Kapitalbenützung — gleichgültig, welche von beiden zur Anwendung gelangt. Um insgesamt die gleichen Jahresarbeiten zu ersparen, müßten von ersterer Maschine sukzessive zehnmal soviel angeschaft werden, als von letzterer; da aber erstere bloß den zehnten Teil dessen kostet, wie die zweite, so wären Ersparnis und Kostenaufwand in beiden Fällen gleich.

Könnte er nun Kapital zinslos, gegen bloße Rückvergütung erhalten, so fiele das individuelle Interesse des Produzenten mit den derart definierten Anforderungen der

Produktivkräfte und also auch des Kapitals, ohnehin nicht im entferntesten die Rede sein kann. Da Umfang und Methode der Gütererzeugung durch den Bedarf nach Gütern gegeben sind, der Bedarf aber durch die geltende soziale Ordnung tief unter dem Niveau der nach Maßgabe der erreichten wirtschaftlichen Fähigkeiten möglichen Produktion darniedergehalten wird, so sind an und für sich betrachtet noch so produktionshinderliche Gewohnheiten, Gesetze und Einrichtungen praktisch ganz gleichgültig. Absolut schädlich, die tatsächliche Zunahme des Reichtums behindernd, könnten sie erst dann wirken, wenn unter ihrem Einfluß die Produktivität so tief herabgedrückt würde, daß sie nicht einmal der nach Maßgabe des Bedarfs erforderlichen Produktion zu entsprechen vermöchte. So weit aber reicht der Effekt dieser, ich möchte sagen sekundären — Produktionshindernisse nicht. Schutzzoll und Zünftelei mögen die Arbeit in noch so falsche Bahnen lenken, der Militarismus mag noch so viel Arbeitskraft binden und Güter vergeuden, der Zins mag die Kapitalverwendung noch so unwirtschaftlich

---

reinen Wirtschaftlichkeit durchaus zusammen. Es wäre ihm einerlei, welche Maschine er wählt. Beide ersparen ihm für den Kostenaufwand von je 1000 Kronen je eine Jahresarbeit. Sowie jedoch Zins zu zahlen ist, kann unter obiger Voraussetzung nurmehr von Anwendung der ersten Maschine die Rede sein. Nehmen wir an, der Zinsfuß betrage 1 Prozent. Dann kostet die erste Maschine 100 000 Kronen Kapitalersatz und 1000 Kronen Zins, zusammen 101 000 Kronen jährlich, die zweite 100 000 Kronen Kapitalersatz und 10 000 Kronen Zins, zusammen 110 000 Kronen jährlich, d. i. um 9000 Kronen mehr im Jahre. Beträgt der Zinsfuß 5 Prozent, so steigt diese Differenz auf 45 000 Kronen jährlich, bei 10 prozentigem Zinsfuß erreicht sie 90 000, bei 20 prozentigem 180 000 Kronen jährlich usf. Um mit der einjährigen Maschine konkurrenzfähig zu sein, darf die zehnjährige Maschine bei einprozentigem Zinsfuße nicht mehr als (in runder Zahl) das neunfache, bei fünfprozentigem nicht mehr als das siebenfache, bei zehnprozentigem nicht mehr als das fünfeinhalbfache, bei zwanzigprozentigem nicht einmal das vierfache der ein Jahr dauernden Maschine kosten. Die Verwendung teuererer langdauernder Maschinen brächte dem betreffenden Produzenten Verluste. Wer z. B. bei einprozentigem Zinsfuße eine 950 000 Kronen kostende zehn Jahre dauernde Maschine kauft, wenn für 100 000 Kronen die ein Jahr dauernde zu haben ist, hätte an Kapitalabtragung und Zins 104 500 Kronen jährlich zu tragen, statt der 101 000 Kronen, welche die Käufer gleich wirksamer, ein Jahr dauernder Maschinen zu entrichten haben. Die Differenz von jährlich 3 500 Kronen wäre des Produzenten Verlust, unerachtet des Umstandes, daß die Benützung der langlebigen Maschine um 5000 Kronen jährlich wirtschaftlicher ist, und — gäbe es keinen Zins —, auch um 5000 Kronen profitabler für ihn wäre. In ganz analoger Weise erzeugt unter obiger Supposition der fünfprozentige Zinsfuß eine Kapitalvergeudung, die bis zu drei Siebentel, der zehnprozentige eine bis nahezu an das alterum tantum,

gestalten — der modernen Menschheit verbleibt trotzdem ein so unermeßlicher Rest zu Unfruchtbarkeit verdammter, weil überschüssiger, virtueller Produktivität, daß es nur zu einleuchtend ist, wenn sie alle diese Schädlichkeiten gar nicht als solche empfindet — sich dieselben vielmehr unter Umständen sogar als Wohltaten aufschwatzen läßt. Das ändert aber natürlich die wahre Natur dieser Systeme und Einrichtungen nicht im geringsten; der Zins ist so gut ein Produktionshindernis, wie Schutzzoll, Zünftelei oder Militarismus, und seine Beseitigung würde die in der Notwendigkeit des Kapitalersatzes gelegene Garantie wirtschaftlichster Kapitalverwendung nicht schwächen, sondern stärken.

V. Das Kapitalrisiko in der freien Gesellschaft.

Was aber hat zu geschehen, wenn sich eine Kapitalanlage als verfehlt erweist? Wer soll in der freien Gesellschaft die hieraus entstehenden Verluste decken?

---

der zwanzigprozentige eine solche, die bis an das zweieinhalbfache jenes Kapitalaufwandes reicht, den die wirtschaftlichste Kapitalverwendung erfordern würde. Man muß im Falle zwanzigprozentigen Zinsfußes sukzessive zehn Einjahrmaschinen à 100 000 Kronen anschaffen, die zusammen nicht mehr leisten, als eine Zehnjahrmaschine, falls letztere auch nur das Geringste mehr kostet als 400 000 Kronen, weil erstere zehn nebst ihren Anschaffungskosten von zusammen einer Million Kronen bloß 200 000 Kronen Zins, insgesamt also 1 200 000 Kronen, letztere nebst ihren Anschaffungskosten von sagen wir 401 000 Kronen, 802 000 Kronen Zins, zusammen also 1 203 000 Kronen erfordert — wobei, nebenbei bemerkt, von den Zinseszinsen gänzlich abgesehen ist, bei deren Einrechnung der Sachverhalt noch um vieles frappanter sich darstellt.

Und nun meine man ja nicht, daß mit diesen Suppositionen eine Übertreibung geboten sei, die — in der modernen Kulturwelt zum mindesten — praktisch bedeutungslos wäre. Zwanzigprozentiger Zinsfuß ist heutzutage allerdings eine Seltenheit, dafür aber gibt es Kapitalien, und zwar sehr großartige Kapitalien mit den denkbar wichtigsten wirtschaftlichen Funktionen, von zwanzigjähriger und darüber weit hinausreichender Dauer. Die durch den Zins hervorgerufenen Differenzen zwischen privatwirtschaftlich rentabelster und volkswirtschaftlich zweckmäßigster Verwendung von Kapital wachsen aber im geraden Verhältnisse nicht bloß mit dem Zinssatze, sondern auch mit der Kapitaldauer. Ein Kapital z. B., das zwanzig Jahre produktiv wirksam bleibt und dementsprechend auch erst binnen zwanzig Jahren Abtragung findet, darf, um mit einjährigem Kapitale gleicher jährlicher Produktivität konkurrieren zu können, schon bei fünfprozentigem Zinssatze wenig mehr als das fünffache des einjährigen kosten, und unter diesen gewiß praktisch oft zutreffenden Suppositionen werden unablässig Kapitalvergeudungen gewaltigsten Umfanges erzwungen.

Ich meine, daß solche Verluste von der Gesamtheit zu tragen sein werden. Von den unmittelbaren Kapitalverwendern bloß insofern, als es ja ihre Arbeit ist, an welcher sich die Nützlichkeit oder Verfehltheit der Kapitalanlage erst erproben muß. Da es in der freien Gesellschaft keinen Zwang geben darf, so können sie zur Abtragung der übernommenen Amortisationsraten nur insolange und insoweit verhalten werden, als sie die gemachten Anlagen benützen; es muß ihnen jederzeit freistehen, ein schlecht geratenes Unternehmen im Stiche zu lassen, unerachtet des Umstandes, daß sie selber dessen Unternehmer sind. Insolange sie dies nicht tun, tragen sie den Schaden aus der verfehlten Anlage; tun sie es, so fällt der Verlust natürlich der Gesamtheit zur Last. Wie aber verträgt sich das mit Vernunft und Gerechtigkeit, wie kommt die Gesamtheit, d. i. also alle Welt, dazu, mit herangezogen zu werden, sowie es den Urhebern der Verluste beliebt, der Gesamtheit diese Last zuzuschieben?

Die vernunftgemäße Berechtigung dieser Überwälzung sehe ich in der doppelten Erwägung, daß erstlich die Anlage die fraglichen Einzelindividuen allerdings zu Urhebern hat, ihr Eigentümer aber trotzdem die Gesamtheit ist, und daß zum zweiten dieser eigentliche Eigentümer, trotz aller Freiheit des Handelns, die er seinen Angehörigen einräumt, ja genauer besehen, gerade wegen dieser vollkommenen Freiheit, besagten Urhebern der Kapitalanlage seinerzeit, als die Anlage gemacht wurde, keineswegs so hilflos ausgeliefert gewesen war, als auf den ersten Blick scheinen mag.

Ersteres anlangend, braucht nur daran erinnert zu werden, daß die Freizügigkeit der Arbeitskräfte jeden Vorteil eines gelungenen Unternehmens zum Gemeingute macht. Da es recht und billig ist, daß derjenige die Gefahr trage, der den Nutzen genießt, so läßt sich unter diesem Gesichtspunkte gegen die Schadenpartizipation der Gesamtheit nichts Stichhaltiges einwenden. Es wäre im Gegenteil eine Ungerechtigkeit paradoxester Art, Unternehmer, die für den Fall des Erfolges mit aller Welt teilen müssen, für den Mißerfolg allein haftbar zu machen.

Das Zweite anlangend, ist darauf zu verweisen, daß die Freiheit der Kapitalverwendung, wie ich sie verstehe, allerdings zu bedeuten hätte, daß jedermann, es sei nun ein Einzelner oder eine Assoziation, Kapital ganz nach eigenem Ermessen beanspruchen und verwenden kann, daß jedoch jedermann das Recht haben müßte, sich anzuschließen, und in diesem

Anschlußrechte die Gewähr dafür geboten wäre, daß auch auf dem Gebiete der Kapitalverwendung nichts geschehen kann, was dem Gesamtwillen zuwiderläuft. Keiner Behörde brauchte die Macht eingeräumt zu werden, selbst den törichtesten, den Stempel mutwilliger Kapitalvergeudung noch so unzweideutig an der Stirn tragenden Unternehmungen hindernd entgegenzutreten. Alles was die Behörden zu überwachen hätten, das wäre die Einhaltung gewisser Formalitäten, deren Zweck es sein müßte, jede Kapitalforderung rechtzeitig zur allgemeinen Kenntnis zu bringen. Mag dann immerhin irgendein Phantast oder eine Gesellschaft von Phantasten welche Summe immer zu noch so abenteuerlichen Zwecken beanspruchen — ohne die ausdrückliche oder stillschweigende Zustimmung der öffentlichen Meinung käme es niemals zu tatsächlicher Inanspruchnahme besagter Summen. Denn wo jedermann das Recht hat, jedem — die Mittel der Gesamtheit in Anspruch nehmenden — Geschäfte beizutreten, d. h. seine Stimme bei allen, die Gründung besagten Geschäftes betreffenden Fragen abzugeben, dort kann es nur an der allgemeinen Gleichgültigkeit liegen, wenn es dazu kommt, daß Phantasten oder Schwindler auf Kosten der Gesamtheit zu praktischer Ausführung ihrer Pläne schreiten. Hat aber die allgemeine Meinung nichts dagegen, daß Unsummen an ein abenteuerliches Experiment gewagt werden, dessen Nutzen, falls es denn doch gelingen sollte, aller Welt zugute kömmt, so ist es nur Recht, daß die Allgemeinheit auch die Gefahr des Experimentes trage.

Dagegen kann hier das Bedenken auftauchen, ob dieses jedermann zustehende Recht der Einmischung nicht mißbraucht, ob insbesondere Kraft desselben nicht auch vernünftige Unternehmungen durch Bosheit oder kleinliche Bedenken Unberufener verhindert werden könnten, oder ob des ferneren solcherart nicht jenen Unternehmern ungehörige Schwierigkeiten bereitet würden, die der Natur der Sache nach unberufene Teilnehmer nicht brauchen können. Ich halte auch diese Besorgnisse für gegenstandlos, da wider Bosheit oder Unverständnis gerade die Öffentlichkeit den besten Schutz bietet. Die bedrohten Unternehmer brauchen die Gefahr, in welcher sie schweben, bloß zur allgemeinen Kenntnis zu bringen, und sofern sie die öffentliche Meinung für sich haben, wird diese sie durch den Beitritt genügend zahlreicher Wohlwollender gegen unberufene Störer zu schützen wissen. Bleibt dagegen die Öffentlichkeit gleichgültig, oder billigt sie wohl gar die Störung, dann ist den Bedrohten allerdings nicht zu helfen, dann ist jedoch auch nicht abzusehen, mit welchem Rechte sie öffentliche Mittel in Anspruch nehmen können. Denn bloß der öffentliche Kredit würde — so stelle ich mir die Sache vor — an das Teilnehmerrecht der Gesamtheit gebunden sein. Wer aus eigenen Mitteln was immer unternehmen wollte, der könnte dem Gesetze der Freizügigkeit nicht unterworfen werden, sondern müßte mit seinem Gelde tun und lassen dürfen, was ihm persönlich beliebt, ohne daß irgendwer das Recht hätte, sich ihm als Genosse oder Ratgeber aufzudrängen.

Zu untersuchen wäre hier noch, ob die im obigen dargestellte enge Umgrenzung der Gewinnsthoffnung sowohl als der Verlustgefahr für die Verwender öffentlicher Kapitalien sich nicht als Schaden für die Wirtschaftlichkeit erweisen könnte, indem sie nämlich gegen jenen obersten Grundsatz verstoße, wonach die Verfügung über das Kapital demjenigen gebühre, den Vorteil oder Nachteil aus dessen Verwendung treffe. Dauerndes, wirkliches Interesse an wirtschaftlicher Kapitalverwendung besitzt im Sinne der obigen Ausführungen nur die Gesamtheit, und wenn es nun auch im Prinzip richtig ist, daß ihr ebenso das Recht und die Macht zustünde, die Kapitalverwendung zu kontrollieren, so würden doch in der Praxis die Einzelunternehmungen es sein, die über das Kapital disponieren. Wahr, daß diesen nicht aller, sondern bloß der volle Nutzen und der volle Schaden abgenommen ist, daß sie aus erfolgreicher Unternehmertätigkeit immerhin Nutzen, aus verfehlter immerhin Schaden zu erwarten hätten; liegt aber hierin nicht vielleicht erst recht eine Verkehrtheit? Ist nicht zu besorgen, daß sie wegen des anzuhoffenden, wenn auch limitierten, Nutzanteils sich das eine Mal in die gewagtesten Unternehmungen stürzen, das andere Mal wegen des zu befürchtenden, wenn auch ebenso begrenzten Schadenanteils vor den besten zurückschrecken werden? Nun denn, ich meine, daß all das und ähnliches allerdings zu besorgen ist, daß es wirklich auch in der Freiheit tollkühne sowohl als überängstliche Unternehmer geben wird, daß es aber verkehrt wäre, daraus eine andere Schlußfolgerung zu ziehen, als die, daß auch die im bisherigen geschilderten Einrichtungen mit dem Fluche allen Menschenwerkes, mit dem der Unvollkommenheit nämlich, behaftet sein werden. Nicht darum handelt es sich, ob mit den fraglichen Institutionen die absolut beste, sondern bloß darum, ob mit ihnen die der Unvollkommenheit der menschlichen Natur entsprechende bestmögliche Verwendung von Kapital gegeben sei. Das nun wage ich — soweit ich den hier vorliegenden Zusammenhang der Dinge zu durchschauen vermag — kühnlich zu behaupten. Und zwar dies gestützt einerseits auf ein aus der Erfahrung, andererseits auf ein aus der Kombination geschöpftes Argument. Ersteres anlangend, berufe ich mich auf die mit der modernen Aktiengesellschaft gemachte Erfahrung. Deren oberstes Prinzip ist das der Limitierung von Nutzen sowohl als Gefahr; und dieses Prinzip hat sich unbeschadet der dem Wesen der Aktiengesellschaft im übrigen anhaftenden großen Gebrechen aufs vorzüglichste bewährt. Es hat sich gezeigt, daß die Aktiengesellschaft, gerade weil ihre Teilnehmer an Gewinn wie Verlust der Unternehmung bloß begrenzten Anteil haben, die bestgeeignete Unternehmerform insbesondere dort ist, wo es sich um wirtschaftliche Verwendung großer Kapitalien handelt, und daß sie — was hier das Entscheidende ist — die Privatunternehmerschaft eben im Punkte der richtigen, unbefangenen Abwägung von Gewinn- und Verlustchancen wesentlich überragt. Für die Unternehmerform der freien Wirtschaft aber kombiniere ich, daß zu allem Überflusse noch möglich sein wird, das in der Begrenztheit von Gewinn und Gefahr gelegene anfeuernde oder retardierende Moment je nach Bedarf zu verstärken. Wenn die zukünftige Gesellschaft finden wird, daß der Unternehmungsgeist zu wünschen übrig läßt, daß die unterschiedlichen Arbeiterassoziationen all zu vorsichtig und bedächtig in ihren Kreditansprüchen sind, wird es nur an ihr liegen, durch irgendwelche, den ursprünglichen Proponenten erfolgreicher Kapitalanlagen eingeräumte Sondervorteile hierin Wandel zu schaffen. Und sollte sie umgekehrt eine Zügelung des Unternehmungsgeistes wünschen, so ließe sich auch das durch irgendwelche limitierte Garantieforderungen bei der Kreditgewährung leicht erreichen. Doch glaube ich, daß weder das eine, noch das andere notwendig sein, und daß die Kreditfreiheit desto tadelloser funktionieren wird, je vollständiger, fessel- und zusatzloser sie zur Anwendung gelangt.

VI. Anpassung des Kapitalbedarfs an die Kapitalkraft in der freien Gesellschaft.

Anlangend schließlich die Frage, ob es denn der zukünftigen Gesellschaft möglich sein werde, allen an sie herantretenden Kapitalforderungen zu genügen, und was, sollte dies nicht unbedingt bejaht werden können, zu geschehen habe, um die in solchem Falle unvermeidliche Zurückweisung einzelner Kapitalansprüche mit Gerechtigkeit und Freiheit zu vereinbaren — muß zuförderst darauf aufmerksam gemacht werden, daß es ein Irrtum wäre, wegen Wegfall des Zinses unbegrenzte Kapitalnachfrage zu besorgen. Die Verpflichtung der Kapitalrückzahlung genügt vollauf, um die Produzenten zu nötigen, sich mit ihren Anlagen innerhalb der durch den Bedarf gezogenen Grenzen zu halten; denn ihre Absicht kann, wie ich im Absatz IV dieses Kapitels gezeigt habe, nur auf die Inanspruchnahme solchen Kapitals gehen, dessen Vernützung im Produktionsprozesse ihnen die Käufer der Produkte vergüten, was hinwieder zur selbstverständlichen Voraussetzung hat, daß nach diesen Produkten Bedarf vorhanden sei. Mit anderen Worten gesagt, auch im Zustande absoluter Kapitalfreiheit werden die Produzenten nicht jedes beliebige, sondern ausschließlich das notwendige Kapital beanspruchen, und zu untersuchen ist daher lediglich, ob ihnen solches unter allen Umständen im vollen, von ihnen jeweilig gewünschten Umfange zur Verfügung gestellt werden kann.

Diese Frage nun wage ich für die späteren Stadien der freien Wirtschaft, wenn erst einmal die Ausrüstung der Produktion mit dem jeweiligen Stande der Technik entsprechenden Maschinen vollbracht sein wird, unbedenklich zu bejahen. Was mehr ist, ich behaupte, daß dann voraussichtlich der Kapitalbedarf, wohlverstanden, der Bedarf nach neuem, erst noch zu beschaffendem Kapitale, relativ, d. i. im Verhältnisse zu der gegebenen Sparkraft, sehr geringfügig sein wird. Denn als solches, erst noch zu beschaffendes Kapital darf stets nur der Überschuß der Nachfrage über die jeweilig einfließenden Kapitalrückzahlungen gelten, welcher Überschuß, von vereinzelten Ausnahmefällen abgesehen, nicht sonderlich groß sein dürfte. Wenn irgendeine grundlegende neue Entdeckung oder Erfindung, irgendeine besonders großartige Investition abnormen Aufwand hervorruft, mag es vorkommen, daß eine namhafte Differenz zwischen den Rückzahlungen und den Neuanforderungen sich einstellt; in aller Regel dürfte diese Differenz so geringfügig sein, daß zu ihrer Deckung vielleicht meist die spontane Spartätigkeit genügen, d. h. daß sich als überflüssig erweisen wird, von dem Rechte gesellschaftlicher Kapitalbeschaffung überhaupt Gebrauch zu machen.

Ganz anders gestaltet sich der Sachverhalt für die Epoche des Überganges von Knechtschaft zu freier Wirtschaft. Sparsamkeit und Opferwilligkeit der Menschen mag zur Zeit dieses Wechsels noch so groß sein: dem mit ihm notwendigerweise verknüpften kolossalen Kapitalbedarfe werden sie unmöglich sofort voll entsprechen können. Denn jenes „Zeitalter der Elektrizität und des Dampfes“, welches derzeit eine ziemlich hohle Phrase ist, da immer noch die ungeheuere Mehrzahl aller Menschen genau wie vor Jahrtausenden die Kraft ihrer Muskeln als einzige motorische Energie benutzt, es wird dann wirklich heranbrechen, und das allein, die Ausrüstung aller Arbeitenden mit vollkommenen, dem Stande von Technik und Wissenschaft entsprechenden Produktionsbehelfen, dürfte vielleicht eine Verhundertfachung alles bis dahin überhaupt vorhandenen Kapitals erfordern. Aber dabei hätte es keineswegs sein Bewenden. Es muß damit gerechnet werden, daß Wissenschaft und Technik gerade infolge des so gewaltig gewachsenen Bedarfs nach kraftersparenden Hilfsmitteln der Arbeit, sehr rasch zu neuen Erfindungen, neuen Entdeckungen angespornt werden dürften, so daß sich die freie Gesellschaft nicht bloß vor die Aufgabe einer Ergänzung, sondern auch vor die einer radikalen Umgestaltung der Arbeitsbehelfe gestellt sehen wird. Die Zeit, binnen welcher die Sparkraft zur vollen Höhe dieser ihr solcherart erwachsenden Aufgabe erstarkt sein dürfte, ist nun allerdings eben zufolge der damit verknüpften geometrischen Progression im Wachstum der Arbeitsergiebigkeit, nicht sonderlich lang anzusetzen; das ändert jedoch nichts an dem Umstande, daß eine solche Zwischenzeit vorhanden sein wird, während welcher nur ein Teil der Kapitalnachfrage Befriedigung finden kann, demnach irgendeine Auswahl zwischen den unterschiedlichen Kapitalwerbern getroffen werden muß; und es fragt sich, ob eine solche Auswahl ohne Zins überhaupt möglich, und wenn möglich, ob sie mit der Freiheit verträglich ist. Die Verneinung dieser Fragen hätte zwar noch lange nicht zu bedeuten, daß die freie Wirtschaft sich nicht verwirklichen lasse; es würde daraus bloß folgen, daß der Etablierung voller Freiheit und Gleichberechtigung irgendeine Übergangsepoche voraufgehen müßte, innerhalb welcher — unter Kämpfen und Erschütterungen mannigfaltiger Art vielleicht — die kapitalistischen Voraussetzungen freier Wirtschaft allmählig erst zur Reife gelangen könnten. Es ist jedoch meine Ansicht, daß dieses Bedenken ganz im allgemeinen unzutreffend ist. Das Wachstum des Reichtums, d. i. der Arbeitsergiebigkeit, bis zu einem Umfange, aus welchem die Befriedigung aller, selbst der höchsten Kapitalanforderungen möglich ist, halte ich zwar für das notwendige Ergebnis, nicht aber für die notwendige Voraussetzung der wirtschaftlichen Freiheit, und zwar dies aus dem Grunde, weil ich meine, daß diese die Panazee auch gegen die oben erwähnten Gefahren in sich selber trägt. Die Freizügigkeit der Arbeitskräfte ist es, der ich auch diese Allheilwirkung zuschreibe.

Daß, wo der Zins fehlt, eine Auswahl unter den Kreditwerbern anders als im Wege gesellschaftlicher, d. h. also behördlicher Entscheidungen nicht getroffen werden kann, scheint mir selbstverständlich. Aber eine solche Tätigkeit der Behörden vermag dort, wo alle Interessen solidarisch sind, der Freiheit gar nicht gefährlich zu werden. Gesetzt den Fall, die Landwirtschaft und die Eisenindustrie verlangten Kapital, und eine der beiden müßte vorerst abgewiesen werden; das wird den Ehrgeiz, den Tatendrang der Abgewiesenen verletzen, selbst wenn reifliche Überlegung zu dem Resultate führen sollte, daß die Behörde bei ihrer Auswahl das Richtige getroffen; doch auch wo es sich umgekehrt verhielte, wo sich herausstellen sollte, das dem allgemeinen Interesse besser damit gedient gewesen wäre, wenn beispielsweise zuerst die Eisenindustrie und dann erst die Landwirtschaft die geforderten Kredite erhalten hätte, während die Behörde den umgekehrten Vorgang beschloß, auch dort läge darin wohl ein Mangel an Einsicht, und auch die Schädigung eines Interesses, aber wohlverstanden die eines allen gemeinsamen, gesamtheitlichen, und nicht die eines speziellen Einzelinteresses, eine einseitige Bevorzugung der Meinungen, nicht aber der Interessen der Landwirte. Darüber könnte und würde sich alle Welt — nachträglich, wenn der Mißgriff offenbar geworden, selbst die bevorzugte Landwirtschaft — mit Recht beklagen; wo jedoch solche Klagen bloß begangene Irrtümer zum Gegenstande haben, und böse Absicht welcher Art immer von vornherein ausgeschlossen ist, dort sind unversöhnliche Konflikte niemals zu befürchten. Mag sein, daß wegen Häufung derartiger behördlicher Mißgriffe, ja sagen wir immerhin schon wegen der gleichviel ob berechtigten oder unberechtigten Unzufriedenheit mit den einschlägigen Anordnungen, die fraglichen Behörden nicht zur Ruhe gelangten, sondern häufigem Wechsel unterworfen wären; daß aus solchen — und noch dazu vorübergehenden Kämpfen ernstliche Gefahren für die freiheitliche Entwickelung erwachsen könnten, ist nicht zu besorgen.

XIX. Kapitel.

Der freie Boden.

I. Die Verteilung der Arbeitskräfte über herrenlosen Boden.

Das dritte Kardinalerfordernis der wirtschaftlichen Freiheit ist die freie Zugänglichkeit des Bodens. Die Erde und die an ihr haftenden Naturkräfte dürfen keines Menschen Eigentum sein, weder einzelne Teile derselben Eigentum einzelner, noch die ganze Erde Eigentum der Gesamtheit, vielmehr muß der Boden, etwa gleich der atmosphärischen Luft, zu jedermanns freiem Gebrauche stehen.

Gegen die naturrechtliche Korrektheit dieser Auffassung läßt sich Stichhaltiges nicht einwenden; desto gewichtiger sind — scheinbar — die dagegen sprechenden praktischen Bedenken. Auf Fragen des menschlichen Wirtschaft, so wird behauptet, lassen sich die Grundsätze der reinen Naturrechtes nicht so ohne weiteres anwenden, denn der Mensch sei eben kein bloßes Naturwesen, sondern ein Kulturwesen, und absolute Herrenlosigkeit des Bodens vertrage sich nicht mit rationeller Bodenbearbeitung, dieser ersten und wichtigsten Voraussetzung menschlicher Kultur. Ohne Bodeneigentum ließen sich die Arbeitskräfte nicht friedlich über das zu bewirtschaftende Land verteilen, ein schonungsloser Krieg aller gegen alle wäre die unvermeidliche Folge der Preisgebung des Bodens an die Willkür der Individuen.

Diese Besorgnisse sind jedoch durchaus müßig. Wenn die Menschen nichts hindert, Boden zu bearbeiten wo, wann und wie es ihnen beliebt, muß sich daraus die denkbar friedlichste Verteilung der Arbeitskräfte über das Land ergeben, und zwar wäre dies scheinbare Wunder die notwendige Folgewirkung gerade des Eigennutzes, des jedem Menschen angeborenen Bestrebens nämlich, die eigene Arbeitskraft möglichst fruchtbringend zu verwerten. Unter dem Impulse dieses natürlichen Instinktes würden sich der Bodenwirtschaft stets genau soviel Arbeitende zuwenden, als dem Bedarf nach Bodenprodukten entspricht, und die Verteilung der Arbeitskräfte auf Boden verschiedener Fruchtbarkeit würde sich in der Weise vollziehen, daß bei gleicher Anstrengung auf die gleiche Arbeitskraft überall

— auf bestem wie auf schlechtestem überhaupt noch in Kultur genommenem Lande — der gleiche Ertrag entfiele. Durchaus töricht ist die Besorgnis, alle Welt würde nach Boden verlangen, wenn dem keinerlei Hindernis — weder das Privateigentum noch die ordnende Gewalt der Gemeine oder des Staates — entgegenstünde. Denn sowie sich auch nur um ein geringes mehr Arbeiter der Landwirtschaft zuwendeten, als dem Bedarfe, genau gesagt, dem Gleichgewichte des Bedarfes nach Bodenprodukten einerseits, nach Industrieerzeugnissen andererseits — entspricht, wäre Preisfall der ersteren, Preissteigerung der letzteren die unvermeidliche Folge, und auf die in Bodenkultur angewendete Arbeit entfiele geringerer Ertrag als auf Arbeit gleicher Dauer und Anstrengung in anderen Produktionszweigen. Das würde, so lange sich die Natur des Menschen als eines eigennützigen Wesens nicht vollständig geändert hat, durchaus genügen, um die dem Bedarfe entsprechende richtige Verteilung der Arbeitskräfte sofort herzustellen. Gleich töricht ist die Besorgnis, alle Bodenbebauer würden — stände ihnen die Wahl vollkommen frei — dem besten Ackerlande zuströmen. Das täten sie nur, wenn dieser beste Boden die Eigenschaft besäße, jedes wie immer gesteigerte Ausmaß von Arbeitsaufwand höher zu vergelten, als minderes Land. Da dem jedoch nicht so ist, da Mehraufwand von Arbeitskraft notwendigerweise zu relativem Sinken der Erträge führt, derart, daß selbst der beste Grund, wenn ihm zuviel Arbeitskraft zugewendet wird, die gleiche Plage schlechter belohnt, als minder dicht besetzter, wenn auch an sich schlechterer, so kann es gar nicht anders sein, als daß die Bodenbebauer, sofern sie nur ihrem Eigennutze zu folgen vermögen, sich freiwillig derart überall hin verteilen, wie notwendig ist, damit auf jeden von ihnen bei gleicher Anstrengung der gleiche Ertrag entfalle.

Nur ist allerdings diese den Anforderungen der Ordnung und Freiheit zugleich entsprechende Verteilung der Arbeitskräfte über alles Land in der Kulturwelt an eine ganz bestimmte Voraussetzung geknüpft, an die nämlich, daß es den Bodenbebauern gelinge, sich in größerer Zahl zu einträchtiger, gemeinsamer Arbeit zu organisieren. Isoliert arbeitende Menschen können sich des Bodens in Freiheit und Frieden zugleich tatsächlich nur insolange bedienen, als es brachliegendes Land in genügender Menge gibt, um jedem neu zuwachsenden Bodenbenutzer die Möglichkeit zu bieten, der eigenen Arbeit nachzugehen, ohne die anderer zu stören. Sowie dieser

Zustand aufhört, sowie alles geeignete Land okkupiert ist, vertragen sich bei isolierter Arbeit Freiheit und Ordnung nicht länger; es entbrennt entweder der Krieg aller gegen alle, oder der Boden muß ins Eigentum genommen werden. Denn nunmehr ist es fernerhin nicht möglich, ihn unter die verschiedenen Bodenbenützer aufzuteilen, ohne daß sie einander gegenseitig behinderten; um fortzufahren, sich des Bodens produktiv zu bedienen, müssen sie dazu gebracht werden, entweder statt des Landes selber, die auf Land zu wendende Arbeit untereinander aufzuteilen, oder auf das freie Bodenbenützungsrecht zu verzichten. Im bisherigen Verlaufe der menschlichen Entwickelung ist ausnahmslos das letztere geschehen, sei es im Wege der Knechtschaft, sei es in demjenigen des Kommunismus, sei es dadurch, daß der Boden im Privateigentum, sei es dadurch, daß er im Eigentum der Familie, der Gemeinde, des Staates überging. Meine Erwartung nun, daß dem in Zukunft anders sein werde, daß die Menschen aus eigenem Antriebe dazu übergehen werden, sich statt in den Boden, in die Arbeit am Boden zu teilen, mit anderen Worten, sich in Freiheit zu assoziieren, stütze ich auf das Eintreten der Elemente in den menschlichen Arbeitsprozeß. Auch die Erde wird sich nicht länger von isolierten Menschen — erfolgreich — bearbeiten lassen; auch in der Landwirtschaft wird das von menschlicher Hand allein bewegte Werkzeug: Spaten, Sichel, Dreschflegel — die Konkurrenz mit den durch Dampf und Elektrizität bewegten gewaltigen Instrumenten: Dampfpflug, Ernte- und Dreschmaschine — nicht aufzunehmen vermögen, auch der Bodenbebauer wird also, will er nicht bloß schwitzen, sondern auch die Früchte seines Schweißes sehen, nicht isoliert, sondern in Gesellschaft zahlreicher Genossen ans Werk gehen müssen — und dadurch wird es nun auch praktisch möglich werden, die Bodenfreiheit mit der Kultur zu vereinbaren.

Feldarbeiter, die sich über eine gegebene Fläche Ackerlandes in der Weise verteilen, daß ein jeder von ihnen für sich eine besondere Parzelle in Kultur nimmt, bleiben erstlich ein jeder an das einmal in Angriff genommene Ackerland gebunden, können es zum mindesten nicht so ohne weiteres jederzeit wieder verlassen, und sie werden zum zweiten notgedrungen jeden neuen Ankömmling, der auf dem von ihnen bereits okkupierten Lande arbeiten will, als Feind behandeln. Anders, wenn diese nämlichen Bauern ein Gebiet gemeinsam als Arbeitervergesellschaftung besetzt haben. Eine solche Assoziation kann — wenn sie nur über die von einem jeden Genossen jeweilig ausgeführte Arbeit sowohl als über das Ergebnis der allen Genossen gemeinsamen Arbeit genau Buch führt — jeden einzelnen aus ihrer Mitte jederzeit ganz nach dessen Belieben ausscheiden, ebenso aber jederzeit jeden beliebigen Neuankömmling in ihren Schoß eintreten lassen, ohne daß daraus irgendwelche Störung weder für sie noch für die Aus- oder Eintretenden erwüchse, sie kann mit einem Worte Freizügigkeit der Arbeitskräfte genau in derselben Weise üben, wie jede beliebige Industriearbeiterschaft. Damit erst wird möglich, den elementarsten aller Rechtsgrundsätze — daß nämlich eine Sache, die niemand geschaffen, von niemand ins Eigentum genommen werden könne — auf den Boden anzuwenden, auch nachdem jede Scholle brauchbaren Landes bereits ihren Bearbeiter gefunden. Ich möchte sagen, daß solcherart der Jahrtausende alte Widerstreit zwischen den Anforderungen der Kultur und des Naturrechtes zu vollkommenster Harmonie versöhnt werden kann.

II. Wirtschaftlichkeit der Bodenfreiheit.

Mit dem Nachweise dessen, daß es des Bodeneigentums in welcher Form immer nicht bedarf, um friedliche und ruhige Verteilung der Arbeitskräfte über alles zur Verfügung stehende Land zu sichern, sind die Einwendungen gegen die Bodenfreiheit nicht erschöpft. Die herrschende Meinung geht nämlich auch dahin, daß Grundrente, d. i. der Zins, den der Grundeigentümer vom Arbeiter erhebt, die beste, ja die in Wahrheit einzige Garantie wirtschaftlicher Bodenbenützung biete.

Diese ihre These stützt die Orthodoxie darauf, daß der Grundeigentümer durch sein Bestreben nach höchster Rente unter einem auch dafür Sorge trage, daß von dem ihm gehörigen Boden der nützlichste Gebrauch gemacht werde. Auch das beruht jedoch auf einem Irrtume. Höchste Grundrente ist keineswegs gleichbedeutend mit wirtschaftlichster Bodenbenützung. Zunächst schon deshalb, weil der Grundrentner nicht unter allen Umständen ein Interesse daran hat, daß der Ertrag möglichst hoch sei; woran ihm liegt, das ist einzig die Differenz zwischen Ertrag und Produktionskosten, denn diese Differenz, nicht die absolute Höhe des Ertrages ist maßgebend für die Rente. Diese kann recht wohl steigen, wenn jener sinkt, und umgekehrt. Wenn z. B. auf gleicher Fläche im Wege der Schafzucht auch wesentlich geringere

Wollerträge zu erzielen sind, als Weizenerträge im Wege des Körnerbaues, so kann doch erstere Kultur ungleich höhere Rente abwerfen, wenn die in Schafzucht aufzuwendenden Produktionskosten entsprechend geringer sind, als die in Körnerbau. Hier müssen vielleicht hundert Arbeiter bezahlt werden, während dort zehn genügen, und wenn nun die Ersparnis von neunzig Arbeitskräften mehr beträgt, als der Ausfall am Rohertrage, so liegt es im Interesse des Grundeigentümers, von Körnerbau zu Schafzucht überzugehen, unbeschadet dessen, daß sein Boden dadurch geringere Erträge liefert.

Das leugnen nun die Anwälte der Grundrente keineswegs; aber, so behaupten sie, gerade diese scheinbar bloß im Interesse des Eigentümers gelegene Betonung des Reinertrages an Stelle des Rohertrages ist es, was in letzter Linie auch dem Gemeinwohle am besten dient. Denn nicht darauf komme es an, von gegebenem Boden, sondern von gegebener Arbeitskraft die höchsten Erträge zu erzielen. Sehr richtig! Nur daß unter gegebener Arbeitskraft nicht die jeweilig dem Rentnerinteresse dienende, sondern, sofern es sich nämlich um das Interesse der Gesamtheit und nicht bloß um dasjenige einer bestimmten Menschenklasse handelt, die wirkliche Gesamtheit aller Arbeitskräfte zu verstehen ist, und unter höchstem Ertrage die dem Bedarfe am besten entsprechende Menge von Produkten. Und nach beiden Richtungen ist die Grundrente weit entfernt davon, die ihr nachgesagte Wirkung zu äußern. Wenn Kornb..uer durch Schafhirten bloß dann und insoweit abgelöst werden könnten, falls und insoweit unter einem entsprechende anderweitige produktive Verwendung für die verdrängten Kornbauer gegeben wäre, derart, daß die Schafhirten mitsamt den ehemaligen Kornbauern höhere Werte produzierten, als zuvor, dann allerdings läge es im Interesse auch der Gesamtheit, daß auf dem fraglichen Boden Schafzucht an die Stelle des Körnerbaues trete. Darum jedoch kümmert sich der Rentner nicht. Er wirft die ihm entbehrlich gewordenen Arbeiter auf die Straße, auch wenn sie damit dem Armenhause oder dem Hungertode überantwortet werden, und gleichviel, ob sein Vorgehen wirtschaftlich oder unwirtschaftlich vom Gesichtspunkte der Gesamtheit ist. Glaubt man jedoch — wie die sog. Bodenreformer tun — diesem Übelstande dadurch begegnen zu können, daß man an die Stelle des Einzeleigentümers von Boden den Staat oder die Gesellschaft als Gesamteigentümer setzt, so ändert dies — von allen Rücksichten der Gerechtigkeit und Freiheit abgesehen, mit denen sich das staatliche Bodenmonopol in Wahrheit noch viel schlechter vertrüge, als das Privateigentum — an der hier zu untersuchenden Frage der Wirtschaftlichkeit aus dem Grunde herzlich wenig, weil immer noch das hauptsächliche Übel der Grundrente in Kraft bleibt, nämlich die durch sie bewirkte Ablenkung der Produktion von den Gütern dringendsten auf die minder dringenden Bedarfs.

Es will mir zwar scheinen, daß das staatliche Bodenmonopol unvermögend wäre, auch nur mit den eingangs geschilderten Gebrechen der Grundrente wirklich aufzuräumen; doch gebe ich immerhin zu, daß ein solcher Erfolg im Prinzip denkbar wäre. Die Absicht des Staates zum mindesten ginge überall dahin, Steigerungen der Grundrente zu vermeiden, die mit einer direkten Schädigung der Gesamtheit verbunden sind. Was jedoch, sofern er überhaupt Grundrente einhebt, von ihm gar nicht beabsichtigt werden könnte, das wäre die Vermeidung jener indirekten, in der Ablenkung der Produktion von den Gütern des jeweilig dringendsten Bedarfes gelegenen Schädigung, denn diese ist mit dem Wesen aller und jeder wie immer gearteten Grundrente notwendigerweise und unerläßlich verknüpft. Sie ist die an und für sich gegebene Folge davon, daß die Erzeugung der Bodenprodukte mit einer besonderen Abgabe belastet und dadurch die Befriedigung des auf sie gerichteten Bedarfes erschwert wird. Grundrente bewirkt, daß Bodenprodukte im Verhältnis zu den nicht an Boden gebundenen Erzeugnissen der Menschenhand teuerer sind, als im Zustande der Bodenfreiheit der Fall wäre. Das widerstreitet zwar der These Riccardos', wonach Grundrente ohne allen und jeden Einfluß auf die Güterpreise sein soll, ist aber deshalb nicht minder wahr, denn die einschlägige Beweisführung Riccardos, so wenig Stichhaltiges auch bisher gegen sie vorgebracht wurde, beruht trotzdem lediglich auf einem sehr durchsichtigen Mißverständnisse. Unter Bodenfreiheit versteht nämlich Riccardo — ähnlich wie dies ja auch die Bodenreformer tun — nicht wirkliche Aufhebung, sondern lediglich Übertragung der Grundrente, mit dem alleinigen Unterschiede, daß für ihn der „Pächter", für George und Flürscheim der „Staat" dieser zukünftig Rentner wäre. Und daß sich auf dem Gütermarkte, wie überhaupt auf allen Gebieten der Wirtschaft herzlich wenig ändern kann, wenn auf jenem der sozialen Satzungen nichts anderes geschieht, als daß ein Wechsel in der Person des Grundrentners eintritt, ist in der Tat einleuchtend. — Ebenso einleuchtend und selbstverständlich aber scheint mir umgekehrt, daß die Güterpreise wechseln müssen, wenn das Angebot wechselt, und letzteres wäre eben die unvermeidliche Folge wirklicher Bodenbefreiung, d. h. wirklichen Fortfalls der Rente. In deren Konsequenz müßten notwendigerweise dem Boden insolange vermehrte Arbeitskräfte zufließen, bis der bei gleicher Anstrengung auf den einzelnen Produzenten entfallende Ertrag in Urproduktion und Industrie sich wieder ins Gleichgewicht gesetzt hätte, es würde also ein Plus von Bodenprodukten, ein Minus von Industrieerzeugnissen auf den Markt gelangen, das Tauschverhältnis, d. h. der relative Preis beider müßte sich ändern.

Nun ist allerdings richtig, daß dieser vermehrte Zufluß von Arbeitskräften auf Boden von einem Rückgange des vom einzelnen Bodenbearbeiter durchschnittlich erzielbaren Rohertrages begleitet wäre; wenn jedoch, wie tatsächlich geschieht, d a r a u s ein Argument zugunsten der wirtschaftlichen Nützlichkeit von Grundrente gezogen wird, so ist dies trotzdem falsch. Denn die Wirtschaftlichkeit erfordert nicht, daß möglichst viel, sondern daß möglichst dasjenige erzeugt werde, wonach der Bedarf verlangt, und die hier in Frage stehende Wirkung der Bodenfreiheit auf die verschiedenen Produktionszweige ist in letzter Linie einzig darauf zurückzuführen, daß Grundrente die Menschen hindert, sich bei Wahl ihres Arbeitszweiges ausschließlich nach den Diktaten des Bedarfs zu richten, Bodenfreiheit aber dies Hindernis beseitigt. Unter dem Walten der letzteren würden dem Boden deshalb und insolange vermehrte Arbeitskräfte zufließen, weil und insolange der Bedarf nach vermehrten Bodenprodukten verlangt — diese ihre Wirkung ist also an und für sich betrachtet gleichbedeutend mit wirtschaftlichster Verteilung der Arbeitskräfte. Und zwar dies nicht bloß mit Bezug auf deren Verteilung zwischen Industrie und Landwirtschaft im allgemeinen, sondern auch rücksichtlich derjenigen in den verschiedenen landwirtschaftlichen Produktionszweigen. Dem befreiten Boden müssen überall desto zahlreichere Arbeitskräfte neu zufließen, je höhere Grundrente zuvor auf ihm lastete. Nun steht im allgemeinen die Rente allerdings im Verhältnis zur Güte des Bodens schlechthin, gleichviel welche Kulturarten auf ihm betrieben werden. Diese Regel ist jedoch keineswegs ohne Ausnahmen. Es gibt Produkte, die Boden ganz bestimmter Beschaffenheit erfordern, ohne daß deshalb besagte Böden im übrigen,

d. h. zwecks anderer Kulturen von besonders hervorragender Beschaffenheit zu sein brauchten; sind nun die fraglichen Erzeugnisse gesucht und die zu ihrem Anbau speziell geeigneten Grundstücke selten, so bringen letztere trotzdem mitunter abnorm hohe Renten, d. h. die besondere chemische oder tektonische Beschaffenheit des von ihnen in Besitz genommenen Stückes Erdoberfläche setzt die betreffenden Grundeigentümer in den Stand, der Ausnützung besagter Bodenvorzüge ein besonders ausgiebiges Hindernis entgegenzustellen. Wieder andere Bodenprodukte sind vermöge der Schwierigkeit ihrer Verfrachtung auf den Anbau möglichst in der Nähe des Wohnsitzes der Konsumenten angewiesen; hier ist es die topographische Lage des ihnen gehörigen Bodens, was den Grundherren mitunter eine das hundertfache der üblichen betragende Rente, der Erzeugung des fraglichen Bedarfsartikels also ein hundertfaches Hemnis bereitet. Daraus ergibt sich als selbstredendes Ergebnis, daß die Bodenbefreiung der Produktion derartiger, durch ausnahmsweise hohe Rente belasteter Güter ausnahmsweise zahlreiche neue Arbeitskräfte zuführen wird, und zwar desto zahlreichere, je dringender und konstanter der Bedarf nach den fraglichen Gütern sich zeigt.

III. Die Bodenübertragung in der Freiheit.

Ein drittes Argument zum Erweise der Notwendigkeit von Bodeneigentum geht dahin, daß in diesem die beste, ja die einzige Garantie friedlicher Boden übertragung zu finden wäre. Im Interesse der Wirtschaftlichkeit sei nur zu oft unvermeidlich, daß der Boden den Besitzer wechsele, daß er aus Händen, die mangelhaften Gebrauch von ihm machen, in solche übergehe, die seiner zu Zwecken fruchtbringenderer Produktion bedürfen, und die Verkäuflichkeit des Bodens — deren Voraussetzung aber natürlich das Bodeneigentum ist — biete hierfür den einzigen praktisch brauchbaren, zudem aber auch den einzigen der Gerechtigkeit entsprechenden Weg.

Was nun zunächst das letztere, nämlich die Thesis anlangt, daß bei Kauf und Verkauf von Boden Gerechtigkeit walte, so geht diese von der Annahme aus, daß der Kaufpreis dem Wesen nach nichts anderes sei, als der vom Käufer dem Verkäufer gebotene Ersatz der bisherigen, mitsamt einem Nutzanteile an der zukünftigen Bodenbenützung. Der Kaufpreis ist jedoch in Wahrheit weder das eine noch das andree, vielmehr schlecht und recht ein Tribut, den der Eigentümer für die Abtretung seines Herrenrechtes verlangt. Der bisherige und der anzuhoffende Nutzen aus der Bodenbenützung spielt lediglich die Rolle der Unter- und Obergrenze bei Bemessung dieses Tributs. Der Verkäufer verlangt für alle Fälle mindestens soviel, als ihm selber der Boden wert ist, und der Käufer kann höchstens soviel zahlen, als der Boden hinwieder ihm wert ist; innerhalb dieser mitunter unendlich weit von einander abstehenden Grenzen bestimmt sich jedoch der Preis nach einem ganz anderen, mit der Gerechtigkeit außer jedem noch so entfernten Zusammenhange — ja mit dieser im direkten Widerstreite stehenden Faktor. Nicht was ihnen selber der Boden wert, ist preisbestimmend für Verkäufer wie Käufer, sondern was sie einander gegenseitig abdrücken zu können vermeinen, und dieser Erpressungspreis richtet sich auch nicht nach dem, was der andere zu leisten oder nachzulassen vermag, ohne selber Schaden zu leiden, sondern nach dem, was er mangels eines anderen Offerenten leisten oder nachlassen muß. Die Einwendung, daß es sich ähnlich auf dem Warenmarkte verhalte, wo die Preise auch nicht mit den Produktionskosten zusammenfallen, sondern lediglich um diese herum nach oben oder unten oszillieren, und in Wahrheit von Angebot und Nachfrage abhängen, ist unstichhaltig, denn hier ist dieses Gravitationszentrum des Preises zugleich bestimmend für die preisbestimmenden Faktoren selber. Die Preise fallen auf dem Warenmarkte nicht mit den Produktionskosten zusammen, sondern werden durch Angebot und Nachfrage bestimmt; aber das Angebot richtet sich hier nach den Produktionskosten, und deswegen entspricht die Preisbestimmung auf dem Warenmarkte den Anforderungen der Gerechtigkeit. Anders auf dem Bodenmarkte. Boden kann nicht produziert werden, sein Preis hängt bei ewig gleich bleibendem Angebote ausschließlich von den Schwankungen der Nachfrage ab, und folglich ist der Grundbesitzer in der Lage, vom Käufer soviel zu erpressen, als ihm sein Monopol nur immer gestattet. Dieses sein Monopolrecht ist um so bedeutsamer, als die Teilnahme am Genusse aller wie immer gearteten Kulturerrungenschaften das Nutzungsrecht von Land zur Voraussetzung hat. Wer z. B. die Vorteile einer modernen Großstadt genießen will, muß den Boden dieser Großstadt zum Wohnen und Arbeiten benützen können; der Wert dieses Bodens richtet sich dementsprechend nach dem Werte der großstädtischen Kultureinrichtungen, und seine Eigentümer sind solcherart Besitzer nicht bloß des ihnen gehörigen Fleckchens Erde, sondern zu eins auch der Eisenbahnen, Straßen, Kanäle

Schulen, Museen und Theater, deren Vorhandensein eben das Wesen einer modernen Großstadt ausmacht. Für die Bodeneigentümer allein wird erfunden und entdeckt, zu ihrem Vorteile schreitet die Menschheit vorwärts, denn ihr Eigentum gibt ihnen die Macht, den anderen Mitlebenden die Bedingungen, den Zins, vorzuschreiben, gegen dessen Entrichtung sie ihnen gestatten wollen, teilzunehmen an den Ergebnissen alles menschlichen Fortschritts. Ja nach strengem — bürgerlichen — Rechte hängt es bei Lichte besehen lediglich vom guten Willen der Grundeigentümer ab, ob der von Boden entblößte Teil der Menschheit die Erde überhaupt bewohnen dürfe. Mit seinem Eigentume kann schließlich jedermann beginnen, was er will; stellen wir uns vor, daß die ganze Erdoberfläche Eigentum einiger Misantropen wird, so brauchten diese ihren Besitz nur einzuzäunen, und Fremden das Betreten ihres Grundes zu verbieten, um die anderen 1½ Milliarden Erdgeborener zum Auswandern: nach dem Monde oder nach dem Mars, kurzum wohin es ihnen beliebt, nur fort von ihrem, der misantropischen Erdbesitzer Eigentum — zu zwingen. Daß es tatsächlich soweit kommen könnte, ist nun allerdings selbst unter dem Walten der bürgerlichen Ordnung nicht zu befürchten; aber daß eine solche Entwickelung der inneren Logik des Grundeigentums in keinem Punkte widerspräche, läßt sich wohl schwer bestreiten, und jedenfalls ist ersichtlich, daß der Preis, der für die Übertragung eines mit derartigen Monopolrechten verknüpften Besitzes gefordert werden kann, alles andere eher als gerecht genannt werden darf.

Wenig besser ist es um die der bürgerlichen Art der Bodenübertragung nachgesagte Wirtschaftlichkeit bestellt. Sie bietet allerdings die Möglichkeit, daß der Boden jeweilig in die Hände desjenigen gelange, der die wirtschaftlich beste Verwendung für ihn hat; aber eben nur die Möglichkeit, keineswegs die Sicherheit einer solchen Übertragung. Denn erstlich ist keineswegs ausgemacht, daß die vom Standpunkte des neuen Bodenbesitzers rentablere Bodenbenützung zu eins die vom Standpunkte der Allgemeinheit nützlichere sein muß; die Rente kann auch zum Schaden der Gesamtheit erhöht werden und der Besitzwechsel ist in solchen Fällen das Mittel, kraft dessen der Boden unwirtschaftlicher Verwendung zugeführt wird. Sodann aber ist der Grundeigentümer nach bürgerlichem Rechte bloß berechtigt, nicht aber verpflichtet, zu verkaufen, wenn er von seinem Besitze minder rentablen Gebrauch macht, als allenfallsige Kauflustige. Die Einwendung, daß Verstöße gegen den Eigennutz mit volkswirtschaftlichen Erwägungen nichts zu tun hätten, trifft hier nicht zu, weil es gar nicht richtig ist, daß der Eigentümer dadurch allemal gegen sein eigenes Interesse handelt, wenn er sich weigert, zu verkaufen, trotzdem ihm im Kaufpreise mehr geboten wird, als er selber dem Boden abgewinnt. Er kann sein Eigentum in der Erwartung zukünftiger Preissteigerung behalten, und damit, wenn er richtig spekuliert, persönlich ganz ausgezeichnet fahren, unbeschadet des Umstandes, daß diese seine Handlungsweise vom Gesichtspunkte der Gesamtheit mitunter geradezu verhängnisvoll ist.

Die bürgerliche Form der Bodenübertragung entspricht sohin den Anforderungen der Gerechtigkeit und Wirtschaftlichkeit herzlich schlecht. Wahr ist bloß, daß sie ein Mittel friedlichen Besitzwechsels von Boden ist, und es fragt sich immerhin, ob die Bodenfreiheit auch in diesem Punkte Besseres zu leisten verspricht, als das Bodeneigentum.

Die Form, in welcher freie Menschen über Bodenübertragungen entscheiden, kann im Sinne des früher Dargelegten allerdings keine andere sein, als die gütlichen Übereinkommens; Freizügigkeit und Interessengemeinschaft aber sorgen aufs vollkommenste dafür, daß dabei stets nur ein beiden Teilen gemeinsamer Nutzen zur Sprache kommen, es sich dabei folglich zwar um alle erdenklichen Meinungsverschiedenheiten, niemals aber um Interessenkonflikte handeln kann.

Ich denke mir den Vorgang derart, daß die Proponenten eines neuen Unternehmens, die Land beanspruchen, das ein älteres Unternehmen bereits okkupiert hat, ihr Begehren zunächst der Leitung des fraglichen älteren Unternehmens anmelden werden, wobei selbstverständliche erste Voraussetzung wäre, daß diesen älteren Okkupanten voller Ersatz für allenfallsigen ihnen aus der Bodenabtretung erwachsenden Schaden geboten werden müßte, zu welchem Schadenersatz den Proponenten der öffentliche Kredit gerade so zur Verfügung stünde, wie den Gründern eines jeden Unternehmens die zur Deckung der Anlagekosten erforderlichen Kredite. Man braucht sich hier bloß an das in den vorigen Kapiteln über den Einfluß der öffentlichen Meinung auf die Beschlüsse der Assoziationen im allgemeinen Gesagte zu erinnern, um sofort einzusehen, daß von Vergewaltigung, Übervorteilung und absichtlicher Schädigung hier unter keinen Umständen die Rede sein könnte. Denn da vermöge der Freizügigkeit der Arbeitskräfte die Interessen aller Welt, insbesondere aber die zweier in unmittelbarer Nachbarschaft stehender Unternehmungen identisch sind, so kann es so leicht über Dinge, die entweder beiden Teilen gleich nützlich, oder beiden Teilen gleich schädlich sein müssen, nicht einmal zu ernstlichen Meinungskonflikten kommen. Bei Lichte besehen sind beide Teile nichts anderes, als verschiedene Organe des nämlichen Unternehmens. Wo es kein Privateigentum an Produktionsmitteln gibt, wo alles allen zur Benützung steht, dort handelt es sich in Wahrheit niemals darum, wem eine bestimmte Bodenfläche „gehören" soll, denn sie, richtiger der von ihr gezogene Nutzen, gehört unter allen Umständen jedermann, sondern stets nur darum, durch wen und in welcher Weise der Boden zugunsten dieses unwandelbar gegebenen einen Nutznießers bearbeitet werden soll. Und ich meine, daß diese im Wesen der Sache gelegene Identität der Unternehmerschaft zumeist ganz von selbst auch zu äußerlicher Identität der fraglichen Unternehmungen führen würde; ich meine, daß Proponenten, die auf bereits okkupiertem Grunde einen neuen Arbeitszweig ins Leben rufen wollen, es in aller Regel vorziehen werden, sich mit ihren Ideen an jenes Unternehmen zu halten, welches den von ihnen gewünschten Boden in Händen hat, d. h. dieses dazu zu bewegen, seine Tätigkeit auf den fraglichen Geschäftszweig auszudehnen. Bloß in solchen Fällen, wo es sich um gänzlich außerhalb des Ideen- und Wirkungskreises der alten Unternehmung gelegene neue Zwecke handelt, dürfte eine eigentliche Neugründung vorgenommen werden, für alle Fälle aber die Verständigung über die sich dabei ergebenden Besitzübertragungsfragen so leicht und glatt vonstatten gehen, wie auch in der bürgerlichen Welt überall dort selbstverständlich ist, wo nicht auf gegenseitige Übervorteilung abzielende Konkurrenten, sondern verschiedenen Geschäftszweigen vorstehende, aber dem Interesse e i n e s Herrn dienende Kollegen miteinander zu tun haben. Sollte es aber in einzelnen Fällen zu solch kollegialer Einigung n i c h t kommen, so müßte eben das oberste Forum des freien Gemeinwesens, die öffentliche Meinung, die Entscheidung herbeiführen.

IV. Das freie Wohnstättenrecht.

Zu untersuchen wäre noch, wie sich die Bodenfreiheit mit dem Anspruche des Kulturmenschen auf ein dauerndes Heim verträgt. Die Freizügigkeit kann nicht verhindern, daß sehr zahlreiche Angehörige auch des zukünftigen freien Gemeinwesens mit großer Zähigkeit an der einmal liebgewordenen Stätte ihrer Tätigkeit festhalten werden. Das Recht, nach jederzeitigem Belieben die Produktionsstelle zu wechseln, darf mit dessen tatsächlicher Ausübung beileibe nicht verwechselt werden; ich meine sogar im Gegenteile, daß die große Stabilität und Ruhe der Entwickelung, die eben als Folgewirkung der Freizügigkeit in allen Erwerbsverhältnissen herrschen muß, den Anlaß zu tatsächlichem Ortswechsel eher vermindern dürfte. Der seßhafte Mensch aber verlangt nach einer stabilen Wohnstätte, Behagen und Bequemlichkeit hängen davon ab, daß diese gegen störende Eingriffe Fremder gesichert sei. Verträgt sich all das mit der Ausdehnung der Freizügigkeit auch auf die Wohnstätte?

Ich glaube, daß es sich damit nicht vertrüge, und es ist deshalb meine Meinung, daß das zukünftige freie Gemeinwesen dieses oberste Prinzip seiner Wirtschaft auf das Wohnhaus, das ja an sich mit der Wirtschaft nichts zu tun hat, weder ausdehnen kann noch wird. Auch der Urmensch besaß seine eigene, nur ihm und seinen engsten Angehörigen vorbehaltene Lagerstätte, ja selbst viele Tiere besitzen eine solche. Der freie Kulturmensch dürfte es mit seinem Wohnhaus ebenso halten, er wird es mit allem, was drum und dran hängt, jenen Gütern anreihen, deren Bestimmung es ist, vom Einzelnen verbraucht, also angeeignet zu werden. Das unterliegt in meinen Augen keinem Zweifel. Daran kann auch nichts ändern, daß möglicher, ja sagen wir wahrscheinlicherweise, sehr zahlreiche der Angehörigen des zukünftigen freien Gemeinwesens — insbesondere vielleicht in den Jahren der Jugend — ein ungebundenes Wanderleben führen, und eines dauernden Heims nicht bedürfen werden. Es mögen viele oder wenige sein, die solcher Neigung huldigen werden, diese Neigung mag als vorübergehender Wandertrieb, oder als dauernde Gewohnheit sich geltend machen — daß die Mehrzehl der Menschen an den Jahrtausende alten Gewohnheiten und Trieben der Seßhaftigkeit festhalten wird, erscheint mir zweifellos, und ebenso zweifellos ist, daß eine „Freiheit", welche dieser Mehrzahl die Möglichkeit benähme, unbehelligt nach eigenem Gefallen zu leben, diesen Namen nur schlecht verdiente. Es kann sich also nur fragen, ob und wie das Recht der Bodenfreiheit mit dem Sondereigentume am Wohnhause zu vereinbaren ist.

Wenn man näher zusieht, so wird man finden, daß zu diesem Behufe im Grunde genommen gar nichts anderes notwendig ist, als das Vorhandensein einer dahingehenden öffentlichen Meinung, es sei jedermanns Recht, ein Plätzchen auf Erden für sich zu beanspruchen, wo er ungestört von Dritten sein Haupt zur Ruhe zu legen vermag. Macht sich diese Anschauung in der freien Gesellschaft geltend, so ist nichts, absolut nichts weiter zu vollkommenster Sicherung des Eigentums am Wohnhause notwendig. Daß dieses Eigentum auch im freien Gemeinwesen aus hygienischen, polizeilichen, ästhetischen Gründen gewissen Einschränkungen unterworfen bleiben muß, versteht sich von selbst. Niemand braucht sich gefallen zu lassen, daß ihm der Nachbar die Luft verpeste, das Licht entziehe, den Zugang verrammele; „Bauvorschriften" sind daher gerade im Interesse der individuellen Freiheit schlechthin unerläßlich; wem es nicht belieben sollte, sich an sie zu halten, der muß — das verlangt eben das Recht der Nebenmenschen — als Heim ein Plätzchen wählen, wo seine Sondergelüste niemand zur Last fallen. Von diesen baupolizeilichen Vorschriften abgesehen, welche die zukünftige freie Gesellschaft geradeso unbedenklich aus der bürgerlichen Welt übernehmen kann, wie abgesehen vom Eigentum an den Produktionsmitteln und dem was daraus folgt, die Gesamtheit der bürgerlichen Kultureinrichtungen, bedarf das Eigentum am Wohnhause keiner wie immer gearteten besonderen Rechtsnorm, um unbeschadet der Bodenfreiheit wie der Freizügigkeit genau so gesichert und „geheiligt" zu sein, wie nur je in Vergangenheit und Gegenwart. Daß von seiten der Gesellschaft, der Kommune, oder einzelner Unternehmungen unter Berufung auf den gemeinen Nutzen Ansprüche auf jemandes Wohnstätte erhoben werden, mag allerdings auch zukünftig vorkommen. Es kann immerhin geschehen, daß dort, wo bereits ein Wohnhaus steht, eine Straße angelegt, ein Schacht gebohrt werden soll. In solchem Falle müßte das fragliche Haus in der Tat „expropriiert" werden. Aber das steht weder mit dem Eigentum am Wohnhause, noch mit der Bodenfreiheit in Widerspruch; die im Bisherigen auseinandergesetzten Einrichtungen einer freien Gesellschaft bieten auch in solchen Fällen vollkommenen Schutz gegen Vergewaltigung oder Unrecht. Die Entscheidung darüber, ob ein Expropiationsfall vorliegt oder nicht, die in der bürgerlichen Welt Sache der Gesetze ist, hinge in der freien Gesellschaft von der öffentlichen Meinung ab; ersatzpflichtig wäre derjenige, der das expropriierte Wohnhaus für seine Zwecke beansprucht, und was die Höhe der Ersatzansprüche anlangt, diesen vornehmlichsten Zankapfel bei Abwickelung derartiger Angelegenheiten nach bürgerlichem

Recht, so wären Streitigkeiten hierüber in der freien Gesellschaft von vornherein unmöglich, da es sich in ihr niemals um den schwer faßbaren Grundwert, sondern ausschließlich um die Bau- und Einrichtungskosten handeln kann, über welche, wie im nächsten Kapitel gezeigt werden soll, die Bücher einer alle Transaktionen vermittelnden Bank jederzeit auf Heller und Pfennig Aufschluß bieten würden. Was heute ein umständliches, unsicheres Prozeßverfahren ist, wäre dann ein sehr einfaches Rechenexempel, was natürlich nicht ausschlösse, daß dem Expropriierten neben dem Ersatze seiner aufgelaufenen Kosten vielleicht auch noch eine Schadloshaltung für die Plage und die Umständlichkeiten des Umzuges zugebilligt werden könnte — immer vorausgesetzt, daß die öffentliche Meinung dafür ist.

Daß die Anerkennung des Eigentums am Wohnhause zur Einschmuggelung ausbeuterischen Zinses führen könnte, indem spekulative Köpfe bloß auf den Gedanken zu geraten brauchten, ihre Ersparnisse zu Hausbauten zu benutzen, um sukzessive in den Besitz unter Umständen sehr hohe Miete tragender Zinshäuser zu gelangen — ist nicht im entferntesten zu besorgen. Das Vermieten von Wohnhäusern oder Wohnungen brauchte durch besondere Gesetze nicht verboten oder auch nur eingeschränkt zu werden. Jedermann könnte mit seinem Wohnhause tun und lassen, was ihm nur immer beliebte, und durchaus überflüssig wäre es, irgendeiner Behörde das Recht einzuräumen, sich in die einschlägigen Rechtsverhältnisse zu mengen. Auch dem stünde nichts entgegen, daß jedermann beliebig viele Wohnhäuser erbaute oder erwürbe, mit denen allen er gleicherweise ganz nach eigenem Ermessen verfahren dürfte. Nur *eines* müßte sich jedermann stets vor Augen halten; daß nämlich das Heimstättenrecht nie und nirgends das *allen* Menschen gleichmäßig zustehende Nutzungsausrecht auf *allen* wie immer gearteten Boden zunichte macht, und daß es ausschließlich die öffentliche Meinung ist, die jeglichen Nutznießer von Boden gegen allenfallsige auf Nutzgenuß der gleichen Bodenparzelle gerichtete Ansprüche Dritter schützt. Gegen jeden Hauseigentümer können — mit einem Worte gesagt — Expropriationsansprüche erhoben werden, und zwar dies von jedermann, der den Hausgrund zu was immer, also auch zum Selbstbewohnen benützen will. Und ebenso sicher als es mir scheint, daß die öffentliche Meinung jedermanns *Heimstättenanspruch* gegen die gleichgearteten Ansprüche Dritter aufs beste schützen wird, so gut und unfehlbar, daß es keinem Vernünftigen jemals beifallen würde, solche Expropriationsansprüche überhaupt zu erheben; für ebenso sicher halte ich es, daß sie erfolgreich gegen solche Hausbesitzer geltend gemacht würden, die ihr Eigentum nicht zu jenem Zwecke benützen, zu welchem allein es jedermann zusteht, d. i. zum Selbstbewohnen. Es könnte also jederman Wohnhäuser bauen, so viele ihm beliebt, und sie auch ganz nach eigenem Ermessen an dritte Personen weiterbegeben; nur meine ich, daß diese Wohnungsvermittler der Zukunft sich notgedrungen in ihren Anforderungen auf Rückersatz des Bauaufwandes würden beschränken müssen, da sie andernfalls von ihren Kunden gegen Ersatz eben des Bauaufwandes jederzeit expropriiert werden könnten. Von einer Gefahr des Eigentums an Wohnhäusern für die Freiheit und Gleichberechtigung kann also schlechterdings keine Rede sein.

XX. Kapitel.

Der freie Güterumsatz.

I. Das Eskomptegeschäft in der Freiheit.

Durch die Zugänglichkeit der Produktionsmittel sind die Arbeitenden bloß auf dem Gebiete der Gütererzeugung vor Ausbeutung bewahrt, und immer noch wäre denkbar, daß sie beim Umsatze ihrer Erzeugnisse gegen die Gegenstände ihres Bedarfs fremden Zwecken dienstbar würden, daß arbeitsloses Einkommen aus der Vermittlung der Austauschgeschäfte erzielt werden könnte. Wo hochgradige Arbeitsteilung herrscht, die Befriedigung aller Bedürfnisse folglich den Tausch zur Voraussetzung hat, dort muß dieser sich jederzeit nach dem Belieben der Tauschenden vollziehen können, sollen diese nicht gewinnsuchenden Vermittlern tributär werden, und es fragt sich nun, ob auch dies ohne behördliche Bevormundung und lediglich als Folgewirkung freiwilliger, durch den fessellosen Egoismus hervorgerufener Handlungsweise der Individuen geschehen kann.

Die dabei zunächst sich aufwerfende Frage ist, kraft welcher zwanglos sich ergebenden Einrichtung das Hindernis der zeitlichen Unterschiede zwischen dem Hervortreten des Angebotes einerseits, der Nachfrage andererseits überwunden werden kann. In einer Gesellschaft, in welcher es kein anderes Einkommen, als solches aus Arbeit, und keine andere Arbeit, als solche zur Befriedigung der Bedürfnisse gibt, ist allerdings von vornherein feststehend, was die bürgerliche Welt nur fälschlich auch von sich behauptet, daß es nämlich kein Produkt geben kann, für welches der Abnehmer fehlt, weil in einer solchen Gesellschaft wirklich niemand produziert, es sei denn zu dem Zwecke, in Austausch gegen sein Produkt irgendein anderes Produkt zu erwerben (während in der bürgerlichen Welt das Gleichgewicht zwischen Angebot und Nachfrage auf dem Gütermarkte dadurch gestört wird, daß ein Teil der Produktionserträge statt gegen Produkte — gegen Zinsansprüche ausgetauscht werden will). Nicht feststehend ist aber auch in einer so gearteten Gesellschaft, daß sich der Abnehmer gerade in dem Momente meldet, in welchem der Verkäufer ihn braucht. Hier muß irgendein Vermittler ausgleichend eingreifen, der den Abnehmer zeitweilig zu ersetzen vermag, und es fragt sich, wer dieser Vermittler in der freien Gesellschaft sein soll.

Ich meine, es wird derselbe sein, der sich der analogen Funktion in der bürgerlichen Welt mit Erfolg unterzieht: der Eskompteur. Dessen Aufgabe ist es heute schon, die zum Zwecke zukünftiger Käufe zeitweilig disponibeln Kapitalien zu sammeln, und sie zwischenzeitig an diejenigen zu verleihen, denen das zu Käufen erforderliche Geld einstweilen noch fehlt. Das Eskomptegeschäft ist seinem eigentlichen Wesen nach nichts anderes, als Zahlungsleistung für Güter, deren endgültige Käufer sich erst noch einzustellen haben. Der einzige Unterschied zwischen dem bürgerlichen und dem freiwirtschaftlichen Eskomptegeschäfte hätte darin zu bestehen, daß bei ersterem aus der Vermittlung ein gewinnbringendes Geschäft gemacht, also Zins beansprucht wird, letzteres seine Funktion unentgeltlich als Dienerin der Gesamtheit durchführen müßte. Damit es dies zu leisten vermöge, wohlverstanden zu leisten für jedermann, der seine Dienste nur immer in Anspruch nehmen will, müßte das solchem Geschäfte obliegende Institut natürlich im Besitz nicht nur einzelner, sondern aller wie immer gearteten jeweilig zu Käufen disponibeln Gelder sich befinden, d. h. nicht bloß der Bankier aller Welt ohne Ausnahme sein, sondern auch alles und jedes Kapital all seiner Klienten jederzeit vollständig bei sich erliegen haben. Denn nur in diesem Falle, dann aber mit absoluter Sicherheit, ist darauf zu rechnen, daß es keinen Verkäufer geben kann, dem es den Erlös seines Gutes nicht zu „eskomptieren" vermöchte, und die Unentgeltlichkeit dieser seiner Eskomptetätigkeit würde dann auch genügende

Garantie gegen das Auftauchen gewinnsuchender konkurrierender Eskompteure bieten.

Irgendwelcher Zwang zur Benützung eines solchen gemeinnützigen Eskompteinstitutes wäre selbstverständlich mit dem Prinzip der Freiheit unvereinbar; es müssen, soll diese Einrichtung sich verwirklichen, alle auch nur zeitweilig disponiblen Kapitalien eine solche Bank freiwillig aufsuchen, und zu untersuchen ist daher, ob darauf mit Sicherheit gerechnet werden darf.

Diese Sicherheit kann nun meines Erachtens durch eine andere, der bürgerlichen Welt gleichfalls wohlbekannten Einrichtung geboten werden, durch das moderne Clearingwesen nämlich, dessen Aufgabe es ist, den Umsatzprozeß im Wege möglichster Vereinfachung der Zahlungen zu erleichtern, von allen überflüssigen Reibungskoeffizienten, Kosten und Zeitverlusten zu befreien. Durch das Clearing ist jedermann des Kostenaufwandes und der Mühe enthoben, von seinen Schuldnern erst Zahlung einzukassieren, bevor er seinerseits Zahlung leisten kann; er tilgt die eigene Schuld, indem er die eigenen Forderungen auf seine Gläubiger übertragen, d. h. an die Stelle der Zahlung durch besondere Zahlmittel, Zahlung durch einfache Buchung treten läßt.

Diese Einrichtung ist, wie gesagt, der bürgerlichen Welt sehr wohl bekannt; nur findet sie hier allerdings nur im Verkehr der großen Geschäftshäuser, und auch bei diesen bloß in wenigen großen Geschäftszentren Anwendung. Selbstverständlich, da in der bürgerlichen Welt nur die Großen jenes Kredites genießen, der unerläßliche Voraussetzung eines derartigen Ersatzes materieller Zahlung durch bloße Buchung ist. Anders in der freien Gesellschaft. In dieser wäre jedermann kreditfähig, hier träte die absolute Sicherheit an die Stelle des bloßen guten Glaubens, „Kredits". — Hier könnten alle Geschäftsbetriebe ohne Ausnahme Klienten des Clearing sein, und alle ihre Geschäftsmanipulationen, von der kleinsten bis zur größten, alle Kapitaldarlehen, Rückzahlungen, Einkäufe, Verkäufe und Gewinnverteilungen durch die Bankbücher gehen lassen; auch alle Einzelindividuen könnten ihr Bankkonto haben, in dessen Habenseite ihre Einkünfte, in dessen Sollseite ihre Ausgaben vollständig enthalten wären, kurzum, die Bank könnte jedermanns Bankier, und jedermanns ganzes Vermögen stets in ihren Händen sein, so daß Zu- und Abschreibung in Büchern vollständig an Stelle aller Inkassi und aller Auszahlungen eines solchen Gemeinwesens träten. Und eben durch die Universalität der Geschäftsvermittlung würde dann Teilnahme an dieser Institution zur zwingenden Notwendigkeit für jedermann; sie würde damit nicht bloß nützlich im höchsten Grade, sondern schlechthin unausweichlich. Selbst wer sich ihr — gleichviel aus welchem Grunde — entziehen wollte, könnte das gar nicht mehr. Die Allgemeinheit des Clearens macht alle Zahlmittel überflüssig, d. h. wohlverstanden, Geld hört deshalb nicht auf, das allgemeine Wertmaß zu sein, aber als Umlaufmittel hört es auf, zu existieren. Man rechnet noch immer nach bestimmten Münzeinheiten, in Umlauf gebracht werden jedoch diese Münzen nicht mehr. Verboten braucht deshalb das Zahlen oder Zahlungfordern in effektiver Münze keinem Menschen zu werden, es wird bloß praktisch untunlich. Die Bank könnte dabei verpflichtet bleiben, jedermann auf dessen speziellen Wunsch seine allenfallsigen Forderungen in Geld zuzuzählen, statt sie, wie ohne solch ausdrücklichen Wunsch geschähe, einfach seinem Habenkonto gutzuschreiben, und ebenso könnte sie bereit sein, Zahlung in Geld entgegenzunehmen, statt sie dem Sollkonto des Zahlers abzuschreiben. Aber wo alle Welt gewohnt ist, Zahlung in Form von Umschreibungen im Bankbuche zu leisten sowohl als zu empfangen, dort nützt die Bereitwilligkeit der Bank, auf die Barzahlungsmarotte eines einzelnen einzugehen, diesem einzelnen aus dem Grunde nichts, weil dieser außer der Bank niemand findet, der ihm gegenüber die gleiche Bereitwilligkeit an den Tag legen würde. Er wird um den Preis überflüssiger Mühe, Umständlichkeit und Chikane nichts anderes erreichen, als in den Ruf eines lästigen Narren zu geraten und von aller Welt tunlichst gemieden zu werden.

Die Bank des freien Gemeinwesens würde sohin alle irgend vorhandenen Kapitalbestandteile jederzeit zu ihrer Verfügung haben, und wenn sie von denselben den im früheren vorausgesetzten Gebrauch machte, wäre damit der Zins endgültig auch aus der Sphäre des Güterumsatzes beseitigt.

Es kann sich hier nur noch fragen, erstlich ob eine solche Universalbank nicht allzu kostspielig wäre, und ob andererseits nicht gerade aus der oben dargelegten Unvermeidlichkeit ihrer Vermittlung bei allen wie immer gearteten Zahlungen, mannigfaltige Belästigungen in Handel und Wandel sich ergeben könnten.

Ersteres anlangend, ist allerdings richtig, daß die Bank eines — dereinst wahrscheinlich die ganze Menschheit umfassenden — Gemeinwesens, in der alle Geschäfte aller Welt gebucht werden sollen, über einen Apparat verfügen müßte, gegen den gehalten alles, was die Phantasie Großartiges heutzutage zu ersinnen vermöchte, von zwerghafter Winzigkeit erschiene. Milliarden besonderer Konti hätte eine solche Bank jederzeit in Evidenz zu halten und abzuwickeln, nach Hunderttausenden würden ihre Angestellten, nach vielen Tausenden ihre mehr minder großartigen Bureaus und Baulichkeiten zählen, und der Kostenaufwand für dieselben betrüge sicherlich Riesensummen. Aber mit noch viel kolossaleren Ziffern muß bei den Ersparnissen gerechnet werden, welche eine solche Einrichtung für die Gesamtheit mit sich brächte. Schon dadurch, daß sie die Umlaufsmittel entbehrlich macht, bezahlt sich der größte Teil ihres Kostenaufwandes; die Hauptsache jedoch ist, daß eine derart einheitliche Zusammenfassung und fachmännische Behandlung des ganzen Verrechnungswesens gewaltige Arbeitsersparnis mit sich bringt. Die Einzelhaushaltungen, die ansonsten ihre Buchungen selber zu besorgen hätten, würden allerdings eine jede bloß wenige Minuten täglich an dies Geschäft wenden, summiert aber ergäben diese Minuten dennoch ein Vielfaches jenes Arbeitsaufwandes, den die an ihrer Statt das gleiche Geschäft in der Bank besorgenden Buchhalter daran zu wenden haben; die selbständige Buchung und Kassengebarung einer jeden der großen Produktivassoziationen würde einige besonders dazu angestellte Kräfte beanspruchen — in der Zentralbank würde ein Buchhalter zur Führung der Konti zahlreicher Assoziationen genügen; kurzum, es ist anzunehmen, daß jede in der Bank konsumierte Arbeitsstunde mindestens zehn Stunden in anderweitigen Tätigkeitsgebieten frei machen könnte.

Was aber die mit der Unvermeidlichkeit der Bank möglicherweise verknüpfte Belästigung anlangt, so ist es allerdings richtig, daß eine solche sich mitunter ergäbe, wenn unwandelbar an gewissen Formalitäten festgehalten würde, die, so praktisch sie auch bei Geschäften größeren Stils sein mögen, im alltäglichen Kleinverkehr doch höchst unbequem wären. Es liegt aber kein Grund zu der Annahme vor, daß die Menschen der Zukunft dies nicht einsehen und es verabsäumen sollten, die mannigfaltigen Auskunftsmittel zu ergreifen, die behufs Vermeidung derartiger Belästigungen zu Gebote stehen. Solche Schwierigkeiten existieren nur dort, wo man es nicht der Mühe wert findet, sie zu beseitigen. Im übrigen glaube ich, daß die Angehörigen des zukünftigen, freien Gemeinwesens durch ihren Reichtum, durch die Sicherheit, die sie einander wechselseitig bieten werden, bald dahin gelangen dürften, es mit ihren geschäftlichen Transaktionen und Zahlungen so zu halten, wie es heute schon unter reichen, gut akkreditierten Leuten üblich ist, nämlich für all ihre Geschäfte jeweilig jene Form zu wählen, die ihnen jeweilig die bequemste ist. Ich meine, man wird von seinen unterschiedlichen Lieferanten auf bloße mündliche, telephonische oder schriftliche Bestellung ohne weiteres alles erhalten, was man wünscht, und Zahlung hierfür regelmäßig in der Form leisten, daß man die von der Bank periodisch — sagen wir z. B. allmonatlich — einlaufenden Kontokorrente, in denen die von den betreffenden Assoziationen regelmäßig angemeldeten eigenen Arbeitsverdienste auf der Habenseite, die von den Lieferanten angemeldeten Schuldposten auf der Sollseite eingetragen sind, einfach zur Kenntnis nimmt.

II. Das freie Lagerhaus.

Der Markt und die auf selbem herrschende freie Konkurrenz sind unerläßliche Voraussetzungen der Kultur. Des Marktes entbehren könnte — wie die Kollektivisten ganz richtig voraussetzen — nur ein solches Gemeinwesen, in welchem an Stelle von Waren, Gebrauchsgüter produziert würden; seltsam ist bloß, daß die Kollektivisten nicht begreifen, wie dieses so verstandene Produzieren für den Gebrauch statt für den Markt den Verzicht auf die Arbeitsteilung, d. i. also der Verzicht auf alle und jede Kultur bedeutet. Für den Gebrauch im strengsten Sinne des Wortes erzeugt nämlich auch der Produzent von Marktwaren, denn zur Deckung seiner Bedürfnisse sind die von ihm auf den Markt gebrachten Güter bestimmt; er erzeugt z. B. Eisen, weil er Brot braucht, er erzeugt gleichsam sein Brot in der Eisenhütte und er tut dies auf solchem Umwege bloß deshalb, weil er derart mehr und besseres Brot zu erlangen vermag, als wenn er es selber unmittelbar auf Weizenfeldern erzeugte. Ganz dasselbe gilt für alle Warenerzeuger; sie verschaffen sich, was sie brauchen, dadurch, daß sie es von jenen, welche die verschiedenen Artikel dieses ihres Bedarfs am günstigsten herzustellen verstehen, im Austausche gegen jene Dinge erwerben, welche hinwieder sie selber am vorteilhaftesten erzeugen. Also für den Gebrauch wird auch die Marktware produziert, und das dem Erzeugen von Marktwaren entgegengestellte Erzeugen von Gebrauchsgütern hat bloß dann einen wirklichen Sinn, wenn darunter das unmittelbare Selbsterzeugen aller Dinge des eigenen Bedarfs verstanden werden will, der Verzicht auf die Arbeitsteilung mit einem Worte.

Soll es aber bei der Arbeitsteilung bleiben, so gehört dazu, — in einer Gemeinschaft von Kulturmenschen wohlverstanden — unweigerlich die Feststellung des Tauschverhältnisses der unterschiedlichen Marktgüter im Wege der freien Konkurrenz, des freien Wechselspiels von Angebot und Nachfrage. Die primitive Horde kann den Markt allenfalls entbehren, da es in ihr einerseits möglich ist, die Übereinstimmung von Bedarf und Produktion im Wege der Abrede herzustellen; andererseits, soweit sich dies als untunlich erweisen sollte, auf den Tausch auch zu verzichten. In der Kulturgesellschaft mit ihrer unendlichen Mannigfaltigkeit der Bedürfnisse und Produktionsbedingungen ist dies schlechthin ausgeschlossen. Hier auch nur an die Möglichkeit zu denken, daß jedermann alle Güter seines Bedarfs selber erzeugen könnte, ist ebenso unsinnig, als es unsinnig ist, zu glauben, daß es für Millionen Kulturmenschen ein anderes Mittel als den Markt gebe, um den jeweiligen Wert zu erkennen. Alle Umsicht der Behörden, alle Vollkommenheit der Einrichtungen, kann stets nur dahin führen, die im Wege des Marktes sich vollziehende Anpassung des Angebots an die Nachfrage zu kontrollieren, zu erleichtern, zu beschleunigen zu sichern; ersetzen können sie sie nimmermehr, weil es im Wesen der auf Arbeitsteilung beruhenden Bedarfsbefriedigung liegt, daß Nachfrage wie Angebot gar nicht in die Erscheinung treten können, bevor sie aufeinander gestoßen sind, sich aneinander gemessen haben. Der Kulturmensch weiß weder, was er zur Befriedigung seines Bedarfs begehren, noch was er zu gleichem Zwecke erzeugen soll, bevor er den Preis der unterschiedlichen Güter kennt, und um diesen Preis zu erfassen, gibt es dort, wo jedes Gut dem Zusammenwirken tausender und abertausender, räumlich und zeitlich mitunter sehr weit voneinander entfernter Arbeitskräfte seine Entstehung verdankt, kein anderes erdenkliches Medium als den Markt.

Das zukünftige freie Gemeinwesen wird also den Markt nicht entbehren können. Ist nun nicht zu besorgen, daß auf diesem unerachtet der Unentgeltlichkeit aller Kreditgewährung neuerlich zur Geltung gelangt, was auf dem Gebiete der Produktion glücklich beseitigt ist, der „Gewinn", der

Vorteil auf Kosten anderer? Die Kollektivisten wollen dieser Gefahr bekanntlich durch Beseitigung des Marktes begegnen, d. h. sie wollen auch hier, ähnlich wie bei ihrem Kampfe gegen die Lohnknechtschaft, das Kind mit dem Bade verschütten. Gleichwie es richtig ist, daß die wirtschaftliche Gerechtigkeit nicht verwirklicht werden kann, solange die menschliche Arbeitskraft Marktware bleibt, ebenso ist richtig, daß sie nicht verwirklicht werden kann, solange auf dem Markte Gewinn gemacht wird; doch gleichwie aus ersterem nicht folgt — was die Kollektivisten daraus folgern — daß der Markt abgeschafft werden, sondern lediglich, daß die Arbeitskraft aufhören müsse, Marktware zu sein, ebenso folgt aus letzterem nicht die Notwendigkeit, den Markt, sondern die, das Gewinnmachen auf dem Markte zu beseitigen.

Um dies Ziel zu erreichen, ist keineswegs erforderlich, das Gewinnmachen auf dem Markte zu *verbieten*, ebensowenig, als behufs Überwindung der Lohnknechtschaft erforderlich ist, das Handeln mit menschlicher Arbeitskraft zu untersagen. Zu letzterem Zwecke genügt, daß den Menschen selbstherrliches, freies Arbeiten, zu ersterem, daß ihnen der Güteraustausch ohne das Dazwischentreten eines gewinnsüchtigen Vermittlers ermöglicht werde.

Und auch hier gilt, was an entsprechender Stelle wiederholt schon betont wurde, daß nämlich die freie Gesellschaft zur Verwirklichung und Durchsetzung ihres Zieles keiner neuartigen Entdeckungen und Erfindungen bedarf; sie braucht bloß bereits bestehende Kultureinrichtungen sinngemäß auszugestalten, und zwar, soweit es sich um die Beseitigung des Handelsgewinnes unter Aufrechterhaltung vollkommenster Freiheit des Marktes handelt, das Institut der *öffentlichen Lagerhäuser*.

Die Freiheit des Marktes verlangt, daß der Produzent durchaus nach eigenem Belieben über sein Erzeugnis verfüge, und daß ebenso der Konsument nach eigenem Belieben Befriedigung seines Bedarfes suche. Des ersteren Sache muß es sein, seine Ware feilzuhalten, des letzteren Sache, sie zu erwerben, wann, wo, in welcher Weise und zu welchem Preise einem jeden von ihnen gutdünkt. Das schließt aber natürlich nicht aus, daß Produzent wie Konsument mit Durchführung einzelner oder auch aller Phasen dieses Anbietens und Nachfragens einen bestimmten Vermittler betrauen, und wenn nur Sicherheit dafür geboten ist, daß dieser Vermittler keinen wie immer gearteten Gewinn auf Kosten seines Kommittenten machen kann, so ist alles hier wünschenswerte erreicht.

Die Methode, nach welcher ein derartiger Vermittler, als welchen ich mir das Lagerhaus der zukünftigen Gesellschaft denke, zur Fixierung der Marktpreise gelangt, kann gänzlich dem Belieben der Kunden überlassen bleiben. Was zunächst die Verkäufer betrifft, so können diese sich damit begnügen, der Lagerhausverwaltung ihre Preisliste einzusenden und sie zu ersuchen, allenfallsige, sich bei ihr meldende Kauflustige zwecks genauerer Vereinbarung alles noch etwa zu Vereinigenden an sie — die Produzenten — zu weisen. Eine andere Methode wäre, die fraglichen Güter mitsamt genauer Preisliste ins Lagerhaus abzustellen und dort den Käufern zur Auswahl anheimzugeben. Wieder nach einer anderen Methode könnte dem Lagerhause die Veräußerung im Lizitationswege aufgetragen werden usf. Schließlich könnte es der Produzent gänzlich dem Ermessen der Lagerhausverwaltung anheimgeben, für bestmögliche Verwertung der ihr entweder körperlich übergebenen oder bloß avisierten Güter zu sorgen. Die Käufer auf der anderen Seite können in ebenso verschiedenartiger Weise die Vermittelung des Lagerhauses in Anspruch nehmen; sie können ihm ihre Wünsche mitteilen und Informationen darüber verlangen, wo diesen entsprechendes zu finden; sie können persönlich die Lagerräume aufsuchen und dort ihre Auswahl treffen; sie können Kaufordres für die periodisch abzuhaltenden Lizitationen einsenden, oder schließlich die Art der Effektuierung ihrer Anschaffung gänzlich dem Ermessen der Lagerhausverwaltung überlassen.

III. Beibehaltung des Geldes als Wertmesser.

Zu den weitestverbreiteten Irrtümern auf sozialem Gebiete gehört die Meinung, daß im Gelde eine Gefahr für Freiheit und Gerechtigkeit liege. Die „Jagd nach dem Golde" soll die letzte und eigentliche Ursache allen Unheils, und dementsprechend an wirkliche Besserung nicht zu denken sein, solange der Dämon Gold nicht überwunden. In Wahrheit ist jedoch das Geld nicht bloß eine an sich durchaus harmlose, sondern eine gerade der freiheitlichen Kultur schlechthin unerläßliche Sache. Geld ist nichts anderes, als der Wertmesser für alle wirtschaftlichen Güter, und eines solchen kann eine freie Kulturgesellschaft nicht bloß nicht entbehren, sie bedarf in Wahrheit eines möglichst guten, verläßlichen Wertmessers noch viel dringender, als die bürgerliche Welt. Und zwar dies aus dem Grunde, weil sie auf der Gerechtigkeit beruht, während die an und für sich auf dem

Unrechte beruhende ausbeuterische Ordnung dadurch in ihrem Wesen nicht berührt ist, wenn die Ungerechtigkeit zeitlich und örtlich verschärft wird. Es kann wohl mitunter zu den schwersten Unzukömmlichkeiten auch in der bürgerlichen Welt führen, wenn infolge von Schwankungen des Geldwertes die bestehenden Erwerbs- und Schuldverhältnisse eine Umwälzung erfahren; mit den Grundlagen der bürgerlichen Ordnung aber hat das nichts zu tun. Sinkt der Geldwert, so gewinnen, steigt er, so verlieren die Produzenten und die Schuldner auf Kosten oder zugunsten der Konsumenten und der Gläubiger; aber was verschlägt das der bürgerlichen Welt? Beruht etwa ihre Ordnung darauf, daß jede redliche Arbeit ihres redlichen Lohnes sicher sei? Die Ordnung der Zukunft aber soll darauf beruhen, woraus sich ergibt, daß sie, wie gesagt, eines guten Wertmessers nicht bloß ebenso dringend, sondern um vieles dringender bedürfen wird, als Vergangenheit und Gegenwart.

Der bislang im Gebrauch stehende Wertmesser: Edelmetall ist nun weit entfernt davon, vollkommen zu sein. Jedenfalls aber ist er der — bisher — bestmögliche. Er und er allein erfüllt bisher alle Anforderungen, die an das Wertmaß gestellt werden müssen, zum mindesten in einer dem praktischen Gebrauche entsprechenden Weise; was neben ihm noch in Erwägung kam, war entweder unpraktisch oder schlechthin unsinnig. Getreide, welches in Wahrheit wohl das einzige Gut wäre, von welchem als von einem Ersatzmittel des Geldes als Wertmesser überhaupt die Rede sein könnte, hat diesem gegenüebr in der Tat e i n e n großen Vorzug; es ist für längere Zeitperioden weitaus konstanteren Wertes als Gold. Daß ein vor tausend Jahren in Form eines bestimmten Getreidequantums ausgedrückter Wert dem heutigen Werte des gleichen Getreidequantums weitaus näher kommt, als ein vor tausend Jahren in Gold ausgedrückter dem heutigen Werte des gleichen Goldquantums, ist unzweifelhaft. Heute gilt ein Kilogramm reinen Goldes ungefähr zehn Tonnen Weizen; vor tausend Jahren galt dasselbe Kilo Gold 150 bis 200 Tonnen Weizen; bei dieser kolossalen Verschiebung des Wertverhältnisses von Gold und Weizen ist nun fraglos der Weizenwert das Konstantere, der Goldwert das Variablere. Für die Tonne Weizen kann man sich heute, wenn auch nicht genau, so doch annähernd dieselben Notwendigkeiten, Annehmlichkeiten und Bequemlichkeiten des Lebens verschaffen, wie zurzeit der Karolinger, für ein Kilogramm Goldes jedoch heute vielleicht bloß den zwanzigsten, sicher aber nicht mehr als den fünfzehnten Teil dessen, was dazumal das gleiche Goldquantum zu kaufen vermochte. Und zwar ist dieser in säkularem Verlaufe zu beobachtende unablässige Wertrückgang der Edelmetalle keine zufällige, sondern eine im Wesen der Sache liegende, mit ihrer stofflichen Unzerstörbarkeit notwendigerweise verknüpfte Erscheinung. Der Wert der Edelmetalle muß in sekulärem Verlaufe sinken, weil ihre Menge ganz unabhängig von der jeweilig zu- oder abnehmenden Leichtigkeit ihrer Produktion, im Wege der unablässigen Häufung ihres Vorrates langsam zwar aber sicher zunimmt. Weizen ist dieser unablässigen Akkumulation nicht unterworfen, und aus diesem Grunde für längere Zeiträume tatsächlich ein besserer Wertmesser, als das Gold. Dagegen aber fehlen dem Weizen zahlreiche andere Eigenschaften des Goldes, die hinwieder dieses geeigneter zum Wertmaße machen. So ist in erster Reihe Weizen zwar wertkonstanter für längere, dagegen weit minder wertkonstant für kürzere Zeitintervalle. Es ist gänzlich ausgeschlossen, oder doch im höchsten Grade unwahrscheinlich, daß der Wert des Weizens im Laufe eines Jahrtausends auch nur annähernd solchen Veränderungen unterworfen sein könnte, wie sie beim Golde nicht bloß möglich, sondern unvermeidlich sind; dagegen ist ausgeschlosssen, daß das Gold von Jahr zu Jahr auch nur annähernd solche Wertschwankungen erleide, wie Weizen sie in so kurzen Zeitabschnitten regelmäßig erfährt. Weizen kann im nächsten Jahre ebensogut doppelt soviel, als halb soviel wert sein, wie heute; Gold kann binnen Jahresfrist schlimmstenfalls um einige Prozente im Wert steigen oder fallen. Das macht: der Wert des Goldes hängt in erster Reihe von den aus der Vergangenheit übernommenen Vorräten ab, denen gegenüber die Schwankungen der jeweiligen Goldausbeute erst in zweiter Reihe in Betracht kommen; der Weizenwert dagegen hängt, da es keine nennenswerten Weizenvorräte gibt, stets vom Ausfalle der jeweiligen Weizenernte ab. Und da nun für die Länge der Zeit zwar unablässig sich häufende, für kürzere Perioden dagegen relativ geringfügige Veränderungen eines Wertmessers weit minder störend für den praktischen Gebrauch sind, als für die Dauer zwar sich ausgleichende, für kürzere Perioden dagegen relativ bedeutende Wertschwankungen, so ist als praktischer Wertmesser das Gold dem Weizen unendlich überlegen. Doch ein Wertmesser wäre auch Getreide immerhin, und wenn die bürgerliche Welt ihres Geldes bloß als Wertmaß und nicht auch als Umlaufsmittel benötigte, ließe sich über Getreide als Geldstoff immerhin reden. Uneinlösliche Papierzettel dagegen, oder vollends die Arbeitskraft, sind überhaupt keine Wertmesser; erstere aus dem Grunde, weil ihr Wert nichts gegebenes ist, sondern sich ausschließlich nach ihrer von bloßer Willkür abhängigen Menge richtet, letztere deshalb, weil ihr Wert zwar keine bloße Fiktion, sondern eine reale Größe, dagegen aber vollkommen unbestimmten Inhalts und zu allem Überflusse gerade dasjenige ist, zu dessen jeweiliger Bestimmung eben ein Wertmesser vonnöten. In letzterer Linie braucht die Kulturwelt einen Wertmesser hauptsächlich zu dem Zwecke, um an ihm den Wert der Arbeitskraft jeweilig messen zu können, und das sog. Arbeitsgeld läuft sohin auf die Absurdität hinaus, das zu Messende als Maßeinheit zu behandeln.

Das schließt nicht aus, daß der Wert der Arbeitskraft zu bestimmten Zwecken als *relativer* Wertmesser dienen mag. Man kann z. B. feststellen, daß gewissen Zahlungen der jeweilig in genau umschriebener Weise zu erhebende Wert einer bestimmten Arbeitszeit, sagen wir einer Arbeitsstunde, zugrunde zu legen sei. Die Assoziationen der zukünftigen freien Gesellschaft könnten beispielsweise die Gehälter ihrer diversen Organe in solcher Weise stipulieren; es könnte ausgemacht werden, daß der eine 1000, der andere 2000, ein Dritter vielleicht 5000 „Stundenwerte" jährlich als Gewinnanteil aus den Geschäften der Assoziation zu beziehen habe, welcher Stundenwert in der Weise zu berechnen wäre, daß der jeweilige Gesamtgewinn des Geschäftes durch die Gesamtzahl der von allen Assoziationsgenossen aufgewendeten Arbeitsstunden dividiert würde. Wenn beispielsweise die Jahresbilanz einer Assoziation zehn Millionen Mark oder Franks Reingewinn auswiese, und die sämtlichen an besagter Assoziation beteiligten Genossen im fraglichen Jahre eine Million Stunden gearbeitet hätten, so wäre der Stundenwert im Bilanzjahre gleich zehn Mark oder Franks, und es erhielte dann das Direktionsorgan, dessen Gehalt mit tausend Stundenwerten vereinbart wurde, zehntausend, das mit zweitausend Stundenwerten zwanzigtausend, das mit fünftausend Stundenwerten fünfzigtausend Mark oder Franks als Gehalt für besagtes Jahr ausbezahlt, respektive auf seinem Bankkonto gutgeschrieben. Und in analoger Weise könnten auch die Gehälter der öffentlichen Organe festgestellt werden, nur daß hier sinngemäß nicht der Wert der Arbeitsstunde in einer einzelnen Assoziation, sondern der aus dem Durchschnitte aller Assoziationen zu erheben und als Einheit zu behandeln wäre. Es ist aber klar, daß dieser Stundenwert nicht als Wertmaß, sondern lediglich als Berechnungsschlüssel für bestimmte Leistungen anzusehen wäre, deren Wert gleich dem aller anderen wirtschaftlichen Güter erst im Wege einer Abmessung durch Geld hervorträte. Diese Art Fixierung der Gehälter würde nicht deren absolute Höhe, sondern bloß das Verhältnis bestimmen, in welchem das Einkommen des betreffenden Beamten zum Einkommen eines Durchschnittsarbeiters stehen soll, und ihr Zweck, weit entfernt, einen möglichst unveränderlichen Wertinhalt der Gehälter zu garantieren, wäre ganz im Gegenteile, dafür zu sorgen, daß die Gehälter sich den Veränderungen der Arbeitsergiebigkeit anschmiegen.

IV. Der wertkonstante Geldstoff.

Es unterliegt aber andererseits keinem Zweifel, daß die Edelmetalle ihre unbestrittene Alleinherrschaft im Geldwesen aller bisherigen Kulturvölker in erster Linie gar nicht ihren Vorzügen als Wertmesser, sondern hauptsächlich ihrer unübertroffenen Eignung als Umlaufsmittel verdanken. Sie sind unzerstörbar und leicht handlich; kein anderer Stoff kommt ihnen in diesen zwei Punkten auch nur annähernd gleich und das macht sie unersetzlich im Geldumlaufe. Die zukünftige Wirtschaft nun soll, — wenn anders meine Voraussetzungen zutreffen — eines Umlaufsmittels überhaupt nicht bedürfen, das Geld sich ausschließlich auf die Funktion des Wertmessers beschränken; es fragt sich daher, ob die Edelmetalle, genauer gesprochen das Gold, unter so bewandten Umständen ihre Rolle als Geldstoff behaupten werden.

Das Gold müßte infolge jener Umwälzungen, die ich mir als naturnotwendige Begleiterscheinungen der wirtschaftlichen Freiheit denke, ziemlich rasch jene alleinige Eigenschaft einbüßen, um deren Willen es allenfalls auch dann noch als Wertmesser beibehalten werden könnte, nämlich seine — wenn auch nicht absolute, so doch verhältnismäßige Wertkonstanz für kürzere Zeiträume. Diese seine Wertkonstanz verdankt derzeit das Gold — wie oben ausgeführt — seiner unablässigen Aufstapelung, derzufolge sein Vorrat so groß geworden ist, daß ihm gegenüber selbst die stärksten Schwankungen der jeweiligen Goldproduktion nur langsam fühlbar werden können. Diese Aufstapelung ist jedoch lediglich das Ergebnis davon, daß Gold vorwiegend zu solchen Zwecken gebraucht wird, die mit seiner Konservierung nicht bloß verträglich sind, sondern dieselbe zur selbstverständlichen Folge haben, nämlich zu Zwecken des Schmuckes und Prunkes einerseits, zu denen des Umlaufs andererseits. Nur ein Bruchteil der jeweiligen Ausbeute der Goldminen fand bisher zu industriellen Zwecken Verwendung und wurde dabei verbraucht; das meiste Gold wird zu Schmuckgegenständen und Prunkgeräten verarbeitet, oder wandert in die Münzen, wird also nicht verbraucht, sondern aufbewahrt. Verhielte es sich längere Zeit hindurch umgekehrt, würde alles neugewonnene Gold industriell vernützt, ja würde dieser industrielle Verbrauch sukzessive auch auf die aus vergangenen Zeiten aufgestapelten Goldvorräte übergreifen, so käme es rasch dahin, daß der jeweilige Wert des Goldes ebenso abhängig würde von den jeweiligen Produktionsschwankungen, wie der Wert eines beliebigen anderen Gutes.

Und eine solche Revolution im Goldgebrauche glaube ich nun vorhersehen zu dürfen. Was zunächst die Aufstapelung zu Umlaufszwecken anlangt, so ist darüber nicht viel mehr zu sagen; wenn das Gold aufhört, Umlaufsmittel zu sein, so hört damit selbstverständlich seine Ansammlung zu Umlaufszwecken auf. Aber auch der Gebrauch des Goldes zu Zwecken des Schmuckes und Prunkes dürfte in der zukünftigen Gesellschaft erst abnehmen und schließlich ganz verschwinden. Aller Prunk entspringt der Hauptsache nach dem Hochmute des Herrenbewußtseins. Man erwirbt Prätiosen und Prunkstücke nicht weil sie schön, sondern weil sie kostbar sind, und zwar dies aus dem Grunde, weil ihre Zurschaustellung, eben ihrer Kostbarkeit halber, den Beweis liefert, daß man reich sei, daß man folglich zu den Bevorzugten gehöre. Damit soll nicht gesagt sein, daß der Schmuckgegenstand nicht wirklich gefalle, daß er nicht wirklich für schön gelte; allein er gefällt eben nur, weil er — seiner Kostbarkeit halber — von solchen Leuten erworben wird, nach deren Beispiel sich zu richten Sache „des guten Geschmackes" ist. Genau aus dem nämlichen Grunde, aus welchem alle Welt jeweilig reizend findet, was ein anerkannter Modekönig, eine anerkannte Modekönigin jeweilig zur Schau tragen, es mag in Wahrheit noch so häßlich und abgeschmackt sein, findet alle Welt dauernd schön, was dauernd alle Reichen zur Schau stellen. Beweis dessen, daß über falschen Schmuck, über unechte Prunkstücke selbst diejenigen die Nase rümpfen, die in Wahrheit den Unterschied zwischen echter und unechter Ware gar nicht zu sehen vermögen. Also ich wiederhole, Schmuck und

Prunk werden nicht erworben, weil sie schön, sondern weil sie kostbar sind, und dies hinwieder geschieht nur deshalb, weil das Vermögen, kostbaren Tand zu erwerben, Ehre und Ansehen verschafft. Tritt in diesem Punkte ein Wandel ein, hören Ehre und Ansehen auf, sich nach dem Vermögen zu richten, so kann es niemand fernerhin beifallen, Mühe und Arbeit aufzuwenden, realen Genüssen welcher Art immer zu entsagen, lediglich um den Glauben zu erwecken, daß man sich nutzlose Ausgaben leisten könne, denn nicht den Vornehmen, sondern den Törichten würde man sich dadurch anreihen, nicht Neid und Bewunderung, sondern Mitleid damit erregen. Der Gebrauch der Edelmetalle (wie der Edelsteine) zu Prunk und Schmuck würde sohin aufhören; es verbliebe nurmehr ihre Verwendung zu industriellen Zwecken. Mag dann immerhin diese letztere noch so sehr an Umfang zunehmen, mag sich schließlich herausstellen, daß der Edelmetallgebrauch in toto vielleicht sogar zugenommen — was in Anbetracht der mannigfachen edlen Eigenschaften besagter Metalle einerseits, der unermeßlichen Zunahme des Reichtums (die ich mir von der wirtschaftlichen Freiheit erwarte) andererseits, gar nicht so unmöglich ist — mit der Wertkonstanz von Gold und Silber wäre es vorbei, damit aber auch mit ihrer Eignung zum Wertmesser. Denn in jeder anderen Beziehung sind diese Stoffe, eben wegen ihrer Seltenheit, die denkbar mindest geeigneten zu besagter Funktion, und das Gemeinwesen der Zukunft würde daher notgedrungen an ihren Ersatz durch ein besseres Wertmaß denken müssen.

Ein wirklich vollkommenes Geldgut gibt es nicht, kann es der Natur der Sache nach gar nicht geben, aus dem sehr einfachen Grunde, weil der Wert jeglichen Dinges von seinem Tauschverhältnisse zur Gesamtheit aller anderen Dinge abhängt und zu seiner eigenen Wertbeständigkeit dementsprechend notwenidg wäre, daß alle anderen Dinge zusammengenommen ihm gegenüber in einem unabänderlich gegebenen Tauschverhältnisse beharrten, — was undenkbar ist. Wert ist — ich halte mich hier an die Definition Adam Smiths — die Eignung eines Dinges, uns den Genuß aller Notwendigkeiten, Annehmlichkeiten und Bequemlichkeiten des Lebens zu verschaffen. Wohlverstanden: a l l e r Notwendigkeiten, Annehmlichkeiten und Bequemlichkeiten, denn ein Ding, das uns nur einzelne dieser Kommoditäten verschafft, besitzt bloß Nützlichkeit, aber keinen Wert. Großen Wertes sind jene Güter, welche uns viel, geringeren, welche uns wenig von allen Lebensbedürfnissen verschaffen, aber stets viel oder wenig von allen, denn ein Ding, welches einzelne Bedürfnisse noch so vortrefflich und reichlich befriedigt, ist zwar überaus nützlich, aber — sofern es andere Bedürfnisse überhaupt nicht zu befriedigen vermag — völlig wertlos. Da nun nichts auf Erden an und für sich geeignet ist, alle menschlichen Bedürfnisse zu befriedigen, so kann jedes Dinges Wert lediglich auf seiner Fähigkeit beruhen, sich nach Bedarf in andere Dinge umzusetzen — d. i. auf seiner Tauschbarkeit. Die Tauschrelation jedes Dinges hängt nun allerdings von dessen Nützlichkeit und Seltenheit ab, aber nicht davon allein, sondern ebenso auch von der Nützlichkeit und Seltenheit jener anderen Dinge, gegen die es getauscht werden soll. Damit sein Tauschverhältnis unveränderlich bleibe, wäre sohin nicht bloß erforderlich, was allenfalls noch denkbar erschiene, daß seine eigene, sondern daß aller Dinge Nützlichkeit und Seltenheit unwandelbar die nämlichen blieben, was undenkbar, zu allem Überflusse aber eine solche Supposition ist, die, wenn sie jemals zuträfe, allen und jeden Wertmesser überflüssig machen würde. Denn wenn das Tauschverhältnis aller Dinge ein unwandelbar gegebenes wäre, brauchte man für sie natürlich kein Wertmaß. Es gibt also von Natur aus keinen vollkommenen Wertmesser.

Trotzdem ist keineswegs unmöglich, einen solchen begrifflich zu konstruieren. Es müßte das dem Begriffe der Sache entsprechend ein Etwas sein, an sich, d. h. ohne Tausch, geeignet, die Gesamtheit aller menschlichen Bedürfnisse zu befriedigen. Da es kein einzelnes Ding gibt, welches diese Fähigkeit besäße, könnte dieses Etwas nichts anderes sein, als eine Komposition verschiedener Dinge, eine Art Mischung, deren Bestandteilen zusammengenommen jene Eignung zu allgemeiner Bedürfnisbefriedigung innewohnte. Getreide ist an sich bloß vermögend, den Menschen zu nähren, Gewebe, ihn zu kleiden, Eisen, ihn mit Werkzeugen auszurüsten. Der Wert dieser drei Dinge einzeln genommen kann unmöglich konstant sein, da er vom Wechsel ihrer gegenseitigen Tauschrelationen abhängt; alle drei vereinigt aber wären wertkonstant — falls nämlich supponiert werden dürfte, daß sie die Gesamtheit aller menschlichen Bedarfsartikel darstellen. Denn dann könnten sie untereinander im Werte schwanken, so viel sie mögen — ihr Gesamtwert, ihre Gesamteignung zur Befriedigung des menschlichen Gesamtbedürfnisses, bliebe unwandelbar die gleiche.

Ist es nun möglich, den Anforderungen einer solchen Voraussetzung zu entsprechen? Kann man daran denken, eine Komposition aller Güter des menschlichen Bedarfs zuwege zu bringen? Buchstäblich aller wohl niemals; dagegen wäre vielleicht nicht einmal gar so schwer, eine so vollständige Liste der wichtigsten Bedarfsgüter aufzustellen, daß deren allenfallsige Lücken kaum sonderlich ins Gewicht fielen. Ja, da es sich hier um die Konstruktion eines Wertmessers zu praktischen Zwecken handelt, brauchte besagte Liste vielleicht nicht einmal gar so groß zu sein, um den Anforderungen an ein gutes Wertmaß genügend zu entsprechen. Man könnte ohne sonderlichen Schaden das unendliche Heer der kleineren, nebensächlichen Bedarfsartikel gänzlich unberücksichtigt lassen, ferner könnte man auch unter den Artikeln des großen Bedarfs diejenigen auswählen, die typisch und, von nebensächlichen Schwankungen abgesehen, maßgebend sind für die anderen gleicher Gattung. Unter den Getreidesorten z. B. würde eine, unter den Metallen würden einige wenige, unter den Geweben drei bis vier Typen genügen usf. Nur eines wäre dabei unerläßlich: man müßte auch mit annähernder Genauigkeit wissen, welchen Rang in der menschlichen Bedarfssphäre ein jedes der solcherart gewählten Güter einnimmt, und welchen Rang man ihm dementsprechend in der fraglichen zum Wertmesser bestimmten Güterkomposition einzuräumen habe. Supponieren wir immerhin, daß Gold, Weizen, Eisen, Baumwolle und Pfeffer die Gesamtheit aller menschlichen Bedarfsartikel darstellen, so wäre trotzdem ein Wertmesser, der aus gleichen Quantitäten dieser fünf Güter komponiert würde, absolut unbrauchbar, denn er würde allgemeinen Preissturz oder allgemeine Teuerung je nach dem Ausfall der Pfefferernte anzeigen, wäre also eine lächerliche Monstruosität. Wenn Pfeffer in einer solchen Komposition überhaupt Platz finden soll, so darf das doch nur mit einer seiner bescheidenen Bedarfssphäre entsprechenden bescheidenen Quantität geschehen, und genau entsprechendes gilt für jeden Bestandteil der Mischung. Auch Gold, Weizen, Eisen und Baumwolle dürfen nicht mit gleichen, sondern mit jenen Mengen eingestellt werden, die ihrer Rolle im menschlichen Gesamtbedarfe entsprechen. Wie aber diese Mengen finden?

Die bürgerliche Welt stünde einem solchen Probleme ratlos gegenüber, und das ist auch der Grund, warum dasselbe in ihr noch niemals aufgeworfen worden ist, trotzdem es wohl kaum eine Frage gibt, an deren Lösung so zahlreiche Theoretiker und Praktiker ihren Witz erschöpft haben, wie gerade an der des Wertmessers. Man glaube auch nicht, daß es jene Anforderungen wären, welche die bürgerliche Welt an das Geld als Umlaufsmittel stellen muß, was von vornherein jeden Gedanken an ein derart gekünsteltes Wertmaß unterdrückt hätte. Dem Bedürfnis nach Umlaufsmitteln ließe sich durch Surrogate, durch fundierte Scheine und durch Scheidemünze Genüge tun. Bei einigen der besten Währungssysteme der bürgerlichen Welt — ich nenne bloß die Hamburgische Mark-bankowährung — kam das Währungsmetall gar niemals in Zirkulation und war im Verkehre völlig durch papierne Bankscheine ersetzt. Daß also die obige Komposition — selbstverständlich — zu Zirkulationszwecken gänzlich ungeeignet wäre, hätte von deren eingehenderer Analyse keineswegs abgeschreckt, wüßte man nur, wie ihre einzelnen Bestandteile auszuwählen und der Menge nach zu fixieren seien.

Ich glaube nun, daß dieses, der bürgerlichen Welt schlechthin unlösliche Problem der zukünftigen freien Gesellschaft keinerlei Schwierigkeiten bereiten könnte, vorausgesetzt, daß das in diesem Kapitel über ihre Bank- und Lagerhauseinrichtungen Gesagte der Hauptsache nach richtig ist. Denn diese ihre Einrichtungen würden sie in den Stand setzen, jederzeit genau zu wissen, wie viel von jedem erdenklichen Gute produziert und konsumiert wird; sie könnte also mit Leichtigkeit die Quanta finden, mit denen ein jedes Gut in die Wertmaßkomposition einzureihen ist. Wenn man beispielsweise wüßte, daß in der Weltwirtschaft jährlich auf je 100 Kilogramm Weizen 80 Kilogramm Eisen, 30 Kilogramm Baumwolle, 1 Gramm Pfeffer und ½ Gramm Gold konsumiert werden, so würde man die fraglichen fünf Güter — so weit man sie überhaupt in die Komposition einstellen will — dort im Gewichtsverhältnisse von 100000 : 80000 : 30000 : 1 : ½ einreihen. Eine solche Komposition, mit Umsicht zusammengestellt und von Zeit zu Zeit einer entsprechenden Revision unterzogen, hätte den Vorzug wirklicher Wertkonstanz, sie böte einen Wertmesser, der — von praktisch genommen ganz irrelevanten minimalen Abweichungen abgesehen — die Sicherheit nahezu absoluter Wertbeständigkeit jeder in Geld fixierten Leistung böte. Davon, daß ein solches Geld in Zirkulation käme, könnte natürlich keine Rede sein; man würde darnach rechnen, gleichwie die Hamburger nach ihren Markbanko rechneten, ohne sie jemals zu Gesicht zu bekommen. Das schlösse nicht aus, daß jedermann, der es wünscht, dieses Geld durch Vermittlung des damit betrauten Bankinstitutes materiell zugewogen erhielte; es würde dies nur niemand wünschen, wenn alle Welt durch Buchübertragungen Zahlung leisten und empfangen könnte.

Auch glaube man nicht, daß die Durchführung einer derartigen Währungsreform eine revolutionäre Tat wäre, verbunden mit tief eingreifenden Störungen auf irgendeinem Gebiete des wirtschaftlichen Lebens. Weder in Handel und Wandel, noch in den Kreditverhältnissen brauchte auch nur die geringste Erschütterung davon verspürt zu werden, ja nicht einmal zum Bewußtsein der geschäftlichen Kreise brauchte die ganze Umwälzung zu gelangen, wenn anders nur getreulich an dem obersten Grundsatze eines jeden Währungswechsels festgehalten würde, daß es sich dabei lediglich um eine Änderung in der Materie des Wertmessers handeln dürfe, ohne daß am Werte desselben gerührt wird. Gleichwie wenn von der Silberwährung zur Goldwährung übergangen wird, die neue an Stelle des alten tretende goldene Münze derart ausgeprägt werden muß, daß ihr Wert demjenigen der alten Silbermünze gleich ist, so müßte beim Übergange von der Goldwährung zur Kompositionswährung eine solche Menge des neuen zusammengesetzten Stoffes als Werteinheit festgesetzt werden, wie sie im Momente des Währungswechsels als wertgleich mit der alten, goldenen Werteinheit sich darstellte. Wenn beispielsweise bis dahin nach englischen Sterlingpfunden gerechnet worden wäre, so müßte als neue Legaltender Einheit — sie könnte ganz gut sogar den alten Namen „Pfund" beibehalten — jenes Gewicht der neuen Währungskomposition fixiert werden, welches zurzeit des Währungswechsels auf offenem Markte für ein altes Pfund Sterling zu kaufen ist. Damit bliebe die Kontinuität in allen Geldgeschäften so vollkommen gewahrt, daß außer jenen Fachkreisen, die sich mit den speziellen Währungsangelegenheiten befassen, niemand auch nur eine Ahnung davon zu haben brauchte, daß im Geldwesen überhaupt eine Änderung eingetreten sei. Alles bliebe beim alten, nur eines wäre geschehen: der Wertmesser wäre, soweit menschliche Einrichtungen dies zu bewerkstelligen vermögen, hinfort vor Schwankungen bewahrt.

XXI. Kapitel.

Das Recht der Nichtarbeitenden.

I. Die Nichtarbeitenden in der freien Gesellschaft.

Im Bisherigen war von der zukünftigen Gesellschaft stets als von einer Gemeinschaft Arbeitender die Rede. Nun gibt es aber und wird es allezeit Menschen geben, die nicht arbeiten, sei es, weil sie nicht wollen, sei es, weil sie nicht können oder sollen. Es läßt sich zwar mit gutem Grunde annehmen, daß die Zahl der zur ersteren Kategorie gehörigen, ganz abgesehen vom Verschwinden der bisherigen privilegierten Stände, in der freien Gesellschaft sehr wesentlich abnehmen wird, denn es war auch bisher weniger Arbeitsscheu im allgemeinen, als Widerwille gegen das Arbeiten zu fremdem Nutzen, was als charakteristisches Merkmal der sog. Vagabunden gelten kann. Es sind gar nicht die Energielosen, Schlaffen, die sich gegen dasjenige auflehnen, was in der bürgerlichen Gesellschaft nützliche Tätigkeit heißt, sondern umgekehrt weit eher die unbändigen Kraftnaturen, und ganz richtig wurde wiederholt schon bemerkt, daß diese Schädlinge der Gesellschaft bei ihrem nutzlosen Treiben bisweilen einen Eifer, eine Energie an den Tag legen, deren geringer Bruchteil — auf „ehrliche" Arbeit gewendet — genügen würde, ihnen hinreichendes Auskommen zu sichern. Die bürgerlichen Schriftsteller, die solches hervorheben, wissen mit dieser Tatsache allerdings nichts anzufangen, und sehen in derselben meist nur einen neuen Beweis der Perversität der Menschennatur; in Wahrheit beweist selbe nichts anderes, als daß es der knechtischen Zucht, trotz der vielen Jahrtausende ihrer Dauer, noch immer nicht vollständig gelungen ist, den ursprünglichen menschlichen Freiheitsinstinkt gänzlich auszurotten. Der Vagabund ist ein atavistischer Rückfälliger; in ihm erwachen die in der Brust des zivilisierten Normalmenschen nurmehr rudimentär schlummernden Instinkte der barbarischen Urfreiheit zu neuerlichem Leben; er gleicht dem Abkömmlinge einer gezähmten Tierart, der in die Wildnis zurückflieht. Darob verwundern sich die in ihren Fesseln verharrenden zahmen Brüder; sie können es nicht begreifen, wie man der warmen Hütte und dem gefüllten Futtertrog das Frieren und Hungern im Walde vorziehen könne, und sofern es z. B. richtige Hunde sind, die über einen solchen Fall der Vagabondage philosophierne, also Kreaturen, in deren Augen Kette und Peitsche notwendige und heilsame Fügungen des „Herrn" geworden sind, werden sie für das Benehmen des verblendeten Empörers gegen die gottgewollte Ordnung keine andere Erklärung finden, als „Arbeitsscheu". Der Ausreißer — so meinen sie — ist zu faul, um seinen Pflichten als Haustier zu genügen, und deswegen verzichtet er auf Futter und Stall.

In der freien Gesellschaft wird es weder Ketten noch Peitschen geben, es werden dementsprechend die freiheitlichen Instinkte niemand in die Wildnis scheuchen, d. h. es werden sich keine Vagabunden im bürgerlichen Sinne finden. Auch darf nicht übersehen werden, daß die zukünftige Gesellschaft vermöge der in ihr zur Wahrheit gewordenen Herrschaft über die Elemente, alle aufreibende, ja wahrscheinlich alle unangenehme Arbeit von eisernen und stählernen Knechten verrichten lassen wird, dem arbeitenden Menschen der Hauptsache nach bloß deren Überwachung und Lenkung überlassend. Trotz alledem muß damit gerechnet werden, daß es Individuen geben wird, die selbst diese geringe Mühe scheuen.

Ebenso wird es natürlich allezeit Arbeitsunfähige geben, Kranke, unmündige Kinder, hinfällige Greise und schließlich solche Personen, die nicht arbeiten sollen, auch wenn ihnen die physische Fähigkeit dazu nicht, oder doch nicht völlig abgeht. Die Meinung über letzteren Punkt, nämlich über die Nützlichkeit oder Notwendigkeit des Nichtarbeitens auch solcher Personen, die zu irgendwelcher Arbeit immerhin befähigt wären, mögen noch so kontroverse sein — daß es gewichtige Interessen gibt, welche gebieterisch einen Verzicht auf die Arbeitsleistungen gewisser an und für sich betrachtet Arbeitsfähiger fordern, wird von keiner Seite geleugnet. Es ist evident, daß Kinder unter einem bestimmten Alter nicht arbeiten dürfen, sollen sie nicht physisch und geistig zugrunde gerichtet werden. Fraglich kann sein, auf welche Altersgrenze dieser Kinderschutz zurückgreifen soll, ob dabei in erster Linie Rücksichten auf die physische, oder solche auf die geistige Entwickelung der heranwachsenden Generation als maßgebend zu betrachten seien; daß es Kinder gibt und allezeit geben wird, die nicht arbeiten sollen, auch wenn sie es schon könnten, bedarf keines Beweises. Ebenso selbstverständlich ist, daß auch nach oben hin eine Altersgrenze vorhanden ist, jenseits welcher das Arbeiten aufhören sollte. Daß es grausam ist, von alten Leuten so lange Arbeit zu fordern, als sie überhaupt noch ihre Glieder zu regen vermögen, wird allgemein zugegeben; nur gehen auch hier die Meinungen sowohl darüber sehr weit auseinander, bei welcher Altersgrenze die Arbeit am besten aufzuhören, als auch darüber, was von Gesellschafts wegen zu geschehen habe, um den an diese Altersgrenze Gelangten das Nichtarbeiten zu ermöglichen.

Mit Bezug auf die Frauenarbeit dagegen ist bisher ganz im allgemeinen kontrovers, ob selbe an und für sich verwerflich, oder ob sie mit gewissen Einschränkungen zulässig, ja im Interesse der weiblichen Gleichberechtigung sogar notwendig sei. Auch hier wird zwar übereinstimmend zugegeben, daß das Weib weder zu jeder Arbeit befähigt, noch jederzeit arbeitsfähig sei; selbst die extremsten Feministen leugnen nicht, daß es gewisse Arten von körperlichen Arbeiten gibt, die — dem Manne ganz ungefährlich — die weibliche Physis binnen kurzem zugrunde richten, und ebenso verschließen sie sich der Erkenntnis nicht, daß es im weiblichen Leben teils in kurzen Intervallen regelmäßig wiederkehrende, teils seltener sich einstellende Prozesse gibt, während welcher jede wie immer geartete körperliche Anstrengung schädlich wirkt. Doch in den aus diesem Zugeständnisse gezogenen Schlußfolgerungen zeigen sich sehr weitgehende Abweichungen. Daß die Frau nicht zu allen Arten von Arbeit geeignet und nicht jederzeit leistungsfähig sei, biete keinen Grund, ihr auch solche Arbeiten zu verbieten, denen sie durchaus gewachsen wäre, und am allerverkehrtesten sei es, diese bedingte und partielle Arbeitsunfähigkeit als Rechtfertigung vollständiger Entrechtung des weiblichen Geschlechtes zu gebrauchen, sagen — insoweit, durchaus richtig — die modernen Frauenrechtler. Ihr Irrtum liegt nur darin, daß sie den Anspruch auf Gleichberechtigung durch die Eignung zur Arbeit glauben stützen zu müssen. Denn gleichviel, ob und wieviel das Weib arbeiten dürfte und könnte, wirklich arbeiten würde es — von vereinzelten Ausnahmen abgesehen — doch nicht, desto weniger, je freier und entwickelter die Gesellschaft, in deren Mitte es lebt. Und zwar dies aus dem Grunde, weil — in aller Regel zum mindesten — Arbeit seinem natürlichen Berufe und folglich sowohl seinem als des ganzen Gemeinwesens Glücke zuwiderläuft. Die Frau *soll* nicht arbeiten, sie ist von der Natur ganz im allgemeinen nicht dazu geschaffen, sie kann es meist nicht tun, ohne ihre natürlichen Obliegenheiten in Familie und Gesellschaft zu schädigen. Weiberarbeit ist eine Auflehnung gegen die von der Natur für den Menschen statuierte Arbeitsteilung der Geschlechter, denn der Mensch gehört offensichtlich jenen Tierarten an, deren Weibchen sich darauf beschränken, die Jungen zu gebären, zu säugen, zu betreuen, es dem Männchen überlassend, für Nahrung zu sorgen. Es ist auch ganz vergebens, sich gegen dieses Naturgebot aufzulehnen. Dem Weibe mag das Recht auf jegliche Arbeit noch so schrankenlos eingeräumt werden — wenn seine politische und soziale Gleichberechtigung seine Erwerbsfähigkeit zur Voraussetzung hat, so wird es in neunundneunzig unter hundert Fällen freiwillig in der Abhängigkeit des Mannes verharren, ehedenn es sich dazu entschlösse, seiner eigentlichen Aufgabe untreu zu werden. Damit sollen die geistigen Fähigkeiten der Frau nicht im Entferntesten geleugnet werden. Die Frau ist dem Manne geistig ebenbürtig; ihre Fähigkeiten sind von denen des Mannes in vielen Beziehungen verschieden, denselben jedoch keineswegs untergeordnet. Sie sind dies — im hier allein entscheidenden Sinne — selbst dann nicht, wenn zugegeben wird, daß es gerade die höchsten Kategorien menschlicher Geistestätigkeit sind, in denen die höchsten Stufen ausschließlich von Männern eingenommen werden. Denn nicht um eine psychologische, sondern um eine sozialpolitische Frage handelt es sich hier, und es wird wohl keinem Zurechnungsfähigen im Ernste beifallen, einer Kategorie von Menschen das volle Menschenrecht absprechen zu wollen, weil philosophisches oder musikalisches Genie ersten Ranges ihr fehlt. Mit der sozialen Seite der Frauenarbeit aber hat all das nichts zu tun, denn „arbeiten" heißt für mindestens neun unter zehn Menschen k ö r p e r l i c h tätig zu sein, und wenn das Weib körperlich nicht arbeiten soll, so heißt das eben für die überwiegende Mehrzahl aller Weiber, daß sie überhaupt nicht arbeiten sollen. Wohlverstanden, nur sollen, nicht dürfen. Verwehren kann und wird die freie Gesellschaft den Frauen körperliche Arbeit so wenig, als geistige, sie werden sie eben, in aller Regel zum mindesten, nicht leisten, und zwar dies nicht bloß deshalb, weil sie selber, sondern weil auch die Männer es nicht wollen.

Nicht Arbeitende also wird es in großer, ja in weit größerer Zahl geben, als je zuvor. Abnehmen, vielleicht gänzlich verschwinden werden bloß die Arbeitsunwilligen; alle anderen Kategorien von Nichtarbeitenden werden sehr wesentlichen Zuwachs erfahren. Die Altersgrenze, bis zu welcher und von welcher ab auf die Arbeit von Kindern und Greisen verzichtet wird, ist in der bürgerlichen Welt sehr eng gezogen; es arbeiten hier zahllose Kinder, die das Alter der Reife noch lange nicht erreicht haben, und zahllose Greise, deren Kräfte längst schon verbraucht sind; im zukünftigen Gemeinwesen — soll dasselbe halten, was von ihm mit Recht erwartet werden kann — muß das anders werden. Und was die Frauenarbeit anlangt, die in den tieferen Schichten der bürgerlichen Welt uneingeschränkt üblich ist, so wird sie in Zukunft zugleich mit dem Elend, ihrer ausschließlichen Triebfeder, nahezu verschwinden. Alles in allem gerechnet, läßt sich füglich behaupten, daß die relative Zahl der Arbeitenden sich infolge der Freiheit auf die Hälfte reduzieren dürfte. Derzeit arbeitet durchschnittlich einer von zwei lebenden Menschen; hinkünftig dürfte bloß einer von je vier lebenden arbeiten. Die Frage nach dem Rechte der Nichtarbeitenden in der zukünftigen Gesellschaft ist sohin gleichbedeutend mit der Frage nach dem Rechte von drei Vierteilen ihrer Mitglieder.

II. Unvereinbarkeit des Almosens mit der Gleichberechtigung.

In der bürgerlichen Welt kann von einem „Rechte" der Nichtarbeitenden schon deshalb keine Rede sein, weil es doch auch kein Recht der Arbeitenden, sondern lediglich ein solches der Besitzenden in ihr gibt. Die sog. demokratischen Verfassungen unternehmen es vergeblich, sich über diesen Tatbestand hinwegzutäuschen. Sie räumen den Nichtbesitzenden alle erdenklichen Rechte ein, bis auf eines, welches eine jedoch so geartet ist, daß ohne selbes alle anderen Menschenrechte der pure Hohn sind. Dieses eine ist — wie an anderer Stelle bereits ausgeführt — das Recht, nach eigenem Ermessen aus eigener Kraft zu leben. Dieses Recht haben in der bürgerlichen Welt die Arbeitenden so wenig, als die Nichtarbeitenden, sie sind also, sofern sie zu den Besitzlosen gehören, beide gleich vollständig rechtlos. Die Verschiedenheit ihrer Behandlung in der bürgerlichen Gesellschaft ist demnach auch keine Frage des Rechts, sondern lediglich eine solche der Nützlichkeit vom Gesichtspunkte der alleinigen Rechtssubjekte besagter Gesellschaft, d. i. der Besitzenden. Der Arbeitende ist ein nützliches, der Nichtarbeitende ein unnützes, und da er trotz seiner Nutzlosigkeit Anspruch auf Unterhalt erhebt, ein schädliches Wesen, das dementsprechend als Feind behandelt wird. Man ist seit einigen Generationen etwas halbschlächtig in der praktischen Betätigung dieses vom bürgerlichen Standpunkte allein folgerichtigen Gedankenganges geworden, und nicht ganz ohne Grund überschütten die konsequenteren unter den Anwälten der bestehenden Ordnung die moderne „Gefühlsduselei" mit der Lauge bitterster Ironie. Es wird noch dahin kommen, daß man den Vagabunden luxuriöse Voluptuarien einrichtet, ihnen Champagnerweine und feine Zigarren aufwartet, während der „ehrliche Arbeiter" am Hungertuche nagt — klagen sie. Daß letzteres bloß deshalb der Fall ist, weil nicht vagabundierende Nichtarbeiter dem ehrlichen Arbeiter das Brot vom Munde wegnehmen, können und wollen diese guten Leute nicht begreifen; sie glauben wirklich, daß es die Vagabunden sind, die den Arbeitenden verkürzen, und es ist daher die reinste Humanität, die sie nach Arbeitshaus und Tretmühle für jene Schändlichen rufen läßt, die sich des Müßigganges unterfangen, ohne in irgendwelchem Besitztitel die Berechtigung hierzu nachweisen zu können. Wer selber nichts besitzt und keinem Besitzenden nützlich ist, der hat — daran läßt sich tatsächlich nichts ändern — in der bürgerlichen Welt keinen Platz, und die modernen Menschenfreunde geraten mit sich selber in Widerspruch, wenn sie Humanität für Nichtarbeitende predigen, dabei aber an den Satzungen der bürgerlichen Ordnung festhalten. Ihre Handlungsweise entbehrt aller Logik und unterscheidet sich in diesem Punkte höchst unvorteilhaft von derjenigen früherer konsequenterer Jahrhunderte, wo derjenige, der nicht arbeiten wollte, gepeitscht und ins Arbeitshaus oder in die Tretmühle gesteckt wurde, derjenige, der partout nicht arbeiten konnte, ruhig verkommen durfte, und derjenige, der nicht arbeiten sollte, trotzdem arbeiten mußte. Der moderne bürgerliche Menschenfreund peitscht keinen Vagabunden mehr, aber den Schubwagen oder das Arbeitshaus hält er noch immer für ihn in Bereitschaft; seine Anschauungen über die zulässige Grenze der Verwendung von Kranken, Kindern, Greisen und Frauen zur Arbeit sind etwas skrupulöser geworden, ja er ruft schrittweise sogar Einrichtungen ins Leben, deren Bestimmung es ist, den auch seiner Auffassung zufolge Arbeitsunfähigen irgendwelche Subsistenzmittel zu gewähren; aber ein *Recht* darauf räumt er ihnen nicht ein, kann es ihnen von seinem Standpunkte aus nicht einräumen; alles was für sie geschieht, hat Mitleid zur alleinigen Triebfeder und ist lediglich ein aus gutem Willen hervorgehendes *Almosen*.

Nach bürgerlicher Satzung sind Kinder und Frauen auf das Familienhaupt als Ernährer angewiesen; die notwendige Folge davon ist, daß sie auch seiner Herrschaft überantwortet sind. Das Recht über Leben und Tod von Frau und Kind übt zwar der moderne europäische Gatte und Vater nicht mehr, im übrigen sind seine Familienangehörigen heute so gut als in den Blütezeiten streng orthodoxer ausbeuterischer Praxis seine Leibeigenen. Der Ursprung dieser Leibeigenschaft innerhalb der Familie ist, gleich der jeder anderen, religiöser Beschaffenheit; das Familienhaupt war der irdische Stellvertreter des Gottgeistes, und in dieser seiner Eigenschaft schrankenloser Gebieter über alles, was in den Machtbereich des Gottes gehörte. Heute ist diese transzendente Entstehungsgeschichte der väterlichen Gewalt verdunkelt; da jedoch alle jene wirtschaftlichen Einrichtungen, kraft deren die Götter ihr Herrenrecht ausüben, heute noch wirksam sind, da nach wie vor nicht der Mensch das Eigentum, sondern das Eigentum den Menschen beherrscht, so sind heute wie vor Jahrtausenden die Besitzenden die Stellvertreter Gottes auf Erden, und wenn sie die ihrer Gewalt Anheimgegebenen auch nicht mehr direkt töten dürfen, so ist deren Leben doch in ihrer Hand, da sie über die Mittel zum Leben verfügen. Und dem Wesen nach nicht anders ist es um diejenigen bestellt, welche die bürgerliche Ordnung der öffentlichen Wohltätigkeit überantwortet. Sie genießen, was ihnen zugemessen wird, nicht als ein ihnen gebührendes Recht, sondern als Ausfluß des guten Willens anderer, sind daher unfrei. Es gibt human und inhuman verwaltete Armen- und Invalidenhäuser; solche, in denen die Insassen freie, von den Launen ihrer Wohltäter unabhängige Menschen wären, gibt es nicht und kann es nicht geben.

Denn das Almosen ist etwas mit dem Begriffe des Rechts an und für sich unverträgliches, es ist die direkte Verneinung desselben. Almosen ist eine Gabe, auf die der Empfänger keinen Anspruch hat; es hört auf Almosen zu sein, sowie seine Abhängigkeit von der bloßen Willkür des Spenders aufhört. Die eigentliche Aufgabe des Almosens ist gar nicht, einem Bedürfnisse des Empfängers, sondern die, einem solchen des Spenders zu genügen. Der Fromme gibt Almosen, um sich dadurch das Himmelreich zu verdienen, der weltlich Gesinnte, um sich das Bewußtsein einer menschenfreundlichen Handlung zu verschaffen. Man mag darüber spotten oder nicht — der liebe Gott hat die Armen wirklich bloß deshalb in die bürgerliche Welt gesetzt, damit die Reichen Gelegenheit haben, ihre eigene Vortrefflichkeit an den Tag zu legen. Ob diese Vortrefflichkeit den Namen Humanität oder Frömmigkeit führt, ist höchst gleichgültig. Entscheidend erscheint mir, daß ihre Dokumentierung und nicht die Anerkennung irgendeines Rechtes des Empfängers der eigentliche Grund alles Almosengebens ist. Sein Ausmaß sowohl als die Art seiner Verwendung wird stets von dem Ermessen des Spenders abhängen. Er wird reichlich geben und überflüssige Härten bei Behandlung der Beschenkten tunlichst vermeiden, wenn er weichen Herzens, knausern und tyrannisieren, wenn er härteren Gemütes ist.

Nun ist allerdings anzunehmen, daß die Angehörigen der zukünftigen Gesellschaft weitaus humaner sein werden, als diejenigen der bürgerlichen Welt es jemals waren. Sie werden sicherlich eine so hohe Auffassung von der menschlichen Würde haben, daß man sich darauf verlassen könnte, ihre Vorsorge für die nichtarbeitenden Brüder und Schwestern würde großzügig und frei von demütigenden Formen sich betätigen, auch wenn sie keinerlei Rechtsanspruch derselben anerkennten, und Wohltätigkeit die alleinige Quelle auch ihrer Versorgungsmaßregeln wäre. Mit Freiheit und Gleichberechtigung der Nichtarbeitenden wäre jedoch auch das unvereinbar. Man mag es noch so großmütig und sinnreich verschleiern — Almosen bliebe trotzdem, was die Arbeitenden den Nichtarbeitenden zukommen ließen, und daß der Almosenempfänger vollkommen frei vom Almosenspender und vollkommen gleichberechtigt mit diesem sein könnte, halte ich für eine contradictio in adjecto. Man kann den Almosenempfänger mit Zärtlichkeit überhäufen, ihn hätscheln und verwöhnen, ja man kann sich von ihm tyrannisieren lassen — frei und gleichberechtigt wird er deshalb doch nicht sein, so wenig als der Sklave, dessen willenloser Spielball der Herr vielleicht tatsächlich ist, frei und gleichberechtigt genannt werden kann — so lange er eben Sklave bleibt. Freiheit und Gleichberechtigung von drei Vierteilen der zukünftigen Menschheit hängt sohin davon ab, ob es ein Recht der Nichtarbeitenden gibt, ein Recht, welches ihnen Befriedigung ihrer Bedürfnisse ganz unabhängig vom guten Willen der Arbeitenden verbürgt.

III. Der Rechtsanspruch der Nichtarbeitenden.

Der Kommunismus statuiert auch für die Nichtarbeitenden ein Recht auf Bedürfnisbefriedigung, und zwar tut er dies zunächst unter Berufung auf ein allen Menschen gemeinsames Recht zu leben. Nun kennt die Natur allerdings ein jedem Lebewesen zustehendes Recht auf Gebrauch der eigenen Fähigkeiten, überläßt es jedoch im übrigen durchaus dem Zufalle, ob diese zur Fristung des Lebens ausreichen oder nicht. Daß sie dabei dem Individuum auch den Schatz ihrer unterschiedlichen Kräfte und Stoffe freigebig zur Verfügung stellt, ist allerdings richtig; aber auch das besagt bloß, daß es jedermanns natürliches Recht ist, seine Kraft an den Gaben der Natur zu erproben — zu arbeiten mit einem Worte. Doch abgesehen davon wäre den Nichtarbeitenden mit noch so feierlicher Anerkennung eines ihnen allenfalls zustehenden natürlichen Rechtes zu leben nicht das geringste geholfen, denn das würde bloß besagen, daß den Arbeitenden nicht das Recht zustehe, sie zu töten — etwa gleich den Drohnen des Bienenstocks. Nicht um das Recht der Nichtarbeitenden allein handelt es sich, sondern ebenso um eine diesem Rechte entsprechende Pflicht der Arbeitenden. Da es in einer Kulturgesellschaft andere, als aus Arbeit herrührende Subsistenzmittel nicht gibt, so müssen die Nichtarbeitenden, sollen sie ihr Leben nach eigenem Rechte fristen, Anrecht auf Produkte besitzen, die nicht das Ergebnis ihrer Arbeit sind. Ein solches aber wäre kein Naturrecht, sondern ein gesellschaftliches Recht.

Auch dieses statuiert nun der Kommunismus und kommt bei Begründung desselben der Wahrheit sehr nahe, geht jedoch schließlich doch an ihr vorbei. Die Nichtarbeitenden haben Anspruch auf Befriedigung ihrer Bedürfnisse, weil sie gleich den Arbeitenden Mitglieder der Gesellschaft sind, fruchtbare Arbeit jedoch lediglich innerhalb der Gesellschaft und mit den Mitteln der Gesellschaft möglich ist — bis hierher ist der kommunistische Gedankengang durchaus richtig. Von da ab jedoch verläßt er den Weg strenger Logik, indem ihn die anscheinende Unmöglichkeit, irgendwelche faßbare Grenzlinie zwischen den Anteilen der Arbeitenden und Nichtarbeitenden zu ziehen, dazu verführt, diese vollkommen gleichzustellen. Es sind so große und scharfsinnige Geister, die mit zu den Opfern dieses Irrtums gehören, daß unmöglich angenommen werden kann, sie hätten bei jener Konklusion, wonach alle Arbeitsprodukte allen Mitgliedern der menschlichen Gesellschaft gleichmäßig gehören, weil fruchtbringende Arbeit nur unter Zuhilfenahme der gesellschaftlichen Arbeitsmittel möglich sei, gänzlich daran vergessen, daß das Produkt trotzdem nicht die Frucht der Arbeitsmittel allein, sondern die der Arbeitsmittel und der Arbeitskraft im Vereine ist. Das kann Sozialpolitikern, die gerade auf die Arbeit als wertschaffenden Faktor den Nachdruck legen, unmöglich entgangen sein.

Wenn sie trotzdem das ganze Produktionsergebnis für die Gesamtheit reklamieren und deren Mitgliedern, sie mögen nun arbeiten oder nicht, den gleichen Anteil zusprechen, so haben sie dafür offenbar ihre tieferen Gründe, und diese sind — meines Erachtens — im folgenden zu suchen.

Der Nichtarbeitende ist gleich dem Arbeitenden, lediglich in seiner Eigenschaft als Kulturmensch Erbe einer unendlichen Reihe vorangegangener Kulturgenerationen, ohne deren Hinterlassenschaften alle Arbeit unfruchtbar, oder doch so wenig fruchtbar wäre, daß selbst der Tüchtigste und Tätigste der jeweilig Lebenden Mangel an allem litte, was den Reichtum des Kulturmenschen bildet. Es ist dementsprechend dasselbe sozialpolitische Unrecht, wenn die Arbeitenden alle Früchte der Kultur als ihr ausschließliches Eigentum betrachten, von welchem sie den Nichtarbeitenden bloß aus Mitleid zufließen ließen, was ihnen — den Arbeitenden — jeweilig gutdünkt, als es Unrecht im privatrechtlichen Sinne wäre, wenn die arbeitenden Kinder eines reichen Mannes sich die ganze Verlassenschaft des Vaters aneigneten, ihre, gleichviel aus welchem Grunde, nichtarbeitenden Geschwister mit — sei es noch so reichlich bemessenem — Almosen abfindend. Nun wird allerdings jeder rechtlich Denkende denjenigen, die durch ihre Arbeit das gemeinsame Erbe befruchten, einen besonderen Lohn ihrer Plage zuerkennen — aber, so wenden hier (nicht ausdrücklich, denn ich zum mindesten habe diese Darlegung bisher noch bei keinem ihrer Schriftsteller gefunden, wohl aber im Geiste) die Kommunisten ein: es gibt eben keine Plage, keine besondere Mühewaltung, welche die arbeitenden Mitglieder der Gesellschaft *für die nichtarbeitenden leisten*, und welche ihnen besonders vergütet werden müßte. Es ist wahr, daß das allen gehörige Erbe ohne ihre Arbeit keinerlei Früchte trüge und daß die Nichtarbeitenden gänzlich leer ausgingen, wenn auch die Arbeitenden müßig blieben; nichtsdestoweniger sind sie letzteren keinerlei Arbeitsvergütung schuldig, aus dem Grunde, weil deren Plage genau die nämliche bliebe, wenn sie sich darauf beschränken wollten, ausschließlich den ihnen allein gehörigen Teil des gemeinsamen Erbes zu fruktifizieren. Denn das Erbe, um welches es sich hier handelt, der Kulturbesitz der Menschheit, gestaltet mit wachsendem Umfange die menschliche Arbeit allerdings stets ergiebiger, dieses Wachstum vermehrt aber die Plage der Arbeit nicht im geringsten. Ob daher die Arbeitenden bloß den ihnen eigentümlich gehörigen Teil oder das Ganze besagten Erbes benützen, ist mit Bezug auf ihre Leistung durchaus dasselbe; der letzterenfalls für die Nichtarbeitenden abfallende Ertrag ist gleichsam ein mühelos erzieltes Nebenprodukt, und die Arbeitenden wären hartherzige Wucherer, wenn sie sich für selbes ein Extrahonorar ausbedängen. Im übrigen fehlte ihnen dazu nicht nur die Berechtigung, sondern auch die Macht, da der Kulturbesitz der Menschheit wohl in der Idee, nicht aber tatsächlich teilbar sei. Die Arbeitenden haben nur die Wahl, entweder auch den ihnen gehörigen Teil unbenutzt zu lassen, oder unter Ausnutzung des ganzen ans Werk zu gehen, und die Nichtarbeitenden schulden ihnen daher nicht einmal Dank für eine Handlungsweise, die, bei Lichte besehen, als vom nackten Eigennutze diktiert sich herausstelle.

In diesem Gedankengange erblicke ich die tiefere Begründung der kommunistischen Gleichheitstendenz. Ich halte diese aber trotzdem für falsch. Denn sie übersieht den Umstand, daß die Arbeitenden durch die Mitverwendung des den Nichtarbeitenden gehörenden Produktivkapitals allerdings keinerlei wie immer geartete Mehrarbeit übernehmen, daß es aber eine Minderung des ihnen von Rechts wegen gehörigen Arbeitsertrages bedeuten würde, wenn sie mit den Nichtarbeitenden auf dem Fuße absoluter Gleichheit teilen müßten, und zwar dies aus dem Grunde, weil die Kulturmittel, das sind die Produktivkapitalien, die Arbeitsergiebigkeit zwar fortlaufend mit ihrem Umfange, aber beileibe nicht in gleicher Progression mit diesem steigern. Gesetzt, das Gesamtkapital der Menschheit betrage vier Millionen Werteinheiten, so befruchten sie zwar alle vier die Arbeit, aber die vierte tut dies in minderem Grade als die dritte, diese in minderem als die zweite und diese in minderem als die erste. Und gerade die eine, fruchtbarste Million stellt — unter unserer Voraussetzung, daß auf einen Arbeitenden je drei Nichtarbeitende fallen — den Erbanteil des Arbeitenden dar, und wenn man nun drei Vierteile des mit Hilfe der vier Millionen erzielten Produktes den Nichtarbeitenden zuspricht, so beschenkt man sie auf Kosten der Arbeitenden; denn der Ertrag hat sich kraft ihrer Kapitaleinlage zwar vermehrt, keineswegs aber vervierfacht; es gebühren ihnen daher wohl Teile, nicht aber drei Vierteile desselben.

IV. Berechnung dieses Anspruchs.

Meine Meinung geht also dahin, daß die Nichtarbeitenden vollgültigen Anspruch — zwar nicht auf gleiche Teilung mit den Arbeitenden, wohl aber auf jenen Teil des Produktionsertrages haben, um welchen dieser durch den ihnen gehörigen — gleichen — Anteil an den Produktionsmitteln gesteigert wird.

Damit ist jedoch ein praktisch brauchbarer Teilungsschlüssel noch nicht gegeben, da sich darüber, in welcher Progression die befruchtende Wirkung vermehrten Kapitalaufwandes abnimmt, im Wege abstrakter Spekulation schlechterdings nichts sagen läßt. Darüber könnte einzig die Erfahrung Auskunft geben, und eine solche steht der menschlichen Gesellschaft derzeit nicht zur Verfügung. Die Arbeitsmittel haben sich vervielfacht; aber wir wissen erstlich nichts Näheres darüber, in welchem Maße dies geschehen, und am allerwenigsten kennen wir die Wirkungen dieser Vervielfachung, und werden, solange die bürgerliche Ordnung in Kraft bleibt, die Wirkung vermehrter und verbesserter Arbeitsmittel auch niemals kennen lernen. Und zwar dies nicht bloß deshalb, weil die bürgerliche Welt im unklaren über die wirtschaftlichen Vorgänge in ihrem Schoße ist und allezeit bleiben wird, sondern vornehmlich deshalb, weil in ihr der tatsächliche Produktionsertrag gar nicht von der potentiellen Ergiebigkeit der Arbeit, sondern von den Schwankungen des Bedarfs abhängt. Für sie also wäre mit der Zurückführung des Rechtes der Nichtarbeitenden auf die im obigen entwickelte Formel nichts Greifbares gewonnen.

Anders in der zukünftigen freien Gesellschaft, wie ich sie mir denke. In dieser wäre nicht bloß die Disparität zwischen tatsächlicher und potentieller Ergiebigkeit der Arbeit verschwunden, sie besäße auch über alle Elemente des hier in Frage kommenden Kalküls zum Teil annähernd, zum Teil absolut verläßliche Daten. Den jeweiligen Wert der Produktionsmittel sowohl als der Produktion vermöchte sie auf Heller und Pfennig den Büchern ihres alle Geschäfte in sich konzentrierenden Bankinstitutes zu entnehmen; und wenn sie die Steigerung der Arbeitsergiebigkeit durch die den Nichtarbeitern gehörigen Arbeitsbehelfe eruieren wollte, so wäre sie auch diesbezüglich nur in den ersten Jahren ihres Bestandes auf bloße Kombinationen und Mutmaßungen angewiesen; sehr bald böten ihr diese nämlichen Bücher ziffermäßige Anhaltspunkte auch hierüber. Und zwar dies von dem Zeitpunkte ab, wo das (per Kopf der Bevölkerung) zur Verfügung stehende Gesamtkapital im selben Verhältnisse über das bei Beginn der gesellschaftlichen Buchführung zur Verfügung gestandene hinausgewachsen wäre, in welchem die Gesamtzahl der Mitglieder die der arbeitenden Mitglieder der Gesellschaft übertrifft. D. h. wenn, wie angenommen, auf je einen Arbeitenden drei Nichtarbeitende entfallen, so genügt von dem Momente an, in welchem die gesellschaftlichen Kapitalien sich jenem Stande gegenüber vervierfacht haben, den sie bei Einrichtung des gesellschaftlichen Buchwesens innehatten, die rückblickende Prüfung der Bankbücher, um schwarz auf weiß verzeichnet zu finden, welche Erträge die menschliche Arbeit geliefert hat, als ihr bloß soviel Arbeitsbehelfe zur Disposition standen, als nunmehr den Arbeitenden allein gehören.

Nun ist allerdings richtig, daß die solcherart gefundene Größe gewisser Korrekturen bedürfte, ehe von ihr auf jenen Produktionsertrag gefolgert werden könnte, den menschliche Arbeit mit Hilfe des fraglichen Kapitalbetrages jeweilig zu erzielen vermöchte. Denn der Ertrag hängt nicht bloß vom Ausmaße, sondern auch von der Verwendungsart des verfügbaren Kapitals ab, es müßte sohin auch mit den inzwischen eingetretenen Verbesserungen der Arbeitsmethoden gerechnet werden, mit neuen Erfindungen, Entdeckungen und ähnlichem. Aber all das sind Faktoren, deren Bedeutung für die Ergiebigkeit der Arbeit an der Hand der nämlichen Bankbücher sich mit großer Genauigkeit feststellen ließe, so daß den Volkswirten der zukünftigen Gesellschaft — wenn anders meine im Bisherigen gebotene Schilderung derselben richtig ist — auch damit kein unlösliches Problem aufgegeben wäre; und es kann nicht schaden, eine solche Rechnung hypothetisch anzustellen, nicht in der Meinung, daß die dabei erlangten Resultate ziffermäßig irgendwelchen Wert besäßen, sondern lediglich um zu zeigen, wie zukünftige Rechner, denen alle Elemente, die für uns ein Unbekanntes sind, genau bekannt wären, die Sache anpacken könnten.

Gesetzt also, es kommen drei Nichtarbeitende auf je einen Arbeitenden, und die Bankbücher zeigen, daß der aktuelle Reinertrag der Arbeitsstunde 12 Mark (ich wähle willkürlich diese Ziffer wegen ihrer Teilbarkeit durch 3 und 4) betrage, während er zur Zeit, als das gesellschaftliche Kapital per Kopf gerechnet vierfach geringer war, die Hälfte betrug, so würde daraus hervorgehen, daß jedem Arbeitenden sechs, jedem Nichtarbeitenden zwei Mark vom Ertrage der Arbeitsstunde gehören.

Wie und nach welcher Methode an der Hand eines solcherart gefundenen Schlüssels die Erträge in der zukünftigen freien Gesellschaft zur tatsächlichen Verteilung gelangen könnten, das halte ich für eine Frage von verhältnismäßig untergeordneter Bedeutung. Die Hauptsache ist, daß es ein ziffermäßig eruierbares Recht der Weiber, Kinder und Invaliden auf Anteil am Ertrage der Arbeit gibt, dessen Anerkennung und Durchführung ich für den Schlußstein wahrhafter Gleichberechtigung halte.

XXII. Kapitel.

Der freie Kulturmensch.

I. Die freie Berufswahl.

Freiheit wie Kultur sind dem Menschen nichts Neues; erstere ist lediglich das niemals zum Schweigen gebrachte Postulat seiner ursprünglichsten, mächtigsten Instinkte; letztere ist ihm — wenn auch in arger Verzerrung — Jahrtausende hindurch vertraut geworden. Freiheit und Kultur zugleich hat er jedoch bisher noch nicht kennen gelernt; denn soweit unsere geschichtlichen Erfahrungen reichen, wissen wir nur von freien Wilden oder von zivilisierten Knechten; den freien Kulturmenschen soll uns erst die Zukunft vorführen. Wie wird er beschaffen sein? Offenbar in manchem Belange anders als der freie Wilde oder der zivilisierte Knecht; wodurch er sich aber von diesem und wodurch von jenem unterscheiden wird, das sind Fragen, auf die sich erschöpfende Antwort derzeit nicht geben läßt. Wenn ich trotzdem den Versuch einer vorausblickenden Schilderung des freien Kulturmenschen unternehme, so geschieht dies hauptsächlich in der Erwägung, daß solcherart zum mindesten die Nichtigkeit jener Schreckbilder gezeigt werden kann, in denen sich orthodoxe Voreingenommenheit zu gefallen pflegt, so oft vom sozialen Umschwung die Rede ist. Als Tod alles Individualismus, aller Kunst, aller Ideale pflegt da die soziale Zukunft dargestellt zu werden. Das ist nun, der freie Kulturmensch mag im übrigen welches Bild immer bieten, für alle Fälle unrichtig, und wenn aus den folgenden Darstellungen auch nur diese eine Erkenntnis deutlich hervorgeht, so haben sie vollauf ihren Zweck erfüllt.

Als selbstverständliche Folge der sozialen Gleichberechtigung kann angenommen werden, daß die zukünftige Schule allen Kindern gleichmäßig zugänglich sein wird. Daraus folgt aber nicht im entferntesten, daß es dort keinerlei Unterschiede geben, daß die gesamte heranwachsende Generation nach einer und der nämlichen Schablone zu charakterlosen Herdenmenschen erzogen werden müßte, oder auch nur könnte. Ganz im Gegenteile ergibt sich aus dem Grundsatze, daß auch Kinder und junge Leute keinem Zwange unterworfen werden dürfen, sondern ihrer eigenen Individualität entsprechend behandelt werden müssen, eine Mannigfaltigkeit der Unterrichtsmethode, die viel weiter geht, als die in den freiesten bürgerlichen Schulen übliche. Zweck und Umfang des Lehrplanes wird notwendigerweise die größten Verschiedenheiten aufweisen. Die Elemente der Bildung dürften sich allerdings selbst die minder Fähigen aneignen; daß jedoch alle Welt sich zu höheren Studien drängen sollte, bloß aus dem Grunde, weil selbe aller Welt gleichmäßig zugänglich sein werden, ist um so weniger anzunehmen, als doch mit den sog. liberalen Berufen keinerlei privilegierte Lebensstellung verbunden wäre. Ich meine, die jungen Leute werden — unbeirrt durch irgendwelche Nebenrücksichten — jenen Lehrplan einhalten, den ihnen ihre Neigungen und die Ratschläge ihrer Eltern und Lehrer vorzeichnen, so daß die Gleichberechtigung in der Schule zu allem anderen eher, als zu schablonenhafter Gleichmacherei führen dürfte.

Für ebenso unbegründet halte ich die Besorgnis, daß der Wegfall der Standes- und Klassenunterschiede zu alles nivellierender Gleichartigkeit der Beschäftigungen ausarten müßte, oder — herrscht wirkliche volle Freiheit — auch nur könnte. Es wird, um die Sache an einem recht trivialen Beispiele zu illustrieren, ganz gewiß nicht dazu kommen, daß jedermann sich seine Schuhe wird selber reinigen müssen. Das könnte nur geschehen, wenn mit dem gewerbsmäßigen Schuhreinigen jene soziale oder wirtschaftliche Degradation verbunden bliebe, die in der bürgerlichen Gesellschaft dieser nützlichen Tätigkeit — wie im Grunde genommen mehr minder jeder Arbeit — unstreitig anhaftet, oder wenn es in Zukunft keine Menschen gäbe, die, falls sie nur entsprechend dafür bezahlt werden, ebenso gern Stiefel putzen, als ackern, weben, hobeln, kurzum eine beliebige andere körperliche Arbeit verrichten. Wenn es unmöglich wäre, diese Tätigkeit so einzurichten, daß die mit ihr Beschäftigten von den Launen ihrer Kunden nicht zu leiden haben, so würde man solche unter den selbstbewußten Gentlemen der freien Zukunft allerdings nicht finden, ebensowenig als unter dieser Voraussetzung zu irgendwelchen persönlichen Dienstleistungen geneigte Menschen. Emanzipiert man sich jedoch von der Vorstellung, daß es zur freien Entfaltung der Persönlichkeit in den sog. höheren Berufen gehöre, die Angehörigen gewisser anderer Berufe geringschätzig zu behandeln, so wird es, so lange die Unterschiede der menschlichen Fähigkeiten nicht aufhören, auch an jener Arbeitsteilung nicht fehlen, deren wirtschaftlicher und kultureller Segen ja eben darin liegt, daß sie es jedermann ermöglicht, dasjenige zu treiben, wozu er sich am besten schickt.

Nun gibt es in der bürgerlichen Welt unleugbar eine ganze Reihe von Arbeiten, die mit so viel Widerwärtigkeiten oder Gefahren verknüpft sind, daß angenommen werden darf, es werde sich in der freien Gesellschaft selbst zu höchsten Preisen niemand für dieselben bereit finden. Wo es sich aber so verhält, dort ist nur zweierlei möglich: entweder es gelingt, diese Arbeiten entsprechend gefahrloser und minder abstoßend zu gestalten — oder man verzichtet auf die Ergebnisse derartiger Tätigkeiten, d. h. man ersetzt sie durch irgendwelche den gleichen, oder doch den annähernd gleichen Dienst leistende andere. Daß die zukünftigen Techniker keines dieser beiden Kunststücke sollten zuwege bringen können, ist gänzlich ausgeschlossen. Es wird also sicherlich in der freien Gesellschaft für alle Bedürfnisse vorgesorgt sein, ohne daß irgendjemand genötigt wäre, sich mit einer Verrichtung zu befassen, die seinen persönlichen Neigungen und Anlagen zuwiderläuft. Nur ist allerdings zu vermuten, daß diese Neigungen und Anlagen minder exklusiver Beschaffenheit sein dürften, als derzeit der Fall. Gleichwie eine große Zahl der körperlich Arbeitenden zukünftig ganz gut dazu geeignet sein wird, sich gegebenfalls auch irgendwelchen geistigen Geschäften zu unterziehen, ebenso ist anzunehmen, daß die zukünftigen Kopfarbeiter gar nicht so selten Gefallen daran finden werden, sich mitunter auch körperlich zu betätigen. Es ist des ferneren wahrscheinlich, daß gerade die Angehörigen der liberalen Berufe: Künstler und Gelehrte, sehr häufig, eben um sich ihren idealen Bestrebungen in vollster Unabhängigkeit hingeben zu können, durch ein wenig „ordinäre" Arbeit Deckung ihrer Bedürfnisse für den Fall suchen werden, als ihre künstlerischen oder gelehrten Leistungen sich als nicht oder noch nicht lohnend erweisen sollten. Ich glaube zwar, daß in der freien Gesellschaft wegen des hohen Standes der allgemeinen Bildung und des großen Reichtums Kunst und Wissenschaft zu den einträglichsten aller Berufszweige gehören werden; das schließt jedoch nicht aus, ja es macht erst recht wahrscheinlich, daß es eine Menge nicht, oder noch nicht anerkannter Talente geben wird, und diese dürften sicherlich nicht verschmähen, inzwischen, bis ihre Zeit gekommen, mittels Spaten oder Webstuhl dasjenige zu erwerben, was ihnen Pinsel oder Feder einstweilen noch nicht abwirft.

Die Intervention der Gesellschaft bei den Entschließungen über seine Tätigkeit dürfte meines Erachtens der freie Kulturmensch bloß insofern in Anspruch nehmen, als er von ihr jederzeit absolut verläßliche Information über die jeweilige Geschäftslage in allen Berufszweigen verlangen wird. Er wird sich dabei keinerlei behördliche Bevormundung gefallen lassen, wohl aber fordern, daß die Behörde ihm alle Anhaltspunkte rasch, zuverlässig und in denkbar handlicher Form biete, deren er bedarf, um aus der Menge der sich darbietenden Arbeitsgelegenheiten die den eigenen Wünschen nach jeder Richtung jeweilig am besten entsprechende herauszugreifen.

II. Die Lebensweise des freien Kulturmenschen.

Die Arbeitszeit stelle ich mir in der zukünftigen Gesellschaft sehr kurz bemessen vor. Jedermann wird arbeiten, solange ihm beliebt, wobei es bloß Sache geschickter Einteilung ist, die verschiedenartigen diesbezüglichen Neigungen mit den Anforderungen geregelten Betriebes in Einklang zu bringen. Es gibt nur sehr wenige Arbeitszweige, bei denen sich durch einen zweckentsprechenden Turnus die denkbar verschiedensten Arbeitszeiten nicht miteinander vereinbaren ließen; dort aber, wo dies nicht möglich ist, wo, ohne sich gegenseitig zu stören, nur Menschen mit gleicher Arbeitszeit tätig sein können, dort werden eben nur solche sich anschließen, denen diese gegebene Arbeitszeit genehm ist. Doch gleichviel, ob je nach Laune und Belieben jederzeit veränderlich, oder nach gewissen Normen von vornherein fixiert — kurz, sehr kurz dürfte die Arbeitszeit in der freien Gesellschaft für alle sein. Und zwar dies aus dem Grunde, weil die Technik es ermöglichen wird, selbst sehr weitgehende Bedürfnisse mit sehr geringem Arbeitsaufwande zu decken und die Menschen der Zukunft den reellen Genuß edler Muße ganz gewiß dem eingebildeten unvernünftiger Üppigkeit vorziehen werden. Zwar behaupten viele, die Arbeit an sich sei ein Genuß; das ist jedoch eitel Heuchelei oder Selbstbetrug. Die Arbeit ist — manchmal — eine Trösterin, in aller Regel jedoch schlechthin eine Plage. Ich halte es für durchaus überflüssig, das erst eigens zu beweisen, beruht doch die gegenteilige Meinung — zu der sich, nebenbei bemerkt, die wenigsten ihrer Verkünder aufrichtig bekennen — lediglich auf Mißverständnissen und Unterstellungen. Man verwechselt erstlich in aller Regel den Erfolg der Arbeit mit dieser selbst; sodann stellt man ebenso regelmäßig, als könnte es gar nicht anders sein, der Arbeit den faulen Müßiggang und die dumpfe Langeweile gegenüber. Es gibt aber noch einen anderen Gegensatz der Arbeit und das ist das Vergnügen. Arbeit ist ihrem innersten unabänderlichen Wesen nach schlechthin nichts anderes, als das Mittel zur Befriedigung der menschlichen Bedürfnisse; sie um ihrer selbst willen zu preisen, ist nur möglich in einer Gesellschaft, die den Besitz um seiner selbst willen für das höchste aller Güter hält, und es versteht sich durchaus von selbst, daß dort, wo nur um der Befriedigung reeller Bedürfnisse halber gearbeitet wird, die Arbeit ein Ende hat, sowie die Bedürfnisse befriedigt sind.

Nun ist es keineswegs meine Meinung, daß die freien Kulturmenschen sonderlich genügsam, frugal und bescheiden in ihren Anforderungen an das Leben sein werden. Im Gegenteile, ich stelle sie mir als anspruchsvoll im höchsten Grade vor, als luxuriös, vergnügungssüchtig, auf geistige und materielle Genüsse gleich erpicht. Ich denke mir, daß ihre ganze Lebensweise sich zu derjenigen der Gegenwart ungefähr so verhalten wird, wie etwa diese zur Lebensweise in der Steinzeit. Aber ich meine eben, daß sie sich all das um den Preis sehr mäßiger Anstrengungen verschaffen und dementsprechend den überwiegenden Teil ihrer Zeit auf den Genuß dieser schönen und guten Dinge wenden dürften.

Eingehenderes über die Art und Weise, in welcher die freien Kulturmenschen ihre Muße ausfüllen werden, läßt sich unmöglich vorhersagen. Nur eine Vermutung möchte ich in dieser Richtung wagen, und diese geht dahin, daß die geselligen Instinkte eine sehr wesentliche Steigerung erfahren dürften. Der schonungslose Kampf aller gegen alle, das charakteristische Merkmal der ausbeuterischen Gesellschaft, wird sein Ende gefunden haben, die Menschen werden aus heimtückischen Feinden gute Kameraden geworden sein, und ich meine, daß die einträchtig gewordene Arbeit auch einträchtigen Lebensgenuß zur Folge haben wird. Daß die Menschen sich bisher in allen, oder doch in den wichtigsten Lebensbeziehungen familienweise voneinander streng absonderten, steht in Widerstreit mit ihrem Artcharakter als eminent gesellige Wesen. Es gibt Tiere, die ebenso, ja noch viel strenger abgesondert leben, als seither die Menschen; aber das sind eben von Natur aus ungesellige, d. h. von der Natur nicht auf Zusammenwirken eingerichtete Arten. Der Mensch dagegen ist, insbesondere seitdem ihn die Kultur mit der Arbeitsteilung bekannt gemacht, in höherem Grade als irgendein anderes Tier auf Geselligkeit angewiesen, und er folgt diesem Gebote auch in allen seinen Erwerb betreffenden Lebensbeziehungen. In seiner sonstigen Lebensweise aber ist er der Hauptsache nach ungesellig, ein seltsames Zwitterding, welches auf der einen Seite ohne die Mitwirkung seiner Artgenossen gar nicht leben kann, andererseits aber gerade in ihnen seine gefährlichsten, unermüdlichsten Feinde sehen muß. Was Wunder, daß er sich diesen seinen Artgenossen gegenüber an die Worte Shylocks hält: „Ich will mit euch kaufen, mit euch verkaufen, mit euch reden, mit euch gehen und so fort; aber ich will nicht mit euch essen, mit euch trinken, noch mit euch beten." D. h. er schließt sich seinen Mitmenschen an, soweit er sie braucht, will aber mit ihnen im übrigen so wenig als möglich zu tun haben. Das dürfte schwerlich so bleiben, ist erst einmal der einzig treibende Grund hierfür — der künstlich heraufbeschworene Kampf aller gegen alle — beseitigt. Die Menschen werden von da ab sicherlich nicht bloß gelegentlich und gleichsam zufällig, sondern regelmäßig und systematisch neben dem Gewinne auch Vergnügen hauptsächlich im Verkehre mit den Nebenmenschen suchen.

III. Das Geschlechtsleben des freien Kulturmenschen.

Daß sich das Geschlechtsleben des freien Kulturmenschen von demjenigen der bürgerlichen Welt unterscheiden wird, versteht sich von selbst. Nur meine ich, daß in diesem Punkte die Änderung der Hauptsache nach doch nur darin bestehen dürfte, daß die Zukunft verwirklichen wird, was die Gegenwart als ihr Ideal verkündet, praktisch jedoch gröblich mißachtet, nämlich die Monogamie und das Recht der Liebe.

Ich habe bereits an anderer Stelle darauf hingewiesen, daß die bürgerliche Ordnung als solche mit der Monogamie überhaupt nichts zu tun hat, und daß auch jene religiösen und politischen Systeme, die innerhalb des Rahmens besagter Ordnung eine angebliche monogame Ehe statuieren, diese Bezeichnung bloß fälschlich gebrauchen, daß vielmehr der richtige Name auch dieser letzteren Eheeinrichtung Monandrie wäre. An und für sich betrachtet, verträgt sich die bürgerliche Ordnung ebensogut mit der Polygamie, wie mit der Monogamie; ob der Mann eine oder mehrere gesetzliche Frauen hat, ist ihr ebenso gleichgültig, als es ihr Wesen unberührt läßt, ob sein geschlechtlicher Verkehr mit mehreren Frauen sich an die Formen der Polygamie oder an die der Prostitution hält; worauf es ihr ankommt, was eine Grundsäule ihrer Einrichtungen ist, beschränkt sich darauf, daß die gesetzliche Ehefrau Verkehr bloß mit einem Manne pflege. Denn woran ihr liegt, das ist nicht die Reinheit des geschlechtlichen Verkehrs, und auch nicht das leibliche und geistige Wohl der dem Geschlechtsverkehr entsprossenen Kinder, sondern einzig die Reinheit des Erbganges. Deshalb muß darauf gesehen werden, daß kein Bastard sich in die Familie schleiche; deshalb und deshalb allein müssen die bürgerlichen Ehefrauen sich des geschlechtlichen Umganges mit anderen Männern enthalten, während den Ehemännern nach den meisten bürgerlichen Rechten der Umgang mit beliebig zahlreichen Weibern ohne weiteres gestattet, und auch in jenen bürgerlichen Rechtssystemen, die aus irgendwelchem Nebengrunde die offene Polygamie verpönen, zwar mit einem gelinden Tadel belegt, in aller Regel jedoch sehr wenig verübelt wird. Nichtsdestoweniger hat sich auch unter den bestdomestizierten Völkern die natürliche Anschauung nicht ausrotten lassen, daß der geschlechtlichen Ethik des Menschen einzig allein die wirkliche Monogamie entspreche, und dies ist so sehr der Fall, daß sie, die es ja in keinem Punkte Wort haben wollen, wie sehr ihre Satzungen ihren einbekannten Grundsätzen zuwiderlaufen, sich zum Teil allen Ernstes einbilden, auch ihre Einrichtungen seien rein monogame, und schlimmstenfalls zugeben, daß vereinzelte Mißbräuche dagegen verstoßen. Die reine Monogamie ist also eine ethische Forderung der modernen Kulturwelt; was sie praktisch übt, ist legale Monandrie in Verbindung mit Prostitution.

Daß diese bürgerliche Ordnung des Geschlechtslebens zwar jener Promiskuität gegenüber, wie sie den Angaben zahlreicher Forscher zufolge in der kommunistischen Urhorde geherrscht haben soll, einen entschiedenen entwickelungsgeschichtlichen Fortschritt, dem von der Natur gegebenen Urzustande der Menschheit gegenüber jedoch einen ebenso ausgesprochenen Rückschritt bedeute, habe ich im VIII. Kapitel dieses Buches bereits nachgewiesen. Damit ist jedoch die Frage nach den voraussichtlichen geschlechtlichen Verhältnissen in der freien Gesellschaft noch lange nicht aufgehellt. Denn die wirtschaftliche Freiheit soll ja für die Menschheit nicht bloß die Rückkehr zum Urzustande der Freiheit, sondern ebenso auch das Beharren in der Kultur bedeuten, und es muß daher mit der Möglichkeit, ja mit der hochgradigen Wahrscheinlichkeit gerechnet werden, daß — gleichwie dies bei den meisten Lebensgewohnheiten des Menschen zweifellos eintreten wird — auch die geschlechtlichen Sitten der freien Kultur weitgehende Abweichungen von jenen des Urzustandes ebenso, als von denen der Knechtschaft aufweisen werden. Diese Eventualität liegt um so näher, als doch Dauerehe bloß deshalb als ursprüngliche Eigentümlichkeit des Menschen gelten kann, weil die geschlechtlichen Gewohnheiten jeglicher Tierart notwendigerweise unter dem zwingenden Banne der Rücksicht auf das Gedeihen der Brut stehen, und der Mensch jene Tierspezies ist, deren Nachkommenschaft von Natur aus am strengsten auf intensive und dauernde Betreuung durch beide Eltern angewiesen ist. Der Mensch im Urzustande mußte also in Einehe leben, weil er sonst ausgestorben wäre; es fragt sich aber, ob die freie Kultur ihn dieser Notwendigkeit nicht ebenso entheben wird, wie dies noch im Zustande der Barbarei gelegentlich der primitive Kommunismus tat. Die freie Zukunft wird zweifellos von Gesellschafts wegen in ausgedehntem Maße für das Gedeihen des Nachwuchses Sorge tragen; ist infolgedessen nicht zu vermuten, daß Männlein und Weiblein, der Rücksicht auf das Wohl der Kinder entledigt, sich in zügellosem Sinnenleben ergehen werden?

Ich halte das für unwahrscheinlich im höchsten Grade, weil alle gesellschaftliche Fürsorge der Gesamtheit die Notwendigkeit auch der elterlichen Fürsorge nicht aus der Welt schaffen kann. Der Vergleich mit den Zuständen der kommunistischen Urhorde trifft hier gerade in den entscheidenden Punkten nicht zu. Das Nähere der in dieser herrschend gewesenen Promiskuität liegt zwar der Hauptsache nach im Dunkeln; zweierlei aber läßt sich für alle Fälle annehmen: erstlich daß in der Urhorde mit ihrer so äußerst geringfügigen Differenzierung aller Lebensverhältnisse der Mangel des individuellen Einflusses auf Pflege und Erziehung des Kindes von untergeordnetem Belange war; und zum zweiten, daß die Sprengung des monogamen Geschlechtsverbandes trotzdem bloß unter dem unwiderstehlichen Zwange spezieller, mit dem Kommunismus im Urzustande verknüpft gewesener Lebensgewohnheiten sich durchgesetzt haben kann.

Was der Urmensch seinen Kindern zu leisten hatte, beschränkte sich der Hauptsache nach auf Gewährung von Obdach, Nahrung und Schutz gegen Feinde; das zu bieten vermochte die Gesamthorde so gut, als das einzelne Elternpaar; trotzdem — so glaube ich — hätte der natürliche Instinkt der Elternliebe und die durch ihn hervorgerufene Tendenz des Zusammenbleibens der einmal vereinten Paare, zum Festhalten an der Einehe genügt, wenn nicht jene nämlichen Lebensgewohnheiten, die dem Urkommunismus — soweit überhaupt von einem solchen die Rede sein kann — überall zugrunde gelegen sein müssen, die Promiskuität schließlich erzwungen hätten. Ich kann es mir anders gar nicht denken, als daß die Notwendigkeit gemeinsamer Beschaffung von Nahrung und gemeinsamen Schutzes gegen Angriffe von Raubtieren die ursprünglich zerstreut lebenden Menschenpärchen erstlich bloß näher zusammenführte, und daß sich sodann erst aus der Gemeinsamkeit der Schlafstellen die geschlechtliche Promiskuität entwickelte, offenbar unter niemals vollständig erloschener Reaktion der natürlichen Geschlechtsgewohnheiten.

In der freien Gesellschaft verhält es sich in all diesen Beziehungen durchaus anders. Hier wäre angesichts der hochgradigen Differenzierung aller Lebensverhältnisse der gänzliche Wegfall individueller Fürsorge von ausgesprochenem Nachteile für den Nachwuchs; die Elternpflichten werden also fortfahren, sich als dauerndes Band der Ehe zu bewähren. Auf der andern Seite aber wird die Lebensweise in der freien Gesellschaft, man mag sich dieselbe vorstellen wie immer, doch keineswegs jene Verlockung zur Promiskuität enthalten, wie sie im barbarischen Elend der Urhorde gelegen war. Die geschlechtliche Schamhaftigkeit wird sich der freie Kulturmensch wohl unter allen Umständen bewahren, zur Promiskuität verleiten wird ihn nichts — wenn es nicht ihm von Natur aus innewohnende geschlechtliche Lüste sind

Und nun ist es allerdings unzweifelhaft, daß im Geschlechtsleben der Zukunft der Geschlechtstrieb nicht bloß eine größere, sondern die ausschließliche Rolle spielen wird. Seine Eheverbindungen mögen wie immer beschaffen sein — aus anderen, wie aus geschlechtlichen Gründen wird sie der freie Kulturmensch ganz gewiß weder eingehen, noch aufrechterhalten; Männlein und Weiblein werden sich ausschließlich unter dem Gesichtspunkte des wechselseitigen Gefallens zu einander finden und zu einander halten. Das Eheband dürfte jedoch dadurch nur um so dauernder werden.

Ich bin um so fester davon überzeugt, weil ich meine, daß dieses Band sich nicht nur in seinem Entstehungsgrunde, sondern auch in seiner ganzen Beschaffenheit sehr vorteilhaft von der „Monogamie" genannten bürgerlichen Zwangsprostitution unterscheiden wird.

Daß es an und für sich betrachtet die eheliche Zärtlichkeit nur steigern kann, wenn die Ehegatten einander aus Liebe gewählt haben, sollte wohl füglich keines besonderen Beweises bedürfen. Nichtsdestoweniger muß zugegeben werden, daß sehr zahlreiche Beispiele aus dem bürgerlichen Leben diesem Axiome scheinbar widersprechen. Es fehlt schließlich auch bisher nicht an Liebesheiraten; es zeigt sich aber, daß dieselben sehr häufig ein ebenso schlechtes Ende nehmen, wie die Konvenienzehen, sehr häufig gleich diesen zu Zank, Hader und Unglück führen. Warum sollte das in der freien Gesellschaft anders werden?

Deshalb, weil die Ehe für den freien Kulturmenschen ein minder drückendes und lästiges Band sein wird, als für bürgerliche Eheleute. Die bürgerliche Ehe ist für Mann und Weib in Wahrheit eine Sklaverei, die nur ausnahmsweise, wenn nämlich die Charaktere und Neigungen zufällig auf das vollkommenste harmonieren, erträglich wird. Ursprünglich als Sklavenkette allerdings nur für das Weib gedacht, das im Ehegatten den unbedingten Herrn erhalten sollte, hat sie sich naturgemäß zu einer Fessel auch für den Mann gestaltet, da es im Wesen der Sache liegt, daß eine Kette, unbekümmert um die Absichten, die mit ihrem Gebrauche verknüpft sind, Kette ist für beide Teile, die sie verbindet. Die von der bürgerlichen Ehe erzwungene Gemeinsamkeit geht weit über alle Anforderungen geschlechtlicher Liebe und Treue hinaus. Gerade weil sie die einzige Insel materieller Interessensolidarität inmitten des trostlosen Ozeans allgemeinen Interessenkonfliktes ist, hat sie — durch Satzung sowohl als durch Gewohnheit — alles in sich aufgesogen, was neben dem ingrimmigen Kampfe ums Dasein die bürgerliche Welt noch an Lebensbetätigungen bietet. Erwerben soll der Mann da draußen; in allen übrigen Stücken soll ihm die Ehefrau die ganze Menschheit ersetzen, und die Ehefrau vollends soll im Gatten ihre ganze Welt sehen. Das ist nun schlechterdings unmöglich. Keine menschliche Gemeinschaft, auch die eheliche nicht, geht so weit, daß neben ihr keinerlei anderes menschliches Interesse bestünde, denn die Liebe, so mächtig und stark sie auch sein mag, ist denn doch nicht der einzige Instinkt des Menschen; es gibt neben ihr noch eine ganze Reihe anderer Triebe und Bedürfnisse, die allesamt befriedigt sein wollen, und wenn nun eine spezielle Einrichtung in dauernden Konflikt mit diesen anderen Trieben gerät, so kann es nicht anders sein, als daß die mißhandelte Menschennatur sich gegen die Bedrängerin auflehnt. Wenn es richtig ist, was ich als Folgewirkung der Beseitigung des Interessenkonfliktes in der freien Gesellschaft vorhersehe, daß nämlich die Familie aufhören wird, den ganzen Menschen — soweit er nicht auf Erwerb ausgeht — zu absorbieren, so muß selbstverständlich die Ehe diesen ihren tyrannischen Charakter verlieren. Das Eheband wird sich auf die Geschlechtsbeziehungen der Ehegatten und auf sonst nichts anderes beziehen, d. h. man wird eine tadellose Ehehälfte sein können, ohne deshalb Leibeigener der anderen Hälfte zu werden. Damit aber wird die Ehe aufhören „das Grab der Liebe" zu sein, was sie bisher tatsächlich so oft gewesen.

Ich meine also, die freien Kulturmenschen werden in ihrer Liebe sehr treu und beständig gerade deshalb sein, weil sie ihre Liebesverhältnisse frei halten werden von jedem Einflusse nicht zur Sache gehöriger Rücksichten und Beschränkungen. Sie werden sich jener Person des andern Geschlechts verbinden, zu welcher sie ihre Neigung hinzieht, und sie werden diese Verbindung genau so weit ausdehnen, genau in jenen Lebensbetätigungen einhalten, auf welche sich die Gemeinsamkeit der Neigungen bezieht. Das wird — meines Erachtens — in der übergroßen Mehrzahl der Fälle zur Folge haben, daß die eheliche Gemeinschaft an Intimität sehr beträchtlich zunehmen dürfte, denn in aller Regel wird sich zwischen zwei in geschlechtlicher Liebe verbundenen, sonst aber voneinander durchaus unabhängigen Personen sehr rasch die denkbar vollkommenste Harmonie aller, oder doch der meisten Gedanken, Gefühle und Gewohnheiten einstellen. Sollte das aber ausnahmsweise nicht der Fall sein, so wird sich erst recht als günstig für das treue geschlechtliche Zusammenbleiben erweisen, daß die Gatten einander bei Betätigung ihrer sonstigen Eigenheiten nicht im Wege stehen.

Es muß natürlich auch mit der Möglichkeit gerechnet werden, daß einzelne Individuen jeglichem dauernden Geschlechtsverhältnisse widerstreben und in der Liebe der Abwechselung huldigen werden. Daß diese Flatterhaften in der freien Gesellschaft besonders zahlreich sein könnten, halte ich jedoch — mit Rücksicht insbesondere auf die entschieden monandrischen weiblichen Anlagen — für höchst unwahrscheinlich, trotzdem ich nicht glaube, daß die öffentliche Meinung sich sonderlich streng gegen sie verhalten würde. Keinesfalls könnte die zukünftige Moral einen diesfälligen Unterschied der Geschlechter statuieren, etwa in der Weise der bürgerlichen, die für den männlichen Freibeuter der Liebe den Kosenamen „Lebemann", für den weiblichen den Ekelnamen „Dirne" bereit hält. Dieser Unterschied ist in der bürgerlichen Welt nicht ganz ungerechtfertigt. Er entspringt dem nun einmal nicht hinwegzuleugnenden Umstande, daß das Weib in viel höherem Grade als der Mann mit dem Schicksale des Kindes verwachsen und folglich in viel höherem Grade dafür verantwortlich ist, wenn ein recht- und besitzloses Wesen, das uneheliche Kind, ins Dasein gesetzt wird. Da in der freien Gesellschaft allen Menschen, also auch den unehelich geborenen, das gleiche Recht, der gleiche Anspruch auf alle Güter der Erde gesichert sein wird, die unverehelichte Mutter ihrem Sprößlinge also kein Unrecht zufügt, so wird der freien Gesellschaft aller Anlaß zu besonderer Bemakelung einer solchen Mutter fehlen. Sehr verargen dagegen wird man es — meines Erachtens — zukünftigen Müttern, und zwar dies gleichviel, ob sich auch ein Vater zum Kinde meldet oder nicht, wenn sie sich um ihre Sprößlinge nicht kümmern, sondern dieselben gänzlich der öffentlichen Obsorge überlassen. Denn wenn durch solche Lieblosigkeit dem Kinde auch kein materieller Schaden erwüchse, so fehlte ihm doch gänzlich das erzieherische Element der elterlichen Liebe, und da dieser Mangel dem öffentlichen Bewußtsein allezeit als solcher erschiene, so unterliegt keinem Zweifel, daß die durch diese Auffassung hervorgerufene Meinung sich gegen herzlose Eltern kehren müßte.

Und zwar dies gegen die herzlose Mutter in allerdings höherem Maße, als gegen den herzlosen Vater. Denn für das Kind ist, wie gesagt, die Mutter in höherem Grade verantwortlich. Nur folgt freilich aus dieser naturgegebenen Tatsache als eben so naturnotwendige Schlußfolgerung, daß das Kind in höherem Grade der Mutter als dem Vater angehört. Die bürgerliche Ordnung verstößt in eklatantester Weise gegen dieses Postulat der Natur, indem sie das Kind nicht der Mutter, sondern dem Vater zuspricht. Sie bleibt damit jedoch nur ihrem eigenen innersten Wesen getreu, welches ja alle natürlichen Rechte ignoriert, sofern sie den Rücksichten des Besitzes zuwiderlaufen. Der Vater ist in der bürgerlichen Welt der Ernährer des Kindes — was verschlägt es dem gegenüber, wer des Kindes Gebärer ist! Ebenso aber kann die freie Gesellschaft, getreu dem in ihr zur Geltung gelangten Rechtsprinzipe, gar nicht anders, als das Kind jenem Teile zusprechen, der das größere natürliche Anrecht auf dasselbe besitzt — und das ist selbstverständlich die Mutter.

IV. Das Glück der Freiheit.

Die freie Kultur wird der Menschheit nicht bloß die Unschuld und das Glück ihres ursprünglichen Naturzustandes wiedergeben, sondern selbes in ganz außerordentlichem Grade steigern; sie wird aus dem beklagenswertesten das ohne Frage glücklichste aller Lebewesen machen. Um sich dieses Glück seinem vollen Umfange nach auszumalen, dazu reicht die Phantasie der vom Jammer der Knechtschaft niedergedrückten Menschen der Gegenwart gar nicht aus. Ich glaube, sogar der Tod wird seinen Stachel für die Menschheit verlieren. Denn das einzige wirkliche Übel am Tod ist doch nur die Todes*furcht*, und diese bei näherer Betrachtung nichts anderes, als eine im Kampf ums Dasein entstandene Waffe der Lebewesen, dazu bestimmt, die Widerstandskraft gegen die Vernichtung zu erhöhen. Könnten sie bestehen, wenn sie sich nicht aufs äußerste gegen den Tod sträubten, so hätte dieses Sträuben niemals in die Erscheinung treten können. Denn tatsächlich haben Tier wie Mensch keinen Grund, den Tod um seiner selbst willen zu fürchten. Er ist an sich nichts anderes, als das Aufhören des Bewußtseins, ein Zustand, von welchem jegliche Kreatur ganz genau weiß, daß er — der Schlaf — alles andere eher als furchtbar, ja in Wahrheit desto angenehmer ist, je tiefer und ruhiger, d. i. todesähnlicher er gerät; und wenn sie sich nun gerade vor der tiefsten und ruhigsten Abart dieses Zustandes als dem gräßlichsten aller Übel entsetzt, so geschieht dies offenbar aus keinem anderen Grunde, als weil die Arterhaltung es so fordert.

Wie richtig dies ist, geht schon daraus hervor, daß die Todesfurcht geradezu im umgekehrten Verhältnisse zum wirklichen Werte des Lebens zu- oder abnimmt. Individuen wie Arten, denen das Leben Freude bereitet, fürchten den Tod viel minder, als solche, die den meisten Anlaß hätten, ihn als Erlöser zu begrüßen. Und da nun der Mensch bisher das unglücklichste aller Lebewesen war, so ist vollauf begreiflich, daß er den Tod mehr fürchtete, als irgendeine andere Kreatur. Die Menschen wären längst ausgestorben, hätten sie ihr Leben bloß dann verteidigt, wenn es wirklich lebenswert gewesen. Das muß und wird sich ändern, wenn das

Menschenschicksal sich ändert. Ich will damit nicht behaupten, daß der Tod für die Menschen alle Schrecken verlieren werde, sowie sie sich des Übels der Knechtschaft entledigt haben; wohl aber meine ich, daß er ihnen allen von da ab nicht schreckhafter erscheinen wird, als derzeit den Tapferen unter ihnen — denn das sind, wie gesagt, heute schon die relativ Glücklichsten, Gesundesten, Kräftigsten — und daß nach einigen unter der Zucht des wahrhaften Glückes verbrachten Generationen die Todesfurcht, als zum Zwecke der Arterhaltung überflüssig gewordener Instinkt, verkümmern, oder um einen ontogenetischen Fachausdruck zu gebrauchen, „rudimentär" werden wird.

Hand in Hand mit dem Glücke wird die Güte gehen. Aus der bösartigsten wird der Mensch zur gutartigsten aller Kreaturen geworden sein. Auch das durchaus naturgemäß, in notwendiger Folge seiner zurückgewonnenen Existenzbedingungen als eminent friedliches, geselliges Lebewesen. Nächstenliebe im höchsten ausgedehntesten Sinne wird nicht etwa die Tugend, sondern die schlechthin selbstverständliche Eigenart eines eden sein, denn sie wird in vollständigster Harmonie stehen mit dem Egoismus, ja bei Lichte besehen, sich als eine Abzweigung desselben darstellen.

Und auch für die physische Beschaffenheit des Menschen läßt sich unter dem Einflusse der freien Kultur eine sehr wesentliche Umwandlung zum besseren erwarten. Die Menschen werden kräftiger, gesunder, schöner werden. Zwei Faktoren sind es hauptsächlich, deren Zusammenwirken von diesem Resultate begleitet sein muß: die bessere Lebensweise und die zur störungsfreien Entfaltung gelangende geschlechtliche Zuchtwahl. Daß sorglos lebende, mäßig arbeitende, gut genährte Menschen ganz anders gedeihen, als von immerwährender, quälender Sorge verfolgte, von Arbeit erdrückte und darbende, braucht ebensowenig erst noch bewiesen zu werden, als bewiesen zu werden braucht, daß Menschen, die sich in Liebe paaren, gesundere, kräftigere, schönere Kinder erzeugen, wie die in ekler Konvenienzehe Zusammengekuppelten. Neben diesen beiden wird aber noch eine ganze Reihe anderer Faktoren nach derselben Richtung wirken, unter denen ich hier nur noch den Einfluß des Charakters auf die physische Beschaffenheit des Menschen hervorheben will. So trivial es auch klingen mag, so ist darum nicht minder wahr, daß es für Gesundheit und Schönheit nichts Zuträglicheres gibt — als Herzensgüte. Nun werden die freien Kulturmenschen besser sein als ihre geknechteten Vorfahren; ich halte es schon um deswillen für sicher, daß sie gesunder und schöner sein werden als diese.

FSC
www.fsc.org
MIX
Papier | Fördert gute Waldnutzung
FSC® C083411

Kolibri 360 GmbH
Ferdinand-Jühlke-Straße 7
99095 Erfurt, Deutschland
produktsicherheit@kolibri360.de